2019

Yearbook of China's Forestry and Grassland Intellectual Property

中国林业和草原知识产权

年度报告

国家林业和草原局科技发展中心
国家林业和草原局知识产权研究中心 ◎编

中国林業出版社
CFPH China Forestry Publishing House

图书在版编目(CIP)数据

2019中国林业和草原知识产权年度报告 / 国家林业和草原局科技发展中心国家林业和草原局知识产权研究中心编. -- 北京 : 中国林业出版社, 2020.4
ISBN 978-7-5219-0548-9

Ⅰ. ①2… Ⅱ. ①国… Ⅲ. ①林业－知识产权－研究报告－中国－2019 ②草原－知识产权－研究报告－中国－2019 Ⅳ. ①D923.404

中国版本图书馆CIP数据核字(2020)第065065号

中国林业出版社·自然保护分社（国家公园分社）
策划编辑：刘家玲
责任编辑：刘家玲　甄美子

出　版	中国林业出版社（100009 北京西城区德内大街刘海胡同 7 号）
网　址	http://www.forestry.gov.cn/lycb.html
电　话	(010) 83143519　83143616
印　刷	三河市祥达印刷包装有限公司
版　次	2020 年 4 月第 1 版
印　次	2020 年 4 月第 1 次
开　本	889mm × 1194mm　1/16
印　张	15.75
字　数	470 千字
定　价	59.00 元

2019中国林业和草原知识产权年度报告

编辑委员会

前　言

2019年，国家林业和草原局深入学习贯彻党的十九大精神和习近平新时代中国特色社会主义思想，按照“四个全面”战略布局和新发展理念的总体要求，全面推进林业和草原知识产权工作，为提升林业自主创新能力、加快林业发展方式转变、提高林业核心竞争力提供了有力支撑和引领，林业和草原知识产权工作取得了新成绩、获得了新突破、迈上了新台阶。

2019年，国家林业和草原局持续强化知识产权保护，加强林业和草原知识产权顶层设计，启动了《林业和草原知识产权“十四五”规划》编制工作，组织开展全国林业和草原知识产权宣传周系列活动，实施《2019年加快建设知识产权强国林业推进计划》，聚力提升林业植物新品种权的审查质量和审查效率，举办中国加入《国际植物新品种保护公约》20周年纪念活动，完成了全国核桃遗传资源调查编目工作，推动林业专利技术和授权植物新品种的转化应用，加强林业植物新品种权行政执法工作，开展林业重点领域专利分析研究，加强了林业知识产权基础数据库和信息共享平台建设。2019年，国家林业和草原局植物新品种保护办公室共受理国内外植物新品种权申请802件，授予植物新品种权439件。国家知识产权局中国专利数据库公开的林业相关专利共计80343件，其中，林业科研院所的专利公开量为1656件，林业高等院校的专利公开量为8797件。5项林业发明专利荣获第21届中国专利优秀奖。全国31个省（自治区、直辖市）、大兴安岭林业集团公司、中国林业科学研究院、国际竹藤中心、北京林业大学、东北林业大学、中南林业科技大学和西南林业大学的林业和草原知识产权工作取得了较好成绩，提升了林业和草原知识产权的综合能力和水平，促进了林业和草原产业发展。

在认真回顾和总结2019年度林业和草原知识产权工作的基础上，国家林业和草原局科技发展中心组织编撰了《2019中国林业和草原知识产权年度报告》，旨在通过对一年来林业和草原知识产权工作主要进展和成果的展示，让更多的人了解、关心、支持林业和草原知识产权工作，共同促进林业和草原知识产权的创造、运用、保护和管理，提升林业和草原知识产权公共服务水平，为加快推进现代林业和草原高质量发展提供有力支撑。

本报告资料系统、内容翔实，具有较强的科学性、可读性和实用性，可供林业行政管理部门和企事业单位的干部、科研和教学人员参考。

国家林业和草原局科技发展中心

2020年3月

目　录

能力建设

国际合作

各地动态

统计分析

附表

概　述

2019年，国家林业和草原局以实施国家知识产权战略为重点，全面落实《国家林业局关于贯彻实施〈国家知识产权战略纲要〉的指导意见》和《全国林业知识产权事业发展规划（2013—2020年）》，组织实施《2019年加快建设知识产权强国林业推进计划》，全力推进林业和草原知识产权工作，有效提高了林业和草原知识产权创造、运用、保护和管理水平，取得了显著成效，加快了林业和草原发展方式转变，增强了林业和草原核心竞争力。

1. 完善林业和草原知识产权管理制度与政策

国家林业和草原局科技发展中心组织开展林业和草原知识产权“十四五”规划编制前期研究，编制完成了《林业和草原知识产权强国战略（2021—2035年）》，提交国务院知识产权战略实施工作部际联席会议办公室。贯彻落实《关于强化知识产权保护的意见》，召开了《中华人民共和国植物新品种保护条例》修订会，完善了林业植物新品种审批管理制度。

2. 加强林业植物新品种权受理和审查工作

2019年，国家林业和草原局植物新品种保护办公室共受理国内外植物新品种权申请802件，授权植物新品种439件。全年共完成5批1021件申请品种的初步审查并公告，330件申请品种的特异性、一致性、稳定性（DUS）专家现场审查，申请人变更、品种更名和实审补正材料164份，购买DUS测试报告21份，转田间测试378件。举办中国加入《国际植物新品种保护公约》20周年座谈会、花卉品种创新与保护论坛，在杭州举办了“全国林草植物新品种保护培训班”。截至2019年底，国家林业和草原局植物新品种保护办公室共受理国内外植物新品种申请4519件，授予植物新品种权2202件。

3. 推进林业和草原生物遗传资源管理工作

2019年完成了四川、山东、广西等9个省（自治区、直辖市）的核桃遗传资源调查编目项目验收工作，全面完成了全国核桃遗传资源调查编目工作，正在抓紧编写《全国核桃遗传资源状况报告》。在全国24个核桃分布产区，共调查收集核桃遗传资源7990份，其中，核桃4949份、泡核桃1678份、山核桃1018份、薄壳山核桃262份、其他83份，完成了代表性样本的数据填报和图像采集录入工作。在厦门举办了生物安全与遗传资源管理培训班。在贵州省独山县组织实施了“区域适生无患子优良种质资源筛选及培育技术”遗传资源管理方面的科技扶贫项目。在云南省普洱市实施了林业和草原遗传资源及相关传统知识调查与研究项目。

4. 推动林业知识产权联盟建设

国家林业和草原局科技发展中心指导建立了木地板、竹材、木门和地板锁扣4个专利联盟。2019年，中国林产工业协会牵头的“地板锁扣专利保护联盟”，为有效应对地板行业国际贸易壁垒，推进我国地板行业专利保护工作，组织国内主要地板企业积极应诉，参与国际知识产权谈判和争议解决，共同应对知识产权纷争，促进联盟会员守法自律，针对重点侵权案件提供维权救助，维护联盟会员合法权益，以此提升整个地板行业和企业的核心竞争力。

5. 实施林业知识产权转化运用项目

2019年，国家林业和草原局科技发展中心组织实施了“应用2*n*配子创造三倍体芍药新品种”“石竹复合墙体加工及构件组装的产业化应用技术”和“压力蒸汽热处理竹束制造户外竹重组材产业化示范”等11项林业专利技术转化运用项目，“文冠果新品种区域试验与示范”“海棠新品种‘粉芭蕾’快繁与栽培示范”和“沙棘新品种‘红棘1号’示范和推广”等7项林业授权植物新品种转化运用项目。2019年，国家林业和草原局科技发展中心组织专家分别对“低粒径石蜡基乳液防水剂技术推广应用”“针叶聚戊烯醇生产专利技术产业化”和“浓香营养油茶籽油加工技术示范推广”等9项林业知识产权转化运用项目进行了现场查定和验收。2011—2019年共组织实施了78项林业知识产权转化运用推进项目，有45项林业知识产权转化运用项目通过了验收。

6. 开展林业植物新品种权行政执法工作

国家林业和草原局参加全国打击侵权假冒工作现场考核，组织开展2019年度全国林业植物新品种执法保护专项行动，举办植物新品种权司法保护座谈会，帮助地方培训植物新品种行政执法人员，指导品种权人积极维权，营造良好的市场氛围。

7. 完善林业植物新品种测试体系

2019年委托植物新品种月季测试站、山茶油茶测试站及一品红测试站分别对314个月季品种、47个杜鹃品种、11个山茶品种、5个绣球品种开展田间种植测试工作。组织国内相关科研院所开展杜仲属、栒子属、侧柏属、滇丁香、黄檗属、栎属、落叶松属等12项测试指南的编制工作。2019年刚竹属、女贞属、樟属等6项林业植物新品种测试指南以林业行业标准发布。在杭州举办了林业植物新品种测试机构工作座谈会。截至2019年底，共开展了159项林业植物新品种测试指南的编制工作，已完成了槐属、蔷薇属、桉属、枸杞属、榆属和崖柏属等58项测试指南标准的制定，分别以国家标准或行业标准发布，其中，国家标准12项，林业行业标准46项，有效提高了植物新品种的授权质量和审查测试能力。

8. 开展国际林业知识产权动态跟踪与专利分析研究

跟踪世界各国林业知识产权动态，开展了植物新品种保护助力全球粮食安全、育种者和农民充分利用植物遗传资源的最佳途径、《名古屋议定书》

中有关获取和惠益分享的条款、遗传资源获取和惠益分享与植物新品种保护的相互关系、迁地微生物遗传材料获取多边机制的前景展望、英国森林遗传资源战略、土耳其最新的地理标志制度等研究，为国际履约和谈判提供了技术支撑。开展了瓦楞纸板、纳米纤维素技术、生物质能源以及美国农业部和日本国立森林综合研究所的专利分析研究，出版了《木地板行业核心专利分析与汇编》。开展木质门专利分析研究，完成了《木质门专利分析报告》。

9. 建设林业知识产权基础数据库和共享平台

国家林业和草原局知识产权研究中心系统收集和整理了国内外与林业知识产权相关的主要科学数据和文献资料，完善和建设了林业专利、植物新品种权、林产品地理标志、林业知识产权动态等15个林业知识产权基础数据库，2019年新增数据量10万条，累计数据量140万条。维护和管理中国林业知识产权网和中国林业植物新品种保护网，2019年用户访问量超过10万人次，网站提供全年不间断、安全稳定的在线检索服务。开通了“2019年全国林业知识产权宣传周”网站，图文并茂地展示林业知识产权成果和最新进展，进一步扩大了林业知识产权的影响。

10. 开展国际履约和合作交流

国家林业和草原局积极履行《国际植物新品种保护公约》(UPOV)，召开了中国加入《国际植物新品种保护公约》20周年座谈会暨植物新品种保护国际研讨会，宣传展示了我国植物新品种保护工作取得的成就，提升了植物新品种在国际上的显示度和影响力。参加了UPOV履约会议和相关技术工作组会议，会前精心准备应对方案，积极提出意见和建议，履行了成员国责任。争取承担了枸杞属、木兰属2项国际植物新品种测试指南编制工作。履行中欧植物新品种合作协议，举办中欧植物新品种保护研讨会，与欧盟植物新品种保护办公室（CPVO）开展了植物新品种管理与测试技术交流。参加了2019年世界知识产权大会、2019年世界地理标志大会。作为履行生物安全议定书的牵头单位，参与《中国履行〈卡塔赫纳生物安全议定书〉第四次国家报告》的编制工作。

11. 加强林业和草原知识产权宣传培训

组织开展了2019年全国林业和草原知识产权宣传周系列活动，在广州举办了全国林草知识产权保护与管理培训班。在《中国绿色时报》和《中国知识产权报》上发表林业知识产权重点报道41篇。2019年4月26日，在《中国绿色时报》发表专栏文章《我国林业知识产权保护工作释放新活力》，全面介绍了2018年林业知识产权的工作进展和主要成就，扩大了林业知识产权的影响力。出版《2018中国林业知识产权年度报告》，编印2019年《林业知识产权动态》6期。

12. 林业和草原知识产权数量稳步增长，质量明显提升

随着林业和草原自主创新能力的不断增强，林业植物新品种权、林业和草原专利、林产品地理标志、林业版权数量稳步增长，质量明显提高，知识产权对现代林业发展的支撑作用日益明显。

截至2019年底：

- 林业植物新品种申请量4519件，授权量2202件。
- 林业相关专利公开量518890件，其中，发明专利280936件。
- 林业科研院所专利公开量9926件，其中，发明专利7143件。
- 林业高等院校专利公开量39121件，其中，发明专利22746件。
- 草原相关专利公开量77053件，其中发明专利49116件。
- 林产品地理标志1119件。
- 林业软件著作权11499项。

专项工作

完善林业和草原知识产权管理制度与政策

1. 召开《中华人民共和国植物新品种保护条例》修订会

2019 年 9 月 7 日，《中华人民共和国植物新品种保护条例》（以下简称《条例》）修订会在京举行，会议由农业农村部会同国家林业和草原局、国家知识产权局联合主办。农业农村部种业司和科技发展中心负责同志介绍了《条例》修订的最新进展，并表示《条例》修订要尽快完善。国家林业和草原局科技发展中心龙三群副主任指出，《条例》修订草案在林业植物新品种保护网站公开征求意见后，不少关心此事的单位和个人提出了意见和建议，国家林业和草原局将发文征求省级林业和草原主管部门的意见，尽快完善《条例》修订工作。国家知识产权局条法司与会人员就《条例》修订提出了建议和要求。与会人员对《条例》修订草案进行了逐条审议，并对实质性派生品种保护、品种权的保护范围和保护期限、农民特权的规范、建立审查员队伍等重点内容进行了讨论，形成了一致意见。最后与会人员讨论完善了《条例》修订说明。

2. 开展林业和草原知识产权“十四五”规划前期研究

国家林业和草原局科技发展中心组织开展林业和草原知识产权“十四五”规划编制调研，了解林业和草原行业知识产权的应用和转化现状、存在的主要问题，并召开专家咨询会，征求各方面的意见和建议，编写了《“十四五”林业和草原知识产权和生物安全目标、任务和政策保障》。完成了《林业和草原知识产权强国战略（2021—2035 年）》，提交国务院知识产权战略实施工作部际联席会议办公室，为《知识产权强国战略纲要（2021—2035 年）》和《知识产权“十四五”规划》制定提供了林业和草原的行业建议。

3. 贯彻落实《关于强化知识产权保护的意见》

为贯彻落实中共中央办公厅、国务院办公厅印发的《关于强化知识产权保护的意见》（中办发〔2019〕56号），促进林业和草原知识产权保护，谋划好林业和草原知识产权发展大格局，国家林业和草原局科技发展中心认真研究具体举措，组成了知识产权保护工作调研团队，由王永海主任带队赴北京、深圳、广州、昆明等地开展知识产权调研工作。调研组实地调研了中国林业科学研究院资源昆虫研究所、云南省林业和草原科学院、知识产权出版社有限责任公司、深圳市南山区知识产权保护中心、深圳市兰科植物保护研究中心、中国林业科学研究院热带林业研究所、棕榈园林股份有限公司（广州总部）。分别召开座谈会听取了以上单位的知识产权保护工作概况，并在知识产权质押融资模式、植物新品种申请、行政执法、科研院所与企业职务发明制度、林业知识产权管理和运营等方面进行了充分交流讨论，为国家林业和草原局贯彻落实中共中央办公厅、国务院办公厅《关于强化知识产权保护的意见》提供了思路和建议。

4. 完善林业植物新品种审批管理制度

按照国务院办公厅秘书局的要求，进行“互联网＋监管”系统建设，编制了监管事项目录清单，促进了新型监管机制改革。根据国家“放管服”改革的相关要求，研究决定减少林业植物新品种权相关证明材料。申请材料中的个人信息表和法人证书复印件由原先的一式两份减少到一式一份，切实减轻了品种权申请人提交申请材料的负担。完善林业植物新品种审批管理制度，修订了更加科学、全面的林业植物新品种申请表格，完善实质审查程序，更加快捷准确地发布公告，以更加科学地审批管理服务我国育种人。（龚玉梅、杨玉林）

实施《2019年加快建设知识产权强国林业推进计划》

为深入实施国家知识产权战略，加快建设知识产权强国，充分发挥知识产权对推进林业现代化建设的支撑和保障作用，按照国务院知识产权战略实施工作部级联席会议办公室印发的《2019年深入实施国家知识产权战略加快建设知识产权强国推进计划》（国知战联办〔2019〕9号）的部署要求，围绕贯彻落实《国家林业局关于贯彻实施〈国家知识产权战略纲要〉的指导意见》和《全国林业知识产权事业发展规划（2013—2020年）》，国家林业和草原局科技发展中心会同有关单位制订了《2019年加快建设知识产权强国林业推进计划》，明确了2019年林业知识产权工作的17项重点任务和工作措施，分别由国家林业和草原局办公室、生态保护修复司、科学技术司、国际合作司、信息化管理办公室、科技发展中心、中国林业科学研究院、国际竹藤中心、中国林业产业联合会和国家林业和草原局知识产权研究中心等有关司（局）和直属单位牵头落实，明确了相关司（局）和单位的任务分工，确保实施工作顺利推进，以促进林业自主创新，切实提升林业知识产权创造、运用、保护和管理水平，为推进林业科技创新、加快林业发展方式转变提供支撑和保障。国家林业和草原局办公室以办技字〔2019〕143号文件正式印发实施。

国家林业和草原局信息中心开展软件正版化宣传和检查工作，召开专题会议，对软件正版化检查工作进行专题部署，组织各单位在服务器端安装了软件正版化检查工具，并在各单位自查的基础上，信息中心牵头进行了抽查，通过自查和抽查，干部职工充分认识到使用正版软件的重要性。加强源头管控，规范软件配置管理和软件资产台账，购置计算机设备时，按照要求采购预装正版操作系统，对需要购置的办公软件和杀毒软件一并作出购置计划。由专业人员负责操作系统和办公软件安装、卸载，指定专人保管软件序列号、授权许可，不断推动软件正版化工作制度化、规范化。2019年各司（局）及各派出机构、各直属单位均签订了《使用正版软件承诺书》，进一步提高了林业和草原干部职工保护知识产权和自觉使用正版软件的意识，增强了知识产权意识和运用水平，服务林业和草原高质量发展。

中国林业科学研究院各所、中心进一步完善知识产权管理制度、奖惩制度、保密制度、技术资料档案管理制度、工作考核办法等多项知识产权规章制度，加强了对知识产权的保护和转化运用，对专利申请、保护、奖励、实施转化等相关问题都作了详细的规定。2019年，出台《中国林业科学研究院关于赋予单位和人员更大自主权的实施意见》。完成了国家知识产权局专利费减备案工作，为全院专利申请、维护减免费用30%以上。积极参加北京市知识产权局和海淀区政府实施的技术源头强化工程，提高了全院的知识产权转化效率，坚持走产学研相结合的道路，将孵化成熟的自主知识产权技术向企业转移转化，联合企业共建技术研发中心，依托企业平台加速专利产出和及时响应市场需求，先后与千年舟集团、浙江嘉善中林胶粘剂科技有限公司、云南森源化工有限公司、新疆国力源投资有限公司、江苏康宏新材料有限公司和青岛洪润林业生物质能源有限公司共同成立了木材胶粘剂、松脂化学利用、生物质能源等多个林化企业技术开发中心，扎实推进企业创新能力提升，有效实现了科技成果源发、企业应用熟化、市场需求反馈的良性对接。2019年，中国林业科学研究院共有20项专利技术向多家企业转让专利实施权，合同金额为1600万元，为企业带来了显著的经济效益，同时促进了产业技术进步和行业健康发展。木材工业研究所在福建、浙江、山东等地实施了高性能重组木系列专利产业化，已在全国8省15家企业进行了技术转让，建成了包含关键装备、材料和制品的高性能重组木生产线12条，装备产能达到350台套/年，材料产能达到20万m^3/年，门窗产能达到18万m^2/年。近5年新增销售额20.5亿元，新增利润2.1亿元。

国际竹藤中心进一步完善知识产权管理制度及奖励机制，修订完善了《国际竹藤中心知识产权管理办法（修订稿）》，对知识产权的权属、管理、保密、奖励与惩罚等方面作了更详尽的规定，并设立知识产权专项基金，择优资助部分优秀专利年费，加强知识产权信息管理，做好科技成果认定、评价等工作，提升知识产权的创造、运用、保护、管理和服务能力，搭建专利技术合作平台，促进专利创造和转化，推动竹产业结构优化升级，积极为竹藤科技自主创新和产业发展服务。以项目为载体，不断加强竹藤产业共性关键技术研发，并采用建立示范、开展技术培训等形式，大力推广竹藤质新材料新技术，做好辐射带动示范作用，加强竹藤科技成果的转化与应用，促进竹藤产业转型升级。在福建和河南共建成竹复合管示范生产线2条；改进了竹束单板复合材料制造工艺，研发了竹质双拼梁构件制造及模块化组装连接技术，改建竹束复合板材双拼梁生产线1条，在福建永安市建成跨度6.9m的竹质双拼梁生态停车棚1个；研发了汽车内衬用竹纤维复合毡制造关键技术，建成汽车内衬件用竹纤维复合材料中试线1条；创新了竹OSB结构型材和工字梁制造技术，改建竹OSB生产线1条；优化了S型竹质填料的生产工艺和竹质填料设计，改建竹质填料生产线1条。在北京大兴机场南航基地推广应用竹束单板层积材料超过7000m^2。竹材加工关键技术的推广，使竹材在建筑、汽车、交通等领域的应用获得新突破，促进了我国竹产业转型升级和高质量发展。2019年，国际竹藤中心以专利技术为依托，开展横向合作项目，广泛开展合作交流和技术服务，支持地方竹产业发展，在继续做好与永安、黄山、宜兴、咸宁等基地科技合作的基础上，与福建省政和县人民政府、广西龙胜县林业局、四川长宁县人民政府、越南林业科学研究院等签署科技合作协议，与多家竹藤企业开展技术合作，并签订技术服务协议，利用科技人才和技术优势为企业服务，努力推动竹藤科技成果转化。

北京林业大学在科技管理中不断强化知识产权保护与利用，要求师生在科研活动过程中，对于核心技术要签署技术保密协议，离职后要厘清知识产权归属。在对外技术交流、合作以及成果转化时，注意审核知识产权相关的条款，切实维护高校发明人团队的知识产权权益，营造良好的学术道德和诚信创新环境。修订了《北京林业大学科技成果转化管理办法（试行）》，简化科技成果转化的流程审批，进一步规范科技成果的使用、处置和收益管理，发挥政策激励导向作用，促进和规范知识产权转移转化。2019 年，进行专利成果评估转让 8 项，涌现了“一株耐高温园林废弃物分解菌 ST4 及其应用”等一批许可转让项目，合同金额 156.9 万元。

东北林业大学形成了以专利为核心，集创造、管理、运营、保护、服务、教学、科研于一体的知识产权管理体系。为不断提升学校服务社会能力，提高科技成果转化效率，学校成立了科技成果转移转化工作领导小组，由校领导担任组长，相关职能部门负责人为成员，负责领导协调全校科技成果转移转化工作。为在经营管理上更加适应市场经济的发展，在学校资产经营公司下成立了全资子公司哈尔滨东北林业大学科技服务有限公司，作为科技成果转化和科技企业孵化的经济运营载体。学校修订了《东北林业大学科技成果转移转化管理办法》，明确了科技成果转化工作和创新创业的管理流程、各部门职责、股权分配原则、收益分配原则、激励奖励机制等配套措施；还出台了《东北林业大学科研津贴核算办法（试行）》等相关文件。学校各部门积极努力，打通转化通道，不断推进科技成果转化体制机制创新。2019 年，东北林业大学签订横向课题（含成果转化）316 项，合同经费 5077.7 万元，其中，专利技术转化 7 项，合同金额 17 万元。

中南林业科技大学加强与行业、企业、地方政府的深度合作，提升服务产业和社会的能力。2019 年，学校分别与湖南省林业局、衡阳、益阳、张家界、粮食集团、金健米业、湖南省永清环保、风河集团、福湘木业、圣象集团、宜华集团等市（县）、企业签订了校市（县、区）、校企全面战略合作协议，签订产学研合作项目 130 余项。举办了长沙—中南林业科技大学政产学研对接活动，为企业、高校之间成果转化牵线搭桥，促进优秀科技成果转化，现场签约涉及经济林、绿色食品加工等领域的 15 个合作项目。积极开展林业和草原科技成果转化和知识产权运用工作，成功转化《油茶专用多功能叶面肥、其制备方法及应用》（ZL201410083624.4）、《油茶专用生物菌肥的制备方法及制备得到的生物菌肥》（ZL201310302372.5）、《一种枣树嫁接愈合剂及使用办法》（ZL201410026922.X）3 项发明专利技术，获得较好的经济社会效益。

西南林业大学高度重视知识产权保护和运用工作，把知识产权管理贯穿到科研项目立项、实施、结题、验收的全流程中，在学科建设、人才队伍和制度建设等方面进一步突出和加强知识产权成果的权重，修订完善了知识产权成果的加权管理办法，加强产学研深度融合，加大并落实对教师知识产权成果转化的奖励。2019 年，学校将“一种复配缓蚀剂及其制备方法与应用”（ZL201410029051.7）发明专利技术转让给北京龙

飞恒信科技有限公司。加强知识产权学科建设，完善新型知识产权复合人才培养体系。（龚玉梅、王地利、赵健、柳玉霞）

加强林业植物新品种权受理和审查工作

国家林业和草原局植物新品种保护办公室依据法定程序和时限，进行植物新品种的申请、受理、初审、实质审查、授权及在信息系统同步管理等一系列审批工作，林业植物新品种受理、审查、授权数量再创新高。2019 年，共受理国内外植物新品种权申请 802 件。全年共完成 5 批 1021 件申请品种的初步审查并公告，330 件申请品种的 DUS（特异性、一致性、稳定性）专家现场审查，申请人变更、品种更名和实审补正材料 164 份。联系欧盟、加拿大、南非、日本和澳大利亚植物新品种办公室购买 DUS 测试报告 21 份，转田间测试 378 件。

2019 年国家林业和草原局公告授权植物新品种 2 批共 439 件，完成了 439 件品种权证书的制作、盖章和登记发放工作。编辑《林业植物新品种保护公报》2 期；对品种权申请、初审、授权及其他事项及时在中国林业植物新品种保护网站及《林业植物新品种保护公报》上公告，发布了初审公告、品种权变更转让公告、品种权提前终止公告、申请撤回公告、申请人变更公告、品种权人变更公报、品种名称变更公告和授权公告等共 5 批，发布植物新品种授权公告（国家林业和草原局公告）2 批，确保了林业植物新品种审批和授权的公开、公正，审批规范、高效，接受社会的监督。作为国家履行《UPOV 公约》和林业植物新品种权审批机关的一项重要的基础性工作，2019 年林业植物新品种权审批工作朝着更加标准化、规范化和制度化的方向发展。

在中国林业科学研究院林业研究所作为新品种实质审查组织单位的基础上，2019 年新增了中国林业科学研究院亚热带林业实验中心和黑龙江省林业科学研究所作为新品种实质审查组织单位，更好地适应了林业植物新品种申请量大幅增加的需求，为品种权申请人提供优质服务。启动了《专家库管理办法和审查专家抽取规则》工作计划，进一步完善现场审查制度，提高审查结果的严谨性、科学性和准确性。

截至 2019 年底，国家林业和草原局植物新品种保护办公室已受理国内外植物新品种申请 4519 件，授予植物新品种权 2202 件。

在规范管理、提高效率的基础上，国家林业和草原局植物新品种保护办公室组织专家团队开发了林业植物新品种信息管理系统 2.0 版。2019 年，组织品种权申请相关单位对林业植物新品保护信息管理系统 2.0 版进行了品种权网上电子申报和审批试运行的系统完善和测试工作，提高了植物新品种的申请和审批效率。

国家林业和草原局植物新品种保护办公室完成了向 UPOV 报送我国 2018 年度林业植物新品种申请、授权、品种权统计等 4 类数据的工作，向 UPOV 新品种数据库填报了 405 件授权品种的详细信息，包括数据的整理、翻译和数据报送，以实现林业授权植物新品种数据的全球共享。（杨玉林）

举办中国加入《国际植物新品种保护公约》20周年纪念活动

1. 举办中国加入《国际植物新品种保护公约》20 周年座谈会

2019 年 4 月 23 日是中国加入《国际植物新品种保护公约》20 周年纪念日。作为系列纪念活动的一项重要内容，中国加入《国际植物新品种保护公约》20 周年座谈会在京召开。农业农村部副部长张桃林、国家林业和草原局副局长彭有冬、国家知识产权局副局长甘绍宁、国际植物新品种保护联盟副秘书长彼得·巴顿出席座谈会并作了主旨发言。国家林业和草原局科技发展中心主任王永海、农业农村部种业管理司司长张延秋、农业农村部科技发展中心主任杨雄年，以及来自相关部委司（局）、省级主管部门、科研教学、企业机构等单位代表和各大媒体记者近 300 人出席了会议。

座谈会由农业农村部、国家林业和草原局、国家知识产权局共同主办，农业农村部科技发展中心、国家林业和草原局科技发展中心承办，旨在回顾 20 年来我国植物新品种保护事业发展历程，总结取得的经验与成效，推动新形势下植物新品种保护工作向新的、更高的目标迈进。

彭有冬副局长在主旨报告中指出，中国林业植物新品种保护法规体系不断完善，管理和 DUS 测试体系基本健全，行政执法力度逐步加强，转化运用能力显著提升，国际合作日益深化。近年来申请和授权量大幅增加，截至 2018 年底，共受理植物新品种申请 3717 件，授予植物新品种权 1763 件，林业植物新品种保护工作取得显著成效，林业植物新品种对现代林业发展的支撑作用日益凸显。彭有冬副局长表示，国家林业和草原局将以更严的要求、更高的标准、更实的举措全面推进林业植物新品种保护工作，努力打造植物新品种创新高地和植物新品种保护高地。

彼得·巴顿副秘书长致辞并代表国际植物新品种保护联盟向农业农村部植物新品种保护办公室和国家林业和草原局植物新品种保护办公室赠书，该书由国际植物新品种保护联盟根据中国加入《国际植物新品种保护公约》20 年历程编撰。农业农村部科技发展中心主任杨雄年、国家林业和草原局科技发展中心主任王永海上台接受了这一珍贵的贺礼。

2. 举办植物新品种保护国际研讨会

2019 年 4 月 23 日，植物新品种保护国际研讨会在京召开。作为“4·23 中国加入《国际植物新品种保护公约》20 周年纪念日”的系列活动之一，来自中外植物新品种保护体系管理和技术方面的专家共聚一堂，从不同维度交流经验、探讨热点问题，助力中国植物新品种保护事业的发展。

国家林业和草原局科技发展中心主任王永海、农业农村部种业管理司司长张延秋、日本农林水产省知识产权课课长尾崎道、国际植物新品种保护联盟副秘书长彼得·巴顿先后致辞。

国家林业和草原局科技发展中心龙三群副主任作“中国林业植物新品种保护进展报告”，农业农村部科技发展中心朱岩副主任作“中国农业植物新品种保护进展报告”，农业农村部科技发展中心韩瑞玺博士、国际植物新品种保护联盟技术 / 区域官员（亚洲）本村知睦先后介绍了 DUS 测试审查国际合作情况，欧盟植物新品种保护办公室技术部负责人格哈德·舒昂介绍了欧盟接受别国 DUS 测试报告合作情况，日本农林水产省食品工业事务局知识产权处高级顾问米野笃广介绍了日本植物新品种保护国际合作情况，美国专利与商标局高级法律顾问吴伊莲与知识产权专员克特西·苏卡品达联合作“美国植物新品种法案进展报告”。参会者对专家所作报告产生了浓厚的兴趣，纷纷提出所关心的问题，现场交流互动气氛十分热烈。

3. 举办中欧植物新品种保护研讨会

2019 年 4 月 22 日，国家林业和草原局科技发展中心（植物新品种保护办公室）会同农业农村部相关部门，以及欧盟新品种保护办公室、欧盟知识产权项目中国办公室共同召开植物新品种保护研讨会。与会人员就《中华人民共和国植物新品种保护条例》的修订、中国加入《UPOV 公约》（1991 年文本）可行性，以及农民特权和实质性派生品种制度等重要议题进行了深入探讨和交流。荷兰、法国、UPOV 秘书处和欧盟新品种保护办公室专家对《中华人民共和国植物新品种保护条例》的修订提出了意见和建议，并介绍了农民特权、实质性派生品种制度在欧洲的实施情况，中方专家介绍了《中华人民共和国植物新品种保护条例》修订的进展，以及中方对农民特权和实质性派生品种保护制度的研究成果。

此次研讨会是中欧知识产权合作项目（IP Key）的中欧植物新品种保护内容，会议的顺利召开对于继续实施 IPK 项目，进一步完善中国植物新品种保护制度，提升中国植物新品种保护水平，增进中欧植物新品种保护交流与合作具有重要意义。（杨玉林、周建仁）

推进林业和草原生物遗传资源调查编目工作

深入贯彻落实《中国林业遗传资源保护与可持续利用行动计划（2015—2025 年）》，全面完成了全国核桃遗传资源调查编目工作，正在抓紧编写全国核桃遗传资源状况报告，在云南省普洱市开展了林业和草原遗传资源及相关传统知识调查与研究。

1. 全国油茶、核桃遗传资源调查编目工作取得重要成果

《中国油茶遗传资源状况报告及编目》已送出版社。核桃遗传资源调查编目在 2018 年完成全国 15 个省（自治区、直辖市）项目验收的基础上，2019 年又完成四川、山东、广西等 9 个省（自治区、直辖市）的核桃遗传资源调查编目项目验收工作。全面完成了全国核桃遗传资源调查编目工作，正在抓紧编写《中国核桃遗传资源状况报告》。全国 24 个核桃分布产区，共调查收集核桃遗传资源 7990 份，其中，核桃 4949 份、泡核桃 1678 份、山核桃 1018 份、薄壳山核桃 262 份、其他 83 份。完成了代表性样本的数据填报和图像采集录入工作。编制了 24 个省（自治区、直辖市）的《核桃遗传资源状况报告》和《核桃遗传资源目录》（初稿）。

核桃是中国重要的木本油料植物，遗传资源十分丰富。为全面系统掌握中国核桃遗传资源的分布及利用状况，切实加强核桃遗传资源的保护管理与开发利用，促进核桃产业健康、可持续发展，自 2014 年以来，国家林业局组织开展了全国核桃遗传资源调查编目工作。其目标是在全国范围内开展全面系统的核桃遗传资源调查，查清中国核桃遗传资源的分布、数量及利用状况等，建立全国核桃遗传资源信息数据库，编制完成《中国核桃遗传资源状况报告》和《中国核桃遗传资源目录》。

2. 举办林业生物安全与遗传资源管理培训班

2019 年 6 月 2～5 日，林业生物安全与遗传资源管理培训班在厦门举办。这次培训列入国家林业和草原局 2019 年培训计划，由国家林业和草原局科技发展中心主办、国家林业和草原局人才开发中心承办。来自各省（自治区、直辖市）林业和草原主管部门的管理人员，林业科研院所、大专院校相关科研人员共计 80 多人参加了培训。在培训班上全面布置了 2019 年度全国 30 个省（自治区、直辖市）林业外来物种调查与研究工作，介绍了林业遗传资源管理和国际履约工作，规范了开展林木转基因工程活动审批程序与监督管理，以进一步提高林业与草原生物安全与遗传资源管理水平。

3. 开展林业遗传资源科技扶贫工作

贵州省独山县地处贵州最南端，与广西南丹县接壤，是贵州省乃至大西南进入两广出海口的必经之地，是国家林业和草原局重点支持的深度贫困县。2019 年，国家林业和草原局科技发展中心组织实施了“区域适生无患子优良种质资源筛选及培育技术”遗传资源管理方面的科技扶贫项目，由北京林业大学在独山县完成。项目主要内容是完成调查收集贵州区域无患子种质资源 30 份；对现有实生林进行改造，基于前期研究成果，建设了 40 亩①实生无患子高光效矮化培育技术示范林，利用嫁接技术营建了无性系无患子高光效矮化技术培育示范林 10 亩；对接无患子产业国家创新联盟，协助开展原料林培育及关键技术问题科技支撑；与企业合作，通过当地农民参与无患子育苗、原料林培育、果实销售、科技推广等，促进农村产业结构调整，提高农户收入，帮助 50 户农户脱贫等。

2019 年 6 月 25～26 日，国家林业和草原局科技发展中心王永海主任带队，赴贵州省独山县指导科技扶贫工作。到达独山后，先后到上司镇无患子原料林基地调研，检查了浪念坡 7 年生无患子原料林示范基地和甲塘无患子原料林试验示范林，并到无患子产品生产企业了解有关无患子产业的整体发展状况，召开了由当地政府、林业部门、无患子生产企业（无患子产业国家创新联盟单位）以及北京林业大学参加的座谈会。会上独山县政府有关领导就无患子产业在当地的发展、项目组对科技项目扶贫工作、有关企业对无患子产业发展、无患子产业对当地脱贫的贡献等进行了汇报。王永海主任指出，科技扶贫项目采取“公司 + 农户”的方式，既保证了项目的实施，也保证了农户的收入，使农民在一定时期内有稳定的收入，起到了脱贫的示范作用。王永海主任强调，科技发展中心将一如既往地支持独山县，做好服务，推动科技扶贫工作取得更显著成效。

4. 开展林业和草原遗传资源及传统知识调查研究

国家林业和草原局十分重视与林业和草原遗传资源相关传统知识保护与利用工作，在云南省普洱市开展了林业和草原遗传资源及相关传统知识调查与研究，基本摸清了当地林业和草原遗传资源相关传统知识状况，提出了传统知识保护与利用策略，开辟了林业和草原知识产权保护新领域。

云南省是我国少数民族分布最多的省，森林资源丰富、树种多样在云南民族文化

---

① 1 亩 =1/15hm^2，以下同。

多样性中起着重要作用。少数民族在利用林业和草原遗传资源方面具有丰富的生物多样性与自然保护文化内涵和实践经验，具有深厚传统文化和乡土知识。为深入了解少数民族地区林业和草原遗传资源及相关传统知识现状，2017—2019 年国家林业和草原局组织中国林业科学研究院资源昆虫研究所科技人员，对云南省普洱市哈尼族、彝族、拉祜族、佤族、傣族、布朗族、白族、傈僳族和景颇族等 9 个世居少数民族聚居区林业和草原遗传资源及相关传统知识进行调查研究，以促进林业和草原遗传资源及相关传统知识有效保护与可持续利用。方法主要是文献研究、问卷调查、关键人物访谈等，范围是思茅区、景东彝族自治县、宁洱哈尼族彝族自治县、孟连傣族拉祜族佤族自治县、西盟佤族自治县、澜沧拉祜族自治县、宁洱哈尼族彝族自治县等。实地调查还选取了神山林、集体林、私有林 3 种类型 12 块样地，以分析不同管理方式对生物多样性的影响。本次调查统计到民间野生食用植物 61 科 82 属 135 种、药用植物资源 63 科 136 种、野生食用菌 15 科 19 属 30 种。调查结果显示，云南普洱市的林业和草原遗传资源及相关传统知识丰富，微生物遗传资源及相关传统知识多样，传统文化对森林生物多样性影响深远。

国家林业和草原局将组织开展林业和草原生物遗传资源调查和评价，开展与遗传资源相关传统知识保护与利用试点示范，建立林业和草原遗传资源信息共享、监测评价、产权登记和保护制度，促进林业和草原生物遗传资源保护与可持续利用，切实履行《名古屋议定书》，强化知识产权保护。（李启岭、尚瑞广）

开展中国专利奖组织推荐工作

根据国家知识产权局关于组织推荐中国专利奖的通知要求，国家林业和草原局科技发展中心积极组织中国专利奖林业项目的推选工作，强化知识产权保护和运用工作导向，通过积极动员、广泛征集、公平筛选，挑选出林业行业对技术创新及经济社会发展具有突出作用的林业专利，参加中国专利奖评选。2012—2019 年共有 26 项林业专利荣获中国专利优秀奖，有效激励了林业科研创新主体和发明人，有利于促进林业科技自主创新，增强林业核心竞争力。

1. 中国专利奖的组织和推选工作

国家林业和草原局科技发展中心根据中国专利奖评选的基本条件，每年均从全国各地的林业企事业单位征集优秀林业专利项目。采用集中评审与实地调查相结合的方式，做好优秀林业专利的筛选工作，重点放在对于林业发展具有重大影响的核心技术专利，以及已经转化应用且经济社会生态效益显著的林业专利和在实际侵权案件中保护效果良好的林业专利。专家组既包括林业技术专家也包括知识产权研究人员，确保筛选工作的公平、公正。

通过媒体报道、网站宣传和出版书籍等多种形式，对林业专利获奖情况进行宣传，每年及时将林业专利获奖情况在国家林业和草原局政府网、中国林业知识产权网和《中国绿色时报》上公布，并将重点内容收录到中国林业（和草原）知识产权年度报告中，增强了林业企事业单位对中国专利奖评选的关注，提高了自主创新的积极性，提升了林业行业的知识产权保护意识。同时将中国专利奖的推选工作与林业知识产权试点示范、林业专利产业化推进、林业知识产权宣传周等各项工作相结合，扩大中国专利奖组织推选工作的影响。

2019 年，根据《国家知识产权局关于评选第二十一届中国专利奖的通知》（国知发运字〔2019〕20 号）和《中国专利奖评奖办法》（知办发管字〔2018〕20 号），国家林业和草原局科技发展中心经过广泛征集、组织专家评审，推荐了中国林业科学研究院林产化学工业研究所的“由桐酸甲酯制备 C_{21} 二元羧酸聚酰胺环氧固化剂的方法”（ZL200810024943.2）、南京林业大学的“一种喷雾机及其风送喷雾装置”（ZL201210322976.1）和南京林业大学、杭州优思达生物技术有限公司的“一种定性检测松材线虫的试剂盒及其检测方法”（ZL201210303532.3）3 项林业发明专利项目参评第二十一届中国专利奖。

2. 5 项林业专利荣获第 21 届中国专利优秀奖

2019 年，经全国各行业部门、省（自治区、直辖市）、行业协会推荐，国家知识产权局组织专家评审，第 21 届中国专利奖评审结果公示，共有 5 项林业专利荣获第 21 届中国专利优秀奖，分别是中国林业科学研究院林产化学工业研究所的发明专利“由桐酸甲酯制备 C_{21} 二元羧酸聚酰胺环氧固化剂的方法”，南京林业大学、南通市广益机电有限责任公司的发明专利“一种喷雾机及其风送喷雾装置”，北京林业大学的发明专利“一种测定林分蓄积变异分布的技术方法”，寿光市鲁丽木业股份有限公司的发明专利“一种可饰面定向刨花板及其制备工艺”和成都大熊猫繁育研究基地的发明专利“大熊猫适时放对自然交配方法”。这 5 项获奖专利的质量和创新水平高、实用性强，为专利权人赢得了显著的经济效益和市场竞争力，表现出很强的创新发展优势（表 1）。

表1　2019年中国专利优秀奖——林业项目

序号	专利号	专利名称	专利权人	发明人
1	ZL200810024943.2	由桐酸甲酯制备 C_{21} 二元羧酸聚酰胺环氧固化剂的方法	中国林业科学研究院林产化学工业研究所	夏建陵、黄坤、李梅、聂小安、杨小华、王定选
2	ZL201210322976.1	一种喷雾机及其风送喷雾装置	南京林业大学、南通市广益机电有限责任公司	周宏平、许林云、郁金
3	ZL201510060543.7	一种测定林分蓄积变异分布的技术方法	北京林业大学	冯仲科、刘金成、邱梓轩
4	ZL201510061938.9	一种可饰面定向刨花板及其制备工艺	寿光市鲁丽木业股份有限公司	钟笃章、国智武
5	ZL201310070743.1	大熊猫适时放对自然交配方法	成都大熊猫繁育研究基地	张志和、侯蓉、黄祥明、王成东、罗婕、兰景超、蔡志刚

“由桐酸甲酯制备 C_{21} 二元羧酸聚酰胺环氧固化剂的方法”（ZL200810024943.2）发明专利属于环氧树脂固化剂制备领域，公开了一种由桐酸甲酯制备 C_{21} 二元羧酸聚酰胺环氧固化剂的制备方法。第 1 步：将 100 份质量的桐酸甲酯和 20.6～30.9 份质量的丙烯酸，以及占丙烯酸质量的 0.5%～1.5%的阻聚剂，于 160～180℃进行加成反应 2～3 小时，真空蒸馏除去不反应物，脱色剂脱色，得 C_{21} 二元羧酸单甲酯。第 2 步：将 1 摩尔

由第1步得到的C_{21}二元羧酸单甲酯在0.5小时内滴加到140℃的1.5～2摩尔的多元胺中，在170～200℃进行酰胺化反应，反应时间为3～6小时，真空蒸馏除去水分和游离胺，得C_{21}二元羧酸聚酰胺环氧固化剂。本发明桐酸甲酯得率可以达到85%，反应活性高，反应需要能耗低，所制备的C_{21}二酸聚酰胺固化剂与环氧树脂的固化产物具有较高的强度、模量和较好的耐热性能。

“一种喷雾机及其风送喷雾装置”（ZL201210322976.1）发明专利提供了一种可提高整个出口风速的均匀性，以减少出口（径向）风力的散射，从而提高雾滴的有效输送距离的风送喷雾装置。该风送喷雾装置，包括与轴流风筒出口相对的背板，背板上设置与轴流风筒同轴的导流锥；在轴流风筒与背板之间还设置有第一分流导向板和第二分流导向板，从轴流风筒流出的轴向气流在第一分流导向板、第二分流导向板和导流锥的引流导向下形成3部分径向气流；该3部分径向气流分别从轴流风筒的壳体与第一分流导向板之间、第一分流导向板与第二分流导向板之间、第二分流导向板与背板之间流出；用于喷雾的喷头置于第一分流导向板与第二分流导向板之间。

“一种测定林分蓄积变异分布的技术方法”（ZL201510060543.7）发明专利公开了一种测定林分蓄积变异分布的技术方法。该发明是根据林分条件选择合适的断面积系数F_g，选定林分，进行机械布点，并用GPS定位每一个布设点，按每点F_g进行林木观测，记录每公顷林木株数N_i（$i = 1, 2, 3, \cdots, n$），求算林分蓄积量V，并分别按间隔为d，$2d$，…，rd，…，nd，确定点位间的协方差大小，进而得出林分蓄积的变异分布函数，算出林分蓄积测定时方差满足时的最合适布设间距，最终确定林分蓄积测定的最佳方案。

“一种可饰面定向刨花板及其制备工艺”（ZL201510061938.9）发明专利涉及一种可饰面定向刨花板及其制备工艺，可饰面定向刨花板包括芯层和表层，芯层原料选用胶合板生产过程中剩余的旋切单板下脚料，表层原料选用集成材、细木工板、刨花板或中纤板生产过程中产生的锯屑、刨花、废纤维、砂光粉，所述原料经干燥、筛选、施胶、铺装、板坯锯裁和热压后制得可饰面定向刨花板，定向刨花板平行方向的静曲强度可达到22～30MPa，弹性模量可达到3500～4800MPa，表面粗糙度小于0.8μm，可直接用于加工饰面，亦可以广泛代替胶合板、细木工板、刨花板、中纤板等人造板。

“大熊猫适时放对自然交配方法”（ZL201310070743.1）发明专利公开了一种大熊猫适时放对自然交配方法，其以雌性大熊猫雌二醇真实峰值及其出现时刻为基础准确地检测出了雌性大熊猫LH峰值及其出现时刻，然后依据雌二醇真实峰值时刻、LH峰值时刻与雌二醇真实峰值时刻的时间间隔、雌雄大熊猫是否同时出现发情高峰行为等条件，将正常排卵雌性大熊猫个体安排在雌二醇真实峰值时刻之后的16～30小时内进行首次自然交配，将延迟排卵雌性大熊猫个体安排在雌二醇真实峰值时刻之后的30～36小时内进行首次自然交配，之后再进行1次或多次自然交配，首次自然交配的时间段由过去的48小时缩短为现在的20小时，最终使大熊猫自然交配成功率从过去的21.05%提高到46.15%，成功率翻了一倍多。

中国专利奖是中国唯一的专门对授予专利权的发明创造给予奖励的政府部门奖，已被联合国世界知识产权组织（WIPO）认可，在国际上具有一定的影响。中国专利奖由国家知识产权局于1989年设立，已评选了21届，从2009年第11届起，中国专利奖评选周期由每两年一届改为每年一届。为了更好地发挥专利奖的导向作用，国家知识产权局完善了中国专利奖评选办法和评奖指标。新的评奖办法更加强调评选的科学性，扩大了社会的参与面，在评价内容上进一步突出了专利的质量导向，更加注重专利的技术先进性，强调专利运用的实际效益及其对经济社会发展的贡献和对行业发展的引领作用。中国专利奖的公信力、权威性、代表性和影响力日益增强，目前已成为推进中国知识产权事业发展的重要平台，对引领创新驱动发展、推动知识产权强国建设发挥了积极作用。（龚玉梅、王忠明）

推动林业知识产权联盟建设

林业知识产权联盟（以下简称“联盟”）是由全国林业行业具有民事主体资格的企事业单位、社会团体，根据相关法律、法规自愿组成的互助协作联合体。

联盟的目标：关注知识产权，共建美丽中国，促进林业知识产权事业规范、健康和有序发展，推动林业产业转型升级，提升产业核心竞争力。

联盟的宗旨：联盟成员在平等互利的基础上，通过资源共享、协同行动、自律互助等合作形式，建立产学研合作机制，协同攻关，权益共享，共同突破林业产业发展技术瓶颈，应对林业知识产权纠纷和风险。

联盟的职责：构建林业知识产权信息共享平台，促进信息资源共享，为会员提供准确的知识产权信息服务；建立林业知识产权展示平台，为专利、植物新品种权提供展示推介、价值评估、质押融资等综合服务，促进会员知识产权转化运用；建立联盟知识产权协作机制，建立林业领域核心专利池，推动会员之间的知识产权转让、交叉许可和对外协同实施，促进知识产权向产业技术体系集聚，实现增值共赢；促进联盟会员守法自律，针对重点侵权案件提供维权救助，参与国际知识产权谈判和争议解决，共同应对知识产权纷争，维护联盟会员合法权益；定期举办知识产权培训、研修、交流活动，提升意识、增强能力；举办研讨会、展览会、论证会、交流会等相关活动，组织专题调研，就林业知识产权相关问题进行探讨，向相关部门提出政策建议；开展联盟宗旨所允许的其他活动。

成立联盟有利于进一步完善产学研相结合的林业技术创新体系，有利于林业行业资源的优化配置，有利于开展国内企业专利技术的合作与推广，有利于共同应对国际知识产权纠纷。

为完善产学研相结合的林业技术创新体系，搭建了林业专利技术合作和信息交流平台，使林业产业核心竞争力得到提升。国家林业和草原局科技发展中心指导建立了木地板、竹材、木门和地板锁扣 4 个专利联盟。专利联盟通过交流信息、提出专利需求和技术需求、整合资源、相互许可等，促进了林业专利创造。

2019 年，中国林产工业协会牵头的“地板锁扣专利保护联盟”，为有效应对地板行业国际贸易壁垒，推进我国地板行业专利保护工作，组织国内主要地板企业积极应诉，参与国际知识产权谈判和争议解决，共同应对知识产权纷争，促进联盟会员守法自律，针对重点侵权案件提供维权救助，维护联盟会员合法权益。积极组织企业进行锁扣专利技术梳理和挖掘分析，利用协会和联盟的沟通平台与比利时尤尼林公司（UNILIN）和瑞典瓦林格公司（VALINGE）进行谈判。建立木地板领域核心专利池，推动会员之间的专利转让、交叉许可和对外协同实施，促进专利向产业技术体系集聚，实现增值共赢。联盟的宗旨是充分运用市场机制，建立以市场为驱动、技术为支撑、项目为纽带的开放式产、学、研合作模式，以此提升整个地板行业和企业的核心竞争力。

中国林业科学研究院木材工业研究所推进“木地板专利联盟”运营工作，维护和完善了木地板专利联盟网站，为会员单位提供了优质的信息服务。联盟在促进木地板专利的保护、运用和创造，搭建专利技术合作平台，推动木地板产业结构优化升级，提升我国木地板产业的核心竞争力等方面起着重要作用。

国际竹藤中心推进“竹材专利联盟”运营工作，通过“竹材专利联盟”网站，宣传竹产业知识产权知识，搭建专利技术合作交流平台，促进专利创造，推动竹材产业结构优化升级，提升我国竹材产业的核心竞争力。由国际竹藤中心牵头筹建的“国家竹产业技术创新中心”以国家“一带一路”战略为契机，利用国际竹藤组织和国际标准化组织竹藤技术委员会2个国际窗口，促进政产学研协同创新，提升自主知识产权拥有量和知识产权的创造、运用和转化能力，为国家重大技术创新提供战略支撑。（马文君、王姣姣）

开展林业重点领域专利分析研究

专利文献的信息内容分析服务可以为科技创新寻找技术解决方案，使技术创新获得灵感，并能提高技术创新和科研的起点，同时避免重复研究、节约经费。因此，整合全球林业专利信息资源，利用科学的专利分析方法挖掘全球林业技术情报，不仅能为林业技术创新指明方向，而且还能为国家政策制定、林产品国际贸易和国际谈判提供技术支撑。

国家林业和草原局知识产权研究中心采用德温特世界专利索引数据库（DWPI）、德温特创新平台（DI）和德温特数据分析工具（DDA）等专利分析工具，建成了集专利检索、管理和分析功能于一体的林业专利信息预警分析系统，采用智能化的数据挖掘技术和先进的可视化技术，可自动进行几十种重要的专利分析、自动生成近百种统计图表，并可实时监测和分析国内外林业行业相关领域的专利动态变化，为林业专利预警分析研究提供基础数据分析平台。

针对林业行业容易遭到国外专利壁垒的重点林产品领域进行了动态跟踪和调查，对专利数据做统计和分析，聘请技术专家全程参与，采用定量和定性相结合的分析方法，建立了一套科学、严谨的重点出口林产品领域的知识产权预警指标体系和应急机制。运用数据挖掘技术和可视化技术，从海量、异构、分散的专利数据中挖掘和分析隐含的规律和发展趋势，掌握目标技术的专利分布情况和发展趋势、主要竞争对手和近年来的研究热点，剖析技术发展重点及空白点，判定知识产权风险及被侵权嫌疑，查明该领域现有的专利法律状态，重点防范已授权专利，密切关注已公开专利，积极利用失效专利，提出应对措施和方案，增强知识产权预警能力，为政策制定和破解林产品出口的技术贸易壁垒提供支撑。

2019 年，国家林业和草原局知识产权研究中心组织开展了瓦楞纸板、纳米纤维素技术、生物质能源以及美国农业部和日本国立森林综合研究所的专利分析研究。开展了木地板行业核心专利识别研究，全面采集全球 1960—2018 年公开的木地板相关专利文献 43035 件，选取专利引文量、同族专利量、权利要求数和专利诉讼 4 个指标，采用多指标综合加权体系识别方法，筛选出木地板行业核心专利文献 123 件，并对核心专利文献进行了深入分析、翻译和汇编，出版了《木地板行业核心专利分析与汇编》。深入开展木质门专利分析研究，完成了《木质门专利分析报告》初稿，将于 2020 年出版。

《木质门专利分析报告》基于我国木质门生产和出口的现状，系统收集了截至 2018 年底的全球木门专利文献 7544 件，进行数据整理和分类标引，建立了木质门专题数据库，对木质门的各类专利技术进行了深入而全面的分析研究，包括发展趋势分析、申请受理国分析、国家技术实力分析、申请人分析、发明人分析、法律状态分析、文本聚类分析、引证分析、同族分析等。依据木质门部分专利同时涉及了窗的保护特性，将木质门相关专利分为木质门、木质门（涉窗）、木质门框和木质门框（涉窗）4 种；依据木质门的功能特性，分为防火、防盗、隔热耐热、隔音门；依据木质门的结构组成特性，分为实木门、实木复合门和木质复合门 3 种。该报告对木质复合门进行了深入分析，按照木质门组成成分金属（钢、铝合金）、塑料、玻璃、胶合板、纤维板、刨花板和层压木等进行了分析。按同族数量和引证数量筛选出了核心专利 50 件，作为木质门行业的核心专利。根据数据分析结果，并结合专家意见，提出了我国木质门行业发展建议。该报告将对我国木质门行业的核心技术研发、中国企业建立知识产权规避和保护提供参考。（马文君、范圣明、黎祜琛）

开展国际林业知识产权动态跟踪与履约研究

国家林业和草原局知识产权研究中心跟踪世界各国林业知识产权动态，开展国内外知识产权相关法律法规、专利、植物新品种保护、生物遗传资源获取与惠益分享、林产品地理标志和传统知识保护等相关问题研究，组织专家进行信息采集、分析、翻译、编辑整理和综述，形成研究报告，提供林业知识产权信息服务，为国际履约和谈判提供技术支撑。

2019 年，开展了植物新品种保护助力全球粮食安全、育种者和农民充分利用植物遗传资源的最佳途径、《名古屋议定书》中有关获取和惠益分享的条款、《名古屋议定书》相关科学政策意义、遗传资源获取和惠益分享与植物新品种保护的相互关系、迁地微生物遗传材料获取多边机制的前景展望、英国森林遗传资源战略、土耳其最新的地理标志制度等研究。开展了美国植物新品种政策法规研究，对美国植物新品种相关法规进行翻译，《美国植物品种保护法及条例和实施细则》（编译）稿件已完成三审，将于 2020 年出版。

1. 遗传资源获取和惠益分享与植物新品种保护的相互关系

《名古屋议定书》《粮食和农业植物遗传资源国际条约》（简称《植物条约》）和《国际植物新品种保护公约》（简称《UPOV 公约》）是关于植物和植物遗传资源的 3 个国

际条约。这些条约在生物多样性保护、农民权利、粮食安全和粮食主权方面有不同的规定。但从国际角度看，这3项条约没有内在冲突，它们制定的法律制度适用于不同的对象。由于这些条约在国际层面上不存在冲突，因此在国家（或地区）层面的实施情况将决定这些条约的兼容性和相互支持的程度。在国家层面严格执行《UPOV公约》可能有损于《名古屋议定书》和《植物条约》的目标。同样，严格执行《名古屋议定书》也可能有损《UPOV公约》的目标。由于《UPOV公约》所规定的措施和义务比《名古屋议定书》和《植物条约》更明确，所以各国必须仔细考虑，以确保各项国际条约的平衡实施。

在国家层面可以协同实施这3个国际条约以便实现和促进获取和惠益分享，各国可以自由地制定关于农民权利的详细规定。此外，各国可以支持制定关于获取和惠益分享的规则，以尽可能公平和平衡的方式来满足育种者、传统知识拥有者、农民甚至专利持有人的权利，最终目的是促进生物多样性的保护和保存粮食和农业植物遗传资源，并支持植物新品种权公平对待其他权利，例如，农民权利。

《UPOV公约》与《名古屋议定书》和《生物多样性公约》之间为促进获取和惠益分享而建立的最紧密联系是农民特权和育种者豁免。经《与贸易有关的知识产权协议》（TRIPS）许可，在《UPOV公约》框架之外采用专门的植物新品种权体系可能提供了一种更好地平衡《名古屋议定书》《植物条约》和植物新品种权有关的权利和义务的方法。但是，这样做可能的不利后果是，由于在《UPOV公约》之外出现大量的本国植物新品种体系而破坏了国际间的协调，增加了育种者必须处理各种不同法律体系的负担等。因此，也许有必要考虑修订《UPOV公约》，以便在这3项条约之间取得更好的平衡，从而吸引更多的国家加入。《UPOV公约》(1991年文本)的生效早于《生物多样性公约》《名古屋议定书》和《植物条约》，而后3项国际条约的缔约方数量更多。在国家层面必须协调实施这些国际条约的情况下，各国在履行《UPOV公约》的承诺时，须注意到所承担的关于粮食和农业植物遗传资源的义务。

2. 植物新品种保护助力全球粮食安全

在气候变化和全球人口增长的背景下，鼓励植物新品种的开发是实现粮食安全和农业可持续发展的一项重要举措。

《2030年可持续发展议程》提出的愿景是：一个“粮食充足、安全、价格低廉、营养丰富”的世界；“经济增长、社会发展、环境保护和消除贫困与饥饿”是“可持续和包容的”；我们开发的技术“适应能力强、对气候敏感、保护生物多样性”。满足这些技术标准的植物新品种育种是将可持续发展转化为现实的重要组成部分，也是我们面临的重要挑战，特别是在农业生产用地有限、城市化进程加快、粮食和能源生产的需求不断增加、人类需求随环境变化而不断发展背景下。那么我们如何鼓励植物新品种的开发呢？

这就是UPOV可以发挥重要作用的地方了。UPOV提供了一个制度，使植物育种者能够保护其创新，并使育种者能从开发满足农民和消费者需求的品种中获得投资回报，从而鼓励他们继续投资新品种培育。UPOV通过促进育种者和育种计划的发展来支持植物育种领域发展，同时还确保世界各地的农民和种植者都能获得植物育种的最新进展。在UPOV体系下，有效利用植物育种者权利有助于将《2030年可持续发展议程》中提出的目标转化为现实。

与 UPOV 相关的联合国可持续发展目标包括：目标 1，在全世界消除一切形式的贫困；目标 2，消除饥饿，实现粮食安全，改善营养状况，促进可持续农业；目标 9，建造具备抵御灾害能力的基础设施，促进具有包容性的可持续工业化，推动创新；目标 12，采用可持续的消费和生产模式；目标 15，保护、恢复和促进可持续利用陆地生态系统，可持续管理森林，防治荒漠化，制止和扭转土地退化，遏制生物多样性的丧失；目标 17，加强实施手段，重振可持续发展全球伙伴关系。

植物新品种保护有助于提高农业生产力，从而助力全球粮食安全。在过去的 50 年里，世界许多地区的农业生产力取得了巨大进步。农业系统效率大大提高，在很大程度上是由于优良植物新品种的利用和现代农耕方式的应用。未来的粮食安全取决于这些领域的改善，尤其是面对全球人口预期的变化。预计到 2050 年，世界人口将从目前的约 76 亿增加到 98 亿，并将变得越来越城市化。综合考虑上述情况，再加上气候变化带来的挑战，继续探索提高全球农业生产力和可持续性的方法是必不可少的。

如果我们要进一步提高农业、园艺和林业的产量和产品质量，同时尽量减少对自然环境的压力，那么我们就需要鼓励开发高产、抗病虫害、耐盐、耐旱、能更好适应气候压力的植物新品种。我们还需要确保植物育种者对其新品种的保护过程是友好的、低成本且省时的。

3.《名古屋议定书》有关获取和惠益分享的规定

《名古屋议定书》于 2010 年作为《生物多样性公约》的补充协议获得通过，为向遗传资源的提供者和使用者提供更大法律上的明确性和透明性提供了坚实的基础。《名古屋议定书》的目标是“公正和公平地分享利用遗传资源所产生的惠益，包括通过适当获取遗传资源和适当转让相关的技术，同时亦顾及对于这些资源和技术的所有权利，并提供适当的资金，从而对保护生物多样性和可持续地利用其组成部分作出贡献”。

《名古屋议定书》第 2 条（c）款对“利用遗传资源”的定义是“是指对遗传资源的遗传和（或）生物化学组成进行研究和开发，包括通过应用《生物多样性公约》第 2 条定义的生物技术”。《名古屋议定书》对遗传资源的获取，公平合理地分享利用所产生的惠益，以及关于事先知情同意和共同商定条件的要求制定了一系列法律限制条款。经过事先知情同意并已达成共同商定条件的，遗传资源提供国应颁发许可证或其等效文件进行证明。一旦将该许可证或其等效文件提供给获取和惠益分享信息交换中心，它就成为“国际公认的合规证书”，可用于证明获取的合法性。

《名古屋议定书》缔约方对土著和当地社区设定了一系列附加义务，涉及他们对遗产资源相关传统知识的权利，以及在某些情况下对这些社区所拥有的遗传资源的权利。其中包括采取措施保证在得到土著和当地社区的事先知情同意或批准和参与，并且达成共同商定条件的前提下获得他们所拥有的遗传资源和与遗传资源相关的传统知识。缔约方在按照《名古屋议定书》履行他们的义务时，还需要按照国内法律，考虑土著和当地社区关于与遗传资源相关的传统知识的习惯法、社区条约和程序，并且尽可能不限制土著社区内部以及土著社区之间对遗传资源及相关传统知识利用和交换的习惯做法。

在与其他国际文书和协定的关系方面，《名古屋议定书》规定，“本议定书应以同其他相关国际文书相互支持的方式予以执行”。粮食和农业的遗传资源具有必须加以考虑的特殊性，《植物条约》论述了粮食和农业植物遗传资源的特点。此外，《名古屋议定书》在关于与国际协定及文书的关系的第4条中明确："本议定书是为执行《生物多样性公约》的关于获取和惠益分享条款的文书。在获取和惠益分享专门性的国际文书适用，且其符合并且不违背《生物多样性公约》和本议定书的目标时，就该专门性文书所涵盖的具体遗传资源以及为该专门性文书的目的而言，本议定书不适用于该专门性文书的缔约方"。

《名古屋议定书》提到了知识产权的概念。其中指出，缔约方在其行政、立法和政策措施中必须对达成双方同意条款的要求和程序做出明确规定，其中包括知识产权惠益分享的条款。《名古屋议定书》的附件不仅提到了知识产权，而且还提供了一份货币性和非货币性惠益清单，其中包括相关知识产权的共同拥有。与知识产权的另一个联系是，专利局或知识产权局一般可被指定为监督机构，以便执行《名古屋议定书》关于监测遗传资源利用情况（第17条），现在一些国家已经这样做了。《名古屋议定书》中没有明确要求指定专利办公室或知识产权办公室作为监督检查机构，缔约方在指定机构行使监督检查职能方面有一定的选择余地，只要这个机构在贯彻《名古屋议定书》第17条的要求方面能有效发挥作用。

4. 英国森林遗传资源战略

（1）森林遗传资源概念及意义

生物多样性是指所有生物及其所处的生态系统之间的差异性，包括种内、种间和生态系统之间的差异性。遗传材料是生物多样性的一个重要组成部分，它被人们所利用且对人类社会具有潜在价值。遗传材料被称为遗传资源，包括所有含有遗传功能单位的生物材料，如活植物、种子、繁殖体、组织培养物和DNA样本。来自树木和其他木本植物物种的遗传资源被称为森林遗传资源。森林遗传资源对生态系统、景观和生产系统的适应、发展和保护至关重要，并为木材、土壤和空气质量保护以及娱乐等提供必要的自然资本。

（2）全球及欧洲森林遗传资源背景

在国际上，联合国粮农组织（FAO）森林遗传资源全球行动计划旨在提高对这些资源的了解、保护和利用，并制定了战略优先事项。在欧洲，欧洲森林遗传资源计划（EUFORGEN）是一项国际合作计划，旨在促进欧洲森林遗传资源保护和可持续利用。EUFORGEN在提升对森林遗传资源认识，促进对森林遗传资源性质和价值的讨论以及保护森林遗传资源等方面发挥着重要作用。尽管英国在EUFORGEN的建立和发展以及就地遗产资源保护单位（GCU）最低标准制定等方面发挥了主导作用，但英国还尚未确定和注册其自身的任何遗产资源保护单位。建立遗产资源保护单位对于支持欧洲树种遗传多样性的协调保护至关重要。

（3）英国森林遗传资源保护现状

有效保护森林资源遗传需要就地保护和异地保护。对于前者，由英国皇家植物园邱园主持的英国国家树木种子项目已经广泛收藏了本土树种的种子。另外，英国森林研究所、未来树木信托和地球信托以及一些私营公司已经为一些阔叶树种和针叶树种建立了种源和子代试验以及无性系种子园。为了建立一个综合的英国森林遗传资源基因库，需要协调和扩大异地保护行动。更迫切的是，就地保护工作远远落后于异地保护。迄今为止，英国还没有指定遗产资源保护单位来管理目标物种的独特遗传生境。

英国虽然实施和制定了一些相关政策，但尚未制定专门针对森林遗传资源的政策。

英国涉及森林遗传资源的政策包括：《英国林业标准》《英格兰森林、木材和树木气候变化适应行动计划》《国家树木改良战略》《2010 年后英国生物多样性框架》《2018 树木健康恢复策略》等。需要制定支持这些政策的举措，以促进对英国森林遗传资源的认识和保护，并促进其在植树造林中的应用。

2019 年英国皇家植物园邱园（The Royal Botanic Gardens，Kew）发布了《英国森林遗传资源战略：保护英国独特的乔灌木多样性》。该战略的目标是：① 加强研究与合作，更好地了解英国森林遗传资源；② 指导英国森林遗传资源的就地保护和异地保护；③ 提升英国森林遗传资源的价值并促进其利用。该战略旨在通过协调整个英国的行动来实现这些目标，制定一个统一框架，找出英国森林遗传资源知识缺口，开展合作共同促进英国森林遗传资源研究和保护。该战略的愿景是：通过掌握更多英国树木地方适应性和遗传多样性模式及驱动因素的知识，提高对英国森林遗传资源的认识；广泛传播这些知识，并利用这些知识来支持英国树木和森林的保护和可持续利用。该战略确定的关键要素包括：① 合作促进森林遗传资源的转变；② 传播森林遗传资源价值的知识并促进其利用；③ 加强森林遗传资源研究与合作；④ 就地保护；⑤ 异地保护。（马文君、范圣明、李博）

试点示范

实施林业知识产权转化运用项目

为深入贯彻实施国家知识产权战略，促进林业专利技术转化应用，推动林业产业转型升级，国家林业和草原局科技发展中心在地方林业部门和有关单位推荐的基础上，经过专家评审，在2011—2019年期间组织实施了78项林业知识产权转化运用推进项目，有45项林业知识产权转化运用项目通过了验收。国家林业和草原局科技发展中心围绕林业重点产业发展对新技术的需求，优选林业专利技术成果，通过工艺完善及技术组装配套，进一步熟化专利技术，形成完整的技术体系和产品线，扶持符合林业发展需要和市场推广前景广阔的专利技术转化及推广运用项目，建立林业专利产业化示范基地，既扶持开发科技含量高、特色鲜明、市场竞争优势明显的专利新产品、新技术，又重视培育科技型林业中小企业的发展，开展林业专利转化服务，以点带面，推动林业专利成果转化。以林业龙头企业的专利转化运用为突破口，带动中小企业积极参与，形成专利产业化集群和示范基地。

1. 实施18项林业知识产权转化运用项目

2019年国家林业和草原局科技发展中心组织实施了“应用2*n*配子创造三倍体芍药新品种”“石竹复合墙体加工及构件组装的产业化应用技术”和“压力蒸汽热处理竹束制造户外竹重组材产业化示范”等11项林业专利技术转化运用项目，“文冠果新品种区域试验与示范”“海棠新品种‘粉芭蕾’快繁与栽培示范”和“沙棘新品种‘红棘1号’示范和推广”等7项林业授权植物新品种转化运用项目（表2）。

表 2　2019 年林业知识产权转化运用项目

序号	项目名称	承担单位	负责人
1	应用 2*n* 配子创造三倍体芍药新品种	北京林业大学	于晓南
2	绿色家居用材加工专利技术产业化	中南林业科技大学	张仲凤
3	石竹复合墙体加工及构件组装的产业化应用技术	国际竹藤中心	陈复明
4	压力蒸汽热处理竹束制造户外竹重组材产业化示范	南京林业大学	李延军
5	杜仲叶林丰产栽培技术及其精粉产品产业化开发	西北农林科技大学	朱铭强
6	人造板用防水级大豆蛋白胶剂制备方法的产业化	东北林业大学	高振华
7	一种新型二维网架结构地热地板和制造技术示范与应用	黑龙江省木材科学研究所	王宏棣
8	杜仲胶高效提取技术产业化推进与示范	国家林业和草原局泡桐研究开发中心	孙志强
9	紫薇免移栽的嫩枝扦插育苗药剂及方法示范推广	湖南省林业科学院	曾慧杰
10	南洋楹无性系组织培养规模化生产体系建立	广东省林业科学研究院	晏姝
11	杉木优良种质无性扩繁中试及应用造林	广西壮族自治区林业科学研究院	陈琴、戴俊
12	‘辽瑞丰’核桃授权新品种转化	辽宁省经济林研究所	赵宝军
13	杂交相思新品种‘赤云相思’推广与示范	广西壮族自治区林业科学研究院	曹艳云
14	文冠果新品种区域试验与示范	中国林业科学研究院林业研究所	王利兵
15	‘鲁白杨 1 号’新品种转化应用	山东省林业科学研究院	李善文
16	‘豫皂 2 号’皂荚新品种示范与推广	河南省林业科学研究院	刘艳萍
17	海棠新品种‘粉芭蕾’快繁与栽培示范	南京林业大学	谭鹏鹏、张往祥
18	沙棘新品种‘红棘 1 号’示范和推广	中国林业科学研究院沙漠林业实验中心	罗红梅

（1）应用 2*n* 配子创造三倍体芍药新品种

应用“一种芍药 2*n* 配子诱导方法”（ZL201510229538.4）发明专利技术，进行芍药 2*n* 花粉诱导及细胞学观察，判别芍药小孢子母细胞减数分裂进程，在小孢子母细胞进入减数分裂前期至中期对花蕾进行秋水仙素诱导，检测 2*n* 花粉的诱导率，并对其进行花粉活力鉴定。开展芍药杂交育种亲和性与 2*n* 配子杂交效应研究，为 2*n* 花粉设置自交和异交不同杂交组合，应用荧光原位萌发技术，观察花粉粒萌发及花粉管生长情况；比较自交、异交受精过程的差异；分析 2*n* 与 1*n* 花粉参与受精能力差异；评价 2*n* 配子杂交效应。进行多倍体幼胚拯救技术研究，在杂交授粉后 20d、30d、50d、80d、100d，分别取得完整胚珠用于离体培养，通过调节培养基种类、生长调节物质的种类与浓度、环境因子调控等手段，获得三倍体的离体培养幼苗。

（2）绿色家居用材加工专利技术产业化

应用“一种木材防腐胶粘剂的制备方法”（ZL201310744539.3）、“一种木单板先进复合材制造方法”（ZL201310743504.8）2 项发明专利技术，进行技术熟化和小批量试产，构建绿色家居用材加工产业化技术体系，在湖南福湘木业有限责任公司改建绿色家居用材加工产业化技术示范生产线 1 条，进行工业化生产。跟踪产品质量，并建立企业标准，总结技术经验，并向国内其他家居企业进行产业化技术与产品推广，为企业创造经济效益，助力传统家居产业结构调整与绿色转型升级。

（3）石竹复合墙体加工及构件组装的产业化应用技术

应用“一种模块化集成石竹复合新型墙体构件的制造方法”（ZL201610301874.X）发明专利技术，开展石竹复合新型墙体的结构设计与模块化制造，优化竹束单板层积材及复合板加工工艺，对竹束 / 木单板复合板的物理力学性能进行评价，组装结构体系合理、物理性能良好的石竹复合墙体。形成石竹复合墙体模块化加工组装技术规程 1 套。改建年产 1000m^2 竹束单板层积材生产线 1 条，具有年产 3 万 m^2 的竹束单板层积材及复合板石竹复合墙体能力，制造系列石竹复合新型墙体构件，并对其保温隔音等综合性能进行评价和推广示范。利用竹束单板层积材通过合理的结构设计制造石竹复合墙体 2～3 套。竹墙板的物理力学性能满足《GB/T 22349-2008 木结构覆板用结构胶合板》的要求，石竹复合新型墙体的热工级别达到《GB 50361-2005-T 木骨架组合墙体技术规范》指标要求，导热系数≤ 0.50 W/（m^2·K）。

（4）压力蒸汽热处理竹束制造户外竹重组材产业化示范

应用“一种高耐候性重组竹的制备方法”（ZL201511002296.1）、“一种具有户外耐候性的竹重组材的制造方法”（ZL201510994521.8）、“一种湿热高压木材热处理方法”（ZL201511002295.7）、“一种竹束干热处理方法”（ZL201511002293.8）4 项发明专利技术，开展竹束压力蒸汽热处理技术熟化和中试试验，构建压力蒸汽热处理竹束制造户外竹重组材的全套生产技术。在福建省连城县竹匠新材料有限公司、浙江省安吉辉簧竹业有限公司改建年产 3000m^3 的户外竹重组材示范生产线 1 条，开发户外重组竹地板、竹墙板 2 种新产品，户外竹重组材产品的静曲强度≥ 80MPa，弹性模量≥ 10000MPa；24 小时吸水厚度膨胀率≤ 10.0%，24 小时吸水宽度膨胀率≤ 4.0%。

（5）杜仲叶林丰产栽培技术及其精粉产品产业化开发

利用西北农林科技大学选育出的‘秦仲 1 号’‘秦仲 2 号’‘秦仲 3 号’‘秦仲 4 号’杜仲优良品种，研究不同的种植方法、水肥调控和互作模式调控对杜仲叶林栽培化学成分和生物量的影响，建立杜仲叶林高效栽培技术规程 1～2 个，建成杜仲叶林栽培模式丰产示范林 1000 亩，预计年产杜仲叶、皮 1500t。应用“一种杜仲精粉及其制备方法”（ZL201410499418.1）和“一种杜仲精粉、杜仲多糖及杜仲胶联产提取分离方法”（ZL201410499693.3）2 项发明专利技术，完善从杜仲中提取杜仲精粉等生物活性成分的综合加工技术，与陕西仲欣生态农业有限公司和新疆思仲生物科技有限公司合作建成年处理 1500t 杜仲资源的综合利用生产线 1 条，年产杜仲精粉系列产品 100～200t、不同分子量的杜仲多糖产品 100～200t。

（6）人造板用防水级大豆蛋白胶剂制备方法的产业化

应用“人造板用防水级大豆胶黏剂及其制备技术”（ZL201510038624.7）发明专利技术，进行技术熟化、胶黏剂配方和制备工艺优化，获得适于产业化生产的防水级大豆蛋白胶黏剂优化制备技术。在宁波中科朝露新材料有限公司改进大豆胶黏剂生产设备，进行产业化中试和人造板中试生产，生产的防水级大豆蛋白胶黏剂，无甲醛添加，固含量不低于 35%，贮存期不低于 3 月。对大豆胶黏剂及其人造板产品性能进行综合评价，获得全面熟化的、可进行产业化生产和应用的防水级大豆蛋白胶黏剂成熟制备技术，完成 1000t 防水级大豆蛋白胶黏剂的产业化生产及其人造板的生产应用。

（7）一种新型二维网架结构地热地板和制造技术示范与应用

应用“一种带有二维网架结构的地热地板”（ZL201410022776.3）和“一种带有二维网架的地板基材”（ZL201410022397.4）2 项发明专利技术，优化新型二维网架结构地热地板的制造工艺和流程，在广西荔浦王仁忠板材厂改建年产 2 万 m² 的新型网架结构地热地板生产线 1 条，生产新型二维网架结构地热地板 500m²，地热地板尺寸稳定性、导热效能、静曲强度、浸渍剥离等主要性能指标达到或超过行业标准 LY/T 1700-2018《地采暖用木质地板》规定的要求。

（8）杜仲胶高效提取技术产业化推进与示范

应用“一种超音速蒸汽爆破分离提取杜仲胶的方法”（ZL201410692680.8）发明专利技术，完善各项技术参数，确立针对不同原料的预处理工艺、后处理碱液无害化处理、副产物提取工艺、杜仲胶溶剂提取纯化工艺，形成一套标准化的杜仲胶提取技术体系。确立蒸汽爆破预处理、碱煮后处理的标准化处理参数，利用鹤壁正道生物能源公司的 QB-300E 型微型汽爆机组，对杜仲原材料进行批量汽爆预处理。确立杜仲叶、树皮、种皮杜仲胶标准化提取和质量检测技术，杜仲胶得率较传统工艺平均提高 30%，纯度达到 92% 以上。采用标准化工艺开展中试示范，从叶片、树皮和种皮中分别提取杜仲胶样品 5～10 kg。

（9）紫薇免移栽的嫩枝扦插育苗药剂及方法示范推广

应用“一种紫薇免移栽的嫩枝扦插育苗药剂及方法”（ZL201510290672.5）发明专利技术，在湖南省林业科学院试验林场扦插繁育紫薇优良新品种苗木 20 万株，扦插成活率 90% 以上，营建紫薇优良新品种苗木及繁育技术示范推广基地 10 亩，造林保存率 90% 以上，编写《紫薇免移栽嫩枝扦插育苗技术手册》。以点带面，通过技术培训、现场指导、农村科技特派员、网络媒体等多种方式，辐射推广嫩枝扦插繁育技术，带动周边紫薇苗木产业发展。

（10）南洋楹无性系组织培养规模化生产体系建立

应用“南洋楹组织培养外植体培育方法”（ZL201510683550.2）、“南洋楹无性系组织培养的方法”(ZL2016100012823.5)2 项发明专利技术，以 5 个优良无性系为繁殖材料，针对不同遗传背景的无性系提出 2～3 个无性系优化增殖和生根配方，增殖倍数达到 4.0 以上，生根率达到 80% 以上，调节生根与炼苗培育周期，瓶苗培育时间缩短 3～5d。集成南洋楹无性系外植体培育技术、无性系组织培养技术和轻基质育苗技术，建立南洋楹无性系组织培养生产线 1 条，繁育无性系苗木 6 万株 / 年。研制南洋楹无性系轻基质育苗配方，田间移植成活率达到 85% 以上。

（11）杉木优良种质无性扩繁中试及应用造林

应用“一种采用杉木组培苗以苗繁苗的方法”（ZL201410760528.9）发明专利技术，选用杉木优良种质材料，以杉木组培苗为采穗母株材料，建立杉木采穗圃，对采穗圃进行经营和管理，促进母株基部芽条萌发，剪取优质萌芽进行扦插育苗，获得大量优质扦插苗木，培育杉木优质苗木2万株。为广西壮族自治区河池市罗城仫佬族自治县提供杉木优质苗木2万株，指导杉木造林100亩。

（12）‘辽瑞丰’核桃授权新品种转化

开展授权植物新品种‘辽瑞丰’（品种权号：20160128）核桃品种的扩繁和培育技术研究，加强现有‘辽瑞丰’母本的树体管理，增强树势，在保证穗材数量的同时，提高接穗质量，通过温室内培育砧木苗并开展芽接，扩繁拟转化品种，扩繁苗木在辽宁省核桃适栽区内的葫芦岛市绥中县、建昌县的核桃育苗大棚内定植，建立采穗圃，保证大棚内砧木苗与母本树同步发育，保证嫁接成活率和嫁接苗质量，为产业化良种繁育奠定基础。项目完成时具备年繁殖2万～2.5万株‘辽瑞丰’新品种的采穗能力。扩繁‘辽瑞丰’良种苗木嫁接苗300株，提供给葫芦岛市绥中水口林场及葫芦岛市建昌县良种核桃繁育中心各150株，定植到育苗大棚，定植成活率90%以上。

（13）杂交相思新品种‘赤云相思’推广与示范

开展授权植物新品种‘赤云相思’（品种权号：20150171）无性扩繁技术研究，采用扦插、嫁接等无性繁育技术对赤云相思进行苗木扩繁，完善和熟化相关核心技术并提升相应的技术参数，营造新品种区域试验示范林，以检验其常规造林的速生性、抗逆性状的稳定性。建成‘赤云相思’新品种示范林3处，纯林、桉思混交林共40亩，示范林种植成活率达95%，植株保存率达90%。编制《杂交相思栽培管理技术手册》1套。通过集中授课、实地操作示范等方式，宣传和推广“赤云相思”等杂交相思标准化栽培技术。

（14）文冠果新品种区域试验与示范

以授权新品种‘中石4号’（品种权号：20180121）和‘中石9号’（品种权号：20180122）为材料，在科尔沁沙地南缘（辽宁省阜新市彰武县）、库布齐沙漠（内蒙古自治区鄂尔多斯市杭锦旗）、黄土丘陵（宁夏回族自治区吴忠市）、秦巴山区（甘肃省陇南市徽县）、大兴安岭南麓（内蒙古自治区赤峰市、通辽市）等地，建成至少3个不同区域的文冠果新品种丰产示范园，分别在20亩以上，选取地径3～5cm的文冠果幼树进行嫁接新品种‘中石4号’和‘中石9号’，或者直接栽培2年生文冠果嫁接品种苗，同时设置对照，管理措施相同，包括抹芽、树体修剪、水肥等，实施相应的栽培管理措施，达到持续丰产的目的，提出不同区域文冠果新品种丰产栽培技术体系。

（15）‘鲁白杨1号’新品种转化应用

采集授权新品种‘鲁白杨1号’（品种权号：20150127）的接穗和砧木，通过嫁接繁育‘鲁白杨1号’新品种苗木，在国有冠县苗圃建立‘鲁白杨1号’原种圃1亩和采穗圃3亩，生产接穗4万个，建立‘鲁白杨1号’繁育圃5亩，繁育优质苗木1.2万株，营造‘鲁白杨1号’示范林50亩，造林成活率在90%以上。加强原种圃、采穗圃、繁育圃和示范林的管理，包括浇水、除草、施肥、摸芽、病虫害防治等各项工作。

（16）‘豫皂2号’皂荚新品种示范与推广

开展‘豫皂2号’（品种权号：20160121）皂荚新品种示范，在河南省博爱县建立‘豫皂2号’皂荚新品种示范基地1处、面积15亩、方城县建立‘豫皂2号’皂荚新品种示范基地1处、面积20亩；开展技术培训，推广适用于‘豫皂2号’皂荚高效结刺的栽植密度、修剪、间作和肥水管理配套技术模式，以示范园区为技术辐射核心，辐射带动周边面积300亩，吸纳更多的贫困人员就业，助推脱贫攻坚。

（17）海棠新品种‘粉芭蕾’快繁与栽培示范

建立‘粉芭蕾’（品种权号：20170082）海棠新品种的快繁技术体系和标准化栽培技术体系，优化海棠新品种‘粉芭蕾’（品种权号:20170082）嫁接穗条采穗圃营建技术，建立高效采穗圃2亩，年产穗条10万枚。优化海棠砧木（湖北海棠）种子催芽与苗木嫁接技术，建立湖北海棠播种育苗基地2亩，繁殖砧木苗木12万株，地径≥6mm；繁殖建立‘粉芭蕾’海棠新品种繁殖基地20亩，繁殖苗木10万株。编制《海棠新品种‘粉芭蕾’栽培技术规程》，建立‘粉芭蕾’海棠新品种栽培示范基地30亩。

（18）沙棘新品种‘红棘1号’示范和推广

研究授权新品种‘红棘1号’（品种权号：20160133）沙棘新品种的嫩枝扦插育苗技术，繁育适于我国干旱沙区种植的‘红棘1号’扦插苗木5000株，以干旱沙区内蒙古自治区磴口县为示范点，在中国林业科学研究院沙漠林业实验中心实验林场，营建低株距宽行距的低密度‘红棘1号’农林复合间作示范林30亩，成活率85%，辐射推广200亩，并将‘红棘1号’与示范区优势作物（西葫芦、籽瓜）进行复合间作栽培，解决干旱沙区沙棘栽培的优良种质选择和土地、水资源合理利用问题，为沙产业发展起到示范带动作用。

2.9项林业知识产权转化运用项目通过验收

2019年，国家林业和草原局科技发展中心组织专家分别对“低粒径石蜡基乳液防水剂技术推广应用”“针叶聚戊烯醇生产专利技术产业化”和“浓香营养油茶籽油加工技术示范推广”等9项林业知识产权转化运用项目进行了现场查定和验收。项目均完成了合同规定的任务和考核指标，取得了良好的社会经济效益，促进了林业专利技术和授权植物新品种的产业化应用（表3）。

表3 2019年通过验收的林业知识产权转化运用项目

序号	实施年份	项目名称	承担单位	负责人
1	2017	低粒径石蜡基乳液防水剂技术推广应用	北京林业大学	曹金珍
2	2017	针叶聚戊烯醇生产专利技术产业化	中国林业科学研究院林产化学工业研究所	郑光耀
3	2017	经济林PGPR生物肥料专利技术产业化	山东省林业科学研究院	马海林
4	2017	山茶新品种‘垂枝粉玉’的转化应用	上海植物园	张亚利
5	2017	“一种快速获得鸢尾杂交优良无性系的方法”的转化应用	河北省林业科学研究院	尹新彦
6	2017	林木抗冻剂生产技术体系配套与完善	黑龙江省林业科学研究所	白卉
7	2017	马尾松优良种群组培无性化育苗技术中试	广西壮族自治区林业科学研究院	姚瑞玲
8	2017	薄壳山核桃容器嫁接苗培育专利技术产业化	云南省林业科学院	习学良
9	2017	浓香营养油茶籽油加工技术示范推广	中国林业科学研究院亚热带林业研究所	郭少海

（1）低粒径石蜡基乳液防水剂技术推广应用

北京林业大学应用“一种石蜡—硅烷复合防水剂及其制备方法”（ZL201310309275.9）发明专利技术，细化不同应用及特殊功能性需求，确定了适用于阻燃中密度纤维板和防腐处理木材的石蜡乳液性能参数及生产工艺。在河北固安盛辉阻燃材料有限公司建成生产能力为500t/年的低粒径石蜡乳液示范生产线1条，生产低粒径石蜡乳液20t，制备的石蜡乳液无分层和粗粒子，体积平均粒径为220mm。在河北长城木业集团公司进行阻燃中密度纤维板生产示范，与原技术相比，石蜡用量降低50%，阻燃剂用量减少10%，仍可达到相同的阻燃性能。制备的石蜡乳液/水载型木材防腐剂复合改性木材，经检测防水效率达73.5%。

（2）针叶聚戊烯醇生产专利技术产业化

中国林业科学研究院林产化学工业研究所应用“一种从冷杉针叶中提取分离三萜酸和聚戊烯醇的方法”（ZL201310481703.6）发明专利技术，采用丙酮低温脱蜡、乙醇萃取除杂、中压柱层析等分离纯化新技术，通过中试生产和技术熟化，完善工艺技术路线，优化工艺流程和技术参数，在广东乐昌县中健行集团有限公司建成了1.4t/年的针叶聚戊烯醇中试生产线1条，生产针叶聚戊烯醇原料药及其口服制剂产品，经检测，产品中聚戊烯醇含量为71.2%。开展了多项针叶聚戊烯醇的体外实验、细胞实验和动物试验，结果显示，针叶聚戊烯醇对阿尔兹海默病模型小鼠的学习记忆和认知功能具有治疗改善作用，其作用强弱与阳性对照药多奈哌齐相近，完成了针叶聚戊烯醇的稳定性考察和药效学试验，申请国家发明专利2项。

（3）经济林PGPR生物肥料专利技术产业化

山东省林业科学研究院应用“一株樱桃根际促生假单胞菌及其应用”（ZL201110376284）、“冬枣专用微生物菌剂、生物有机肥及其制备方法”（ZL201210501532.4）等8项专利技术，进一步熟化经济林PGPR筛选技术和新型生物肥料生产工艺，筛选适合冬枣、蓝莓、苹果等经济林树种的PGPR菌株10株，在山东农业大学和山东省林业科学研究院建立经济林PGPR菌种资源库2处。在山东德州创迪微生物资源有限公司建成液体菌剂二级和三级发酵中试生产线各1条，固体微生物肥料中试生产线1条，年生产能力1万t。在山东省滨州市、济南市、烟台市、青岛市建立经济林新型生物肥料中试示范基地4处，示范基地面积6200亩。申请发明专利1项。

（4）山茶新品种‘垂枝粉玉’的转化应用

授权新品种‘垂枝粉玉’（品种权号：20130015）2013年通过国家林业局植物新品种保护办公室审定，2017年通过上海市林木良种审定。上海植物园应用“一种束花茶花单芽扦插的快繁方法”（ZL20141051337.0）发明专利技术，开展授权新品种‘垂枝粉玉’的单芽扦插、多头嫁接、造型盆栽技术的熟化与探索，形成了以嫁接育穗、单芽扦插为核心的‘垂枝粉玉’产业化繁殖技术体系，提高扦插苗繁殖系数65%以上。结合‘垂枝粉玉’枝条垂软的特色，通过多头嫁接快速成型的精品苗培育技术，完善砧木主枝、一级乃至二级侧枝同时嫁接、多头嫁接等技术，开展束花茶花作为造型盆栽的产业化应用，在上海植物园试验基地繁殖‘垂枝粉玉’扦插苗2100株，多头嫁接精品苗500株、造型盆栽100盆。在欧洲开展‘垂枝粉玉’的试种。

（5）“一种快速获得鸢尾杂交优良无性系的方法”的转化运用

河北省林业科学研究院应用“一种快速获得鸢尾杂交优良无性系的方法”

（ZL201510773709.X）发明专利技术，熟化了有髯鸢尾和路易斯安那鸢尾成熟种胚诱导成苗技术，完善了种质资源保存和复壮技术，保存鸢尾新种质7个，形成了鸢尾成熟胚育苗技术规范。在河北省林业科学研究院试验苗圃建立鸢尾种质资源收集与繁育圃3亩，在河北省定州市绿谷农业科技发展有限公司建立鸢尾种质示范园2亩。申请发明专利1项，实用新型专利1项。

（6）林木抗冻剂生产技术体系配套与完善

黑龙江省林业科学研究所应用“通过气象因子量化指标预测发生杨树冻害等级的方法”（ZL201310216282.4）与“杨树抗冻剂及其应用”（ZL201410222191.6）2项发明专利技术，进行技术熟化，完善了植物冻害预防体系，在黑龙江省平山林业制药厂建成了林木抗冻剂生产基地和生产线，年生产能力10万t。研制了林木抗冻悬浮剂和林木抗冻微囊悬浮剂2种产品。在铁力市绿嵩苗木有限公司、哈尔滨市万宝苗圃、七台河市宏图丽业现代苗木科技有限公司、五常市显和绿化苗木繁育基地和牡丹江市茂森苗木种植专业合作社建立了欧洲白桦、榛子、蓝靛果、黑穗醋栗、枸杞、忍冬、沙棘、树莓、龙丰果树、文冠果、银中杨、白蜡、垂枝桦、水曲柳、蒙古栎抗冻剂喷施示范林共计5处，面积500多亩。

（7）马尾松优良种群组培无性化育苗技术中试

广西壮族自治区林业科学研究院应用“马尾松优良单株无菌外植体制备及初始芽诱导方法”（ZL201510163793.3）与“一种繁育马尾松优良群体无性化组培苗的方法”（ZL201510502243.X）2项发明专利技术，构建了以马尾松优良种质为繁殖材料的茎段芽组培技术，以繁育的优选超级组培苗为采穗母株，通过扦插快繁，实现马尾松规模化无性育苗。在广西壮族自治区国有派阳山林场、三门江林场和博白林场建立马尾松优良种群组培无性化壮苗繁育技术体系及无性育苗中试基地，培育无性化壮苗24万株，新建马尾松优良种群无性化试验示范林450亩，造林保存率达95%。申请发明专利4项，发布实施广西地方标准《马尾松组培快繁技术规程》。

（8）薄壳山核桃容器嫁接苗培育专利技术产业化

云南省林业和草原科学院运用“一种薄壳山核桃营养袋苗培育方法”（ZL201410075201.8）、“一种薄壳山核桃地苗嫁接方法”（ZL201410589350.6）2项发明专利技术，进行技术熟化，形成了成熟配套的薄壳山核桃容器嫁接苗培育技术体系。在云南省楚雄州禄丰县云南润雨薄壳山核桃科技开发有限公司基地，新建喷雾遮阳水培炼苗床4348.8m²，原有苗床改进排水系统6216.4m²，新建水培育苗温室大棚1240.8m²、修缮2095m²，培育出薄壳山核桃良种容器嫁接苗46.6万株，嫁接成活率达85%。在云南、广西、江苏、湖北、重庆、四川和贵州等7个省（自治区、直辖市）累计推广薄壳山核桃容器嫁接苗38.71万株。制定了《薄壳山核桃容器嫁接苗质量标准》（初稿）和《薄壳山核桃容器苗造林技术规程》（初稿）。申请发明专利4项。

（9）浓香营养油茶籽油加工技术示范推广

中国林业科学研究院亚热带林业研究所运用“一种浓香营养油茶籽油的加工方法”（ZL201310324096.2）发明专利技术，进行技术熟化，优化了蒸炒锅炒籽、双螺杆压榨、油茶饼粉碎烘干、干法冷脱胶、脱水留香和无沉淀冬化等生产工艺。在浙江久晟油茶科技股份有限公司改建了10t/d原料预处理—压榨、3t/d油脂精制冬化示范生产线2条，年产千岛源原味浓香茶油221t。相比传统工艺，千岛源原味浓香茶油加工成本降低 12.4%，经检测，其维生素 E 提高 11.06%，角鲨烯提高 55.28%，多酚提高 55.71%。编写了《浓香茶油加工技术手册》，举办培训班 3 期，培训人员 64 人次。（王地利、王忠明）

促进林业授权植物新品种转化应用

授权植物新品种转化应用是展示新品种生产潜力、发挥新品种效益的重要途径。促进植物品种权的转化运用，防止植物新品种“闲置”，是促进林业发展和保障育种人权益的基础。

1. 林业授权植物新品种转化应用调研

2019 年 6 月，国家林业和草原局科技发展中心组织专家赴北京林业大学、中国林业科学研究院林业研究所就林业授权植物新品种转化应用情况进行调研并召开座谈会。国家林业和草原局经济发展研究中心、国家林业和草原局知识产权研究中心，国家花卉工程技术研究中心，林木育种国家工程实验室有关专家学者参加了座谈会。北京林业大学介绍了学校新品种保护、管理工作的现状、设想和思路，以及学校新品种保护和转化应用的总体情况。中国林业科学研究院林业研究所介绍了近年来获授权植物新品种的总体情况及对科技成果转化的激励措施等。调研组就植物新品种转化率、侵权维权、激励机制、国内外市场发展等情况同与会专家学者进行了深入的研讨交流。各方围绕林业授权植物新品种转化面临的困难、植物新品种保护现状以及新品种申请、审查等存在的问题开展了交流讨论。与会专家结合自身研究领域提出了意见和建议，与会代表认为林业植物新品种保护和转化应用有其复杂性和特殊性，科研人员要不断努力繁育优良林木品种，共同为提高我国森林质量和林业科研水平作出贡献。

2. 开展文冠果新品种转化应用调研

按照国家林业和草原局科技发展中心开展“不忘初心、牢记使命”主题教育实施方案要求，组织开展文冠果新品种转化应用及对生态建设、林业和草原事业发展的作用和影响调查研究。摸清我国文冠果种质资源分布和产业现状，分析文冠果生态价值、经济价值和社会价值，归纳总结文冠果在荒山造林、良种选育、示范基地建设、产业化经营模式创新、一二三产融合、产业链延伸等的主要做法与经验，以推动农村产业兴旺，增加农民收入，助力乡村振兴与精准脱贫，为国家决策提出政策建议。

3. 授权植物新品种权拍卖——第四届植物新品种新技术拍卖会成交 2310.35 万元

授权植物新品种权拍卖，对植物新品种的转化应用起到了积极的推动和示范作用。第四届植物新品种新技术拍卖会 9 月 11 日下午在北京延庆举行，本次拍卖会由国家林业和草原局植物新品种保护办公室指导，北京棕科植物新品种权管理有限公司承办，国际无性繁殖园艺植物育种家协会、广东省园林植物创新促进会、首都知识产权服务业协会协办，拍卖总成交额达 2310.35 万元。拍卖开始前，举行了“把你的品种亮出来”植物新品种推介活动，众多一线育种者现场展示了各自的植物新品种。这些新品种各具特色、各有所长，在花色、叶色、生长特性方面脱颖而出。本次拍卖会共设置 51 件标的，起拍价从数万元到数百万元不等，最终成交 32 件。本次拍卖会首创了“三权（所有权、经营权、管理权）分立”的拍卖形式。通过北京棕科植物新品种权管理有限公司搭建的平台，完成了植物新品种权由看重成交价格向促进价值开发的转移，探索了一条新品种开发企业与育种人利益共享、风险共担的运行机制。北京棕科公司总经理骆会欣说：“以前，卖方希望将品种权直接转让给甲方，对买方来说这就相当于风险转嫁，因此这类形式的标的拍卖成功率不高。我们吸取前3届拍卖会的经验，通过拍卖合作开发权、商业开发权、品种转让权等方式，未来按一定比例分配收益，使双方共同承担风险，提高了拍卖成功率。”6个一串红新品种的品种独家管理权、“芭比龙的眼睛”系列新品种中国市场商业开发权等2项拍卖标的均成交，成为当天拍卖会上的最大亮点。2项标的分别由北京农学院和独立育种人刘克峰、北京兰中农商技术开发有限公司提供。现场起拍价和最终成交价最高的是民间育种人安文元和申秀枝培育的蒙林兰柏，拍卖方式为苗圃连同品种权整体转让，标的起拍价为600万元，最终成交价为660万元。国家林业和草原局植物新品种保护办公室副主任龙三群表示，植物新品种拍卖不仅仅是品种权的交易，更是普及新品种保护法律法规、推介植物新优品种的创新平台，有助于引导业内积极自觉保护、尊重知识产权，共同营造良好的市场氛围。

4. 植物新品种权转让

国家林业和草原局植物新品种保护办公室发布的林业植物新品种保护公告（第201905号）涉及2个植物新品种权转让和合作开发，南京林业大学的李属新品种‘粉彩’（品种权号：20180235）转让给江苏天悦生态农业股份有限公司；雷茂端的槐属新品种‘米槐1号’（品种权号：20180055）品种权人变更为运城迎波米槐开发有限公司。林业植物新品种保护公告（第201903号）涉及6个植物新品种的品种权人变更，进行合作开发，王晓铎的杨属新品种‘兴甫富贵杨’（品种权号：20180402）品种权人变更为长春市森峰农林科技开发有限公司；杨玉勇的5个绣球属新品种‘人面桃花’（品种权号：20150108）、‘湖蓝’（品种权号：20150104）、‘花团锦簇’（品种权号：20150106）、‘博大蓝’（品种权号：20150107）、‘翘瓣蓝’（品种权号：20150100）的品种权人变更为昆明南国山花园艺科技有限责任公司。这表明，林业授权新品种的市场潜力越来越大。（杨玉林、周建仁、张慕博）

执法保护

加强林业植物新品种权行政执法工作

1. 参加全国打击侵权假冒工作现场考核

按照全国打击侵权假冒工作领导小组办公室（以下简称“双打办”）的部署，国家林业和草原局参加全国打击侵权假冒工作现场考核工作组，配合全国“双打办”顺利完成了对地方“双打”工作的考核任务。

2. 开展 2019 年度全国林业植物新品种执法保护专项行动

为深入贯彻落实国务院《关于新形势下加强打击侵犯知识产权和制售假冒伪劣商品工作的意见》和《关于新形势下加快知识产权强国建设的若干意见》，2019 年 5 月印发了国家林业和草原局科技发展中心《关于组织开展 2019 年度全国林业植物新品种执法保护专项行动的通知》（林技执字〔2019〕13 号），组织开展 2019 年度全国林业植物新品种执法保护专项行动。各省（自治区、直辖市）要在本地区开展打击未经品种权人许可生产或销售林业授权品种的繁殖材料、假冒林业授权品种的行为，以及销售林业授权品种时未使用其注册登记名称的行为。重点对各种林木、花卉博览会、交易会等大型专业市场进行检查，尤其是对重点品种、重点区域、重点企业进行抽查，强调要按照有关法律、法规，严格加强监管，及时查处有关违法行为，净化交易市场。各省级林业和草原主管部门高度重视林业植物新品种权执法保护工作，加强组织领导，健全了林业植物新品种保护的执法机构，开展植物新品种保护宣传培训，提高了执法人员的水平和办案能力。

3. 协助地方培训植物新品种行政执法人员

为了提高执法人员素质，进一步加强植物新品种行政执法力度，国家林业和草原局科技发展中心要求各地要举办县市级执法人员培训班，强化执法机构建设，提高执法人员业务水平。在有关省级林业主管部门的邀请下，派人专门去讲授有关植物新品种法律、法规及相关案例，协助他们培训执法人员，取得了良好的效果。

4. 举办植物新品种权司法保护座谈会

为了落实中共中央办公厅、国务院办公厅《关于强化知识产权保护的意见》精神，国家林业和草原局科技发展中心执法处及其他有关处室广泛深入地开展调查研究，起草有关落实文件，谋划林业和草原知识产权发展大格局，力求通过强化林业和草原知识产权保护，促进林业和草原事业快速发展。2019 年 11 月 29 日，国家林业和草原局科技发展中心与最高人民法院知识产权庭举办植物新品种权司法保护座谈会，就植物新品种权司法保护有关问题进行了讨论和广泛交流。

5. 指导品种权人积极维权，营造良好的市场氛围

仔细解答品种权人的各种维权咨询，认真解释《中华人民共和国植物新品种保护条例》《中华人民共和国植物新品种保护条例实施细则（林业部分）》及《林业植物新品种保护行政执法办法》的有关规定，指导利害关系人积极维权。同时，对各省林业部门在实施《林业植物新品种保护行政执法办法》过程中的疑问及时解答，认真指导，努力促进各地营造良好的新品种市场氛围。（周建仁、马梅）

开展2019年全国林业和草原知识产权宣传周活动

2019年4月20～26日是全国知识产权宣传周，主题为“严格知识产权保护 营造一流营商环境”。2019年4月26日是第19个世界知识产权宣传日。为加强林业和草原知识产权宣传普及，提升全社会的知识产权意识，根据全国知识产权宣传周活动组委会的统一部署，国家林业和草原局于2019年4月20日正式启动了全国林业和草原知识产权宣传周系列活动。在宣传周期间，国家林业和草原局科技发展中心与有关司（局）和单位配合，通过媒体集中报道、出版科技图书、举办培训和座谈会等活动，向公众普及和宣传林业与草原知识产权知识，展示林业实施知识产权战略取得的新进展、新成就。

国家林业和草原局科技发展中心以中国林业网（国家林业和草原局政府网）、中国林业知识产权网、林业专业知识服务系统、《中国绿色时报》等媒体为载体，采取多种形式宣传了林业和草原知识产权知识，其中突出宣传了《国务院关于新形势下加快知识产权强国建设的若干意见》《国家林业局贯彻实施〈国家知识产权战略纲要〉的指导意见》和《全国林业知识产权事业发展规划（2013—2020年）》以及中国在提升知识产权质量方面的政策和举措，重点宣传了林业发明专利、植物新品种权等高质量的知识产权在推进生态文明和美丽中国建设中的显著成效。开通了2019年全国林业知识产权宣传周网站，图文并茂地展示林业知识产权成果和最新进展，营造了有利于林业知识产权创造、保护和运用的良好氛围。国家林业和草原局科技发展中心制定了林业知识产权宣传周活动方案，2019年4月26日在《中国绿色时报》发表专栏文章《我国林业知识产权保护工作释放新活力》，全面介绍了2018年林业知识产权的工作进展和成就，扩大了林业知识产权的影响力。同时编辑出版了《2018中国林业知识产权年度报告》和《木地板锁扣技术专利分析报告（2017）》，编印了《林业知识产权动态》。进一步完善了林业知识产权数据库，开展了林业知识产权信息咨询和预警服务，提高了林业知识产权信息资源的利用效率和服务水平，提倡全行业树立“尊重知识、崇尚创新、诚信守法”的知识产权文化理念，引导全行业从注重林业知识产权的数量向注重知识产权的质量、价值和效益转变。

按照国家林业和草原局部署，中国林业科学研究院、国际竹藤中心等直属单位也结合自身特点和需求，开展了知识产权宣传周活动。（龚玉梅）

出版《2018中国林业知识产权年度报告》

2019 年 4 月，国家林业和草原局科技发展中心、国家林业和草原局知识产权研究中心编写的《2018 中国林业知识产权年度报告》由中国林业出版社出版发行。

该报告指出，2018 年国家林业和草原局以实施知识产权战略为重点，全面落实《国家林业局关于贯彻实施〈国家知识产权战略纲要〉的指导意见》和《全国林业知识产权事业发展规划（2013—2020 年）》，从组织实施《2018 年深入实施国家知识产权战略 加快建设知识产权强国推进计划》林业重点工作入手，全力推进林业知识产权工作，有效提高了林业知识产权创造、运用、保护和管理水平，取得了显著成效，加快了林业发展方式转变，增强了林业核心竞争力。

2018 年，国家林业和草原局组织开展了全国林业知识产权宣传周系列活动，加快林业植物新品种权的受理和审查，完成了全国核桃遗传资源调查编目工作，推动林业专利技术和授权植物新品种的转化应用，加强了林业植物新品种权行政执法工作，开展了林业重点领域专利分析研究，建设了林业知识产权基础数据库和信息共享平台。

上海、湖南、广西等 30 个省（自治区、直辖市），中国林业科学研究院，国际竹藤中心，中国龙江森林工业集团，大兴安岭林业集团的林业知识产权工作取得了较好成绩，提升了林业知识产权的综合能力和水平，促进了林业产业发展。

2018 年，国家林业和草原局植物新品种保护办公室共受理国内外植物新品种权申请 906 件，授予植物新品种权 405 件。国家知识产权局中国专利数据库公开的林业相关专利共计 86842 件，其中，林业科研院所的专利公开量为 1450 件，林业高等院校的专利公开量为 6421 件。4 项林业发明专利荣获第 20 届中国专利优秀奖。

随着林业自主创新能力的不断增强，林业植物新品种权和林业专利、商标、林产品地理标志、版权数量稳步增长，质量明显提高，知识产权对现代林业和草原发展的支撑作用日益明显。截至 2018 年底，林业植物新品种申请量 3717 件，授权量 1763 件；林业相关专利公开量 438547 件，其中，发明专利 241118 件；林产品地理标志 978 件；林业软件著作权 7721 项。

该报告全面总结了 2018 年林业知识产权工作的主要进展和成果，旨在通过对一年来林业知识产权工作主要进展和成果展示，让更多的人了解、关心和支持林业知识产权工作，共同推进林业知识产权的创造、运用、保护和管理，为全面提升新时代林业和草原现代化建设水平提供有力支撑。（刘婕）

出版《木地板行业核心专利分析与汇编》

2019 年 12 月，国家林业和草原局知识产权研究中心编著的《木地板行业核心专利分析与汇编》由中国林业出版社出版发行。

针对我国木地板出口不断遭遇专利纠纷的现状，国家林业和草原局知识产权研究中心组织开展了全球木地板专利分析与核心专利识别研究。从德温特世界专利索引数据库（DWPI）检索并下载了 1960—2018 年的全球木地板专利文献共 43035 件，建立了木地板专题数据库，通过数据加工整理对木地板专利的整体状况，包括发展趋势、主要申请人、受理国家 / 地区、国家技术实力等进行了分析研究。本书采用专利引文量、同族专利量、权利要求数及专利诉讼 4 个指标的综合加权分值来识别全球木地板核心专利，最终筛选出木地板行业核心专利文献 123 件（80% 的专利涉及锁扣技术），其中，有效专利 56 件、失效专利 45 件、国际专利文献 22 件。根据专利数据分析结果，结合专家意见，对全球木地板核心专利进行了统计分析，并翻译了全球木地板主要核心专利摘要，撰写了《木地板行业核心专利分析与汇编》。

木地板行业属于传统技术领域，技术发展起步很早，早在 20 世纪 60 年代就出现了木地板相关专利申请，1960—1990 年是木地板技术萌芽期，木地板专利量较少，技术发展缓慢；1991—2007 年是木地板技术的快速发展期，木地板专利量迅速增长，企业的海外专利布局活动十分活跃，木地板行业的核心专利技术基本都产生于这一时期；2008 年至今是木地板技术稳定发展期，木地板年度专利量保持在相对稳定的水平。研究表明，全球木地板行业的核心专利技术分布在 1994—2010 年期间，主要掌握在欧洲，特别是瑞典和比利时 2 个国家手中，这 2 个国家掌握了全球木地板核心专利的 3/4。全球木地板专利量排名前 3 的是瑞典的 VALINGE 公司、比利时的 UNILIN 公司和瑞典的 PERGO 公司。这 3 家公司的专利量之和占全球木地板专利总量的 10.78%，核心专利量占全球木地板核心专利总量的 78.05%，是木地板行业的最强竞争者。木地板核心专利文献主要涉及锁扣技术，占核心专利文献总量的 80%，此外还涉及地板装饰层、地板材料、密封工艺、耐磨地板、直接层压地板、热塑性板材和“人”字形地板安装。

全书共分 6 章：第 1 章 概述；第 2 章 专利总体状况分析；第 3 章 单指标核心专利分析；第 4 章 多指标核心专利识别；第 5 章 核心专利汇编；第 6 章 总结与建议。其主要目的是介绍全球木地板专利的基本情况和发展趋势，筛选出木地板行业的核心专利，为我国木地板专利的创造、运用、保护和管理提供必要的数据支撑和决策参考。（马文君）

编印《林业知识产权动态》

为加强林业知识产权信息服务工作，跟踪国内外林业知识产权动态，实时监测和分析林业行业相关领域的专利动态变化，为国际履约和谈判提供信息支撑，2019 年编印了《林业知识产权动态》6 期，全年共发表动态信息 38 篇，政策探讨论文 6 篇，研究综述报告 6 篇，统计分析报告 6 篇。

《林业知识产权动态》是国家林业和草原局科技发展中心主办，国家林业和草原局知识产权研究中心承办的内部刊物，旨在跟踪国内外林业知识产权动态、政策、学术前沿和研究进展，通过组织专家进行信息采集、分析、翻译和编辑整理，对世界各国的林业知识产权现状及相关政策进行深入解读，提供林业知识产权信息服务。该刊为双月刊，每期20页，设有动态信息、政策探讨、研究综述、统计分析4个栏目，内容包括：各国林业知识产权动态、相关法律法规、国际履约相关问题研究、各国专利、植物新品种和生物遗传资源研究进展、林业重点领域专利分析研究、知识产权信息统计分析等。读者对象为知识产权相关的管理、科研、教学和企业人员。（马文君）

举办林业和草原植物新品种保护论坛与培训班

1. 举办全国林草植物新品种保护培训班

2019年11月18～20日，国家林业和草原局科技发展中心（植物新品种保护办公室）在浙江杭州举办了"全国林草植物新品种保护培训班"。各省级林业和草原主管部门科技处主管人员，部分植物新品种现场审查专家，以及育种企业负责人、育种者共计130余人参加了培训。

本次培训班旨在进一步强化省级管理人员对新品种保护法规政策的了解和掌握，统一植物新品种特异性、一致性、稳定性（DUS）现场审查标准，提升DUS现场审查质量，以适应林业和草原植物新品种申请量大幅增加的需求。科技发展中心、中国林业科学研究院、河北农业大学、北京林业大学、浙江理工大学的管理人员和专家讲授了植物新品种法律法规和制度建设、国际植物新品种保护新进展及发展趋势、植物新品种保护的申请、审批程序与管理事项，以及植物新品种DUS专家现场审查程序与管理等内容。培训班还组织学员赴杭州园林画境种业有限公司开展现场DUS审查训练，由专家团队进行现场DUS审查演示，对绣球、南天竹、冬青等植物新品种进行了现场审查流程培训。

2. 举办花卉品种创新与保护论坛

2019年9月12日，作为世界花卉大会主要内容之一，"花卉品种创新与保护论坛"在北京成功举办，来自69个国家、6个国际组织的200多位代表参加了交流研讨。国际无性繁殖果树和园艺植物育种者协会秘书长Edgar Krieger、橙色多盟首席执行官Biense Visser等嘉宾围绕为什么鼓励品种创新、如何保护品种创新以及新品种保护发展趋势等热点话题进行了探讨，并分享了一些成功案例。美国农业部植物新品种保护办公室、国家林业和草原局植物新品种保护办公室、中国农业科学院柑橘研究所、美国水果育种公司、以色列丹姿格花卉农场（集团）、澳大利亚贝克麦肯齐律师事务所、河北好望角律师事务所等专家以"国内外新品种维权路径与实践"为主题进行了交流研讨。加强花卉品种创新与保护是推动、壮大花卉产业的核心驱动，在大会最后通过的《2019世界花卉大会北京宣言》中，特别强调必须加强花卉品种权保护，知识产权保护、花卉育种行业的强大是建设美丽世界的重要因素；保护育种者和种植者权益是植物新品种持续推出的驱动力量；我们必须紧密合作，注重品种权等知识产权保护，维护育种者权益，共同营造培育新品种的良好环境。

3. 举办植物新品种保护全球化与对策高端论坛

2019 年 11 月 21～22 日，植物新品种保护全球化与对策高端论坛暨 2019 年度理事会扩大会议在浙江省海盐县举办。本次活动由国家林业和草原局科技发展中心指导，中国野生植物保护协会植物新品种分会、中国科学院昆明植物研究所、浙江中国科学院应用技术研究院共同主办。本次会议紧紧围绕植物新品种保护全球化与对策主题展开。来自中国林业科学研究院、中国科学院昆明植物研究所、中国农业科学院等单位的专家，分会企业代表就植物新品种选育、开发、保护和维权等作了专题报告。中国野生植物保护协会植物新品种分会会员、嘉兴市园林绿化学会会员、嘉兴市及海盐县相关部门代表等 100 余人参加了本次会议。（杨玉林）

加强林业和草原知识产权培训与媒体报道

1. 举办全国林草知识产权保护与管理培训班

2019 年 3 月 31 日至 4 月 2 日，国家林业和草原局科技发展中心在广州举办了全国林草知识产权保护与管理培训班。各省林业和草原主管部门知识产权管理工作负责人、国家林业和草原局有关直属单位知识产权管理工作负责人，以及林业知识产权试点示范、转化运用项目负责人共 80 余人参加了培训。

培训班邀请了国家知识产权局、中国林业科学研究院等单位的专家授课，分别就国家知识产权战略实施和知识产权强国建设、林业知识产权工作进展、林业知识产权分析与信息服务、林木遗传资源保护国内外趋势与国家战略及中国特色植物新品种保护体系等内容进行了培训，国际竹藤中心及广东、广西、山东等地林科院介绍了本单位的知识产权试点示范工作情况和经验。

2. 林业知识产权宣传和媒体报道

2019 年，充分利用报刊、电视和网络等媒体以及科普平台，结合世界知识产权日、知识产权保护宣传周等，多渠道、多层次扩大林业知识产权动态、政策法规、创新成果和典型案例的宣传面和普及率，积极培育尊重知识、崇尚创新、诚信守法的知识产权文化，营造有利于林业知识产权创造、保护和运用的良好氛围，提高了林业行业的知识产权保护意识，形成了全社会关注和支持林业知识产权工作的文化环境。全年在中国政府网、国家林业和草原局政府网、国家知识产权网、中国林业知识产权网、中国林业信息网、林业专业知识服务系统、中国林业植物新品种保护网等主要网站登载或转载有关林业知识产权方面的报道 200 多篇；在《中国绿色时报》和《中国知识产权报》上发表林业知识产权重点报道 41 篇（表 4）。2019 年重点报道包括：《中国知识产权报》1 月 30 日刊发的《植物新品种保护：长路漫漫　上下求索》，3 月 22 日刊发的《我国累计授予林业植物新品种权 1763 件》，4 月 18 日刊发的《一株“仙草”引领绿色升级》；《中国绿色时报》4 月 26 日刊发的《我国林业知识产权保护工作释放新活力》，7 月 2 日刊发的《新品种助力花卉产业创新发展》，9 月 17 日刊发的《加快中国植物新品种保护条例修订工作》，12 月 27 日刊发的《科技发展中心：肩负时代使命　提速行业发展》等。（龚玉梅、付贺龙）

表 4　主要媒体宣传报道林业知识产权

序号	标 题	载 体	报道日期
1	云南泡核桃早实丰产法获中国专利优秀奖	中国绿色时报	20190102
2	擦亮新疆特色林果业品牌	中国绿色时报	20190104
3	科技中心[①]：保持定力拓深拓广事业发展	中国绿色时报	20190107
4	西安植物园 4 个睡莲新品种获国际登录	中国绿色时报	20190108
5	中国坚果品牌集群成立	中国绿色时报	20190110
6	国际竹藤中心启动“中国竹藤品牌”计划	中国绿色时报	20190117
7	植物新品种保护：长路漫漫　上下求索	中国知识产权报	20190130
8	湖南成功选育 6 个木兰科新品种	中国绿色时报	20190212
9	科企联手育成切花荷花新品种	中国绿色时报	20190212
10	宁波农科院育出蟹爪兰新品种	中国绿色时报	20190212
11	1763 个新品种获得林业植物新品种权	中国绿色时报	20190319
12	我国累计授予林业植物新品种权 1763 件	中国知识产权报	20190322
13	北林大[②]苦苣苔新品种获国际登录	中国绿色时报	20190326
14	首批“中国家居综合实力 100 强品牌”名单公布	中国绿色时报	20190328
15	南召玉兰植物增加 5 个新品种	中国绿色时报	20190402
16	四季春园林新品种开发与保护兼顾	中国绿色时报	20190409
17	期待植物新品种保护条例更完善	中国绿色时报	20190416
18	一株“仙草”引领绿色升级	中国知识产权报	20190418
19	上海 4 个白玉兰新品种获得品种权	中国绿色时报	20190423
20	国家林草局全面推进林业植物新品种保护	中国绿色时报	20190424
21	林业植物新品种保护 20 年成效显著	中国绿色时报	20190426
22	我国林业知识产权保护工作释放新活力	中国绿色时报	20190426
23	南农大[③]菊花新品种推广成果丰硕	中国绿色时报	20190430
24	香杉商标侵权之争：壮象木业胜诉	中国绿色时报	20190502
25	云南锦海推出七个切花月季新品种	中国绿色时报	20190507
26	山东诞生首个红花早樱新品种	中国绿色时报	20190521
27	走进世园植物新品种保护国际研讨会将办	中国绿色时报	20190604
28	西北农林大[④]培育多个杨树新品种	中国绿色时报	20190610
29	云南登录 7 个茶花新品种	中国绿色时报	20190611
30	中国林科院[⑤]亚林所选育杨树低致敏新品种取得突破	中国绿色时报	20190620
31	新品种助力花卉产业创新发展	中国绿色时报	20190702
32	新品种打造荣兴苗木新价值	中国绿色时报	20190730
33	胡枝子新品种开发应用潜力大	中国绿色时报	20190820
34	昆明植物所育出 19 个兜兰新品种	中国绿色时报	20190820

（续）

序号	标 题	载 体	报道日期
35	2019 世界花卉大会在延庆开幕	中国绿色时报	20190912
36	加快《中国植物新品种保护条例》修订工作	中国绿色时报	20190917
37	第四届植物新品种新技术拍卖会成交 2310 万元	中国绿色时报	20191008
38	福建 13 个花卉新品种被授予国家植物新品种权	中国绿色时报	20191018
39	昆明植物所育出 3 个报春花新品种	中国绿色时报	20191022
40	植物新品种保护与产业化国家创新联盟成立	中国绿色时报	20191126
41	科技发展中心⑥：肩负时代使命　提速行业发展	中国绿色时报	20191227

注：①和⑥全称为“国家林业和草原局科技发展中心”，②全称为“北京林业大学”，③全称为“南京农业大学”，④全称为“西北农林科技大学”，⑤全称为“中国林业科学研究院”。

完善林业植物新品种测试体系

开展植物新品种特异性、一致性、稳定性（DUS）测试是植物新品种授权机关对申请品种进行实质审查的重要内容。通过建立、健全林业植物新品种保护的技术支撑体系，加快测试指南编制，完善已知品种数据库，加强测试机构的合理布局和条件能力建设，有效提高了审查测试能力。

1. 举办林业植物新品种测试机构工作座谈会

为了加强植物新品种测试机构建设工作，2019 年 3 月，国家林业和草原局科技发展中心分别对中国林业科学研究院亚热带林业研究所、热带林业实验中心、亚热带林业实验中心等单位进行调研，就其测试基地建设情况进行了座谈，总结、交流了测试经验，探讨了今后发展方向。同时，于 3 月 25～27 日，在浙江杭州组织召开了林业植物新品种测试机构工作座谈会。会议就林业植物新品种保护对测试工作的需求，以及测试工作整体布局及设想进行了广泛研讨，各测试分中心、测试站、分子测定实验室进行了充分的工作交流。全国 13 家林业植物新品种测试机构负责人及有关技术人员，共 30 多人参加了会议。

2. 制定林业植物新品种特异性、一致性、稳定性测试中近似品种确定标准

在特异性、一致性、稳定性（DUS）测试中，近似品种的确定是测试的关键。为了规范近似品种的选择，从来源、流程、公示等方面进行了规范，努力减小误差，为科学、准确测试提供基础。委托中国林业科学研究院林业研究所起草《林业植物新品种特异性、一致性、稳定性测试的近似品种确定标准》。该项目已由国家林业和草原局标准归口管理部门——科学技术司立项。

3. 加强植物新品种测试指南编制和审定工作

植物新品种测试指南是对申请品种权的林木新品种进行技术审查和描述的技术标

准，也是开展植物DUS测试的基础。按照国际植物新品种保护联盟（UPOV）对品种审查的要求，品种测试需依据相应的测试指南进行。为适应林业植物新品种申请、审查的需求，不断加大植物新品种测试指南制定工作。2019年，国家林业和草原局植物新品种保护办公室组织专家，分别对珍珠梅属、金露梅属、青檀属、山楂属、木槿属等7项植物新品种测试指南标准进行了审定，正按程序办理发布报批手续。同时委托中国林业科学研究院等单位负责制定《林业植物已知品种数据库建设规程》，组织国内相关科研院所开展杜仲属、栒子属、侧柏属、滇丁香、黄檗属、栎属、落叶松属等12项测试指南的编制工作，将进一步健全林业植物新品种测试技术标准体系，为品种审查和执法鉴定提供技术保障。

2019年，刚竹属、女贞属、樟属、爬山虎属、金合欢属（叶状柄类）、簕竹属6项林业植物新品种测试指南以林业行业标准发布（表5）。

表5 2019年发布的林业植物新品种DUS测试指南标准

序号	标准号	标准名称	发布日期
1	LY/T 3119-2019	植物新品种特异性、一致性、稳定性测试指南　刚竹属	20191023
2	LY/T 3120-2019	植物新品种特异性、一致性、稳定性测试指南　女贞属	20191023
3	LY/T 3121-2019	植物新品种特异性、一致性、稳定性测试指南　樟属	20191023
4	LY/T 3122-2019	植物新品种特异性、一致性、稳定性测试指南　爬山虎属	20191023
5	LY/T 3123-2019	植物新品种特异性、一致性、稳定性测试指南　金合欢属（叶状柄类）	20191023
6	LY/T 3124-2019	植物新品种特异性、一致性、稳定性测试指南　簕竹属	20191023

截至2019年底，共开展了159项林业植物新品种测试指南的编制工作，已完成了槐属、蔷薇属、桉属、枸杞属、榆属和崖柏属等58项测试指南标准的制定，分别以国家标准或行业标准发布，其中，国家标准12项、林业行业标准46项，有效提高了植物新品种的授权质量和审查测试能力。

4. 开展申请品种的田间测试工作

按照林业植物品种权审查进度，及时下达品种测试任务，组织并指导测试机构开展测试工作。2019年，委托云南省花卉技术培训推广中心（月季测试站）、中国林业科学研究院亚热带林业研究所（山茶油茶测试站）及上海林业总站（一品红测试站）分别对314个月季品种、47个杜鹃品种、11个山茶品种、5个绣球品种开展田间种植测试工作，要求各测试机构按照有关林业行业标准和《林业植物新品种测试管理规定》进行测试，为这些申请品种的依法授权提供了科学的审查依据。

5. 开展UPOV测试指南跟踪研究

为了提高植物新品种保护水平，国家林业和草原局科技发展中心委托中国林业科学研究院林业研究所开展UPOV测试指南跟踪研究，通过调查国内研究基础，分析我国优势，同时研究UPOV测试指南制定趋势，编制我国拟争取承担UPOV测试指南的目录。为加强品种审查和执法鉴定工作，在北京召开的国际植物新品种保护会议上，深入开展了品种鉴定技术研讨，借鉴国际经验。

2019 年在 UPOV 相关技术工作组会议上，中国专家争取承担了枸杞属、木兰属 2 项国际测试指南技术标准的制定工作，为我国植物新品种保护国际标准制定 争取了更多的主导权。

6. 品种 DNA 图谱数据库建设

开展了植物新品种测试新技术开发应用和 DNA 快速检测方法等测试技术研究，加强了品种 DNA 图谱数据库建设，继续完善月季和牡丹品种 DNA 图谱数据库构建工作，旨在为植物新品种权的行政执法取证提供技术支撑。（周建仁、马梅）

建设林业知识产权基础数据库和共享平台

科技创新的基础是知识的积累、传播、运用和创新，专利文献和科学数据是提供知识和技术的源泉，是科技创新的基础。充分利用和整合国内外林业知识产权信息资源，建立林业知识产权数据库和公共信息服务平台将为林业科学研究和科技创新提供信息支撑。

1. 林业知识产权基础数据库建设

国家林业和草原局知识产权研究中心系统收集和整理了国内外与林业知识产权相关的主要科学数据和文献资料，构建了知识产权信息资源的组织、收集和整合建设机制，加大了林业知识产权信息资源的整合、专家知识的搜集和数据库建设力度，完善和建设了林业专利、植物新品种权、林产品地理标志、商标、著作权、林业知识产权动态、案例、文献、法律法规和资源导航等 15 个林业知识产权基础数据库，2019 年新增数据量 10 万条，累计数据量 140 万条。

2. 林业知识产权网站运维管理

维护和管理了中国林业知识产权网（http://www.cfip.cn）和中国林业植物新品种保护网（http://www.cnpvp.net）。网上信息每日更新，免费使用，扩大了林业知识产权信息资源的共享途径和使用范围。2019 年，网站的用户访问量超过了 10 万人次，网站提供全年不间断、安全、稳定的在线检索服务，提高了林业知识产权信息资源的利用效率和服务水平。开通了“2019 年全国林业知识产权宣传周”网站，采取多种形式宣传林业知识产权知识和林业植物新品种保护成效，图文并茂地展示林业知识产权成果和最新进展，进一步扩大了林业知识产权的影响。（王忠明）

国际合作

开展林业植物新品种履约与国际合作

国家林业和草原局认真履行《国际植物新品种保护公约》，派员参加了国际植物新品种保护联盟（UPOV）理事会第53次例会、UPOV履约会议和相关技术工作组会议，依据会议的内容和国际发展趋势，结合国内情况，了解UPOV发展动态，积极研读相关文件，跟踪行政、法律以及技术进展，会前精心准备应对方案，积极提出意见和建议，履行了成员国责任，维护了中国林业植物新品种保护的国际地位和国家利益。持续开展了UPOV保护制度与自贸区谈判对策研究及实质性派生品种（EDV）标准研究等工作，为完善我国的植物新品种保护制度和自贸区谈判提供科学依据和技术支撑。

根据国家林业和草原局植物新品种保护办公室与欧盟植物新品种办公室签署的协议，开展与欧盟植物新品种保护办公室（CPVO）的技术交流工作。2019年6月10～16日，国家林业和草原局科技发展中心派员赴法国和瑞士，与欧盟植物新品种保护办公室（CPVO）和国际植物新品种保护联盟（UPOV）开展合作交流活动。8月5～16日山茶油茶测试站派员赴德国参加了植物新品种DUS测试培训和经验交流活动。欧盟植物新品种办公室派员到中国昆明月季测试站进行植物新品种测试技术培训。持续推动我国林业和草原植物新品种保护的对外交流与合作，切实提升了植物新品种测试人员的业务水平。

2019年9月15～19日，国家林业和草原局科技发展中心派员赴英国伦敦参加2019年世界知识产权大会，对世界知识产权保护、管理和转化等前沿问题进行了调研。通过会议，了解到国际知识产权管理、保护和转化的最新理论和观点，并与国内外知识产权保护单位进行了广泛交流。7月，参加了2019年世界地理标志大会，就地理标志国际和区域保护方法、地理标志附加值等内容进行了交流。

为了有效履行国际公约，加强国际植物新品种测试合作交流，2019年6月24～28日，派员出席了在匈牙利召开的第50届UPOV果树技术工作组会议。会上报告了我国林业植物新品种测试工作情况，参与修改了UPOV有关测试技术文件，讨论了有关国际测试指南草案。

2019年9月11日，国家林业和草原局植物新品种保护办公室会同农业农村部科技发展中心、国际无性繁殖果树和园艺作物育种者协会（CIOPORA），在北京共同举办了植物新品种保护研讨会。主要内容是中方通报相关工作进展情况，特别是《中华人民共和国植物新品种保护条例》(简称《条例》）修订进程,CIOPORA也提出了他们关心的议题，双方就《条例》修订涉及的建立实质性派生品种保护制度、规范农民特权，以及DUS测试、专家现场考察、扩充植物新品种保护名录、行政执法、中国“暂停品种权收费”所带来的影响、品种权实施中的维权案例、DNA鉴定标准及其指南等问题进行了详细讨论。最后，中方和CIOPORA都表示要进一步加强合作，共同推进植物新品种保护工作。

2019年10月14～18日，国际植物新品种保护联盟（UPOV）第37届自动化和计算机程序技术工作组（TWC）会议和第18届生物化学和分子生物学技术工作组（BMT）会议在杭州顺利召开。本次会议是UPOV首次将TWC与BMT会议联合举办。来自18个成员国和6个国际组织及企业的50余人参加了会议。主要内容有：TGP文件修订；自动化和计算机程序技术在植物品种信息录入、数据库构建和管理、软件应用等方面的介绍与技术交流；生物化学和分子生物学技术在植物品种鉴定识别、已知品种管理及DUS测试等方面的应用，植物品种分子数据库构建中分子标记的选择，EDV品种识别等方面的交流与讨论。国家林业和草原局与中国林业科学研究院代表团全程参加了会议，对生物化学和分子生物学技术在月季、牡丹、叶子花属、核桃及枸杞品种分子鉴定应用进展进行了阐述，并提出了国际合作意向。（杨玉林、王地利）

开展林业生物遗传资源履约

根据生物安全议定书公约秘书处的要求，国家林业和草原局科技发展中心作为履行生物安全议定书的牵头单位，积极配合生态环境部，推荐中国林业科学研究院郑勇奇研究员、北京林业大学安新民教授作为林业和草原部门的专家，参与并完成了《中国履行〈卡塔赫纳生物安全议定书〉第四次国家报告》的编写工作。

根据国家林业和草原局有关部门的要求，完成了《中国落实2030年可持续发展议程进展报告（2019）》中有关遗传资源保护与可持续利用方面的内容。按照职责指导亚太林木遗传资源网络和FAO亚太林木遗传资源培训工作。按照FAO的有关要求，委托中国林业科学研究院林业研究所启动了《中国林木遗传资源状况报告》（第二版）的编写工作，工作进展顺利，可如期完成并上交FAO。（李启岭）

各地动态

北京市林业知识产权

1. 开展 2019 年世界园艺博览会植物新品种保护活动

2019 年 10 月 9 日，为期 162 天的 2019 年中国北京世界园艺博览会胜利闭幕。北京市园林绿化局高度重视世界园艺博览会植物新品种保护工作，通过成立工作小组、加强宣传培训、加大检查等措施，确保了会议期间新品种保护工作“零投诉”的工作目标。一是成立世界园艺博览会植物新品种保护工作小组，专人负责世界园艺博览会的新品种保护工作。工作组每月不定期对园内的植物展示和新品种保护情况进行检查，确保新品种保护工作落到实处。二是开幕前，派专人参加有关单位组织的集中检查，查看园区内参展单位的植物新品种保护现状。三是以植物检疫工作为契机，对园区内植物进行摸底排查，对 3.5 万株树木悬挂了电子标牌。四是派专职人员于 2019 年 4 月 11 日进驻北京世园会知识产权保护办公室，根据世界园艺博览会活动安排并结合实际情况开展定期检查参展植物的情况，以各省日展示活动、各省地级城市主题日（周）、扶贫企业日、各国家日展示活动、各国际组织荣誉日、中国馆日、世园指定日为重点，以企业园、生活体验馆、世园小镇展示地为重点和关注点，查找植物新品种保护的风险点。在 162 天的世界园艺博览会知识产权保护中，对世界园艺博览会 29 件备案植物新品种高度关注，进行重点保护，对 9 件没有备案的植物新品种提出特别的保护要求，对中国展出的 1200 多个植物品种（其中，自主知识产权 40 多种），以及 40 多个国外新品种进行高频次检查（其中，对 2 家经营种子企业检查达 40 次）。五是对园区内的执法人员和参展单位开展针对性的宣传，面对面讲解植物新品种保护相关法律知识，同时借助组委会和市知识产权局组织培训的机会，讲解宣传植物新品种保护相关法律知识，营造合力保护的氛围；此外，在市和各区组织的种苗培训会上讲解新品种保护方面的法律和知识，营造守法经营新品种的社会大环境，在世界园艺博览会期间累计参加培训1400余人次。通过参加世界园艺博览会管理工作，北京市园林绿化局不但圆满完成会展期间新品种保护任务，维护了品种权人合法权益和国家形象，同时也锻炼了执法队伍，加强了园林绿化行业新品种保护的意识，推动北京市植物新品种保护工作向高质量方向发展。

2. 开展植物新品种权实施情况摸底调查

在核发林木种子生产经营许可证现场检查、造林苗木质量抽查和“双随机”检查中摸底调查植物新品种的生产使用情况，通过检查深入了解了北京市植物新品种权保护的使用现状及发展困境，为下一步打击植物新品种权侵权提供了依据和方向。（北京市园林绿化局）

天津市林业知识产权

1. 建立健全工作机制

为做好天津市林业知识产权保护工作，天津市规划和自然资源局把林业知识产权保护、打击侵权假冒工作作为年度重要任务，加强组织领导，成立由分管局领导任组长，森林野保处、森林公安、执法总队（原林业站、种苗站）负责同志为成员的植物新品种保护领导小组，办公室设在森林野保处，负责组织、协调和工作推动。建立工作微信群，畅通市、区2级联络员工作机制。各区林业主管部门也成立了相应组织机构，落实相关工作。向社会公布举报电话，接受公众监督。

2. 制定方案，进行部署

为贯彻落实国家林业和草原局科技发展中心《关于组织开展2019年度全国林业植物新品种执法保护专项行动的通知》（林技执字〔2019〕13号），将保护与打击侵犯林业植物新品种权行为有机结合起来，制定了《天津市开展林业植物新品种执法保护专项行动方案》，天津市规划和自然资源局向各区林业主管部门印发《关于开展2019年度林业植物新品种执法保护专项行动的通知》（津规自森林发〔2019〕179号），组织各区开展保护知识产权、打击制售假冒伪劣林木种苗和侵犯林业植物新品种权的违法行动。

3. 加强培训，提高工作人员能力

为进一步提高林业知识产权运用效益、提升林业知识产权质量重要性的认识，加强各区林业种苗、植物新品种保护相关人员的工作能力建设，2019年7月，举办了全市基层种苗站相关人员能力素质培训班，9月举办了基层林业站站长能力建设培训班，进一步普及和提高各区林木种苗管理人员、行政执法人员的林业知识产权法律法规、政策措施的理解水平和应用能力，为推进天津市林木种苗健康有序发展了奠定基础。

4. 加大宣传，提高公众保护意识

为增强育种企业、社会、公众参与林木种苗、知识产权保护，利用“科技下乡”和“科技赶大集”等活动发放宣传材料、设置宣传栏和张贴宣传标语，宣传《中华人民共和国种子法》和《中华人民共和国植物新品种保护条例》等法律法规，提高社会各界对打击制售假冒伪劣林木种苗行为和保护植物新品种权工作的意识，积极营造良好的舆论氛围。全市共发放宣传材料1万余份，张贴标语200余条、悬挂横幅100余条。

5. 组织排查，增强保护执行力

按照《中华人民共和国种子法》和《中华人民共和国植物新品种保护条例》的相关规定，采取“双随机一公开”的方式，重点检查苗圃基地、种苗（花卉）交易市场、经营商户等场所，严厉打击无证生产经营、制售假冒伪劣林木种苗和侵犯知识产权行为，并将检查结果在天津市规划和自然资源局网站公开，坚决遏制制售假劣林木种苗违法行为，确保了林木种苗质量安全。全市共出动执法人员 360 人次、执法车辆 100 多台次、抽查生产经营单位 160 余家，天津市未发现侵犯林业植物新品种权的行为和相关纠纷案件。（天津市规划和自然资源局）

河北省林业和草原知识产权

1. 开展打击侵犯植物新品种权专项行动

河北省高度重视林业和草原知识产权工作，在机构改革后，及时调整成立了省林业和草原局打击侵犯植物新品种权工作领导小组，组长由分管副局长担任，办公室设在林场种苗处。积极安排部署全省林业和草原系统开展打击侵犯植物新品种权专项行动。各市林业和草原主管部门也相应调整成立了专项工作小组，组建了办事机构。为有效开展林业和草原知识产权保护工作，河北省打击侵犯植物新品种权工作领导小组印发了《2019 年河北省打击侵犯知识产权和制售假冒伪劣商品工作要点》，召开了 2019 年河北省打击侵权假冒工作领导小组会议，在全省开展林业和草原种苗执法专项行动，严厉打击侵犯植物新品种权等违法行为。承德市、保定市、定州市作为河北省苗木生产重点地区，将植物新品种保护工作列为本年度林业和草原重点工作；沧州市、邢台市线上开展了林业和草原种苗执法培训，打击侵权工作取得了新进展。2019 年，河北省共抽查 14 家生产经营单位，17 个树种（品种），涉及 7 个市、14 个县，未发现侵犯植物新品种权生产经营等违法行为。

2. 加强植物新品种保护执法培训

为提高种苗管理人员依法行政能力，河北省各级林业和草原主管部门分别组织相关执法工作人员进行了植物新品种保护执法培训，全省共举办培训班 8 期，参训人员约 450 人，通过培训，执法人员业务素质显著提升。针对种苗从业人员法律意识不强、政策不清等问题，全省开展了以《中华人民共和国植物新品种保护条例》等林木法律、法规、林木种苗质量检验技术与方法等为主要内容的政策培训，全省共举办培训班 32 期，参训人员达 3520 人。

3. 多形式、多渠道开展普法宣传

利用电视、网络、广播等媒体进行普法宣传，全省共进行户外宣传 360 次，发放各种宣传资料 5 万余份，受教育群众达 3 万人次。通过宣传，生产经营者普遍提高了对林业法律的认识，生产经营者的学法、守法意识不断增强。（河北省林业和草原局）

山西省林业和草原知识产权

1. 加强林业科技重大专项和科技计划知识产权管理

山西省林业和草原局以“强化创新，重点突破，优化配置，支撑发展”的林业科技方针为指导，以林业知识产权战略推动林业自主创新、转变林业发展方式为抓手，促进生态林业、民生林业高质量发展。加强了林业科技重大专项和科技计划知识产权管理，将知识产权内容纳入林业科技计划管理、成果管理、成果转化及产业化等各个环节，促进自主创新成果知识产权化，突出林业知识产权在林业科技创新活动中的引领和导向作用。

2. 开展打击侵犯林业和草原植物新品种权专项行动

山西省林业和草原局成立了打击侵犯林业和草原植物新品种权专项行动领导小组，在全省范围开展“双打”摸底调查和执法专项行动。2019 年 10～12 月，山西省林业和草原局科技中心组织专门人员对全省 11 市和省直九大林局的重点区域林业植物新品种侵权案件进行了抽查、检查、查处，力求保护山西省林业和草原植物新品种权人的利益不受侵害。

3. 开展高质量的知识产权培训宣传活动

广泛开展知识产权保护的宣传教育和相关培训工作。2019 年 12 月，针对县级以上林业科技人员举办了“山西省林草科技管理干部”培训班，邀请了国家林业和草原局科技发展中心以及中国林业科学研究院有关领导和专家为学员授课，就林业植物新品种保护、林业知识产权保护、森林认证等林业科技理论知识和知识产权保护的前沿发展动向做了细致讲解与分析。为更好地开展知识产权保护相关工作，打下了坚实的理论基础。采取多种形式，大力开展知识产权宣传教育和培训，强化全省林业和草原系统技术创新人员对于知识产权的创造、运用、管理和保护意识，努力营造有利于知识产权事业发展的良好氛围。

4. 努力提升业务水平和管理能力，全面建设一流创新团队

加强平台建设，注重人才培养，升级林业知识产权信息服务，有效促进知识产权运用规模化。2019 年山西省完善了六大林业科技创新团队，促进产、学、研结合，以及老、中、青梯队科技人才队伍建设。举办了全省林业和草原科技大会，旨在不断提升林业和草原科技理论水平和实践指南，推动林业和草原行业知识产权的研发和创新能力建设体系的形成，支撑全省林业科技的发展。（山西省林业和草原局）

内蒙古自治区林业和草原知识产权

1. 促进知识产权成果转化应用

内蒙古自治区林业和草原局以服务全区生态保护建设为中心，以促进林业和草原科技成果转化、强化林业和草原知识产权为突破口，为自治区林业和草原工作提供了有力的科技支撑，提升了林业和草原知识产权的创造、应用、保护和管理水平。2019 年，林业和草原科技成果、专利、标准和产学研创新平台建设稳步推进，内蒙古自治区有 47 项先进、成熟、可推广的林业和草原科技成果、林木良种、专利入选国家林业

科技推广成果库，涵盖生态修复、经济林栽培、优良品种、有害生物防治等方面，为内蒙古自治区加快科技成果转化、促进知识产权应用奠定了基础。进一步提高了知识产权成果应用转化率，以点带面积极推广技术成果、专利等，有力推动了内蒙古自治区生态建设。2019 年，重点推广和示范果树经济林提质增效、肉苁蓉种植、防沙治沙等 8 项技术成果（成果、良种、专利等），推广示范面积 7000 多亩，培训 1600 多人次。

2. 开展打击侵犯植物新品种权专项行动

为打击侵犯植物新品种权违法行为，保护品种权人合法权益，促进植物新品种培育，推动植物新品种保护事业健康发展，根据内蒙古自治区植物新品种权保护的工作实际，组织开展了打击侵犯、假冒植物新品种权专项行动。根据近年来印发的《打击侵犯、假冒植物新品种权专项行动实施意见》《关于继续开展打击侵犯植物新品种权专项行动的通知》等文件，重点打击未经品种权人许可，以商业目的生产、销售授权品种的繁殖材料，假冒授权品种或者销售授权品种未使用其注册登记名称，侵犯、假冒观赏植物和经济林植物新品种权的违法行为。开展摸底调查，加强源头治理；对本行政区域内植物新品种权申请及授权情况，对授权的主要品种、经营情况开展全面调查；各级林业和草原主管部门利用种苗网及种苗协会等平台及时向社会公布相关信息，并建立投诉举报平台，充分发挥社会监督作用。截至 2019 年底，内蒙古自治区未发生侵犯植物新品种权案件及被侵权情况。

3. 加强林业知识产权宣传培训

充分利用广播、电视、网络、报刊等媒体，结合科技下乡等活动，广泛开展植物新品种权保护相关法律法规的宣传。积极开展植物新品种权行政执法人员培训，普及植物新品种权保护专业知识。聘请具有植物新品种权工作经验的专家及执法人员讲授相关知识，了解国家林业和草原局公布的植物新品种授权情况，掌握《中华人民共和国植物新品种保护条例》对侵犯和假冒植物新品种违法行为的相应罚则，提高执法水平。结合自治区知识产权宣传周、科技活动周和文化科技卫生“三下乡”等活动，通过设置展板、现场咨询、发放宣传单等方式，大力宣传贯彻国家、自治区知识产权相关法律法规和政策，普及知识产权保护知识。同时，通过课堂式集中培训、现场讲解示范、入户面授、技术咨询等形式，重点围绕防沙治沙、抗旱造林、经济林丰产栽培和林下经济发展等内容，开展了有针对性的技术培训，将理论、实用技术、生产技巧等送到了基层一线，为基层生产实际提供了技术支撑。（内蒙古自治区林业和草原局）

辽宁省林业和草原知识产权

1. 开展打击侵犯植物新品种权专项行动

辽宁省林业和草原局制定了《打击侵犯植物新品种权专项行动方案》（辽林草字〔2019〕65 号），成立了以主管局长为组长的专项行动领导小组，并将打击植物新品种侵权行为列入省林业和草原局的重点工作，要求各市成立以主管局长为组长的领导小组，并结合各地实际情况制订专项行动实施方案，省、市、县联动开展打击侵犯植物新品种权专项行动。辽宁省林业和草原局向省财政争取 5 万元植物新品种保护专项经费，用于植物新品种保护执法工作，为打击侵犯植物新品种权行为提供资金保障。2019 年 7 月在全省范围开展了植物新品种调研工作，调查辽宁省植物新品种的分布和推广情况。

2. 多措并举，全面打击侵权和制售假劣行为

依法查处生产和使用环节非法生产经营种苗、假冒伪劣种苗和侵犯植物新品种权等违法行为。采取线上和线下双线并行方式开展植物新品种保护和推广工作。线上建立辽宁省打击假劣种苗和保护植物新品种权公共微信平台，公布各市查办植物新品种权案件负责人、举报电话、电子信箱，发布国家、省内最新的植物新品种保护相关政策和信息。线下在苗博会设立专门的植物新品种展区，为植物新品种转化提供平台，鼓励育种创新。2019 年，辽宁省林业和草原局不断完善省、市、县三级假冒伪劣和侵权行政处罚案件信息公开制度，加强监督检查、情况通报与考核，落实工作责任，做到应公开尽公开。大力宣传行政处罚案件信息公开的重要性，落实各市双打负责人，建立侵权假冒行政处罚案件信息公开与归集长效机制。

3. 建立协作机制，形成执法合力

建立两法衔接平台，在辽宁省林业和草原局网站体系内构建了林业行政信息与刑事司法衔接工作共享平台，实现与司法机关执法、司法信息互联互通。建立了跨部门联合执法工作机制，加强与省内市场监督、公安、司法机关、纪检监察机关等部门的沟通和交流，加强与外省种苗执法部门合作，形成执法合力，做好案件办理和衔接工作。严厉打击侵犯植物新品种权和生产经营假劣林木种苗等违法行为。探索建立省际间合作机制，特别是与吉林、黑龙江、河北、内蒙古等相邻地区建立跨地区、跨部门执法协作及信息共享互认机制。

4. 加强培训，提升执法能力

辽宁省林业和草原局在 2019 年 5 月 23～27 日，举办了“辽宁省植物新品种保护工作培训班”，对全省从事林业植物新品种保护工作的执法人员进行培训，并对各市开展打击植物新品种侵权专项行动提出了具体工作要求，通过培训进一步规范了全省查办侵犯植物新品种权案件的行政执法程序，提升了全省林业植物新品种保护执法人员的业务素质。

5. 广泛宣传，引导合法使用新品种

充分利用电视、广播、报刊、网络等传媒渠道，大力宣传打击侵权和假冒伪劣的政策措施、工作进展和成效，大力宣传注重创新、诚信经营的林木种子公司。同时，利用辽宁省林业和草原局微信公众号开展植物新品种保护宣传工作。以“知识产权周”“科技活动周”等活动为契机，广泛开展科技下乡、送法下乡、林业实用技术培训等活动，自制《辽宁省林草知识产权宣传手册》，广泛宣传《中华人民共和国种子法》和《中华人民共和国植物新品种保护条例》，普及繁育适用技术以及识假辨假常识，提高公众知法、懂法、守法意识，形成打击植物新品种侵权、假冒行为的舆论氛围和高压态势，积极引导全社会尊重知识产权，合法使用植物新品种。（辽宁省林业和草原局）

吉林省林业和草原知识产权

1. 开展打击侵犯林业植物新品种权行政执法工作

吉林省林业和草原局把植物新品种权保护工作纳入2019年度重点工作，列支了专项经费，统一部署了集中打击侵犯林业植物新品种权行政执法工作。根据开展打击侵犯林业植物新品种权和假冒林木种苗工作（以下简称“林业双打工作”）的形势和要求，成立了林业双打工作领导小组，由主管局长挂帅，相关部门领导参与，统一领导、指挥林业双打工作，确保了全省林业植物新品种权保护工作的全面贯彻落实。针对植物新品种权保护工作涉及多个部门的实际情况，明确全省由科技产业部门牵头，负责林业植物新品种权保护工作，省林木种苗管理站负责侵犯新品种权的具体执法工作；同时要求各地、各单位要划分好各部门的工作权限，既要保证与省局的畅通对接，又要保证各部门之间的密切协作，形成合力，共同抓好林业植物新品种权保护工作。按要求公开了打击侵犯新品种权工作举报电话、电子信箱，并指定专人负责。截至2019年底，吉林省没有侵犯林业植物新品种权的案件。

2. 加强林业植物新品种培训和人才队伍建设

吉林省林业和草原局要求各地有针对性地选拔一些专业人才充实执法队伍，同时聘请本地区专家、教授建立人才库，做好林业植物新品种保护工作的技术支撑，同时定期组织了各层次培训，提高了林业从业人员素质。（吉林省林业和草原局）

黑龙江省林业和草原知识产权

1. 开展林业植物新品种执法保护专项行动

根据国务院《关于新形势下加强打击侵犯知识产权和制售假冒伪劣商品工作的意见》和国家林业和草原局科技发展中心《关于组织开展2019年度全国林业植物新品种执法保护专项行动的通知》（林技执字〔2019〕13号），黑龙江省林业和草原局成立了以主管局长为组长，科学技术和对外合作处、场圃处和法规处等相关处（室）为成员的领导小组，将林业和草原知识产权保护工作列入到黑龙江省林业和草原局系统的一项重点工作。黑龙江省林业和草原局办公室印发了《关于开展林业植物新品种执法保护专项行动的通知》（黑林草办发〔2019〕99号），向社会公布举报电话、邮箱等联系方式，确保林业和草原知识产权人的合法权益，打造良好公平的营商环境。要求各级林业和草原部门主要领导亲自抓，分管领导具体抓，职能部门协力抓，一级抓一级，形成层层抓落实的工作格局，各级林业和草原部门都明确了行政执法机构并落实专人负责，确保全省林业和草原知识产权保护管理工作全面有序开展。

2. 举办黑龙江省林业植物新品种执法保护培训班

2019年9月18～20日，黑龙江省林业和草原局在哈尔滨市举办了全省林业植物新品种执法保护培训班，聘请国内植物新品种领域的专家对“植物新品种知识产权保护管理及执法”工作进行了全面的政策解读，给每位学员发放了统一印制的《林业植物新品种保护行政执法办法》《中华人民共和国植物新品种保护条例》和《中华人民共和国植物新品种保护条例实施细则（林业部分）》。通过培训，相关保护、管理和执法人员初步了解和熟悉了植物新品种的概念及相关政策、法律法规，提高了打击侵犯植物新品种权违法行为的能力，为今后林业和草原知识产权保护工作奠定了坚实的基础。

3. 加大执法力度，营造良好营商环境

新发布的黑龙江省林业和草原局“三定”方案，明确了林业和草原局科学技术和对外合作处为林业和草原知识产权行政执法机构，还落实1名副处长具体负责林业植物新品种保护工作。为了更好地落实林业和草原知识产权保护工作，加大了林业和草原知识产权保护执法力度，营造良好的营商环境。积极开展林业植物新品种摸底调查，先后深入到佳木斯、七台河、鸡西、哈尔滨4市4县10个林场进行林业植物新品种摸底调查，与当地林业和草原局局长、推广站站长、科技股股长、林场场长及技术人员进行了座谈，了解基层工作情况，掌握存在的问题，研究解决问题和困难的办法。（黑龙江省林业和草原局）

上海市林业知识产权

1. 加强林政执法队伍建设

上海市林业局按照机构改革有关要求成立执法稽查处，加强林政执法队伍建设。明确该处承担“依法查处擅自占用林地、迁移林木等重大毁林违法案件、植物新品种侵权和制售假冒伪劣林木种苗的违法行为，协调跨区域行政违法案件的查处”职能。

2. 促进授权植物新品种转化运用

推进束花茶花等植物新品种在公园绿地的应用，除在上海各区的应用之外，进一步推广束花茶花在山东、四川的应用，同时开展束花茶花在欧洲的试种实验，目前试种情况良好。

3. 加大植物新品种“双打”工作力度

根据上海市林业局“双打”工作的职能分工，进一步加大了侵犯植物新品种权、假冒植物新品种以及制售假冒伪劣种子种苗案件的查处力度，对林业重点工程使用种苗的质量进行抽查。收集并上报打击侵权假冒相关视频和图片资料，每月做好“双打”统计报表填报工作。（上海市林业局）

江苏省林业知识产权

1. 扎实推进林业植物新品种权保护

2019年3月，江苏省林业局办公室下发《关于开展2019年全省林木种苗质量抽查工作的通知》（苏林办种〔2019〕5号），对种苗质量抽查工作进行了部署。4月，江苏省林业局办公室下发了《关于开展打击制售假劣林木种苗和侵犯植物新品种权行为工作的通知》（苏林办种〔2019〕8号），部署“双打”工作，明确工作重点。3月，会同国家林业和草原局南方林木种子质量检验中心对连云港市、淮安市、常州市和镇江市等4个设区市、8个县（市、区）开展种苗质量抽查，并对抽查结果进行通报。各市、县林业主管部门按照省林业局部署对苗圃、交易市场等区域开展执法检查，整治和查处制售假劣种苗和侵犯植物新品种权行为。

2. 加强业务培训，提升履职能力水平

为提高林木种苗执法人员工作水平和实际操作能力，履行好《中华人民共和国种子法》赋予的职权，省林业局于11月26～27日在南京市举办了全省林木种苗行政执法及植物新品种保护培训班，各市林业站负责人和市、县具体从事林木种苗管理工作人员共110人参加了培训。

3. 开展知识产权广场宣传咨询和送科技下乡活动

5月22日，省林业局在南京宝船公园举办2019年江苏省林业科技活动周暨知识产权宣传周广场宣传咨询活动。活动现场通过设立宣传咨询台、摆放宣传展板、展示实物、发放宣传资料等方式向市民群众科普宣传林业知识产权工作，展示了近年来江苏省获得林业植物新品种授权的杨树、柳树、银杏、中山杉、乌桕、海棠、樱花、紫薇、杜鹃、蓝莓等新品种。省林业科学研究院、省中国科学院植物研究所和省农业科学院休闲农业所现场展示了微型月季、蓝莓、杜鹃花等新品种实物，技术专家现场开展了微型月季、杜鹃花种植养护知识科普讲解，并认真解答了市民群众的有关咨询。5月24日，省林业局在句容市天王镇唐陵村举行送科技下乡活动，向广大林农普及林业知识产权保护，传授林业实用技术，提高当地种苗经营管理水平，助力林农增收。句容市天王镇唐陵村周边从事种苗产业的商户、相关林农等近100人参加了本次活动。

4. 促进授权植物新品种转化应用

2019年，江苏省林业科学研究院分别与江苏周圈园林有限公司、扬州盘古造园有限公司、苏州工业园区园林绿化工程有限公司、高邮市龙虬镇农业技术推广服务中心等企事业单位签订合同，以165万余元转让授权新品种榉属‘飞龙’、槭属‘柔曼垂枫’、乌桕‘秋艳1号’、朴树‘抱朴1号’、栾树‘金焰彩栾’等植物新品种权和区域生产许可，开展彩叶树种新品种研发技术合作、新品种种质资源引进与服务。（江苏省林业局）

浙江省林业知识产权

1. 加强宣传培训，夯实执法基础

印发了浙江省林业局办公室关于深入贯彻《浙江省实施〈中华人民共和国种子法〉办法的通知》（浙林办绿〔2019〕19号），各地林业主管部门按照实施办法规范林木种子生产、经营、使用、管理行为，进一步加强林业种苗管理和依法治种宣传，全面推进依法治种。利用“科技周”和“知识产权周”等活动，通过印制宣传材料、制作展板、实地宣讲等方式，开展林业植物新品种权保护宣传，提高全行业知识产权保护意识。同时，加快林业种苗执法队伍建设，强化林业种苗行政执法技能培训，积极探索强化林业种苗行政执法的新路子、新措施。2019年9月，浙江省林业局在衢州市组织举办了全省林木种苗行政执法监督培训班，110多人参加培训，提升了种苗执法人员的法律素养和依法办案能力，进一步规范了种苗行业执法监管，推动了依法查处侵犯林业植物新品种权和制售假劣林木种苗行为。

2. 开展打击侵犯林业植物新品种权专项行动

根据国家林业和草原局要求，省林业局办公室印发《2019 年打击侵犯林业植物新品种权专项行动实施方案的通知》（浙林字函〔2019〕221 号），2019 年 9～11 月在全省组织开展了 2019 年打击侵犯林业植物新品种权专项行动。要求各地林业部门开展授权品种繁殖、生产、销售场所的走访调查摸底，及时收集、汇总侵权假冒违法行为线索，严肃查处未经品种权人许可，以商业目的生产、销售授权品种，假冒授权品种以及销售授权品种时未使用其注册登记名称的违法行为，并公布举报电话及联系人。从各市行动总结情况看，各地共走访苗圃、繁殖场、种苗（花卉）生产经营单位 300 多家，摸底统计 74 项植物新品种权授权应用情况，对相关企业育种场广泛开展培训宣传，监督检查，均未发现有林业植物新品种权的侵权行为和相关侵权案件。

3. 促进知识产权转化应用

鼓励科研院所和林业种苗企业积极培育开发植物新品种。金华国家级乡土专家方永根培育的系列杜鹃获植物新品种授权 50 件，创办的金华市永根杜鹃花培育有限公司先后建立了一个 65 亩杜鹃花种质资源圃、一个 120 亩的杜鹃花科普展示观赏园、一个 700 亩的杜鹃花生产基地，年销售杜鹃花 400 多万株，销售额 1000 多万元。浙江森禾集团股份有限公司培育推广枫香、乌桕、南天竹、蝴蝶兰等多种新品种彩色苗木花卉，获植物新品种授权 24 件，推广面积 1000 多亩，年销售 1000 多万元。森禾集团选送参展 2019 年中国北京世界园艺博览会的部分优秀花卉苗木荣获多个大奖，其中：波尔瓦日本花柏荣获特等奖，兜兰新品种系列、金光绒柏、‘东方红’南天竹 3 个产品荣获金奖，森禾蝴蝶兰新品种系列、蝴蝶兰‘红蜻蜓’、火焰卫矛、皇冠冬青 4 个产品荣获银奖，矮生铺地柏、平铺圆柏‘蓝色筹码’2 个产品荣获铜奖。（浙江省林业局）

安徽省林业知识产权

1. 加强林业知识产权宣传和培训

2019 年 4 月，安徽省林业局配合省高院、省司法厅和省知识产权局举行了“知识产权保护周”相关活动，结合林业部门实际，广泛宣传国家和安徽省关于知识产权工作的决策部署，全面展示安徽省新时代林业知识产权事业发展的新面貌、新进展，大力推进以“尊重知识、崇尚创新、诚信守法”为核心的知识产权文化建设，为加快建设知识产权强省营造良好舆论氛围。2019 年 6 月中旬，安徽省林业局举办了《中华人民共和国种子法》及其配套法规培训班，培训对象是各市及重点县（区）从事林木种苗行政执法、保护管理的林业执法人员，全面提高全省林木种苗知识产权行政执法及保护管理的工作能力和水平。2019 年 9 月中旬和 10 月底，安徽省林业局先后在金寨和合肥举办了全省贫困地区林业技术人员培训班和全省林业植物新品种保护与科技创新培训班，将林业植物新品种保护作为重点培训内容，各地负责林业知识产权保护工作的同志共 200 多人次参加培训。

2. 组织开展打击侵犯林业植物新品种权专项行动

研究制定了《2019 年安徽省林业局打击侵犯林业植物新品种权专项行动方案》和《2019 年安徽省林业系统打击侵犯知识产权和制售假冒伪劣商品工作实施方案》，印发全省各地组织实施。各市、县林业行政主管部门根据行动方案要求，认真组织执法人员，开展了本行政区域内打击侵犯林业植物新品种权专项行动。确立的打击范围主要是：未经品种权人许可，生产或者销售林业授权品种的繁殖材料、假冒林业授权品种的行为；销售林业授权品种时未使用其注册登记名称的行为；尤其是对各类林木花卉博览会、交易会等侵权高发的专业市场开展重点检查，严格监管，及时查处涉及品种权的违法行为。在安徽省林业局网站公布了专项行动举报电话、电子邮箱，明确专人负责，及时收集汇总全省侵权假冒行为线索。省林业局开展了全省植物新品种保护执法检查，科技处、种苗总站和省林检局抽调专人对合肥、滁州和蚌埠的林木种苗及花卉市场和重点林木种苗企业进行了现场抽查，有效维护了全省林业知识产权市场秩序。

3. 强化林业知识产权的转化应用

在安排实施 2019 年度中央财政林业科技推广示范项目过程中，要求项目依托成果必须来源于国家林业科技推广成果库信息管理系统入库成果，明确如使用他人科技成果，承担单位需同时报送成果使用协议。持续推进林业科技成果与知识产权的储备工作。专门下发文件，收集全省地市级以上有关科技成果评价机构鉴定、认定、验收、评审、评估和登记的科技成果以及经审（认）定的林木良种、发明专利等。目前，安徽省已有 222 项成果入选国家林业和草原科技推广成果库。加强林业科学研究工作，围绕现代林业发展方向和林业供给侧结构性改革，安徽省林业局组建了 116 个安徽省林业科技攻关团队，充分利用国家林业和草原局重点实验室、工程技术研究中心、陆地生态定位站、长期科研基地等林业科技平台，组织开展科技创新，进一步夯实了知识产权工作的基础。（安徽省林业局）

福建省林业知识产权

1. 加大知识产权宣传培训力度

围绕“严格知识产权保护 营造一流营商环境”的主题，省林业局组织开展了 2019 年全省林业知识产权宣传周活动，并在办公楼一楼大厅设立宣传栏，大力宣传国家知识产权相关法律、法规和政策。各级林业部门结合实际，开展林业系统科技活动周、文化科技卫生“三下乡”、全国科普日等活动，通过广播、电视、报刊、网络等媒体以及发放小册子的形式，全方位、多层次宣传林业知识产权战略实施工作的重要意义、主要任务、取得成效及相关法律法规。2019 年，全省共举办林业植物新品种保护与利用等内容的座谈、培训 20 多场，参加活动 600 多人次，发放宣传资料 2000 多册，进一步增强了社会各界尊重知识、崇尚创新、诚信守法的知识产权意识，提高了林业知识产权创造、运用、保护和管理能力。

2. 开展林业植物新品种权实施情况摸底调查

福建省林业局组织开展全省林业植物新品种权实施情况摸底调查，下发《关于开展全省林业植物新品种权实施情况摸底调查的通知》（闽林科便函〔2019〕35 号），对全省林业植物（含花卉）新品种权申报授权、林业植物新品种转化应用等情况进行摸底，及时掌握林业植物新品种权行政执法体系建设和查处侵犯植物新品种权案件情况。

3. 开展打击侵犯植物新品种权专项行动

根据《国家林业和草原局科技发展中心关于组织开展 2019 年度全国林业植物新品种执法保护专项行动的通知》（林技执字〔2019〕13 号）精神，省林业局制订具体行动实施方案，明确目标、严格步骤，以闽林文〔2019〕104 号文下发了《福建省林业局关于开展打击侵犯林业植物新品种权专项行动的通知》，做到科技、种苗、执法等业务主管机构协同负责、密切配合，在全省范围内组织开展了打击侵犯林业植物新品种权专项行动，重点打击未经品种权人许可，生产或者销售林业授权品种的繁殖材料、假冒林业授权品种的行为，以及销售林业授权品种时未使用其注册登记名称的行为，加强对重点品种、重点区域、重点企业进行检查监管。行动开展以来，各地能切实加强组织领导，积极进行动员部署，精心组织实施，及时开展调查摸底和检查，扎实开展专项行动，特别加大对各种林木、花卉博览会、交易会等大型交易市场巡查，进一步宣传了相关法律法规，提升了社会对植物新品种权的关注度和保护意识，有效遏制了生产销售假冒伪劣林木种苗和侵犯林业植物新品种权违法行为。（福建省林业局）

江西省林业知识产权

1. 加强宣传，营造良好氛围

大力宣传林业植物新品种权保护相关知识和法律法规，如：在江西林科网设立“新品种保护”专栏，下设保护名录、品种权查询、政策法规、远程课堂等板块，普及林业植物新品种知识和相关法律法规，强化知识产权意识，营造保护知识产权氛围。各地区市也结合自身实际开展了形式多样的宣传活动，如：抚州市利用“科技下乡”林业技术培训、良种良法等活动，广泛宣传《中华人民共和国种子法》《中华人民共和国新品种保护条例》，积极引导全社会尊重知识产权，形成打击植物新品种侵权、假冒行为的舆论氛围。

2. 强化培训，提升产权意识及执法能力

在江西林科网开通“远程课堂”进行线上林业植物新品种保护培训外，结合机构改革和职能调整，江西省林业局于 6 月举办了全省法治林业建设培训班，专题培训“林业行政执法实务”，提升了打击新品种侵权假冒等林业行政执法能力。5 月，在婺源县举办全省林业种苗行政执法培训班，将林业植物新品种保护行政执法列为重要培训内容。同时，安排人员参加了国家林业和草原局于 11 月在杭州举办的全国林草植物新品种保护培训班，学习了相关法律法规、最新进展和发展趋势、现场审查实务等，并与相关专家学者和工作人员进行了交流，提升了认识和业务水平。

3. 持续保持打击侵权假冒高压态势

根据《国家林业和草原局科技发展中心关于组织开展 2019 年度林业植物新品种执法保护专项行动的通知》（林技执字〔2019〕13 号）要求，江西省林业局在全省组织开展2019年度打击侵犯林业植物新品种权专项行动。7月8日，《江西省林业局办公室关于印发〈省林业局关于组织开展2019年度全省打击侵犯林业植物新品种权专项行动方案〉的通知》（赣林办发〔2019〕76号），正式启动全省打击林业植物新品种侵权假冒专项行动，打击未经品种权人许可而生产或销售林业授权品种的繁殖材料、假冒林业授权品种的行为，以及销售林业授权品种时未使用其注册登记名称的行为。专项行动分为启动部署、征集线索、调查摸底、查处公开、汇总总结五个阶段。专项行动期间，全省未接到林业植物新品种侵权举报，未发现林业植物新品种侵权假冒现象。

4. 加快市场推广应用，促进新品种保护

对于有较广阔市场应用前景的授权植物新品种，通过林业科技项目立项支持、推广及转化应用，迅速形成规模优势，降低成本，拓展并占领市场，压缩新品种被侵权空间。江西省林业局2019年依托中央财政林业科技推广示范补助资金，立项“樟树新品种（‘盛赣’）繁育及推广示范”项目，补助100万元，对‘盛赣’新品种扦插繁育、大苗培育、高接换冠嫁接快速育苗技术等进行支持，加快‘盛赣’新品种的规模繁育和应用推广。（江西省林业局科技处）

山东省林业知识产权

1. 开展打击侵犯知识产权和制售假冒伪劣商品工作

山东省自然资源厅深入落实国务院、省政府和国家林业和草原局关于打击侵犯知识产权和制售假冒伪劣商品的一系列工作决策和部署，制定印发了《2019年全省林业植物新品种执法保护专项行动方案》（鲁自然资办字〔2019〕33号），在全省部署开展打击侵犯林业植物新品种权违法行为专项行动。全省16市结合实际，进一步细化实施方案。烟台市制定了《2019年烟台市林业植物新品种执法保护专项行动方案》，明确责任，落实到人，逐级分解任务。德州市成立专门领导小组，落实专人负责，明确执法机构，健全执法队伍，配发行政执法车辆和专职司机，落实各项工作经费。潍坊市召开市动员部署会，明确专项行动的总体目标、打击范围和具体要求等，确保植物新品种保护专项行动落到实处。组织各地联合市场监管局开展林业植物新品种保护专项执法检查行动。烟台市对2019年春季新造林使用的苗木、用于绿化的在圃苗进行了种苗质量抽查。临沂市、滨州市、枣庄市对辖区内苗圃、繁殖场、种苗（花卉）交易市场、经营门店等场所进行了抽查，通过加大行政执法力度，严厉打击侵犯植物新品种权违法行为，保护权利人、创新主体和林农利益。截至2019年底，山东省未发生侵犯植物新品种权和假冒授权品种现象。

2. 加大植物新品种宣传培训力度

《山东省种子条例》于2019年6月1日起正式施行，为林业植物新品种保护提供了法律武器。省自然资源厅制定印发了《宣传贯彻〈山东省种子条例〉工作方案》（鲁自然资办字〔2019〕29号），统一印制《山东省种子条例》单行本3000套分发各地，在2019中国（昌邑）北方绿化苗博会设立专门展位进行宣传。9月20日，省自然资源厅在潍坊昌邑市举办了《山东省种子条例》培训班，结合《山东省种子条例》解读，对种子的监督管理和植物新品种保护进行了讲解，各市林业主管部门分管负责同志、种苗业务负责同志及部分县（市、区）从事种苗工作人员120余人参加培训。据不完全统计，全省各地举办《山东省种子条例》培训40余期。各级林业主管部门运用各类传统媒体和新媒体，开展多层次、多方位的宣传。

3. 加快新品种创制和转化应用

高度重视植物新品种的研发和转化应用，结合国家科技攻关计划项目，鼓励研发培育适宜区域林业生态建设和产业发展的林木新品种。依托国家和省财政成果转化项目，大力推广应用林木良种，新品种运用情况良好，效果显著。中央财政林业科技推广项目，黄河滩区冬桃标准化种植、经济林PGPR生物肥料专利技术示范推广及产业化效果明显。在速生优质用材林、经济林、观赏树木新品种应用方面成效显著，如：'鲁林1号杨''鲁林2号杨'和'鲁林3号杨'3个新品种累计繁殖推广2万余hm^2，种苗销售量占山东杨树苗木市场份额的近30%；'元林''青林'和'绿香'等核桃新品种在山东、陕西、北京等省（自治区、直辖市）累计推广销售10万余株，销售额达80余万元；'鲁蜡5号'等6个白蜡新品种累计繁殖2000余万株，推广到北京、天津、河北、江苏、安徽等12个省（自治区、直辖市），示范推广面积50余万亩，产生了良好的经济效益、生态效益和社会效益。

4. 强化执法检查

加强日常执法检查，根据《关于在市场监管领域全面推行部门联合"双随机、一公开"监管的实施意见》（鲁政发〔2019〕10号），山东省自然资源厅《关于印发〈"双随机、一公开"监管工作 实施方案〉〈"双随机、一公开"监管工作细则〉的通知》（鲁自然资字〔2019〕98号）等有关要求，省自然资源厅对烟台现代果业发展有限公司开展了双随机抽查。各市分别按照"双随机"抽查工作要求，以不低于5%的抽查比例，组织执法人员对辖区内已办理林木种子生产经营许可证的单位进行随机抽查。强化信息报送，坚持林业部门查办案件统计月报制度、林业行政处罚案件信息公开月报制度、林业"双打"动态信息报送和山东省互联网领域侵权假冒行为治理统计上报制度，强化"两法"平台衔接，梳理上报互联网监管事项20余项。（山东省自然资源厅）

河南省林业知识产权

1. 开展打击侵犯植物新品种权专项行动

河南省林业局贯彻落实国家林业和草原局《林业植物新品种保护行政执法办法》和河南省《关于印发2019年河南省打击侵犯知识产权和制售伪劣商品工作任务及分工方案的通知》要求，全面部署，狠抓落实，根据机构改革人事调整情况，及时调整成立了由主管局长牵头，科技处主要负责协调，省种苗站、省林业科学研究院、省森林资源数据管理中心等单位领导参加的"河南省林业局打击侵犯知识产权和制售假冒伪劣商品工作领导小组"，同时要求全省各省辖市及直管县林业主管部门，也成立工作领导小组。省林业局下发了《2019年关于继续组织开展植物新品种保护执法专项行动方案的通知》，组织在全省范围内开展了打击侵犯植物新品种权专项行动工作，坚决打击侵犯知识产权和制售假冒伪劣种苗行为，对 18 个地市、8 个直管县市区进行了植物新品种执法检查和林木种苗随机抽查。2019 年 10～11 月，组织了 2 个工作检查组，对全省林业系统知识产权保护工作开展情况进行了检查、考核。通过专项执法检查，保障了知识产权所有者和使用者的合法权益。据不完全统计，2019 年河南省各市县共组织开展知识产权执法检查 68 次，参加执法人数 260 人次。截至 2019 年底，河南省未发现侵犯植物新品种和知识产权的侵权违法行为。

2. 加强林业知识产权宣传培训

为进一步做好植物新品种保护工作，一是充分利用新闻媒体、宣传图版、过街条幅等形式广泛宣传保护林业知识产权的意义和重要性，宣传有关法律法规，形成保护林业知识产权的高压态势，积极引导全社会力量依法保护林业知识产权，合法使用植物新品种权。二是结合送科技下乡和专题培训活动，宣传知识产品保护方面的知识，提高保护林业知识产权和打击侵犯知识产权的意识。2019 年省林业局多次组织省林业科学研究院、河南农业大学、驻马店市农业科学研究所等单位有关林业科技专家赴南阳桐柏县、西峡县、洛阳嵩县开展扶贫科技下乡服务活动，在送科技下乡活动中多次举办知识产权保护专题辅导讲座。据统计，全省各级林业部门共开展送科技下乡及知识产权保护宣传活动 57 次，培训林农和林业职工达到 2 万多人次。 通过宣传，增强了广大林业工作者、专业技术人员和相关人员知识产权的保护意识，对植物新品种保护和转化运用和优良新品种推广应用起到了促进作用。

3. 举办全省林业知识产权保护培训班

河南省林业局严格按照《中华人民共和国森林法》《中华人民共和国种子法》和《中华人民共和国植物新品种保护条例》等法律法规，认真贯彻落实《林业植物新品种保护行政执法办法》，规范行政执法程序，强化林业植物新品种保护执法，服务林业发展。坚持大力宣传林业植物新品种保护法律法规，2019 年 10 月 20～22 日组织举办全省林业系统知识产权保护培训班，培训从事林业知识产权保护工作人员 110 人，有效地提升了全省林业系统知识产权保护工作人员的执法意识和保护知识产权的执法能力，进一步规范了行政执法行为，促进了严格规范公正文明执法。（河南省林业局）

湖北省林业知识产权

1. 加强林业品牌建设

为加强湖北省林业品牌建设和保护工作，省林业局制订印发了《湖北省林业品牌建设与保护行动方案（2018—2020 年）》（鄂林科〔2018〕14 号），成立了领导小组，明确分工，按照“统筹规划、明确责任、密切配合、全面推进”的原则，相关处（室）部门各司其职，从强化组织领导、加强政策扶持、激发社会活力几个方面，为企业培育自主品牌（品种）、自主创新提供强有力的保障。

2. 完善行政执法制度

湖北省推行以森林公安为主体的林业综合行政执法体制，建立了职能部门与综合执法机构协调配合机制，健全了行政执法与刑事司法衔接机制。湖北省各级林业主管部门基本完成综合行政执法改革工作，行政执法工作有序展开。湖北省林业综合行政执法权力中涉及林业植物新品种的3项，分别为“非法生产、繁殖或者销售授权品种的繁殖材料”“假冒授权品种”“未使用注册名称销售授权品种”。

3. 强化执法人员培训

围绕加强植物新品种保护行政执法和林木种苗质量管理举办了3期省级培训，7月3～5日在武汉市江夏区，8月13～15日在宜昌市，11月20～22日在黄石市，培训了《中华人民共和国种子法》《中华人民共和国植物新品种保护条例》等相关内容，培训对象为市（州）分管局长、种苗站负责人和部分重点县（市、区）分管局长、种苗站负责人及行政执法人员，培训人员近400人次。指导各市（州）制定知识产权学习宣传及培训方案，举办专题讲座，加强公众对《中华人民共和国种子法》的认知和了解，增强林木种苗行业从业者知法、懂法、守法的自觉性和主动性。

4. 广泛宣传与积极发动

全省各级林业主管部门和林木种苗管理机构利用“3·12”“3·15”“知识产权宣传周”“科技周”等活动，通过印制宣传资料、悬挂横幅、制作展板、实地宣讲等方式，积极开展形式多样的林业植物新品种保护和执法宣传活动。据不完全统计，全年在广播、电视、网络、报刊等媒体发布信息100余条，印发相关宣传资料15000余份，出动宣传车500台次。（湖北省林业局林木种苗管理总站）

湖南省林业知识产权

1. 加强知识产权制度建设

湖南省林业局在高度重视法律法规贯彻执行的同时，注重规章制度的建设和完善，加大信息公开力度，将侵犯林业植物新品种权案件纳入政府信息公开范围，进一步规范植物新品种交易市场，积极探索有效保护品种权人合法权益和促进植物新品种培育的机制，引导各法人单位在国家政策框架的前提下，完善本单位规章制度，推动植物新品种保护事业健康发展。

2. 推进知识产权转化应用

加大科技成果推广力度，实施了“金银花良种‘舜帝1号’及青钱柳高效栽培技术示范推广”等7项中央财政林业科技推广项目，推广示范林面积5000多亩；推广杉树、油茶、板栗、紫薇、茶花、黄桃等新品种和良种20余个；示范大径材培育技术、生态修复技术、林下经济高效栽培等配套技术100余项。在中部林业产权交易服务中心发布最新拟转让的专利技术和科研成果，宣传推广知识产权转让平台。依托湖南中意低碳技术研究中心，与中南林业科技大学、马尔凯理工大学等成员单位签订了三方合作协议。

3. 开展打击侵犯植物新品种权行政执法专项行为

为从源头上做好植物新品种权管理工作，湖南省高度关注植物新品种的发展动态和试种情况，各地结合实际开展了摸底调查，及时了解植物新品种权人以及转化应用、林业植物新品种权交易等情况，积极为有关企业和个人提供相关法律、法规和政策咨询。组织开展了2019年度林业行业打击侵犯植物新品种权和制售假冒伪劣林木种苗专项行动，对林业植物新品种侵权假冒行政处罚案件进行部署，重点检查已授权品种的繁殖、生产、销售环节中侵权高发的苗圃、繁殖场、林业种苗（花卉）交易市场、经营门店等场所，严厉打击未经品种权人许可，生产或销售林业授权品种的繁殖材料、假冒林业授权品种的行为，以及销售林业授权品种时未使用其注册登记名称的行为，开展了一系列打击侵犯植物新品种权行政执法专项行为，有效震慑了植物新品种侵权违法行为，进一步净化了市场。截至2019年底，湖南省林业系统未受理侵犯植物新品种权行政案件。

4. 举办了知识产权保护培训班

为提升湖南省林业植物新品种保护管理和行政执法人员业务水平，打造一支高水平的专业队伍，切实维护品种权人的切身利益，2019年10月省林业局举办了知识产权保护培训班，11月举办了省“双打”工作暨育苗技术档案管理培训班，对全省植物新品种保护管理以及行政执法人员进行专项培训，培训内容包括《中华人民共和国植物新品种保护条例》《中华人民共和国植物新品种保护条例实施细则（林业部分）》《林业行政处罚程序规定》《林业植物新品种保护行政执法办法》等法规、政策及林业知识产权管理制度等。组织全省林业行政执法人员积极参加国家和省举办的有关植物新品种保护等内容的行政执法人员培训班。（湖南省林业局）

广东省林业知识产权

1. 加大林业知识产权保护宣传力度

根据国家林业和草原局和广东省市场监管局的统一部署，结合庆祝第19个世界知识产权日，广东省林业局于2019年4月下旬开展了以“严格知识产权保护 营造一流营商环境”为主题的知识产权宣传周活动。结合“送林业科技及优良种苗下乡活动”，现场发放《林业知识产权宣传手册》，并组织专家提供咨询服务，大力宣传知识产权基本知识，提高了公众知识产权保护意识。广东省林业局每年参与《广东知识产权年鉴》的编写工作，让社会更进一步了解林业知识产权。

2. 开展打击侵犯林业植物新品种权专项行动

2019年6月，制定了《2019年打击侵犯林业植物新品种权专项行动方案》，对全省开展专项行动工作进行了具体部署，明确专项行动的目标任务、打击范围、行动安排及工作要求。同时，公布了打击侵犯林业植物新品种权专项行动举报电话、电子邮箱及负责人、联系人，及时收集侵权假冒行为线索。

3. 加强林业知识产权保护培训

为进一步提高林业植物新品种保护行政执法人员的业务水平和办案能力，于2019年3月底组织部分地市林业主管部门相关工作人员参加国家林业和草原局科技中心在广州举办的全国林草知识产权保护与管理培训班，指导地市林业主管部门严格按照《林业植物新品种保护行政执法办法》开展执法工作。11月中旬，派员参加了国家林业和草原局科技发展中心举办的全国林草植物新品种培训班。在11月底召开的全省林业科技工作座谈会上，专门针对林业知识产权保护工作进行了辅导培训。

4. 扎实推进行政处罚案件信息公开

2019 年，继续在全省林业系统推行行政处罚案件信息公开工作，在开展林木种苗打假、查办侵犯植物新品种权案件的工作过程中，发现有违法行为并符合立案条件的，及时立案查处。同时，做好行政执法与刑事司法的衔接，对构成犯罪的，依法移送司法机关。

5. 推进打击侵犯林业知识产权网络建设

广东省人民政府于 2019 年 4 月 15 日印发《广东省举报侵犯知识产权和制售假冒伪劣商品违法行为奖励办法的通知》（粤府〔2019〕40 号），省市场监管局在 2019 年 7 月 1 日上线 96315，统一接受侵犯知识产权（包括侵犯林业植物新品种权）举报。广东省林业局及时下发通知，初步建立起覆盖全省 21 个地市的打击侵犯林业知识产权网络，积极主动与市场监管局举报中心协调林业知识产权侵权举报机制，拟定广东省举报侵犯知识产权流程。截至 2019 年底，广东省未有侵犯植物新品种权的案件立案，但已收到个别新品种权人发生被侵权行为的举报，正在进一步核实处理中。（广东省林业局）

广西壮族自治区林业知识产权

1. 开展打击侵犯植物新品种权专项行动

广西壮族自治区林业局印发了《2019 年度广西林业植物新品种执法保护专项行动实施方案》。7～11 月，在全区范围内组织开展了为期 5 个月的打击侵犯植物新品种权专项行动。健全执法机构，明确专人负责，做好打击侵权假冒行政处罚案件信息公开工作。各地加强宣传保护教育，形成打击植物新品种侵权、假冒行为的舆论氛围和高压态势，积极引导全社会尊重知识产权，合法使用植物新品种。

2. 加强知识产权成果转化推广应用

着重推进授权专利技术的转化及应用，促进科研院所与林业生产企业沟通联系，加快科技成果转化。广西壮族自治区林业科学研究院通过采取多种方式，与多家专利代理专业机构加强合作，为该院专利申请、专利挖掘与布局创造有利条件，与广西汇智生产力促进中心签订科技成果转化与知识产权运营合作协议。2019 年，自治区本级实施植物新品种保护与应用项目，通过金花茶杂交新品种‘毛紫’示范与推广，促进花卉苗木产业发展。在 2019 北京世界园艺博览会上，由广西壮族自治区林业科学研究院选育的‘绿莹石斛’‘毛紫茶花’等新品种获得 2 个特等奖、4 个银奖和 3 个铜奖的殊荣。

3. 切实加强知识产权宣传培训工作

加强林业知识产权宣传培训，形成尊重知识、尊重人才、激励发明创造、依法维护权益的良好氛围。1 月举办 2019 年全区油茶种苗执法和育苗技术培训班，11 月举办全区油茶种苗质量检验技术及植物新品种保护培训班，共培训各市种苗管理人员及重点苗圃（企业）代表等 280 多人次。11 月，派员参加国家林业和草原局举办的全国林草植物新品种保护培训班，提高干部业务水平。广西壮族自治区林业局指导相关科研单位建立健全知识产权管理制度，进一步激发科技人员发明创新的积极性。（广西壮族自治区林业局）

海南省林业知识产权

1. 加大知识产权保护力度

海南省林业局深入贯彻落实《国家林业局贯彻实施〈国家知识产权战略纲要〉的指导意见》《全国林业知识产权事业发展规划（2013—2020年）》和《海南省人民政府关于印发海南省知识产权战略纲要（2010—2020年）的通知》以及国务院《关于新形势下加强打击侵犯知识产权和制售假劣商品工作的意见》等重要文件精神，深入开展知识产权创建和保护工作，制定相关制度条例，鼓励知识产权申报、保护与转化运用，依法严厉打击侵权假冒伪劣林木种苗和保护植物新品种权行为，加大知识产权保护力度，促进充分发挥知识产权制度对海南林业的激励和保障作用，提高了林业产业的自主创新和市场竞争能力。

2. 开展林业植物新品种执法保护专项行动

根据《国家林业局科技发展中心关于组织开展2019年度全国林业植物新品种执法保护专项行动的通知》（林技执字〔2019〕13号）要求，出台了《海南省林业局办公室关于组织开展2019年度全省林业植物新品种执法保护专项行动的通知》（琼林办〔2019〕79号），积极部署林木种苗领域打击侵权假冒相关工作。2019年5月27至6月6日，省林业局严格按照国家林业和草原局规定的抽查范围和重点进行自查。2019年7月，省林业局与省森林植物检验检疫站和省森林公安局联合省双打办、省农业农村厅等多部门对海口、澄迈、澹州等进出口岸进行联合执法检查。

3. 推进林业知识产权转化应用

2019年，中国热带农业科学院橡胶研究所橡胶木材改性处理方面的5项专利技术转让给海南农垦林产集团，合同经费共计158万元。橡胶研究所橡胶木材综合利用研究室与海南农垦宝星昌达装饰材料公司，合作开展炭化橡胶木生产高稳定性集成材产业化生产，产品规格14mm × 1220mm × 2440mm，用于生产高档实木家具芯板，产品的尺寸稳定性满足企业要求。中国热带农业科学院橡胶研究所在瓦努阿图共和国建设了油棕示范推广基地，推广新品种及其配套栽培技术，为中瓦国际合作作出了重要贡献。

中国热带农业科学院热带生物技术研究所建立了海南沉香育种、栽培、人工结香及产品开发系列技术体系，选育沉香新品种3个，为海南沉香标准化生产提供了技术支持。“一种生产沉香的方法”专利技术已在马来西亚柔佛州、麻坡和沙捞越，柬埔寨、缅甸等国家和地区推广结香300多亩，累计结香5万多株，在我国广东、海南、广西北海、云南河口等地推广整树结香技术，共计结香3.5万多株。在马来西亚柔佛州建立了沉香整树结香示范基地120亩。

海南大学建立热带油茶“三圃一园”，构建了良种到良苗的繁育体系，技术指导海南油茶嫁接苗60万株，扦插苗10万株，编制了芽苗砧嫁接技术规范1套，应用高产稳产技术后油茶产量提高了30%～50%，带动和推广油茶种植面积2万余亩，辐射加工企业50余家，取得了明显的经济效益和社会效益。（海南省林业局）

重庆市林业知识产权

1. 开展林业植物新品种保护执法专项行动

针对机构改革后的新变化，重庆市林业局对全市林业打击侵犯知识产权和制售假冒伪劣商品工作领导小组成员及时进行了调整，明确分管局领导任组长，科技处、市林木种苗站负责人任副组长，相关处（室）为成员单位，领导小组办公室设在市林业局科技处，负责具体日常工作，办公室主任由市林业局科技处负责人兼任。此外，还落实专项经费 50 万元用于开展林业植物新品种保护执法相关工作，确保相关工作有序推进。重庆市林业局下发了《关于做好 2019 年度打击制售假冒伪劣林木种苗和侵犯植物新品种权行政执法工作的通知》（渝林科〔2019〕15 号），对西南大学、重庆师范大学、市林业科学研究院等涉林院校、科研单位进行了植物新品种权摸底调查。安排部署全市植物新品种行政执法工作，明确目标任务、主要内容及工作要求。集中打击未经品种权人许可，生产或销售林业授权新品种的繁殖材料、假冒林业授权新品种的行为，以及销售林业授权新品种时未使用其注册登记名称的行为。加强对各种林木、花卉博览会、交易会等大型专业市场监管力度，加大对重点品种、重点区域、重点企业检查力度。积极开展基层调研。市局抽派专门人员组成调研组，深入荣昌区、江津区、酉阳县、秀山县 4 个区（县）开展植物新品种行政执法现场调研，切实掌握基层第一手资料。全市积极开展集中打击专项行动工作措施有力，宣传氛围浓厚，活动成效明显，有力震慑了侵犯植物新品种权行为。截至 2019 年底，重庆市没有发生侵犯林业植物新品种权相关案件。

2. 加强林业植物新品种保护培训

举办了全市植物新品种保护专题培训班，培训内容包括《中华人民共和国植物新品种保护条例》《中华人民共和国植物新品种保护条例实施细则（林业部分）》和《中华人民共和国种子法》中植物新品种保护部分等内容，培训人员 70 余名。派员参加了全国林业植物新品种保护培训班，切实增强了林业植物新品种保护的意识，提高了植物新品种保护的工作能力和水平。（重庆市林业局）

四川省林业和草原知识产权

1. 加强林业知识产权宣传

通过宣传林业专利、植物新品种权等知识产权保护知识，提高全省林业行业知识产权保护意识，在全省形成尊重知识、尊重人才、激励发明创造、依法维护权益的良好氛围。同时，依法维护对国家利益或公共利益有重大应用价值的植物新品种育种人、专利发明人及知识产权实施人的合法权益，提高林业企业在国内国际市场上的竞争力。协助做好《2018 年四川省知识产权白皮书》编写工作。按照省知识产权工作领导小组的分工，及时提供相关资料，完成《2018 年四川省知识产权白皮书》中有关林业和草原内容的编写工作。

2. 开展林业植物新品种保护专项行动

根据四川省知识产权工作安排和国家林业和草原局统一部署，2019 年 6 月印发了《四川省林业和草原局关于继续开展打击侵犯林业植物新品种权专项行动的通知》（川林科函〔2019〕555 号），各地高度重视植物新品种权的保护工作，及时进行了动员部署。省林业和草原局相关职能部门结合调研与督导工作，对林业植物新品种保护情况进行了摸底调查。各地在专项行动中，重点检查授权品种的繁殖、生产和销售环节，严厉打击未经品种权人许可、以商业目的生产或者销售林业和草原授权品种繁殖材料或假冒授权品种的违法行为，以及销售林业和草原授权品种时未使用其注册登记名称的行为。同时，要求各品种权人在进行品种推广、转让、销售时，要做好知识产权保护工作，发现侵权现象时要注重证据的收集与保存。截至 2019 年底，四川省未发生侵犯林业和草原植物新品种权的案件。

3. 积极参与知识产权宣传周活动

2019 年 4 月 22 日，参加了全国知识产权宣传周四川地区活动开幕式及四川省专利战略、商标战略、版权战略、植物品种权战略、地理标志产品保护战略宣讲活动。2019 年 4 月 26 日，参与了成都市版权局在宽窄巷子东广场举办的以“严格版权保护推进创新发展”为主题的全市 2019 年知识产权宣传周·版权宣传活动。（四川省林业和草原局）

贵州省林业知识产权

1. 开展林业植物新品种保护行政执法工作

贵州省林业局将林业植物新品种保护行政执法工作列入《贵州省林业局 2019 年工作要点》并印发至各市、自治州林业局、贵安新区农林水务局，各县（市、区、特区）林业主管部门，要求贯彻落实。省林业局印发了《2019 年度贵州省林业植物新品种执法保护专项行动方案》的通知，全省各级林业主管部门联合开展执法专项行动，规范了植物新品种交易市场，保护了品种权人合法权益，营造了良好的激励创新，促进了植物新品种培育环境。进一步明确各级开展植物新品种保护执法机构和责任人。及时跟踪全省各市州机构改革情况，要求明确植物新品种执法机构及责任人，并加强沟通联系，确保植物新品种保护工作全省联动。并向社会及时更新植物新品种保护举报电话，以便及时收集各地区掌握的植物新品种违法情况，汇总侵权假冒行为线索。2019 年 9 月 23 日，贵州省林业局联合省林科院组成检查组，赴六盘水市开展植物新品种权保护执法专项活动。通过活动加强了宣传，进一步提高了品种权人和全社会的保护意识。2019 年，贵州省未有林业和草原植物新品种侵权假冒行政处罚案件。

2. 强化植物新品种保护执法培训

为进一步提升贵州省植物新品种执法人员的能力素质，2019 年 5 月 22～26 日，贵州省林业局在国家林业和草原局管理干部学院举办了种苗执法和质量管理暨林业种苗站站长能力素质提升培训班，抽选国内植物新品种保护执法典型案例进行分析讲解，开展植物新品种保护执法能力培训。

3. 加强林业植物新品种执法宣传

贵州省林业局制定了《2019年贵州省林业植物新品种保护打击侵权假冒宣传工作方案》，加强组织宣传。结合省知识产权宣传周活动，开展植物新品种执法宣传。总结梳理了党的十八以来，植物新品种方面取得的新成果新成就，制作宣传展板，展示贵州省现有植物新品种。开展现场宣传。充分利用“3·15”消费者权益保护日、“质量宣传月”“科技活动周”“6·18贵州生态日”和“食品安全宣传周”等活动，广泛宣传《中华人民共和国种子法》和《中华人民共和国植物新品种保护条例》。发放宣传册，现场讲授植物新品种权申报及保护等内容，接受群众咨询。积极挖掘对植物新品种研究的需求，引导开展新品种权申报，营造良好的林业科技创新环境。（贵州省林业局）

云南省林业和草原知识产权

1. 促进林业知识产权成果推广与转化

2019年，云南省林业和草原局以中央及省级推广项目为载体，不断加大林业和草原新技术、新品种和新模式等科技成果的转化，投入资金3680万元，共推广53项林业和草原科技成果，建设林业和草原科技示范基地45个，示范面积1.6万亩，辐射推广面积23万亩，培训林农1.02万人，促进了科技与经济的精密结合和科技向生产力的进一步转化，在经济效益、社会效益和生态效益方面取得了一定的成绩，有力支撑了经济社会的发展，为林业和草原现代化建设提供了科技支撑。

2. 开展打击侵犯植物新品种权专项行动

深入开展打击制售假劣种苗和侵犯植物新品种权专项行动，云南省林业和草原局成立了以分管副局长为组长，局政法处、林场种苗处、科技处、林木种苗工作总站等4个单位组成的工作小组，为专项行动提供了可靠的组织保障。下发了《云南省林业和草原局办公室关于2019年全省打击侵犯林业植物新品种权和制售假冒伪劣林木种苗专项整治活动的通知》，各州、市根据通知要求，逐级落实工作责任，安排部署《打击侵犯林业植物新品种权和制售假冒伪劣林木种苗专项整治活动》，确保专项行动的顺利实施。加强了林业植物新品种保护执法检查，未发现林业植物新品种权侵权案件，有力打击了侵权违法行为，维护了植物新品种权人的合法权益。

3. 开展林业植物新品种权摸底调查

为保护植物新品种权人的权益，云南省林业和草原局于2019年8月30日印发了《云南省林业和草原局园艺植物新品种注册登记办公室关于开展全省植物新品种侵权摸底调查的通知》，在全省范围内开展了植物新品种权的摸底调查，本次摸底调查初步掌握了全省林业植物新品种授权情况、应用情况、许可情况及侵权假冒情况。

4. 加强林业知识产权培训

为进一步规范林业和草原行政执法工作，提高林业和草原行政执法队伍整体素质，云南省林业和草原局于2019年9月25～27日在昆明举办了2019年云南省林业和草原法制培训班，邀请了国家林业和草原局植物新品种保护办公室专家对执法人员开展植物新品种权保护培训。此次培训对象为全省16个州（市）及县（市、区）林木种苗管理机构工作人员、获植物新品种权的相关科研单位和种苗生产经营企业人员共计 110 人，培训内容主要有政府管理法律风险防范、植物新品种保护等内容。通过培训，既加强了新品种保护的宣传，也强化了队伍的能力建设，对于引导新品种培育者积极培育和申请植物新品种保护具有重要意义。（云南省林业和草原局）

西藏自治区林业和草原知识产权

1. 切实加强调查研究

西藏自治区林业和草原局高度重视林业和草原知识产权工作，特别是林木种苗打假工作，2019 年 3 月先后派出由领导带队的 5 个调研组，对林木种苗生产用种情况进行调研，及时解决林木种苗生产过程中的质量问题，督促基层林业和草原部门切实做好整改工作。深化“放管服”改革，推进“互联网 + 政务”“互联网 + 监管”工作，进一步提高审批效率和监管水平。

2. 开展林业植物新品种执法保护专项行动

按照《国家林业和草原局科技发展中心关于组织开展 2019 年度全国林业植物新品种执法保护专项行动的通知》（林技执字〔2019〕13 号）要求，组织基层林业和草原部门开展了为期 2 个月的打击违法销售假冒伪劣林木种苗和林业植物新品种执法保护专项行动。通过散发宣传资料，建立林木种苗案件举报、处置、反馈快速通道等方式，对林木种苗进行重点宣传，普及打假知识，提高农牧民群众维权意识。加强了苗木检验检疫工作，有效杜绝了假冒伪劣苗木进入市场。截至 2019 年底，全区尚未发生林木种苗假冒伪劣和侵犯植物新品种权案件。

3. 加强林业知识产权宣传培训

进一步宣传贯彻《中华人民共和国种子法》和《中华人民共和国植物新品种保护条例》等法律法规，提高公众法律意识。利用西藏林业信息网等宣传媒体，宣传林业打击侵权植物新品种权和假冒伪劣种苗的政策措施、工作进展和成效。结合西藏实际开展“草原普法宣传月”活动，通过多种媒体、针对不同对象开展草原普法宣传工作，采取多种形式展现草原保护建设成果，宣传草原知识，介绍草原工作。充分发挥地方林业和草原主管部门作用，组织不同形式、不同层次培训，提高技术人员、执法管理人员水平。结合西藏自治区脱贫攻坚指挥部相关文件精神，深入基层为民办实事，共举办 5 期培训班，重点培训扶贫苗圃地整地、扦插（播种）、育苗、管护、病虫害防治和苗圃地管理、植物新品种保护、经济林栽培等相关技能。（西藏自治区林业和草原局）

陕西省林业知识产权

1. 知识产权保护工作扎实有序开展

陕西省林业局成立了知识产权保护协调领导小组，主管局领导任组长，法规科技处、种苗处、省种苗站、质检中心等有关单位为成员单位，领导小组办公室设在法规科技处。加强了人员和经费保障，协调落实办公室专职人员 2 名，确保知识产权保护工作扎实有序开展。建立目标责任考核制度，坚持将知识产权保护纳入全局及责任部门年度目标考核，切实确保了各项任务和措施落到实处。

2. 开展打击侵犯林业植物新品种权专项行动

陕西省林业局印发了《2019 年陕西省打击侵犯林业植物新品种权专项行动实施方案》（陕林策字〔2019〕100 号），明确了打击侵犯林业植物新品种权专项行动的目标、任务和时间节点。截至 2019 年底，陕西省未发现侵犯林业植物新品种权事件。

3. 加强林业知识产权宣传培训

不断加大宣传力度，广泛宣传普及涉林知识产权保护的法律法规和相关政策，结合“科技之春”宣传月、科技文化卫生“三下乡”等主题活动，宣传《中华人民共和国种子法》及配套规章制度，全年出动宣传车辆超过 200 车次，制作展板标语超过 2100 份，发放宣传资料超过 11 万份，有效增强了守法经营和依法维权意识。组织开展专项业务培训，举办植物新品种保护管理、林木种苗质量检验等业务培训班，累计受训人员超过 1800 人次，人员队伍业务能力得到整体提高。积极开展质量抽查检查和入户宣传活动，省局组织抽调 28 人次赴咸阳、铜川等市（区）开展质量抽查检查，对生产厂家就《中华人民共和国种子法》及有关法规、制度、标准进行了面对面的宣传解读。（陕西省林业局）

甘肃省林业和草原知识产权

1. 开展林业植物新品种行政执法专项行动

按照《国家林业和草原局科技发展中心关于继续开展林业植物新品种行政执法专项行动的通知》（林技执字〔2019〕13 号）要求，研究部署全省林业和草原系统植物新品种行政执法工作，印发了《甘肃省林业和草原局关于开展 2019 年度全省林业植物新品种执法保护专项行动的通知》（甘林科函〔2019〕450 号），明确了 2019 年植物新品种工作目标、重点任务，确定了专门机构、具体联系人和联系电话，为开展全省林业植物新品种执法保护专项行动提供了保证。为掌握全省林业和草原系统植物新品种本底情况，省林业和草原局部署了植物新品种及侵犯植物新品种权专项调查摸底工作，开展了全省打击侵犯观赏植物和经济林植物新品种权，重点整治违规使用注册商标、质量认证标志、虚假标识及未经权利人授权，盗用已授权品种、专利、地理标志进行营利性种植、繁殖、生产和销售的侵权违法行为。截至 2019 年底，甘肃省未发生侵犯植物新品种权违法行为。

2. 开展知识产权宣传活动周活动

按照《国家知识产权局关于开展 2019 年全国知识产权宣传周活动的通知》精神，组织全省林业系统广泛开展了以“严格知识产权保护　营造一流营商环境”为主题的宣传周活动。各市（州）林业和草原（林业）局、局直各单位结合本地和本单位实际，组织林业科研、推广等单位，开展形式多样的知识产权宣传活动周活动，发放宣传材料，向社会公众宣传植物新品种知识及其植物新品种权保护的重要性。

3. 加强植物新品种权知识及保护行政执法培训

甘肃省林业和草原局高度重视植物新品种行政执法保护培训工作，全力支持并组织各地、各单位开展培训。2019 年 12 月，在兰州举办了“全省植物新品种保护和林业和草原种苗行政执法质量监管培训班”，全省 14 个市(州)林业和草原(林业)局种苗站、甘肃省白龙江林业管理局林检种苗局、甘肃省小陇山林业实验局种苗站站长及执法人员参加了培训。省林业和草原局负责植物新品种行政执法和保护工作人员，先后参加了国家林业和草原局在广州、北京、杭州举办的植物新品种保护培训班。

4. 开展打击互联网领域侵权假冒活动

严格按照《甘肃省打假办贯彻落实全国打假侵权假冒工作领导小组关于加强互联网领域侵权假冒治理的意见重点工作实施方案》等要求，建立林木种苗质量追溯监管系统，健全植物新品种维权机制，治理互联网虚假违法广告和手机违法经营行为，为打击互联网领域侵权假冒奠定了基础。在行动期间，省林业和草原局加强与省打假办省知识产权战略实施工作联席部门间的沟通协调，进一步完善行政执法与刑事司法衔接，落实有关制度规定，将打击侵犯植物新品种权专项行动与其他有关的专项活动有机结合，形成合力效应，有效打击了侵犯植物新品种权行为。同时，及时将行政执法中查办的涉嫌构成犯罪的案件移送司法机关处理，防止以罚代刑。有效遏制侵权、假冒植物新品种违法行为，规范植物新品种交易市场，保护品种权人合法权益，激励创新，促进植物新品种培育，推动植物新品种保护事业健康发展。

5. 加强林业知识产权宣传工作

利用各种形式和途径，有效发挥“两法衔接”信息平台作用，及时发布开展打击侵犯林业植物新品种权违法行为专项行动的有关信息。省林业和草原局、市州林业（农林、生态建设管理）局都充分利用门户网站、新闻媒体，对专项行动进行跟踪报道，形成打击植物新品种侵权、假冒行为的舆论氛围和高压态势，积极引导全社会尊重知识产权，合法使用植物新品种。在甘肃林业和草原网“办事指南”专栏中，加载《中华人民共和国植物新品种保护条例》《中华人民共和国植物新品种保护条例实施细则（林业部分)》《林业行政处罚程序规定》和《植物新品种申请流程》等信息，让更多公众了解有关植物新品种权的基本知识和信息。积极开展法律法规的宣传工作，加强对科研、生产、花卉、种苗市场、经营单位打击侵犯植物新品种权的普法宣传，发放宣传材料 4000 余份。努力营造知法、学法和用法的良好氛围，增强群众法制观念，提高依法保护合法权益的能力。(甘肃省林业和草原局)

青海省林业和草原知识产权

1. 加强软件正版化工作

青海省林业和草原局高度重视软件正版化工作，成立了软件正版化工作领导小组，具体工作由领导小组办公室负责，明确了各单位负责人为本单位软件正版化工作第一责任人，要求各单位确定一名工作人员负责本单位软件正版化工作的日常管理和维护，层层落实责任，确保使用正版软件责任到人。要求省林业和草原局属各单位严格管理本部门使用的操作系统、办公软件、杀毒软件，严禁随意安装、更换、使用各类盗版系统和软件，保证软件正版化工作落到实处。一是严格对新采购的计算机安装正版操作系统和办公软件。二是利用网络行为管理技术手段，加强正版软件使用日常监管，禁止使用人员私自安装或卸载正版软件。对已安装正版操作系统、办公软件和杀毒软件的计算机，利用计算机技术逐台制作镜像备份，确保计算机在出故障时快速恢复。三是建立软件资产相关管理制度及软件正版化工作档案，明确软件资产管理的机构和人员，建立和完善软件资产的工作流程和联动机制，加强与资产、财务和技术部门的分工合作，确保软件资产管理工作有效运行。四是加强对使用正版软件的培训，教育干部职工不得随意、人为破坏正版软件，对违反有关规定的行为，视情节轻重按规定查处，并追究单位主要负责人责任。

2. 开展打击侵犯林业植物新品种权专项行动

为进一步加强林业植物新品种权行政执法，印发了《2019 年青海省林业和草原局打击侵犯林业植物新品种权专项行动方案》，结合全省林木种苗质量和执法检查，局科技和对外合作处与省林木种苗站组织相关工作人员，按方案要求深入基层开展调查摸排侵权专项行动，重点对 13 个县（区）的国有林场、苗圃、企业及花卉交易市场、经营门店等进行排查，在青海林草信息网向社会公布侵权举报电话、电子邮箱、投诉地址，并要求各市（州）、县利用媒体、网站等平台公布相关信息。截至 2019 年底，青海省未发现侵犯知识产权和制售假冒伪劣商品现象。

3. 举办全省林业和草原科技管理培训班

大力宣传知识产权战略和林业植物新品种保护，利用科技活动周、普法宣传日、举办培训班、发放宣传资料等方式，向广大群众宣传《中华人民共和国种子法》《中华人民共和国植物新品种保护条例》等法律法规，发放宣传资料 1000 余份。举办全省林业和草原科技管理培训班，培训省、市（州）、县科技管理人员 40 人。同时，与基层林业行政执法人员、专业技术人员和林农开展座谈 10 余次。通过宣传和培训，提升了全省执法及管理人员的服务能力和工作水平，进一步提高了公众法律意识，积极引导全社会尊重知识产权，合法使用植物新品种，形成了打击侵犯植物新品种权、假冒行为的舆论氛围和高压态势。（青海省林业和草原局）

宁夏回族自治区林业和草原知识产权

1. 部署打击侵犯知识产权和制售假冒伪劣种苗工作

宁夏回族自治区林业和草原局打击侵权假冒工作领导小组召开专题会议，全面部署“双打”执法工作，通过开展“双随机、一公开”监督检查工作，推动全区林木种苗产业持续健康发展。印发了《自治区林业和草原局办公室关于做好 2019 年全区林木种苗行政执法和质量检查工作的通知》。通过学习，提高了林业和草原执法人员对打击侵犯知识产权和制售假冒伪劣林木种苗工作重要性的认识，明确了任务要求。

2. 开展林业植物新品种执法保护专项行动

自治区林业和草原局打击侵权假冒工作领导小组办公室根据《国家林业和草原局

科技发展中心关于组织开展2019年度全国林业植物新品种执法保护专项行动的通知》（林技执字〔2019〕13号）和《关于印发2019—2020年自治区打击侵权假冒领导小组成员单位工作任务分工的通知》要求，大力开展林业植物新品种执法保护专项行动，加强宁夏枸杞、文冠果新品种知识产权保护，为宁夏枸杞及相关产业的健康发展提供法律支持。

3. 加大品牌保护力度，提升宁夏枸杞品牌形象

自治区人大常委会于2016年1月1日正式颁布《宁夏回族自治区枸杞产业促进条例》，使全区枸杞产业发展有了法律保障。2019年，宁夏回族自治区1家枸杞企业获国家农业产业化重点龙头企业称号，3家枸杞企业获国家林业产业化龙头企业称号，1家企业获自治区质量奖，玺赞庄园枸杞获有机认证，实现了宁夏回族自治区枸杞产业有机认证零的突破。2019年6月《枸杞通史》公开发行，此书涵盖了枸杞史源，枸杞在世界各地的分布、分类、传播，枸杞种植历史回顾，包括枸杞食用养生、枸杞医药医理、枸杞科学研究、枸杞产地规模、枸杞品牌创立、枸杞病虫害防治、枸杞饮食文化、枸杞诗词歌赋艺术、枸杞加工产品等方面的内容。

4. 加强林业知识产权宣传培训

2019年3月初，自治区国有林场和林木种苗工作总站下发了《关于举办全区林木种质资源普查工作暨林木种苗执法和质量管理培训班的通知》（宁林场圃站发〔2019〕6号），举办了“2019年全区林木种苗行政执法培训班”，对150余名林木种苗管理人员进行培训，达到了全区林木种苗从业人员培训全覆盖，提高了全区林木种苗质量监管从业人员业务技能和知识产权保护意识。结合“3.12”植树节，积极开展“知识产权保护”“种苗执法”宣传活动并发放相关宣传资料1000余份，引导社会公众自觉遵守林木种苗法律法规。（宁夏回族自治区林业和草原局）

新疆维吾尔自治区林业和草原知识产权

1. 健全工作机制，夯实林业和草原知识产权保护工作基础

2019年，新疆林业和草原局制定下发了《关于做好林业和草原知识产权保护工作的通知》，对全区植物新品种保护工作进行了部署安排，加强植物新品种的保护，把知识产权保护与科技管理工作有机结合起来，在科技管理中不断强化知识产权的保护与利用，在科技计划项目立项时，要求项目承担单位从始至终注重知识产权保护问题。一是加强技术创新，创造更多的具有自主知识产权的技术成果，并及时申请专利和软件著作权等。二是在科技合作特别是联合研发中，要求合作研发的各方一定要用书面形式明确界定在研发中所产生知识产权成果的权属问题，充分保护成果完成人的合法权益。同时，在申请中央财政林业科技推广示范项目时，如有使用非本单位的科技成果进行推广时，明确规定了在项目申报书后附成果使用协议，明确知识产权的权属问题。

2. 加大执法力度，确保工作取得实效

新疆林业和草原局组织检查组对和田地区、阿克苏地区、塔城地区、巴音郭楞蒙古自治州、昌吉回族自治州5个地州24个县（市、区）的春季造林苗木品种、质量进行抽查，督促各地强化种源管理，并与造林工作做好衔接。抽查工作从苗圃地延伸到造林地，检查内容包括：生产经营许可、苗木标签、品种权属、植物检疫等各项制度落实情况。依法严厉打击制售假、劣林木种苗和侵犯林业植物新品种权的行为。依照国家知识产权保护工作有关要求，组织各科研单位对2019年各类科技成果、专利和软件著作权等的使用、转让等进行总结自查，未发现林业和草原科技成果侵权行为。

3. 加强宣传培训工作，增强法律意识

2019年5月，在吉木萨尔县举办了全区2019年林草种苗业务和植物新品种保护培训班，来自全疆各地州市林业和草原局及国有林管理局的领导、种苗站站长、科研院所（推广站）负责人、国家和自治区重点林木良种基地主任、国家级林木种质资源保存库负责人共计90余人参加了培训。以科技周活动、林果业提质增效工程为契机，积极开展植物新品种保护法律法规和相关知识宣传，增强全社会自觉遵守知识产权保护的意识。（新疆维吾尔自治区林业和草原局）

大兴安岭林业集团公司林业知识产权

1. 加强知识产权创造、保护和管理

大兴安岭林业集团公司是国家林业和草原局直属国有企业，与黑龙江省人民政府的派出机关大兴安岭地区行政公署合署办公，实行政企合一的管理体制。大兴安岭地区的林业和草原知识产权工作以提升知识产权质量为主题，以提高知识产权意识为重点，深入实施国家知识产权发展战略，强化知识产权宣传，优化服务质量，提升了管理水平。2019年，大兴安岭地区专利申请308件，授权专利162件，其中，涉及林业方面的专利申请150余项，授权专利80余项，全区每万人口专利拥有量2.481，位列黑龙江省第三位。涉林高新技术企业大兴安岭至臻尚品寒带生物技术有限公司通过黑龙江省知识产权局专利优势企业复审。开展知识产权系统执法保护专项行动，通过专项行动，积极维护了广大消费者和知识产权人的合法权益，提升了处置知识产权行为的效率、质量和水平，营造并促进了有序竞争和创新发展的良好知识产权保护环境。

2. 开展林产品地理标志保护和使用专项整治工作

推进大兴安岭松岭区森林猪、新林区红豆（红豆越橘）林产品地理标志产品保护申报工作，材料通过黑龙江省知识产权局核审，并推荐到国家知识产权局。加大塔河县五味子林产品地理标志产品保护培育工作力度。加强协调沟通，与多个部门配合完成了“中国北极蓝莓”地理标志产品品牌价值评估工作，品牌价值评估为4.07亿元。制定林产品地理标志保护专项整治方案，与各县、市、区林业局同步行动，对全区获得批准使用“中国北极蓝莓”专用标志的25家涉林企业进行检查，规范“中国北极蓝莓”专用标志使用。

3. 开展全国知识产权宣传周活动

制定了2019年全国知识产权宣传周活动方案，全区统一行动、统一配合、统一宣传，各部门责任明确、分工合作、相互配合、互相支持、形成合力，广泛宣传、充分发动，多渠道、多形式开展知识产权宣传工作，通过宣传周活动搭建了良好的知识产权宣传平台，扩大了知识产权宣传的覆盖面，提高了知识产权宣传工作的效果。举办了大兴安岭地区十九大以来知识产权成就展，以知识产权基本知识、专利申请、知识产权运用、知识产权保护为重点，以宣传单、宣传册、现场咨询、企业专利产品展示和文字加图片的形式宣传知识产权，宣传大兴安岭地区十九大以来取得的知识产权成就，同时分别在大兴安岭电视台、大兴安岭广播电台、黑龙江省知识产权官网、东北网等媒体进行了宣传报道，进一步增强了知识产权保护意识，用实际行动向祖国70年华诞献礼。(大兴安岭林业集团公司科学技术部)

2019年林业和草原专利统计分析

专利分为发明专利、实用新型和外观设计3种类型。发明专利是指对产品、方法或者其改进所提出的新的技术方案。实用新型是指对产品的形状、构造或者其结合所提出的实用的新的技术方案。外观设计是指对产品的形状、图案或者其结合以及色彩与形状、图案的结合所作出的富有美感并适于工业应用的新设计。

一、林业相关专利分析

国家林业和草原局知识产权研究中心组织专家，研究整理形成了一批与林业相关的关键词和国际专利分类号，采用关键词与国际专利分类号相结合的方式检索数据，并进行数据清洗和整理，形成最终的林业相关专利数据。

1. 总量分析

2019年，国家知识产权局专利数据库公开的林业相关专利量80343件，比2018年略有减少，但是近2年的专利量都维持在8万件以上。近5年来（2015—2019年）的林业相关专利共有330139件，同比增长214.62%。截至2019年底，林业相关专利公开量518890件（表6，图1）。

表6 1985—2019年林业相关专利公开量统计 单位:件

年份	专利总量	发明专利	实用新型	外观设计
1985	8	6	1	1
1986	198	112	85	1
1987	396	195	191	10
1988	506	177	320	9
1989	619	229	366	24
1990	620	279	300	41
1991	752	250	442	60
1992	1130	322	731	77
1993	971	405	485	81
1994	1383	605	711	67
1995	1378	566	681	131
1996	1505	676	625	204
1997	1688	691	706	291
1998	1962	769	784	409
1999	2702	772	1336	594
2000	2791	872	1295	624
2001	3275	1134	1356	785
2002	3769	1246	1465	1058
2003	4755	1758	1621	1376
2004	4507	1856	1526	1125
2005	6506	3452	1808	1246
2006	7645	3388	2488	1769
2007	9560	4334	3052	2174
2008	11452	5322	3928	2202
2009	13739	6355	3968	3416
2010	13651	5466	3785	4400
2011	14232	7640	4776	1816
2012	18763	11449	6256	1058
2013	26453	14293	9636	2524
2014	31835	20065	9620	2150
2015	45066	27518	14199	3349
2016	52628	31086	18458	3084
2017	65260	40717	21337	3206
2018	86842	47113	35551	4178
2019	80343	39818	36847	3678
合计	518890	280936	190736	47218

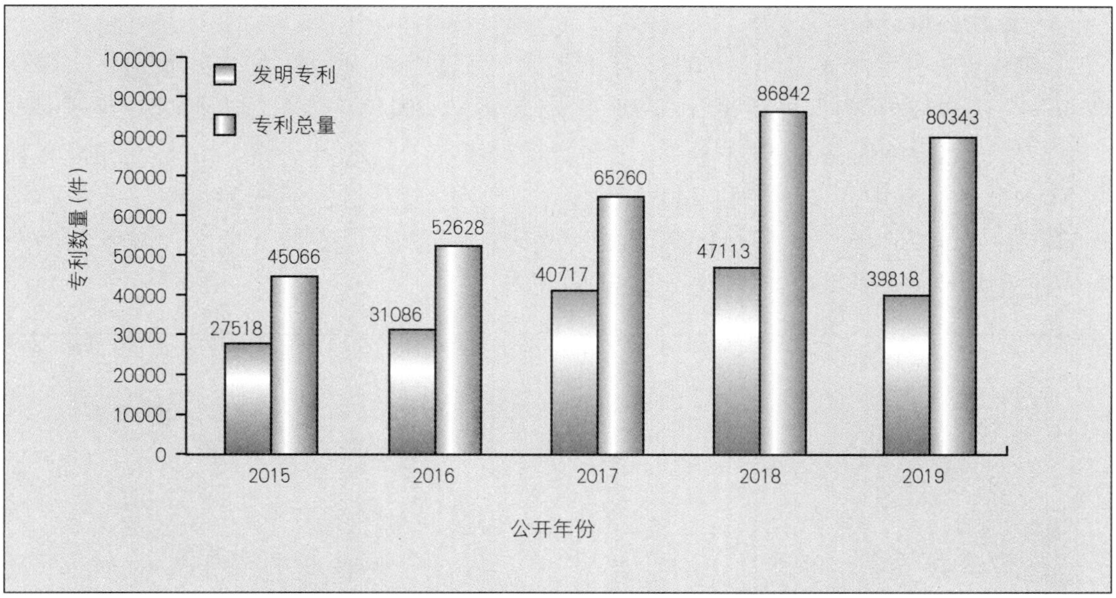

图 1　2015—2019 年林业相关专利公开量统计

2. 发展趋势分析

林业相关专利申请始于 1985 年。这一年我国刚刚开始实施《中华人民共和国专利法》和建立专利制度。1985—1998 年林业专利技术发展十分缓慢，每年公开的林业相关专利量不超过 2000 件；1999—2011 年林业专利量平稳增长，每年公开的林业相关专利量从 1999 年的 2000 多件逐渐增长为 2010 年的 1 万多件；2012—2018 年期间，林业专利量迅猛增长，每年公开的林业专利量由 2012 年的 1 万多件攀升到 2018 年的 8 万多件；目前，林业专利量趋于稳定，2019 年仍保持在 8 万件以上（图 2）。

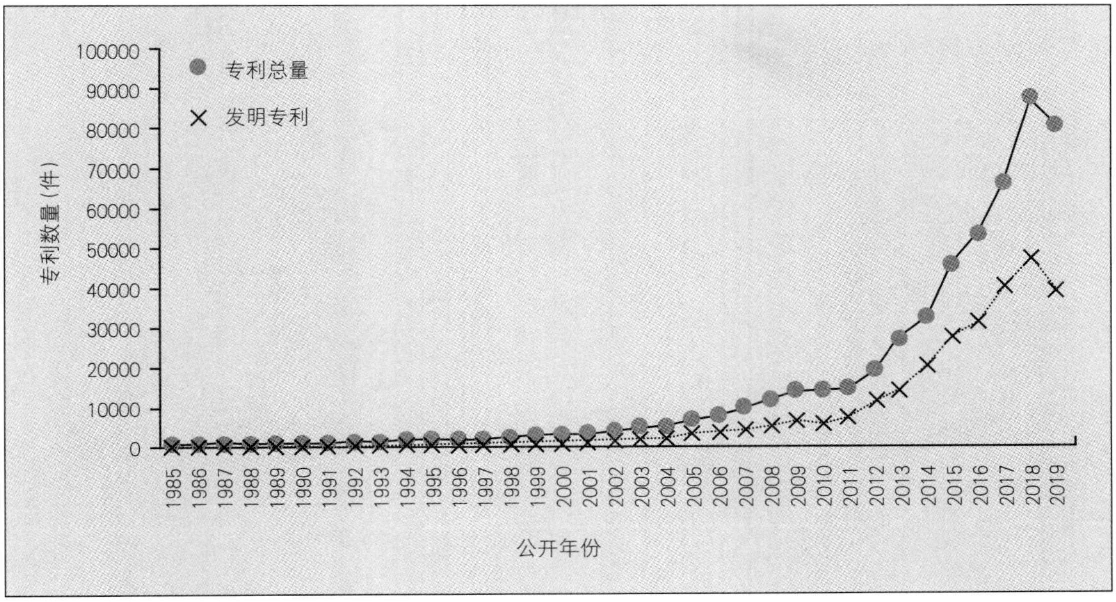

图 2　1985—2019 年林业相关专利公开量发展趋势

3. 专利类型分析

2019 年，林业相关专利共 80343 件，其中，发明专利 39818 件（49.56%），实用新型 36847 件（45.86%），外观设计 3678 件（4.58%）。2011 年以来，林业相关专利中发明专利所占比重均保持在 50%～64% 之间，相对稳定。截至 2019 年底，林业相关专利共 518890 件，其中，发明专利 280936 件，占林业相关专利总量的 54.14%，实用新型 190736 件（36.76%），外观设计 47218 件（9.10%）（图 3）。十二五期间，林业发明专利的比重由十一五期间的 44.08% 上升到 59.63%。

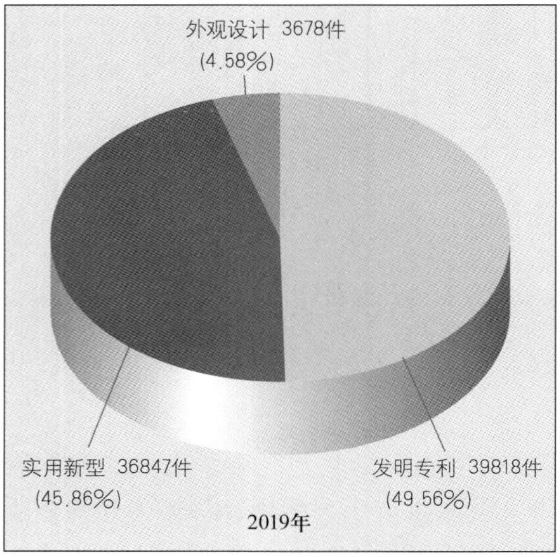

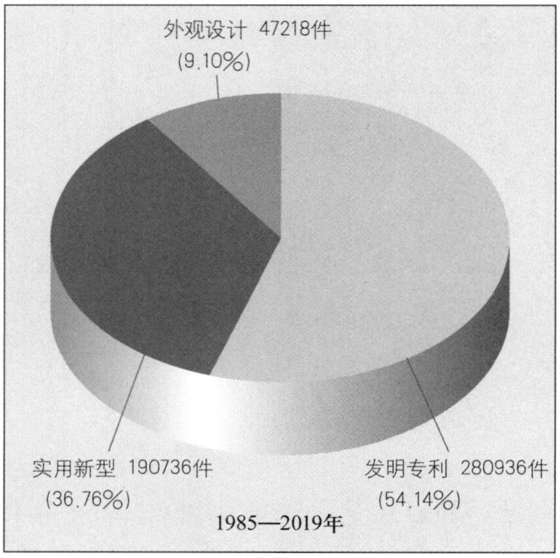

图 3　2019 年和 1985—2019 年林业相关专利的专利类型统计

4. 申请人构成分析

林业专利的创造主体主要是企业。2019 年，林业相关专利申请人中企业、高等院校和科研院所所占比重分别为 50.54%、20.90% 和 9.52%。截至 2019 年底，林业相关专利申请人中企业、高等院校和科研院所所占比重分别为 47.45%、16.49% 和 10.54%（图 4）。近年来高等院校的林业专利数量比重稳步提升，增长较快。

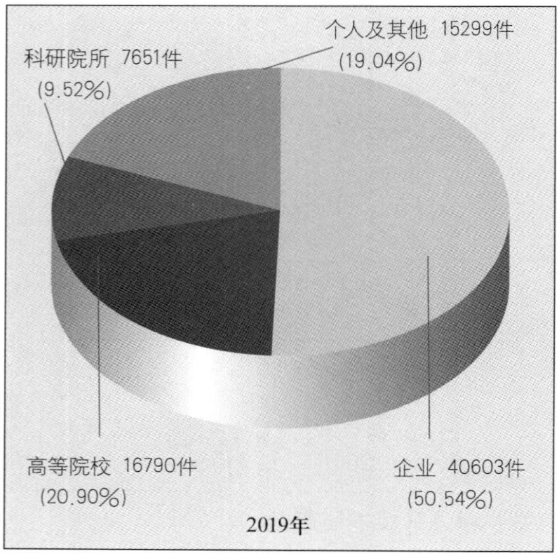

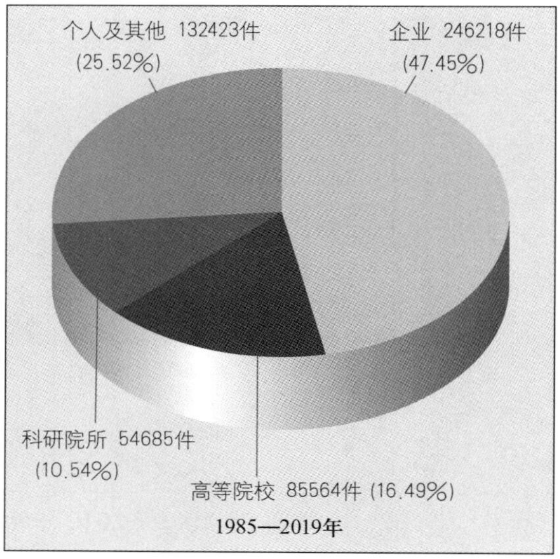

图 4　2019 年和 1985—2019 年林业相关专利的申请人构成统计

5. 地域分析

对全国31个省（自治区、直辖市）的林业相关专利申请公开量的分析结果显示，2019年各省（自治区、直辖市）公开的林业相关专利中，江苏的专利量最多，共11964件，其次是浙江（7927件）和广东（6319件），排名前10位的省（直辖市）还包括山东（4590件）、安徽（4121件）、福建（4044件）、北京（3332件）、河南（3105件）、陕西（3010件）、湖南（2983件）。截至2019年底，江苏和浙江的专利量遥遥领先，分别是62273件和58769件，其次是广东（39661件）、安徽（33901件）、山东（31690件）、北京（25961件）、福建（24978件），均在2万件以上（表7）。

表7　1985—2019年全国各省（自治区、直辖市）的专利公开量统计　　单位：件

排名	省（自治区、直辖市）	专利总量	公开年份				
			2015	2016	2017	2018	2019
1	江　苏	62273	5609	6356	6818	10543	11964
2	浙　江	58769	5365	5592	6031	10885	7927
3	广　东	39661	2435	3063	4698	7342	6319
4	安　徽	33901	4165	5619	6553	6830	4121
5	山　东	31690	3261	3666	4036	4341	4590
6	北　京	25961	2198	2456	2683	3098	3332
7	福　建	24978	2116	3278	3413	4833	4044
8	广　西	19412	2864	2543	4264	3717	1971
9	四　川	18529	1377	1861	2607	3751	2923
10	河　南	16324	1400	1417	2588	3576	3105
11	湖　南	15305	1089	1328	1860	2309	2983
12	陕　西	15222	1278	1426	1882	2162	3010
13	黑龙江	15182	1454	1698	2014	2005	2148
14	上　海	13148	889	966	1077	1327	1592
15	湖　北	12164	1009	1219	1559	2123	2267
16	云　南	11539	765	1028	1565	2056	2433
17	辽　宁	10034	730	755	781	1124	1259
18	河　北	9785	656	766	1125	1742	1853
19	天　津	9766	1000	1151	1103	1578	1373
20	重　庆	9358	1178	1436	1657	1453	1392
21	贵　州	9328	723	896	1828	2348	1847
22	江　西	8577	604	748	990	2229	2029
23	甘　肃	5895	479	673	777	1226	1335
24	吉　林	5618	380	480	628	757	690
25	山　西	4763	383	390	518	749	759
26	新　疆	4369	376	461	597	599	510
27	宁　夏	3112	159	258	403	549	750
28	内蒙古	2449	173	193	226	430	434
29	海　南	1484	117	131	119	210	296
30	青　海	1312	137	134	167	238	286
31	西　藏	234	7	16	27	34	62

6. 林业重点领域专利分析

按森林培育、木材加工、林业机械、竹藤产业、木地板产业、林产化工和林业生物质能源 7 个主要领域对林业相关专利进行统计分析。2019 年，森林培育领域专利公开量为 9468 件、木材加工 9148 件、林业机械 6427 件、竹藤产业 5907 件、木地板产业 1107 件、林产化工 2415 件、林业生物质能源 1351 件（表 8，图 5）。

截至 2019 年底，专利量最多的是森林培育、木材加工和竹藤产业，分别为 61855 件、58575 件、51902 件，其次是林业机械（38338 件）和林产化工（19459 件）。7 个林业重点领域中发明专利比重最高的是林产化工、森林培育和林业生物质能源，分别为 73.95%、65.81% 和 65.59%，其次是木材加工（46.82%）、林业机械（45.54%）、竹藤产业（39.49%）和木地板产业（29.99%）（表 8，图 5）。

表 8　1985—2019 年林业重点领域专利公开量统计　　单位：件

领域分类	专利总量				2019年专利量			
	发明专利	实用新型	外观设计	合计	发明专利	实用新型	外观设计	合计
森林培育	40704	20411	740	61855	5218	4155	95	9468
木材加工	27425	31122	28	58575	4135	5005	8	9148
林业机械	17461	20784	93	38338	2746	3672	9	6427
竹藤产业	20497	14992	16413	51902	2344	2155	1408	5907
木地板产业	3666	5868	2689	12223	433	627	47	1107
林产化工	14390	4839	230	19459	1654	754	7	2415
林业生物质能源	7202	3707	71	10980	789	560	2	1351

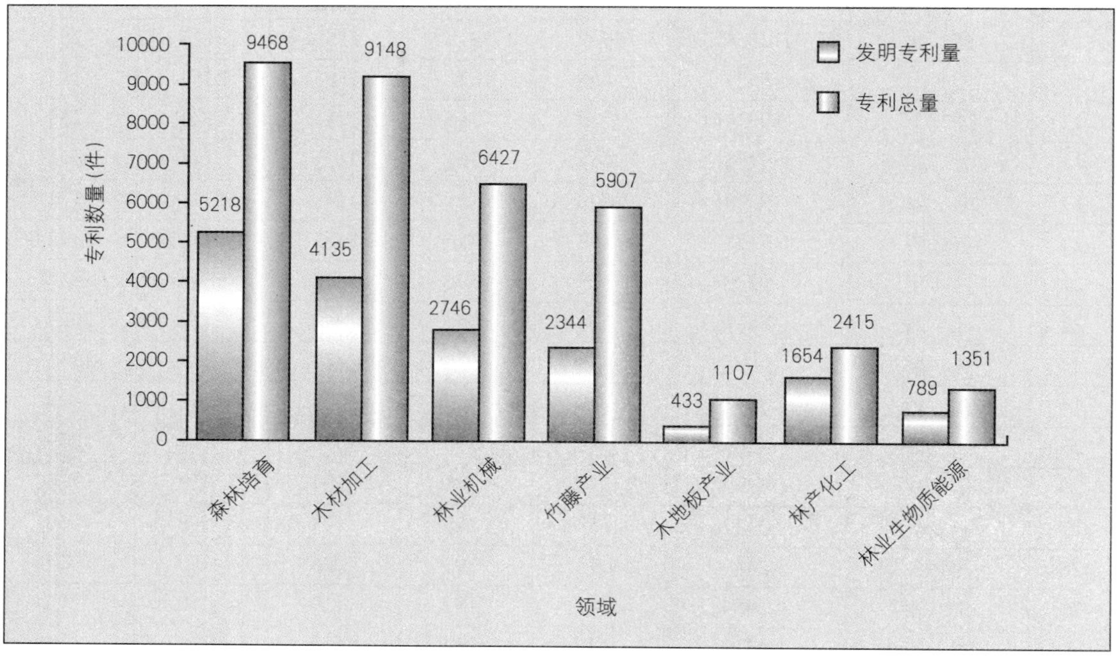

图 5　2019 年林业重点领域专利公开量统计

二、林业科研院所和高等院校专利分析

林业科研院所是指林业系统的科研机构，主要包括国家、省（自治区、直辖市）、市、县4级林业科研和开发机构，不包括各类农林科研院所。林业高等院校包括各类林业高校和农林高校。林业高等院校专利分析包括林业高校和农林高校的所有专利，主要是因为许多农林高校，如西北农林科技大学、浙江农林科技大学等农林高校的前身均为林业高校，拥有大量林业领域专利。此外，许多林业高校的专业越来越趋于综合化，也拥有大量其他领域的专利，为保证各高校专利统计数据的客观性和准确性，本报告对林业高校和农林高校的所有专利进行了统计分析。

1. 总量分析

2019年，全国林业科研院所的专利公开量为1656件，其中发明专利公开量为1156件，占其专利公开总量69.81%；林业高等院校的专利公开量为8797件，其中发明专利4300件，占其专利公开总量的48.88%。截至2019年底，林业科研院所的专利公开量共计9926件，其中发明专利公开量7143件，占其专利公开总量的71.96%；林业高等院校的专利公开量共计39121件，其中发明专利公开量22746件，占其专利公开总量的58.14%（表9，图6）。

表9　1985—2019年林业科研院所和高等院校的专利公开量统计　　单位：件

公开年份	科研院所				高等院校			
	发明专利	实用新型	外观设计	合计	发明专利	实用新型	外观设计	合计
1985	1	0	0	1	0	0	0	0
1986	9	5	0	14	1	1	0	2
1987	12	8	0	20	3	5	0	8
1988	9	12	0	21	6	2	0	8
1989	11	7	0	18	3	9	0	12
1990	13	13	0	26	6	4	0	10
1991	14	6	2	22	3	11	0	14
1992	12	22	1	35	13	8	0	21
1993	9	5	0	14	10	8	0	18
1994	11	9	0	20	3	7	0	10
1995	14	7	1	22	6	6	0	12
1996	10	6	3	19	8	11	0	19
1997	10	10	1	21	6	6	0	12
1998	11	3	0	14	9	10	0	19
1999	9	11	0	20	5	10	0	15
2000	5	14	0	19	12	14	0	26
2001	12	18	0	30	12	21	0	33
2002	9	1	0	10	21	14	0	35
2003	24	17	1	42	49	18	0	67
2004	31	17	3	51	58	22	0	80
2005	41	12	4	57	161	33	0	194
2006	66	17	1	84	194	39	0	233
2007	106	13	1	120	305	31	2	338
2008	172	56	1	229	440	63	55	558
2009	200	62	0	262	569	102	48	719
2010	197	68	11	276	685	164	22	871

（续）

公开年份	科研院所				高等院校			
	发明专利	实用新型	外观设计	合计	发明专利	实用新型	外观设计	合计
2011	280	101	3	384	845	382	82	1309
2012	396	96	7	499	1328	485	298	2111
2013	451	128	10	589	1476	882	445	2803
2014	561	136	2	699	1813	692	343	2848
2015	699	215	13	927	2050	921	363	3334
2016	672	285	16	973	2234	1121	227	3582
2017	966	304	12	1282	2794	1400	388	4582
2018	944	483	23	1450	3318	2287	816	6421
2019	1156	448	52	1656	4300	3689	808	8797
合计	7143	2615	168	9926	22746	12478	3897	39121

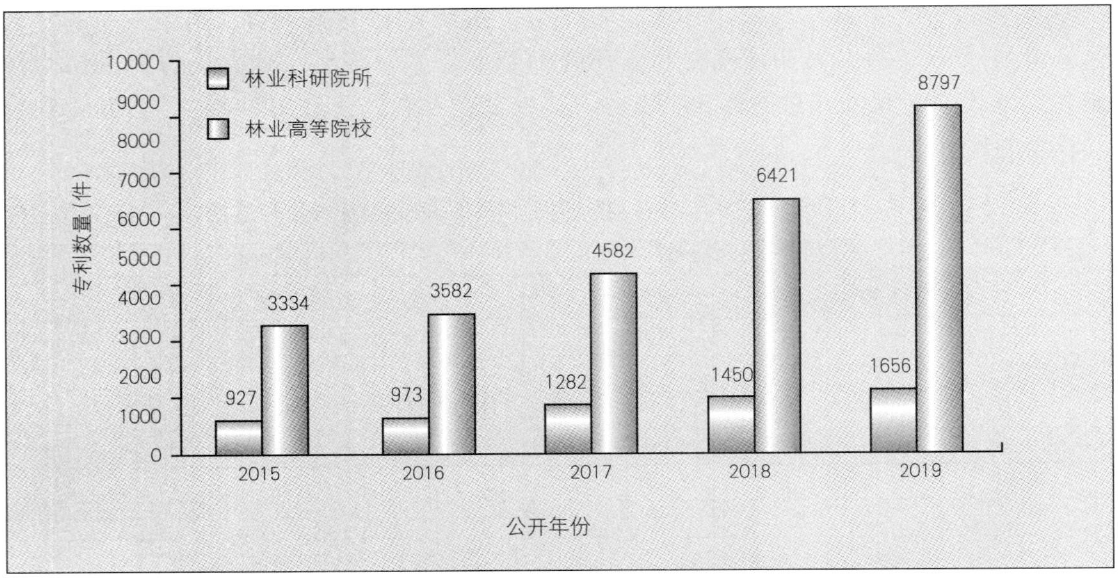

图 6　2015—2019 年林业科研院所和高等院校专利公开量统计

2. 发展趋势分析

林业科研院所和高等院校的专利发展趋势可以划分为 3 个阶段，第一阶段为 1985—2003 年，每年的专利量不足 100 件，增长十分缓慢；第二阶段为 2004—2010 年，每年专利量 200～1000 件，增长较为迅速；第三阶段为 2011—2019 年，专利量迅猛增长，由 2011 年的 1500 多件增至 2019 年 1 万多件。自 2011 年以来，林业高等院校的专利增长速度明显超过了林业科研院所，二者专利量之间的差距逐步拉大（图 7）。

3. 授权发明专利分析

2019 年，林业科研院所发明专利授权共计 297 件，林业高等院校发明专利授权共计 1076 件。

截至 2019 年底，林业科研院所共获得发明专利授权 2835 件，占林业科研院所发明专利申请总量的 28.56%；林业高等院校共获得发明专利授权 8465 件，占林业高等院校发明专利申请总量的 21.64%（表 10，图 8，图 9）。

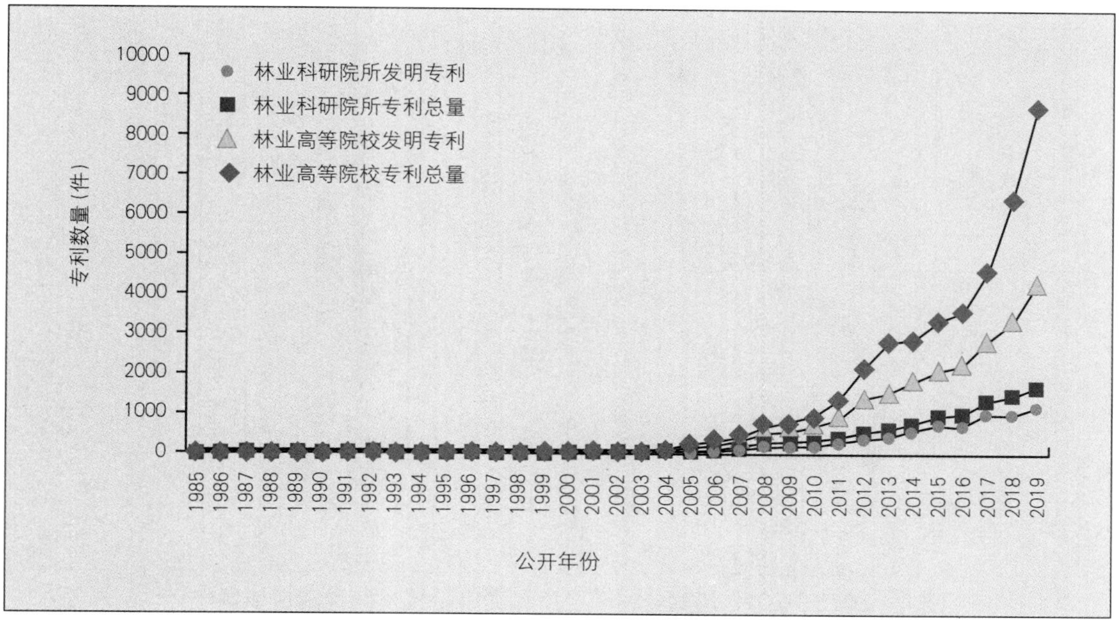

图 7　1985—2019 年林业科研院所和高等院校的专利公开量发展趋势

表 10　1985—2019 年林业科研院所和高等院校的发明专利授权量统计　　单位：件

授权年份	科研院所	高等院校	授权年份	科研院所	高等院校
1985	1	0	2003	8	6
1986	0	0	2004	11	25
1987	2	1	2005	13	38
1988	3	1	2006	26	60
1989	9	2	2007	39	85
1990	4	2	2008	32	114
1991	5	1	2009	75	188
1992	9	2	2010	105	266
1993	4	2	2011	160	465
1994	2	6	2012	181	636
1995	4	3	2013	234	688
1996	2	3	2014	239	709
1997	1	1	2015	296	917
1998	2	1	2016	324	1075
1999	4	5	2017	390	1047
2000	3	3	2018	341	1027
2001	5	6	2019	297	1076
2002	4	4	合计	2835	8465

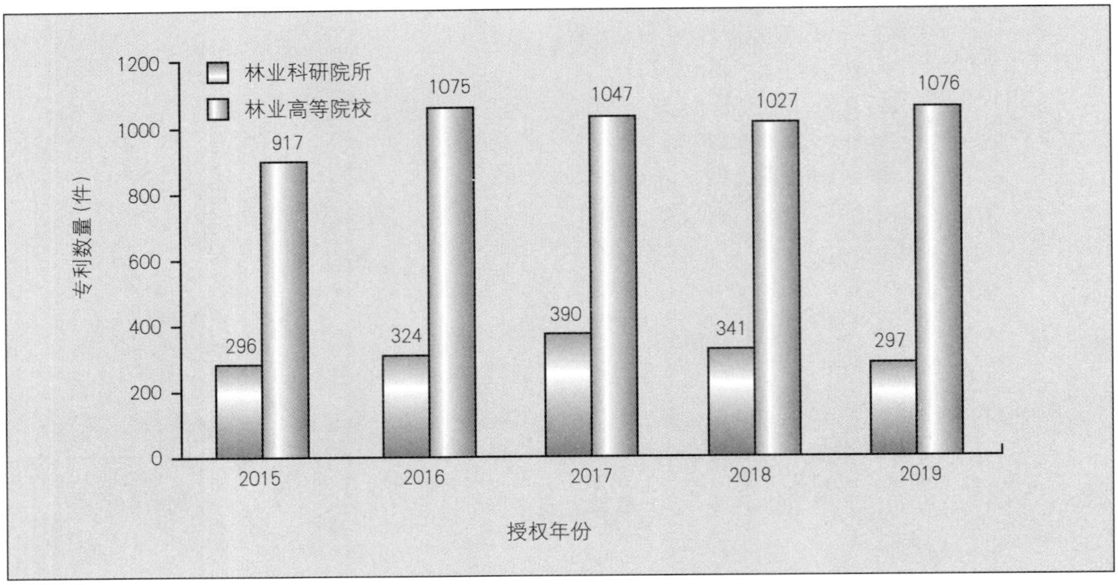

图 8　2015—2019 年林业科研院所和高等院校发明专利授权量统计

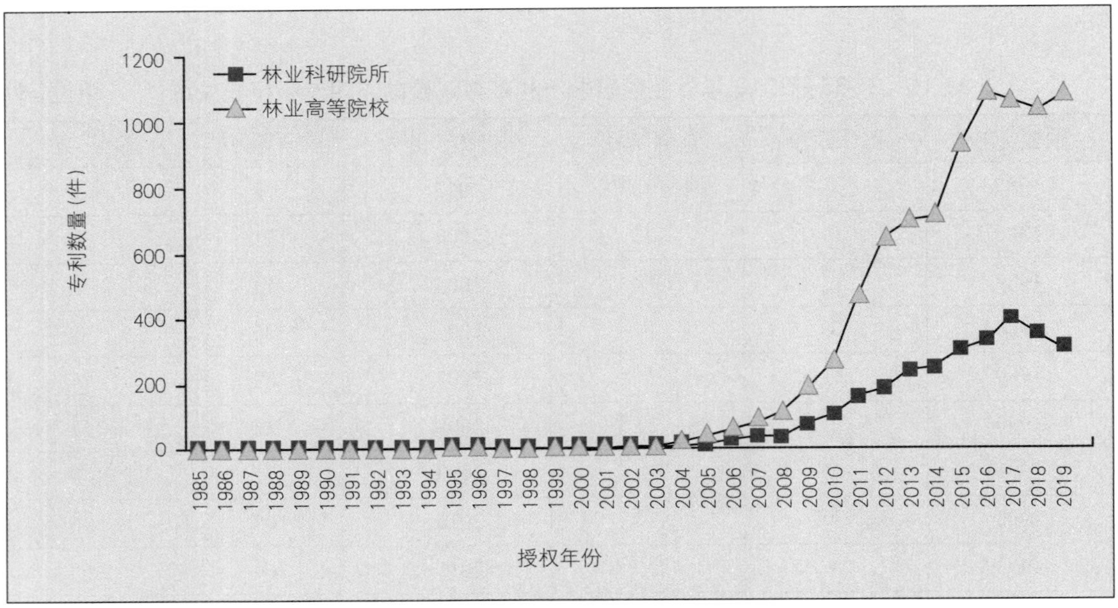

图 9　1985—2019 年林业科研院所和高等院校授权发明专利发展趋势

4. 国外专利分析

国外专利分析仅针对林业科研院所和高等院校，数据来源于德温特世界专利索引数据库（DWPI）。由于数据库收录各国专利数据有一定的时滞，因此 2019 年公开的数据可能不全。

2019 年，林业科研院所和高等院校的国外专利文献量为 48 件（图 10，表 11）。

截至 2019 年底，林业科研院所和高等院校的国外专利文献公开量共 195 件，专利主要集中在 2009 年以后，其中：世界知识产权组织 74 件，美国 48 件，日本 15 件，澳大利亚 12 件，欧洲专利局 11 件，韩国 8 件，德国和加拿大 5 件，南非 4 件，印度和荷兰各 3 件，法国、新西兰和奥地利各 2 件，瑞士 1 件。截至 2019 年底，林业科研院所和高等院校的国外专利授权量共 36 件。

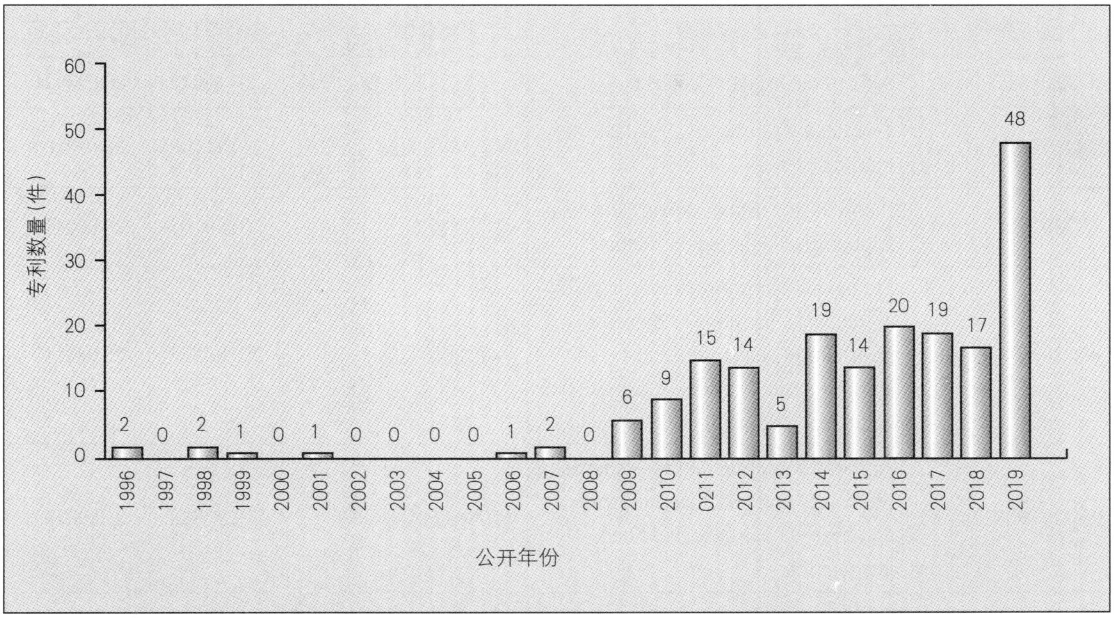

图 10　1996—2019 年林业科研院所和高等院校国外专利文献公开量统计

表 11　2019 年林业科研院所和高等院校国外专利文献公开一览表

公开号	标题	申请人	申请日期	公开日期
ZA201708668B	Photobioreactor used for algae cultivation，and algae cultivation system	北京林业大学	20171219	20190626
JP06570736B2	The photobioreactor for algae culture，and an algae culture system	北京林业大学	20160518	20190904
WO2019210696A1	Prunus mume pendulous trait snp molecular markers and use thereof	北京林业大学	20181219	20191107
KR2043623B1	Algal farming photobioreactors and algal farming systems	北京林业大学	20160518	20191112
WO2019019421A1	Triticum aestivum powdery mildew resistance gene *pmr2* and cloning and use thereof	福建农林大学	20171013	20190131
WO2019028929A1	Comb foundation for reducing pesticide and insecticide residue	福建农林大学	20170816	20190214
WO2019061961A1	Ultra-high-temperature aerobic fermentation bacteria preparation prepared by using municipal sludge，and preparation method therefor	福建农林大学	20180119	20190404
WO2019085237A1	Method for inducing multiple layers of casparian strips in plant root	福建农林大学	20171227	20190509
WO2019100579A1	Method for rapidly reducing antibiotics and resistance genes in organic solid waste	福建农林大学	20180119	20190531
WO2019192089A1	Apparatus and method for electrochemically-assisted aerobic composting of organic solid waste	福建农林大学	20180628	20191010

（续）

公开号	标题	申请人	申请日期	公开日期
WO2019179005A1	Adjustable logistics crate cart	江苏农林职业技术学院	20180813	20190926
US20190003926A1	Test device of universal nail/screw holding power	南京林业大学	20171108	20190103
WO2019007405A1	Inclined saw timber defect detection apparatus and detection method	南京林业大学	20180705	20190110
WO2019011346A1	Stable and environmentally friendly combustion method for biomass gasification combustible gas，and environmentally friendly combustion chamber	南京林业大学	20180828	20190117
WO2019011347A1	Apparatus and method for generating electricity and producing carbon and heat via biomass fixed bed gasification	南京林业大学	20180828	20190117
US10212893B2	Trunk injection needle	南京林业大学	20160617	20190226
WO2019047155A1	Method for preparing nitrogen-containing activated carbon by activation of ammonia gas	南京林业大学	20170908	20190314
US10260995B2	Test device of universal nail/screw holding power	南京林业大学	20171108	20190416
WO2019109337A1	Graphite-like microcrystal carbon nanomaterial，preparation method therefor and use thereof	南京林业大学	20171208	20190613
WO2019109761A1	Gene gun-mediated method for constructing hybrid liriodendron transformation system	南京林业大学	20181031	20190613
WO2019114643A1	Aramid-based epoxy resin and preparation method thereof	南京林业大学	20181210	20190620
WO2019119741A1	Method for separating methanol-mediated hemicellulose alkaline solution and method for separating ethanol-mediated hemicellulose alkaline solution	南京林业大学	20180612	20190627
WO2019128197A1	Method for compressing and compacting wood material	南京林业大学	20180717	20190704
EP3564287A1	Aramid-based epoxy resin and preparation method thereof	南京林业大学	20181210	20191106
EP3572375A1	Graphite-like microcrystal carbon nanomaterial，preparation method therefor and use thereof	南京林业大学	20171208	20191127
WO2019223244A1	Method for identifying types of descendant tree species of liriodendron forest	南京林业大学	20181129	20191128
WO2019223245A1	Method for identifying genetic relationship of liriodendron hybrids	南京林业大学	20181031	20191128

（续）

公开号	标题	申请人	申请日期	公开日期
WO2019223310A1	Digital crime scene investigation record trusted model system	南京森林警察学院	20181226	20191128
US10363219B2	Method of preparing albumin nanoparticle carrier wrapping taxane drug	浙江省林业科学研究院	20170520	20190730
US20190390287A1	Characteristic sequence，labeled primer and identification method of Carya illinoensis variety davis	浙江省林业科学研究院	20190611	20191226
NL2021197B1	A device and method for continuously producing environment-friendly plasticizer	中国林业科学研究院林产化学工业研究所	20180628	20190115
WO2019020010A1	Epoxy grease-based unsaturated ester light-cured resin，preparation method therefor and use thereof	中国林业科学研究院林产化学工业研究所	20180724	20190131
AU2019101040A4	A method for preparation of levulinic acid and furfural via direct liquefaction of lignocellulosic biomass	中国林业科学研究院林产化学工业研究所	20190911	20191017
NL2023943B1	A New Method for Preparing Activated Carbon Catalyzing Oxygen Reduction Reaction（ORR）from Fast—growing Paper Mulberry	中国林业科学研究院林产化学工业研究所	20191003	20191204
WO2019233399A1	Water-based lubricant and preparation method therefor	中国林业科学研究院林产化学工业研究所	20190604	20191212
US20190029183A1	Device and method for harvesting wind-borne seeds of wetland plant	中国林业科学研究院林业新技术研究所	20171226	20190131
US20190234927A1	Simulation device and method for studying the influence of wetland plant litter decomposition on water quality	中国林业科学研究院林业新技术研究所	20190107	20190801
CA3018231A1	A capture device for hydraulic transmitted wetland plant seeds and method thereof	中国林业科学研究院林业新技术研究所	20180921	20191027
US20190281770A1	Ecological environmentally-friendly flowerpot for disposing garbage	中国林业科学研究院沙漠林业实验中心	20180410	20190919
US20190037908A1	Ripening and extruding device with series screw rods for making rice noodles and method thereof	中南林业科技大学	20180802	20190207
US20190041374A1	Rapid screening method of processing raw rice for rice products	中南林业科技大学	20180802	20190207
JP2019024498A	The wet heat multienzyme processing method for adjusting the macromolecule texture of rice starch	中南林业科技大学	20180801	20190221
JP2019025479A	Flexible rice milling method	中南林业科技大学	20180724	20190221

（续）

公开号	标题	申请人	申请日期	公开日期
US20190077667A1	High-strength network structured nano-carrier material and preparation method and application thereof	中南林业科技大学	20180821	20190314
JP2019045133A	The drying method of the instant staple food made from a rice	中南林业科技大学	20180830	20190322
US20190116806A1	A large-scale multifunctional machine for making rice noodles	中南林业科技大学	20181019	20190425
AU2019101310A4	Synchronous balancing system for single-layer hot press cylinder	中南林业科技大学	20191030	20191205
ZA201902580B	Self-heating inorganic adhesive, preparation method thereof and application method thereof in production of inorganic wood-based panel	中南林业科技大学	20190424	20191218

三、草原相关专利分析

国家林业和草原局知识产权研究中心组织专家，研究整理形成了一批与草原相关的关键词和国际专利分类号，采用关键词与国际专利分类号相结合的方式检索数据，并进行数据清洗和整理，形成最终的草原相关专利数据。

1. 总量分析

2019 年，国家知识产权局专利数据库公开的草原相关专利量 10081 件，比 2018 年略有减少，但是近 2 年的专利量都维持在 1 万件以上。近 5 年来（2015—2019 年）的草原相关专利共有 46754 件，同比增长 144.58%。截至 2019 年底，草原相关专利公开量 77053 件（表 12，图 11）。

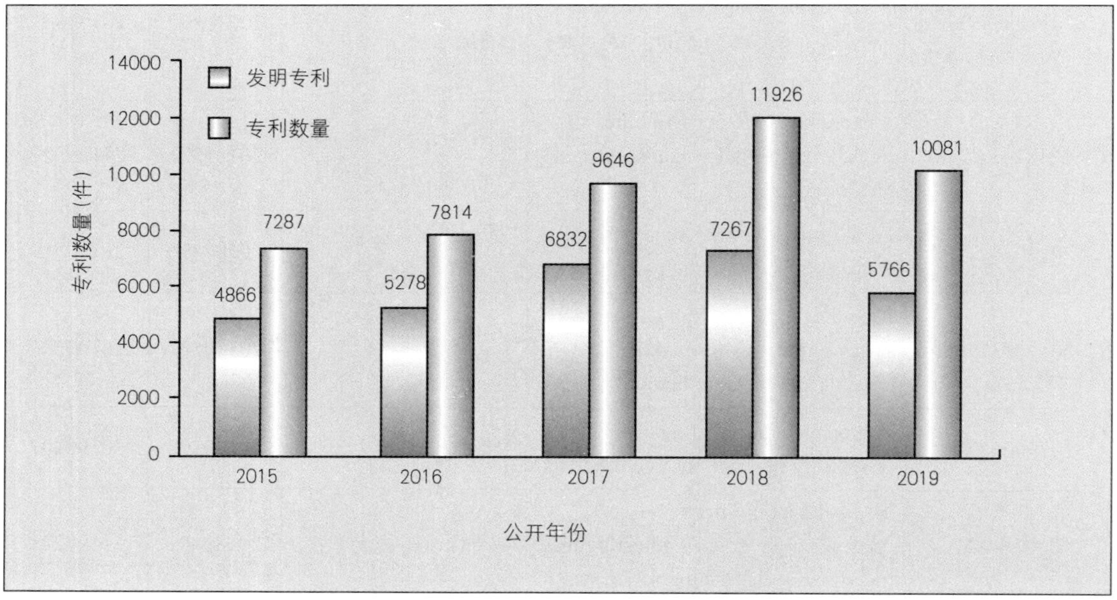

图 11　2015—2019 年草原相关专利公开量统计

表 12　1985—2019 年草原相关专利公开量统计　　单位：件

年份	发明专利	实用新型	外观设计	专利总量
1986	31	6	0	37
1987	60	14	1	75
1988	47	25	0	72
1989	57	19	1	77
1990	61	22	3	86
1991	71	37	1	109
1992	86	45	3	134
1993	100	37	12	149
1994	136	28	2	166
1995	110	46	13	169
1996	125	44	12	181
1997	188	48	8	244
1998	214	51	12	277
1999	203	106	12	321
2000	210	82	33	325
2001	288	119	40	447
2002	307	148	63	518
2003	362	183	77	622
2004	370	163	103	636
2005	670	185	100	955
2006	705	294	238	1237
2007	703	308	170	1181
2008	758	332	249	1339
2009	1087	370	369	1826
2010	1380	564	463	2407
2011	1653	571	409	2633
2012	2520	762	599	3881
2013	2777	1140	713	4630
2014	3828	1187	550	5565
2015	4866	1884	537	7287
2016	5278	2174	362	7814
2017	6832	2449	365	9646
2018	7267	4133	526	11926
2019	5766	3814	501	10081
合计	49116	21390	6547	77053

2. 发展趋势分析

1986—2004 年草原专利技术发展十分缓慢，每年公开的草原相关专利量不超过 700 件；2005—2011 年草原专利量平稳增长，每年公开的草原相关专利量从 2005 年的 900 多件逐渐增长为 2011 年的 2000 多件；2012—2018 年期间，草原专利量迅猛增长，每年公开的草原专利量由 2012 年的 3000 多件攀升到 2018 年的 1 万多件；目前，草原专利量趋于稳定，2019 年仍保持在 1 万件（图 12）。

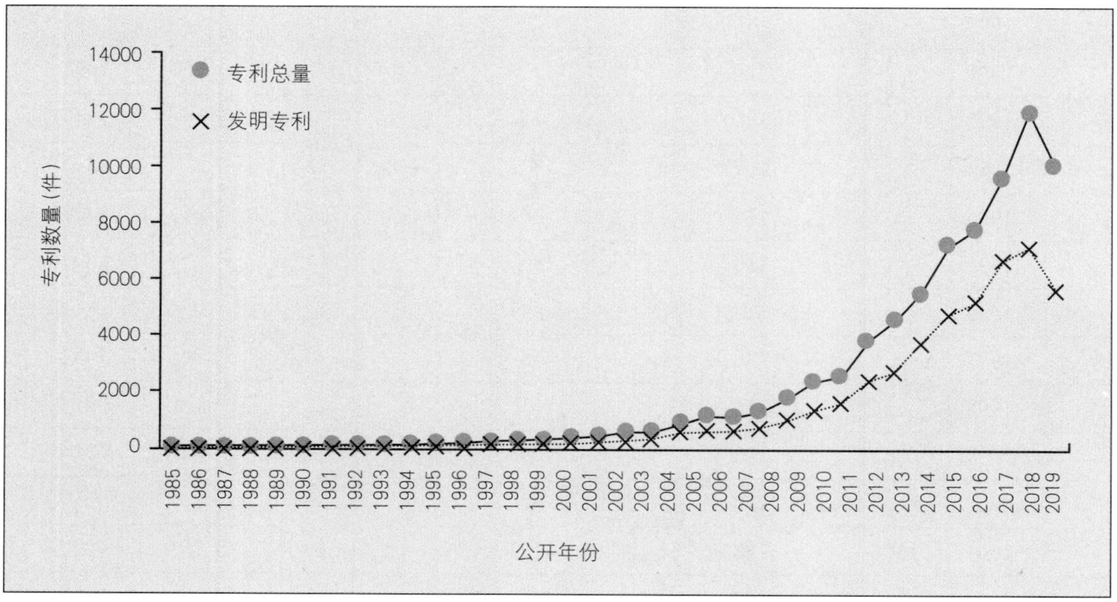

图 12　1985—2019 年草原相关专利公开量发展趋势

3. 专利类型分析

2019 年，草原相关专利共 10081 件，其中，发明专利 5766 件（57.20%），实用新型 3814 件（37.83%），外观设计 501 件（4.97%）。截至 2019 年底，草原相关专利共 77053 件，其中，发明专利 49116 件，占草原相关专利总量的 63.74%，实用新型 21390 件（27.76%），外观设计 6547 件（8.50%）（图 13）。

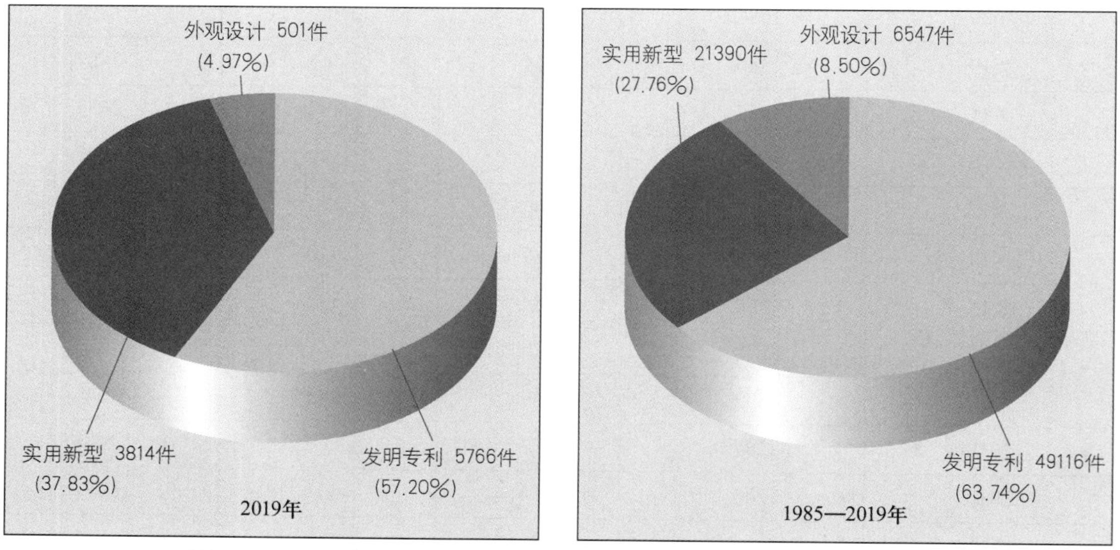

图 13　2019 年和 1985—2019 年草原相关专利的专利类型统计

4. 申请人构成分析

草原专利的创造主体主要是企业。2019 年，草原相关专利申请人中企业、高等院校和科研院所所占比重分别为 54.18%、13.64% 和 9.99%。截至 2019 年底，草原相关专利申请人中企业、高等院校和科研院所所占比重分别 49.62%、10.83% 和 6.76%（图 14）。

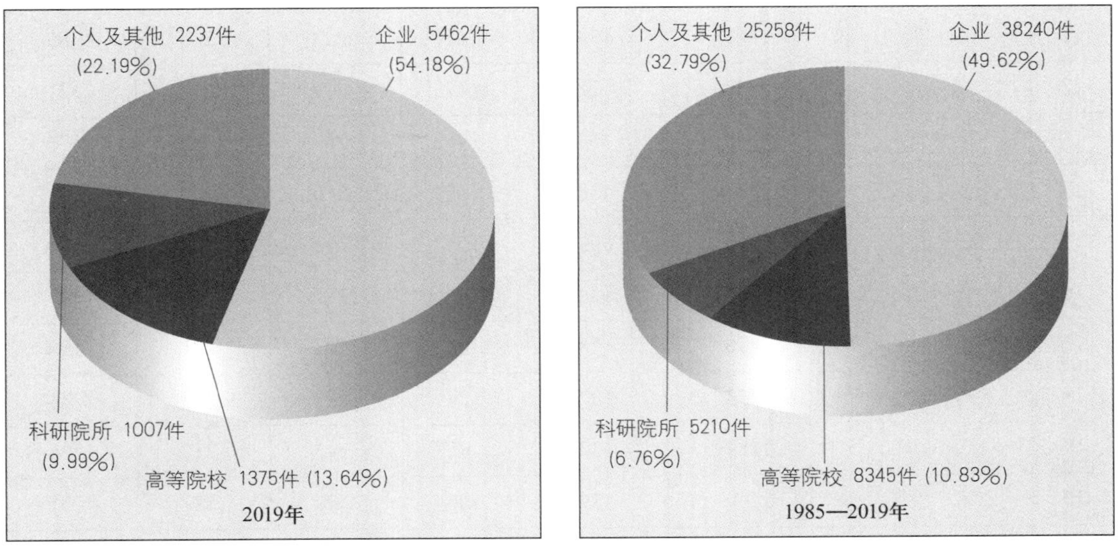

图 14　2019 年和 1985—2019 年草原相关专利的申请人构成统计

5. 地域分析

对全国 31 个省（自治区、直辖市）的草原相关专利申请公开量的分析结果显示，2019 年各省(自治区、直辖市)公开的草原相关专利中，江苏的专利量最多，共 1476 件，其次是浙江（1040 件），排名前 10 位的省还包括广东（736 件）、山东（732 件）、安徽（587 件）、河南（421 件）、湖南（385 件）、北京（379 件）、甘肃（343 件）、湖北（321 件）。截至 2019 年底，江苏的专利量最多，共 12306 件，其次是浙江（8341 件），此外山东、广东、安徽、北京的草原专利公开量也较多，均在3000件以上(表 13)。(马文君)

表 13　1985—2019 年全国各省（自治区、直辖市）草原专利公开量统计　单位：件

排名	省（自治区、直辖市）	专利总量	公开年份				
			2015	2016	2017	2018	2019
1	江　苏	12306	1311	1246	1545	1649	1476
2	浙　江	8341	727	740	960	1344	1040
3	山　东	5818	674	672	665	783	732
4	广　东	5148	429	455	728	1033	736
5	安　徽	4919	506	752	1066	1092	587
6	北　京	3112	259	301	293	361	379
7	河　南	2546	251	211	307	455	421
8	广　西	2449	427	412	511	385	209

（续）

排名	省（自治区、直辖市）	专利总量	公开年份				
			2015	2016	2017	2018	2019
9	福　建	2319	211	357	375	457	283
10	四　川	2276	223	238	258	421	318
11	湖　南	1885	134	151	223	288	385
12	湖　北	1830	172	147	219	414	321
13	黑龙江	1788	162	295	261	165	176
14	上　海	1748	139	157	150	170	191
15	辽　宁	1624	93	106	97	229	159
16	甘　肃	1505	138	146	185	359	343
17	天　津	1436	128	164	204	181	190
18	内蒙古	1423	102	124	182	248	214
19	陕　西	1289	130	90	143	210	206
20	河　北	1209	89	106	122	187	231
21	贵　州	1180	84	112	187	237	191
22	云　南	955	75	82	121	164	156
23	江　西	906	63	90	111	202	202
24	新　疆	824	87	96	101	98	98
25	吉　林	655	38	44	72	89	97
26	山　西	508	44	42	39	92	93
27	宁　夏	351	18	26	69	80	73
28	重　庆	318	233	201	193	197	158
29	青　海	247	25	15	16	56	83
30	海　南	203	20	21	29	14	44
31	西　藏	90	3	2	8	28	36

2019年林业植物新品种统计分析

植物新品种是指经过人工培育或者对发现的野生植物加以开发，具有新颖性、特异性、一致性和稳定性并适当命名的植物品种。

一、总量分析

2019 年，国家林业和草原局植物新品种保护办公室共受理植物新品种权申请 802 件，授予植物新品种权 439 件。截至 2019 年底，国家林业和草原局已受理国内外植物新品种申请 4519 件，授予植物新品种权 2202 件。自 2012 年以来，林业植物新品种的申请量和授权量大幅增加，年度授权量一直保持在 150 件以上，2016 年以来，申请量迅猛增长，2018 年林业植物新品种的年度授权量首次突破 400 件。

近 5 年（2015—2019 年）林业植物新品种的申请量和授权量分别达到 3004 件和 1375 件，分别占林业植物新品种申请总量和授权总量的 66.47% 和 62.44%（表 14，图 15）。

表 14　1999—2019 年林业植物新品种申请量和授权量统计　　单位：件

年度	申请量			授权量		
	国内申请人	国外申请人	合计	国内品种权人	国外品种权人	合计
1999	181	1	182	6	0	6
2000	7	4	11	18	5	23
2001	8	2	10	19	0	19
2002	13	4	17	1	0	1
2003	14	35	49	7	0	7
2004	17	19	36	16	0	16
2005	41	32	73	19	22	41
2006	22	29	51	8	0	8
2007	35	26	61	33	45	78
2008	57	20	77	35	5	40
2009	62	5	67	42	13	55
2010	85	4	89	26	0	26
2011	123	16	139	11	0	11
2012	196	26	222	169	0	169
2013	169	8	177	115	43	158
2014	243	11	254	150	19	169
2015	208	65	273	164	12	176
2016	328	72	400	178	17	195
2017	516	107	623	153	7	160
2018	720	186	906	359	46	405
2019	656	146	802	351	88	439
合计	3701	818	4519	1880	322	2202

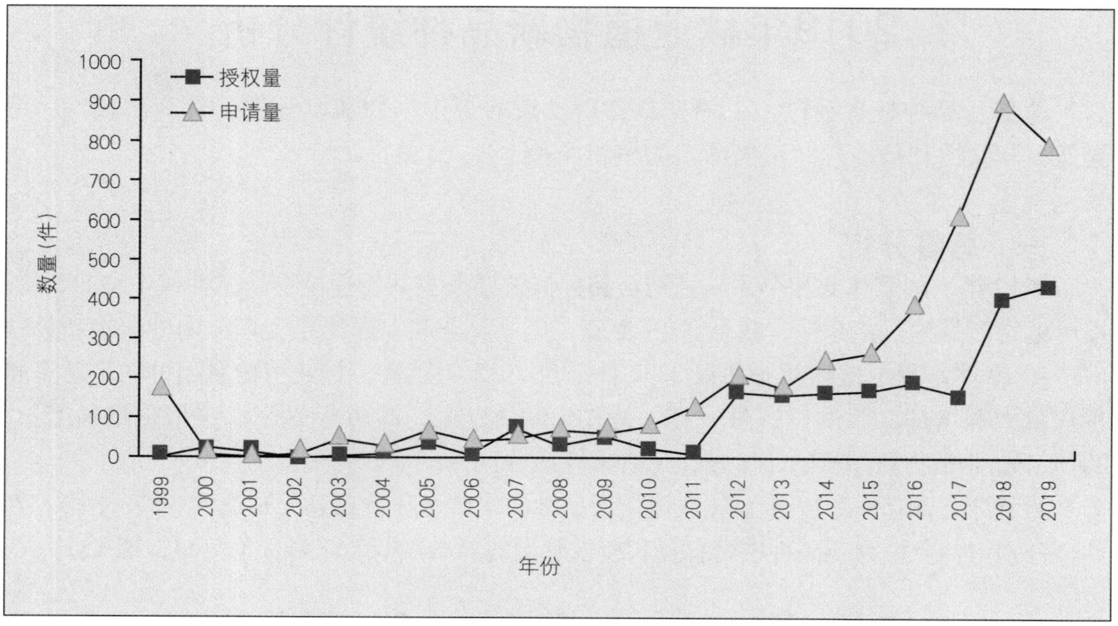

图 15　1999—2019 年林业植物新品种申请量和授权量变化趋势

二、授权品种分析

1. 植物类别分析

林业授权植物新品种的植物类别以木本观赏植物为主，2019 年，林业授权植物新品种中，木本观赏植物 287 件，占年度授权总量的 65.38%，其次是经济林 70 件（15.94%）、林木 69 件（15.72%）、竹 1 件（0.23%）。截至 2019 年底，在林业授权植物新品种中木本观赏植物 1422 件，占总量的 64.58%，其次是林木 383 件（17.39%）、经济林 320 件（14.53%）（表 15，图 16）。

表 15　1999—2019 年林业授权植物新品种中不同植物类别的授权量统　　单位：件

年份	林木	经济林	观赏植物	竹	木质藤本	其他	合计
1999	6	0	0	0	0	0	6
2000	3	0	20	0	0	0	23
2001	2	2	14	0	0	1	19
2002	0	1	0	0	0	0	1
2003	6	1	0	0	0	0	7
2004	6	4	5	0	0	1	16
2005	3	1	34	0	0	3	41
2006	5	0	3	0	0	0	8
2007	7	1	70	0	0	0	78
2008	10	6	19	1	0	4	40
2009	14	1	39	0	0	1	55
2010	10	6	10	0	0	0	26

（续）

年份	林木	经济林	观赏植物	竹	木质藤本	其他	合计
2011	2	1	5	0	0	3	11
2012	27	20	113	0	2	7	169
2013	34	9	114	1	0	0	158
2014	24	13	121	1	0	10	169
2015	31	28	106	1	2	8	176
2016	44	40	104	2	3	2	195
2017	18	17	120	1	1	3	160
2018	62	99	238	2	3	1	405
2019	69	70	287	1	0	12	439
合计	383	320	1422	10	11	56	2202

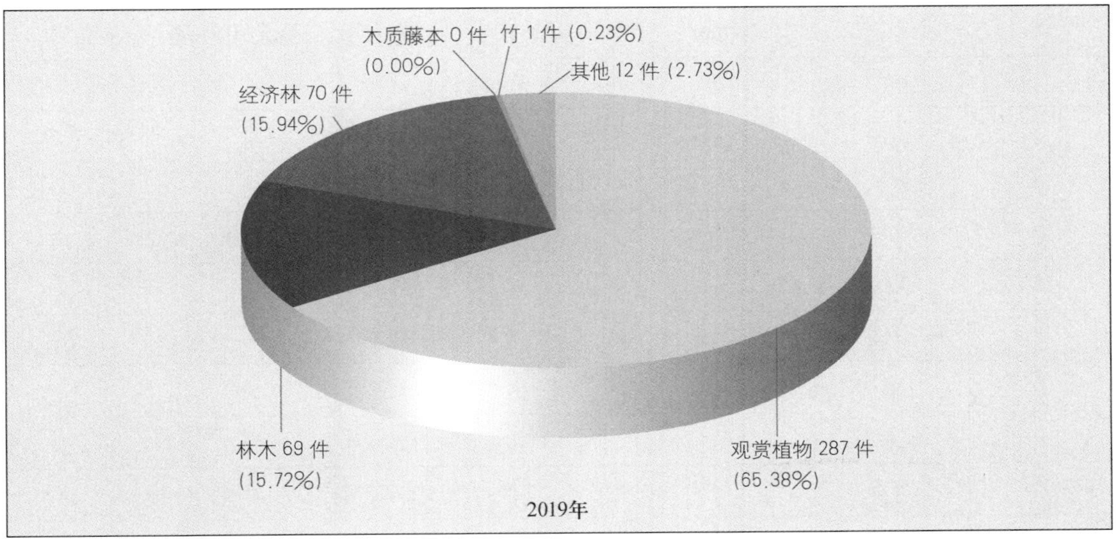

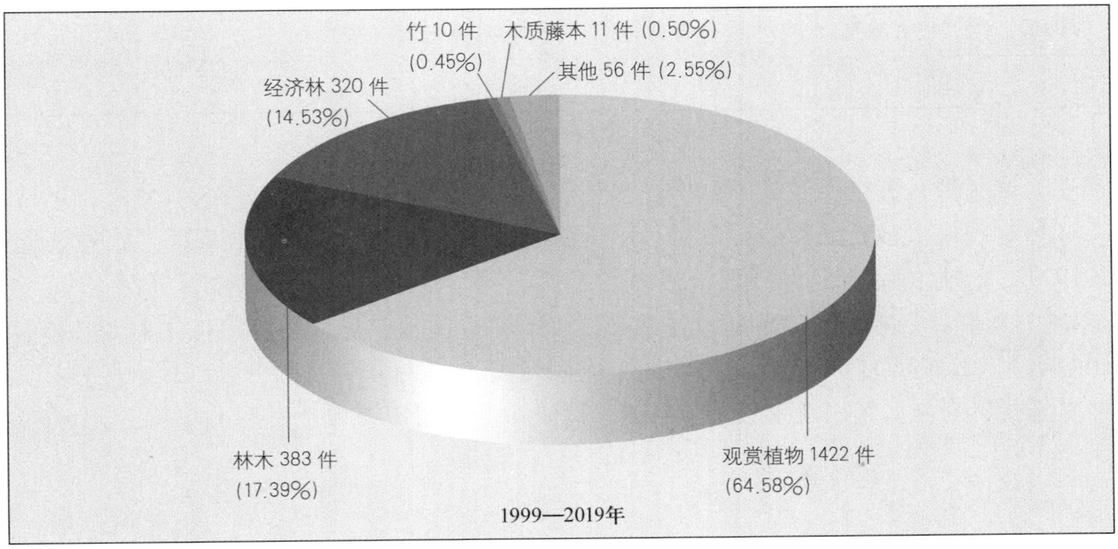

图 16　2019 年和 1999—2019 年林业授权植物新品种的不同植物类别统计

2. 申请国家分析

2019 年，国内申请人获得林业植物新品种权 351 件，占年度授权总量的 79.95%，授权品种以蔷薇属、苹果属、紫薇、杜鹃花属、桂花、山茶属、越橘属为主；在国外申请人中，有 8 个国家的品种权人获得林业植物新品种授权 88 件，占年度授权总量的 20.05%，授权品种以蔷薇属为主，其次是悬钩子属。截至 2019 年底，国内申请人获得林业植物新品种权 1880 件，占授权总量的 85.38%，授权品种以蔷薇属、杨属、山茶属、杜鹃花属为主，其次是芍药属和紫薇；国外共有 11 个国家的品种权人在中国获得林业植物新品种权 322 件，占授权总量的 14.62%，授权品种以蔷薇属为主，其次是大戟属和悬钩子属，授权量最多的国家是荷兰，共 101 件，其次是德国（64 件）、法国（46 件）、美国（39 件）、英国（34 件）、丹麦（23 件）（表 16）。

表 16　1999—2019 年林业授权植物新品种中各国的授权量统计　　单位：件

排名	国家	1999—2019年授权总量	2019年授权量	1999—2019年主要植物属
1	中国	1880	351	蔷薇属、杨属、山茶属、杜鹃花属
2	荷兰	101	37	蔷薇属
3	德国	64	7	蔷薇属、大戟属
4	法国	46	15	蔷薇属
4	美国	39	8	悬钩子属、越橘属、大戟属、槭属
6	英国	34	4	蔷薇属
7	丹麦	23	15	蔷薇属
8	比利时	6	0	杜鹃花属
9	意大利	4	0	蔷薇属
10	日本	3	1	绣球属、铁线莲属、柿
11	新西兰	1	0	蔷薇属
12	澳大利亚	1	1	蔷薇属
合计		2202	439	

3. 属（种）分析

林业授权植物新品种的属（种）以蔷薇属为主，其次是杨属、山茶属、杜鹃花属。2019 年，林业植物新品种授权量最多的是蔷薇属，其次是苹果属和紫薇（图 17）。截至 2019 年底，授权量最多的依次是蔷薇属 440 件，占授权总量的 19.98%，杨属 147 件（6.68%）、山茶属 117 件（5.31%）、杜鹃花属 107 件（4.86%）。国外品种权人的授权品种以蔷薇属为主，其次是大戟属和悬钩子属，主要是观赏植物（表 17）。

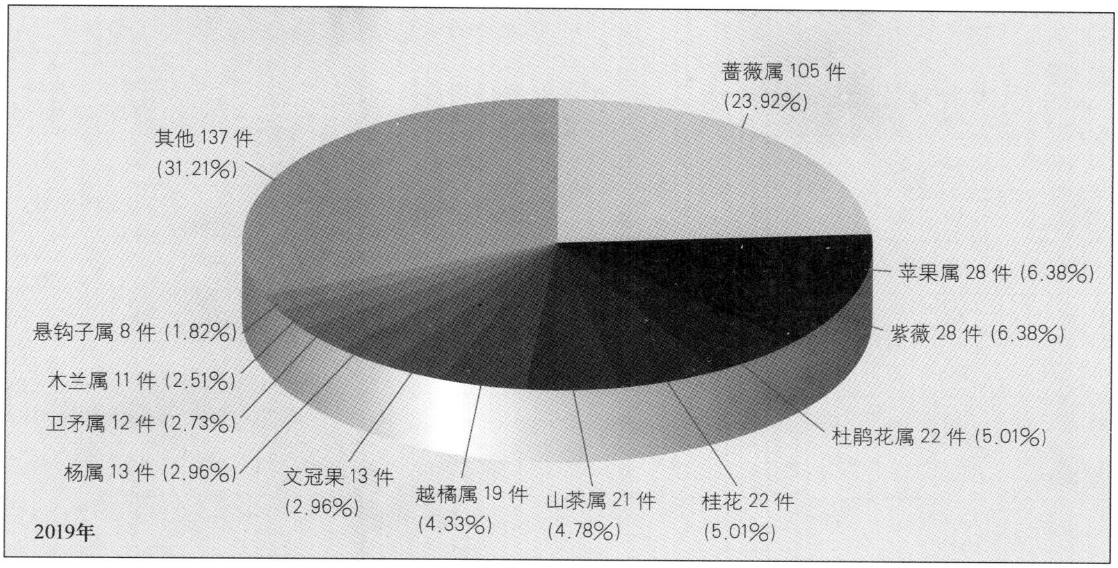

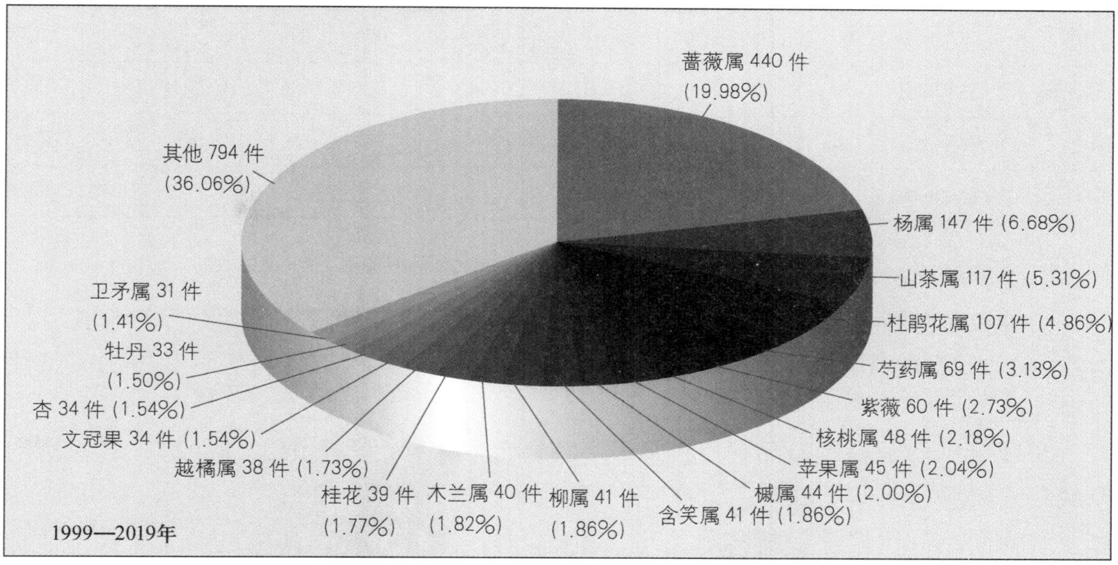

图 17　2019 年和 1999—2019 年林业授权植物新品种的属（种）统计

表 17　1999—2019 年各国授权品种的属（种）授权量统计　　单位：件

属（种）	1999—2019年授权总量												
	中国	荷兰	德国	法国	美国	英国	丹麦	比利时	意大利	日本	澳大利亚	新西兰	合计
蔷薇属	189	96	49	46	0	31	23	0	4	0	1	1	440
杨属	147	0	0	0	0	0	0	0	0	0	0	0	147
山茶属	117	0	0	0	0	0	0	0	0	0	0	0	117
杜鹃花属	101	0	0	0	0	0	0	6	0	0	0	0	107
芍药属	69	0	0	0	0	0	0	0	0	0	0	0	69
紫薇	60	0	0	0	0	0	0	0	0	0	0	0	60
核桃属	48	0	0	0	0	0	0	0	0	0	0	0	48

（续）

属（种）	1999—2019年授权总量												
	中国	荷兰	德国	法国	美国	英国	丹麦	比利时	意大利	日本	澳大利亚	新西兰	合计
苹果属	45	0	0	0	0	0	0	0	0	0	0	0	45
槭属	40	0	0	0	4	0	0	0	0	0	0	0	44
含笑属	41	0	0	0	0	0	0	0	0	0	0	0	41
柳属	41	0	0	0	0	0	0	0	0	0	0	0	41
木兰属	40	0	0	0	0	0	0	0	0	0	0	0	40
桂花	39	0	0	0	0	0	0	0	0	0	0	0	39
越橘属	30	0	0	0	8	0	0	0	0	0	0	0	38
文冠果	34	0	0	0	0	0	0	0	0	0	0	0	34
杏	32	0	0	0	2	0	0	0	0	0	0	0	34
牡丹	33	0	0	0	0	0	0	0	0	0	0	0	33
卫矛属	31	0	0	0	0	0	0	0	0	0	0	0	31
其他	743	5	15	0	25	3	0	0	0	3	0	0	794
合计	1880	101	64	46	39	34	23	6	4	3	1	1	2202

4. 品种权人分析

品种权人分析包括每件授权植物新品种的所有共同品种权人，并对品种权人（机构）的不同写法、历史变迁和异名进行了规范化加工整理，以保持统计数据的完整性和准确性。

2019 年，林业植物新品种授权量最多的是南京林业大学，共 25 件，其次是棕榈生态城镇发展股份有限公司（21 件）和中国林业科学研究院（20 件）。截至 2019 年底，林业植物新品种授权总量最多的是北京林业大学，共 163 件，其次是中国林业科学研究院（149 件）和山东省林业科学研究院（112 件）；排名前 15 的品种权人中有 2 家外国企业，分别是迪瑞特知识产权公司（De Ruiter Intellectual Property B.V.）（47 件）、法国玫兰国际有限公司（Meilland International S. A）（38 件）（表 18）。

表 18　1999—2019 年林业授权植物品种的品种权人授权量统计　　单位：件

排名	1999—2019年授权总量		排名	2019年授权量	
	品种权人	授权量		品种权人	授权量
1	北京林业大学	163	1	南京林业大学	25
2	中国林业科学研究院	149	2	棕榈生态城镇发展股份有限公司	21
3	山东省林业科学研究院	112	3	中国林业科学研究院	20
4	中国科学院	69	4	迪瑞特知识产权公司（De Ruiter Intellectual Property B.V.）	19

（续）

排名	1999—2019年授权总量		排名	2019年授权量	
	品种权人	授权量		品种权人	授权量
5	南京林业大学	54	5	法国玫兰国际有限公司（Meilland International S. A）	15
6	山东农业大学	53	6	丹麦永恒月季公司（Roses Forever ApS，Denmark）	13
7	迪瑞特知识产权公司（De Ruiter Intellectual Property B.V.）	47	7	广州棕科园艺开发有限公司	13
8	昆明杨月季园艺有限责任公司	39	8	扬州小苹果园艺有限公司	12
9	法国玫兰国际有限公司（Meilland International S. A）	38	9	浙江东海岸园艺有限公司	12
10	棕榈生态城镇发展股份有限公司	36	10	浙江森城种业有限公司	12
11	云南省农业科学院	33	11	北京林业大学	11
12	湖南省林业科学院	33	12	肇庆棕榈谷花园有限公司	11
13	江苏省林业科学研究院	31	13	山东省林业科学研究院	10
14	上海植物园	29	14	金华市永根杜鹃花培育有限公司	10
15	金华市永根杜鹃花培育有限公司	29	15	荷兰彼得·西吕厄斯控股公司（Piet Schreurs Holding B.V）	10

5. 品种权人构成分析

品种权人构成分析以第一品种权人类型进行统计。2019 年，林业植物新品种的品种权人以企业为主，共获得植物新品种权 210 件（47.83%），其次是科研院所 120 件（27.33%）和高等院校 69 件（15.72%）。截至 2019 年底，林业植物新品种的品种权人以企业和科研院所为主，分别获得植物新品种权 828 件和 654 件，分别占总量的 37.60% 和 29.70%，其次是高等院校 389 件（17.67%）（图 18，表 19）。

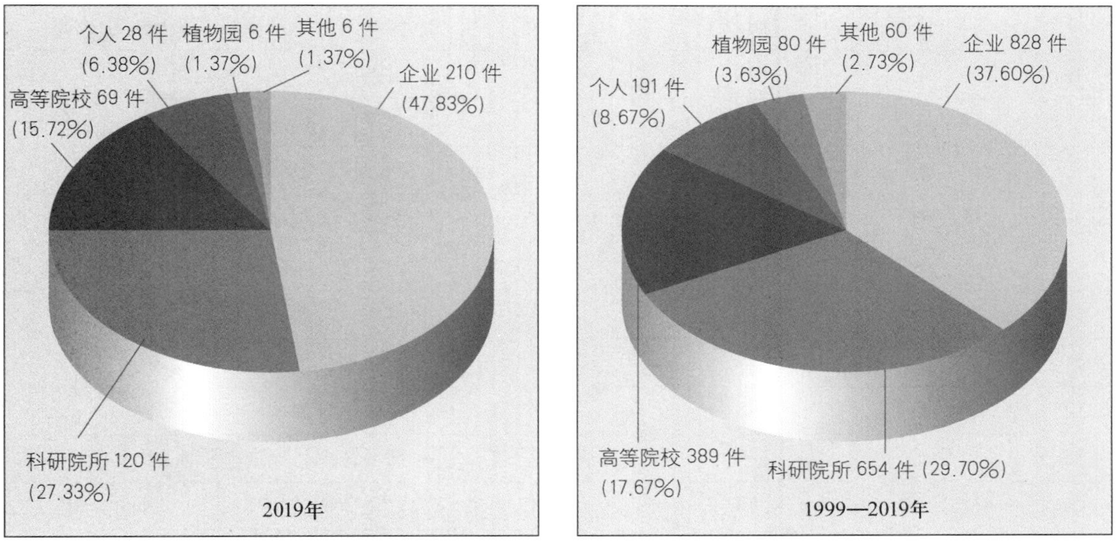

图 18　2019 年和 1999—2019 年林业授权植物新品种品种权人构成统计

表 19　1999—2019 年林业授权品种中不同植物类别品种权人授权量统计　单位：件

植物类别＼品种权人	企业	科研院所	高等院校	个人	植物园	其他	合计
观赏植物	680	242	226	148	79	47	1422
林木	64	201	89	24	1	4	383
经济林	52	183	62	16	0	7	320
其他	28	17	7	3	0	1	56
木质藤本	4	3	3	0	0	1	11
竹	0	8	2	0	0	0	10
合计	828	654	389	191	80	60	2202

6. 授权品种地域分析

2019 年，全国共有 25 个省（自治区、直辖市）获得林业植物新品种权，授权量最多的是浙江，共 58 件，占国内授权总量的 16.52%，其次是北京（44 件）、山东（42 件）。截至 2019 年底，全国共有 28 个省（自治区、直辖市）获得林业植物新品种权，授权量最多的是北京，共 369 件，占国内授权总量的 19.63%，其次是山东、浙江和云南。北京以杨属、山东以苹果属、浙江以杜鹃花属、云南以蔷薇属为主要授权品种（表 20）。

表 20　1999—2019 年全国各省（自治区、直辖市）新品种授权量统计　单位：件

序号	省（自治区、直辖市）	1999—2019年授权总量	2019年授权量	主要属（种）
1	北　京	369	44	杨属、蔷薇属、芍药属、文冠果、牡丹
2	山　东	280	42	苹果属、柳属、槐属、核桃属、杏、银杏、白蜡树属
3	浙　江	226	58	杜鹃花属、紫薇、山茶属、木兰属
4	云　南	169	17	蔷薇属、绣球属、含笑属、山茶属
5	广　东	128	26	山茶属、桉属、木兰属
6	江　苏	127	38	苹果属、柳属、杜鹃花属、落羽杉属
7	河　南	115	12	卫矛属、杨属、紫荆属
8	湖　南	55	8	紫薇、山茶属、含笑属
9	上　海	48	7	山茶属、木瓜属
10	河　北	45	9	榆属、板栗、杨属、枣属
11	甘　肃	44	0	芍药属、牡丹
12	辽　宁	38	18	越橘属、槭属
13	黑龙江	33	9	锦带花属、杨属、桦木属
14	福　建	26	14	桂花、紫金牛属
15	广　西	26	9	山茶属、泡桐属、桂花

（续）

序号	省（自治区、直辖市）	1999—2019年授权总量	2019年授权量	主要属（种）
16	宁　夏	23	2	枸杞属、文冠果
17	江　西	22	3	含笑属、南酸枣、樟属、枫香属
18	陕　西	22	11	杨属、杏、木兰属、卫矛属
19	内蒙古	17	4	杨属、圆柏属、文冠果
20	四　川	16	5	核桃属、木槿属、槭属、紫金牛属
21	湖　北	14	3	悬铃木属、紫薇属、核桃属
22	安　徽	13	6	楝属、榆属
23	山　西	8	3	槐属、栾树属、枣
24	新　疆	6	0	杨属、蔷薇属
25	贵　州	4	1	蔷薇属、核桃属、黄杨属
26	吉　林	3	1	越橘属、杨属
27	天　津	2	1	白蜡树属、蔷薇属
28	重　庆	1	0	桂花
合计		1880	351	

三、品种申请分析

2019 年，林业植物新品种申请量共 802 件，其中，国内申请 656 件，占申请量的 81.80%，国外申请 146 件（18.20%）。截至 2019 年底，林业植物新品种申请量共 4519 件，其中国内申请 3701 件，占申请量的 81.90%，国外申请 818 件（18.10%）。

1. 属（种）分析

2019 年，林业植物新品种申请以蔷薇属为主，共 233 件，占年度申请总量的 29.05%，其次是李属 56 件（6.98%）、紫薇 52 件（6.48%）、芍药属 35 件（4.36%）（图 19）。

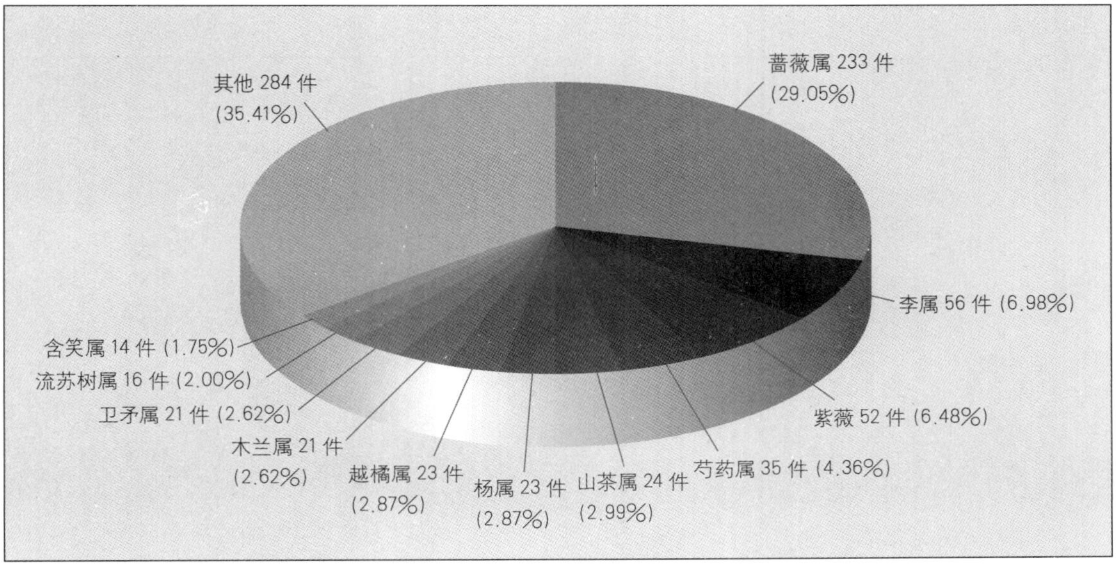

图 19　2019 年申请的林业植物新品种属（种）统计

2. 申请人分析

品种申请人分析包括每件植物新品种的所有共同申请人，并对申请人（机构）的不同写法、历史变迁和异名进行了规范化加工整理，以保持统计数据的完整性和准确性。

2019 年，全国共有 197 位申请人申请了林业植物新品种，申请量较多的申请人分别是宜良多彩盆栽有限公司（56 件）、北京林业大学（36 件）、中国林业科学研究院（25 件）、迪瑞特知识产权公司（De Ruiter Intellectual Property B.V.）（23 件）、湖南省林业科学院（22 件）（表 21）。

表 21　2019 年林业植物新品种申请人的申请量统计　　单位：件

排名	申请人	申请量	主要属（种）
1	宜良多彩盆栽有限公司	56	蔷薇属
2	北京林业大学	36	芍药属、杨属
3	中国林业科学研究院	25	杨属、皂荚属 、文冠果
4	迪瑞特知识产权公司（De Ruiter Intellectual Property B.V.）	23	蔷薇属
5	湖南省林业科学院	22	紫薇
6	南京林业大学	22	苹果属、李属、桂花
7	斯佩克玫瑰育种国际有限公司（Spek Rose Breeding International B.V.）	20	蔷薇属
8	棕榈生态城镇发展股份有限公司	19	含笑属、木兰属
9	多盟集团公司（Dümmen Group B.V.）	18	蔷薇属
10	北京国色牡丹科技有限公司	15	芍药属
11	山东农业大学	15	流苏树属、芍药属
12	浙江森城种业有限公司	15	紫薇

3. 申请人构成分析

申请人构成分析以第一申请人类型进行统计。2019 年，林业植物新品种的申请人以企业为主，共 434 件，占申请总量的 54.12%，其次是科研院所 155 件，高等院校 113 件，个人 39 件，植物园 26 件（图 20）。（马文君）

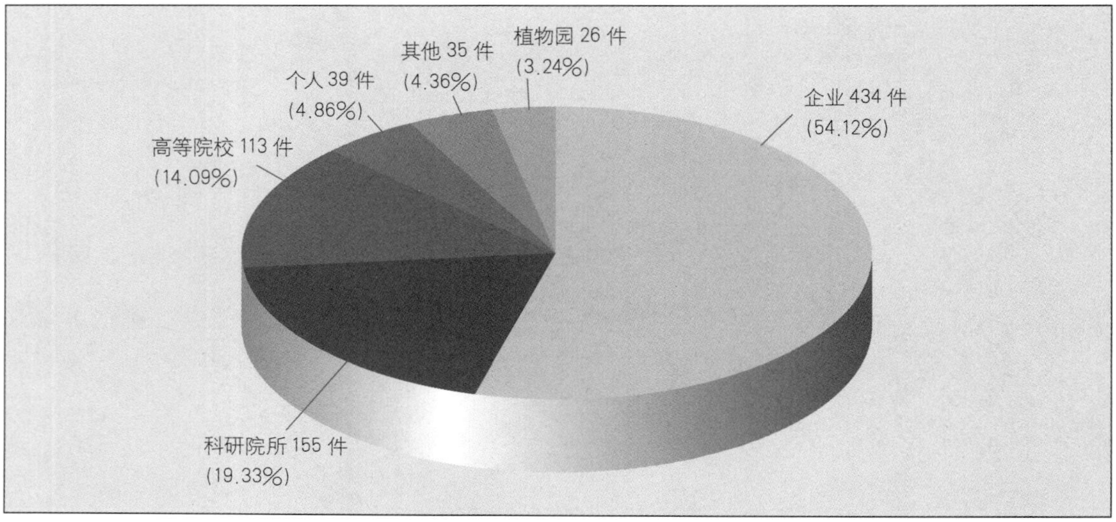

图 20　2019 年林业植物新品种申请人构成统计

2019年林产品地理标志统计分析

林产品地理标志是指林产品来源于特定地域，产品品质和相关特性主要取决于该地域的自然生态环境和历史人文因素，并经审核批准以地域名称冠名的特有林产品标志。地理标志属于特定领域的知识产权，许多林产品都具有地理标志特性。

根据中国农业农村部网站和国家知识产权局公告统计，2019 年注册和登记的林产品地理标志共 141 件，占林产品地理标志总量的 12.6%（图 21）。2019 年，核桃、木耳和花椒的地理标志数量较多，分别为 6 件、5 件和 5 件（表 22）。

截至 2019 年底，我国已注册和登记的林产品地理标志共 1119 件，主要有核桃、枣、板栗、木耳和花椒等（图 21，表 22）。从林产品地理标志地域分布来看，四川和山东的地理标志数量较多，分别占总量的 10.19% 和 9.83%（表 23）。自 2010 年以来，林产品地理标志数量显著增加，年度登记量相对稳定。（范圣明）

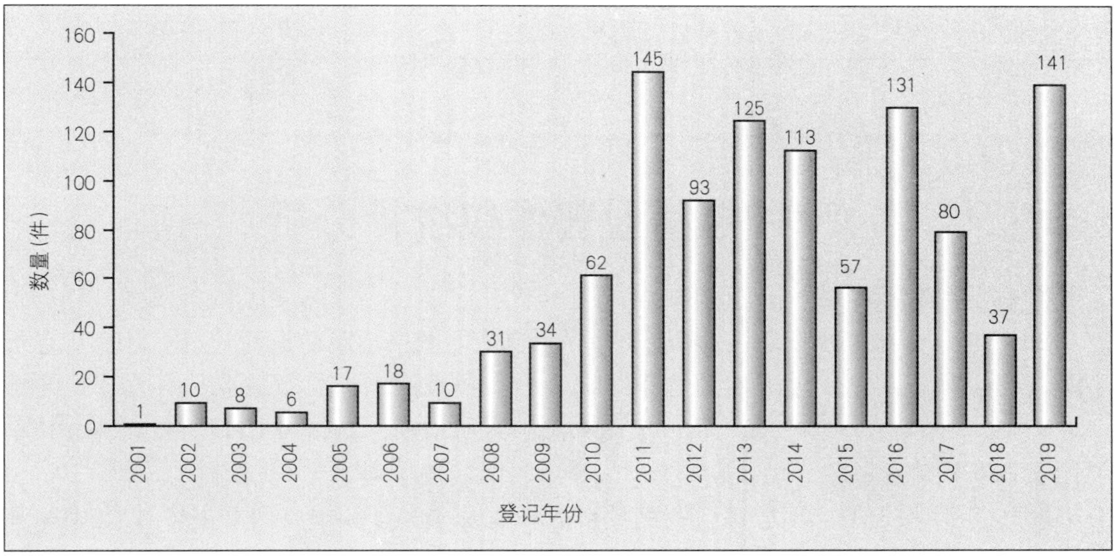

图 21　2001—2019 年注册和登记的林产品地理标志登记量统计

表 22　2001—2019 年主要林产品地理标志登记量统计　　单位：件

产品类别	累计总量	2018年	2019年
核桃	123	2	6
枣	118	1	2
板栗	68	2	3
木耳	43	2	5
花椒	41	2	5
杏	37	1	0
枸杞	26	0	3
油茶	19	0	2
其他	644	27	115
合计	1119	37	141

表 23　2001—2019 年主要省份林产品地理标志登记量统计　　　　单位：件

省份	累计总量	2018年	2019年
四川	114	1	16
山东	110	1	7
湖北	59	0	7
陕西	54	5	0
河北	52	1	6
安徽	49	4	3
云南	48	0	6
福建	47	0	9
新疆	41	0	0
辽宁	41	0	1
其他	504	25	86
合计	1119	37	141

2019年林业著作权统计分析

1. 林业和草原图书

2019 年，全国共出版新书 286158 种（引自中国图书出版数据库），比 2018 年有所下降，促进生态和谐发展方面的选题继续成为科技类图书的出版重点，科普知识的推广在 2019 年得到进一步重视，科普类图书出版有所增加，2019 年出版的主要林业和草原图书 380 种。

2019 年度列入国家出版基金资助项目的林业及相关学科重点图书主要有：《中国森林昆虫(第三版)》《浙江植物志》《高黎贡山植物资源与区系地理》《泛喜马拉雅植物志(英文版，第一批)》《吉林省生物资源多样性编研丛书：菌物志、植物志、动物志编研》《中国红树林生物多样性调查（广东卷)》《中国脉翅类昆虫原色图鉴》《生态环境与野生动植物保护丛书》《中国植物多样性名录与保护利用》《中国口岸外来入侵植物彩色图鉴》《四川省甘孜藏族自治州野生动物彩色图鉴》等。中国林业出版社申报的《绿色脊梁上的坚守——新时期中国林草业“时代楷模”先进事迹》成功入选 2019 年国家主题出版重点出版物选题。

2019 年第八届梁希科普奖获作品中《视频图文版毛竹定向培育技术》获得一等奖，《滇金丝猴生活图解》《发现植物系列图书》《2018 行游国家森林步道》《AR 奇幻植物园》获二等奖，《热带雨林探秘》《人间奇迹塞罕坝》《京津冀地区保护植物图谱》《德宏珍稀濒危保护植物》《淇澳鸟类图鉴》获得三等奖。

为了响应党中央、国务院关于“加强生态文明基础研究”的号召，弘扬社会主义生态文明观，全面展示在生态文明理论基础、知识体系方面的研究成果和实践经验，中国林业出版社组织编写的“生态文明建设文库”首批 9 部著作已出版，分别是：《生态文明学（第 2 版)》《生态文明建设试点示范区实践的哲学研究》《天人合一：儒道哲学与生态文明》《绿色经济发展研究（第 3 版）》《绿色金融》《生态文明建设与绿色发展的云南探索》《湿地生态修复技术与模式》《党员干部生态文明建设读本》和《生态文明知识问答》。

2019 年 11 月，中国林业出版社出版的《新中国林业经济思想史略（1949—2000)》举办首发式，该书对 1949—2000 年的林业经济研究及形成的理论思想演进历程作了概要梳理和初步总结，填补了新中国林业经济思想史的空白，对于总结新中国林业经济思想，促进当今林业经济研究发展具有重要的推动作用。(孙小满）

2. 林业软件著作权

软件著作权是指软件的开发者或者其他权利人依据有关著作权法律的规定，对于软件作品所享有的各项专有权利。软件著作权经过登记后，软件著作权人享有发表权、开发者身份权、使用权、使用许可权和获得报酬权。林业软件著作权指与林业相关的软件著作权。

根据中国版权保护中心计算机软件著作权登记公告统计，2019 年林业软件著作权登记量共 3778 项，其中：南京林业大学的软件著作权登记量为 796 项、北京林业大学为 478 项、西北农林科技大学为 303 项。

截至 2019 年底，林业软件著作权登记量共 11499 项，其中：北京林业大学的软件著作权登记量为 2140 项、南京林业大学为 1535 项、西北农林科技大学为 1127 项，中国林业科学研究院为 494 项、浙江农林大学为 412 项。软件著作权人主要来自林业高等院校、科研院所及相关的林业企业。(范圣明、王姣姣）

附　表

附表1　2019年林业授权植物新品种

附表2　2019年林业植物新品种申请

附表3　2019年林产品地理标志

附表4　2019年主要林业和草原图书

附表5　2019年林业和草原科研院所软件著作权

附表6　2019年林业和草原科研院所授权发明专利

附表1　2019年林业授权植物新品种

序号	品种权号	品种名称	属（种）	品种权人	培育人	申请号	申请日	授权日
1	20190305	泓森榆	榆属	安徽泓森高科林业股份有限公司	侯金波、陈培培、杨倩倩、张益利、董绍贵、刘振华、石冠旗	20170604	20171124	20191231
2	20190306	泓森楝	楝属	安徽泓森高科林业股份有限公司	侯金波、杨倩倩、陈培培、杨柳君、张益利、董绍贵、石冠旗、刘振华	20170605	20171124	20191231
3	20190308	泓木楝	楝属	安徽泓森高科林业股份有限公司	侯金波、杨倩倩、陈培培、杨柳君、张益利、董绍贵、石冠旗、刘振华、石冠旗	20170607	20171124	20191231
4	20190091	京仲 1 号	杜仲	北京林业大学	康向阳、李赟、高鹏、张平冬、宋连君、李金忠、程武	20170353	20170711	20190724
5	20190092	京仲 2 号	杜仲	北京林业大学	康向阳、李赟、高鹏、王君、宋连君、李金忠、程武	20170354	20170711	20190724
6	20190093	京仲 3 号	杜仲	北京林业大学	康向阳、李赟、高鹏、张平冬、宋连君、李金忠	20170355	20170711	20190724
7	20190094	京仲 4 号	杜仲	北京林业大学	康向阳、李赟、高鹏、王君、宋连君、李金忠	20170356	20170711	20190724
8	20190239	漫天霓裳	蔷薇属	北京林业大学	潘会堂、徐庭亮、张启翔、甄妮、罗乐、于超、谭炯锐、赵红霞、程堂仁、王佳	20160226	20160904	20191231
9	20190090	金公主 7 号	文冠果	北京林业大学、赤峰市林业科学研究院、北京思路文冠果科技开发有限公司	向秋虹、王青、王馨蕊、王俊杰、于震、周祎鸣、乌志颜、段磊、李显玉、杨素芝、关文彬	20170345	20170630	20190724
10	20190087	金公主 1 号	文冠果	北京林业大学、辽宁思路文冠果业科技开发有限公司、北京思路文冠果科技开发有限公司	王青、向秋虹、王馨蕊、李国军、刘会军、汪舟、王俊杰、周祎鸣、关文彬	20170339	20170630	20190724
11	20190088	金帝 5 号	文冠果	北京林业大学、辽宁思路文冠果业科技开发有限公司、北京思路文冠果科技开发有限公司	王青、向秋虹、王馨蕊、汪舟、于震、周祎鸣、王俊杰、关文彬	20170340	20170630	20190724
12	20190062	妍夏	文冠果	北京林业大学、胜利油田胜大生态林场（东营市试验林场）	敖妍、马履一、刘金凤、贾黎明、苏淑钗、张行杰、朱照明	20170148	20170405	20190724

（续）

序号	品种权号	品种名称	属（种）	品种权人	培育人	申请号	申请日	授权日
13	20190063	妍希	文冠果	北京林业大学、胜利油田胜大生态林场（东营市试验林场）	敖妍、马履一、刘金凤、贾黎明、苏淑钗、张行杰、朱照明	20170149	20170405	20190724
14	20190131	傲雪	忍冬属	北京农业职业学院	石进朝、郑志勇、陈兰芬、缪珊、邹原东、李彦侠	20180051	20171229	20190724
15	20190121	可爱冰淇淋	蔷薇属	北京市园林科学研究院	冯慧、吉乃喆、周燕、巢阳、王茂良、李纳新、丛日晨、卜燕华、华莹	20170586	20171114	20190724
16	20190186	京黄	白蜡树属	北京市园林科学研究院	王永格、王茂良、丛日晨、舒健骅、李子敬、孙宏彦	20180344	20180630	20190724
17	20190187	京绿	白蜡树属	北京市园林科学研究院	丛日晨、王永格、王茂良、常卫民、任春生、赵爽、赵润邯	20180345	20180630	20190724
18	20190301	粉五月	蔷薇属	北京市园林科学研究院	冯慧、吉乃喆、周燕、巢阳、王茂良、李纳新、丛日晨、卜燕华、华莹	20170585	20171114	20191231
19	20190302	星语	蔷薇属	北京市园林科学研究院	冯慧、吉乃喆、周燕、巢阳、王茂良、李纳新、赵世伟、张西西、陈洪菲	20170588	20171114	20191231
20	20190303	新时代	蔷薇属	北京市园林科学研究院	冯慧、吉乃喆、周燕、巢阳、王茂良、李纳新、赵世伟、张西西、陈洪菲	20170589	20171114	20191231
21	20190197	向麟	苹果属	昌邑海棠苗木专业合作社、昌邑市林木种苗站	王立辉、明建芹、郭光智、姚兴海、朱升祥、张兴涛、李姗、齐伟婧、王玉彬	20180438	20180719	20190724
22	20190198	矮魁	苹果属	昌邑海棠苗木专业合作社、昌邑市林木种苗站	姚兴海、齐伟婧、张兴涛、王忠华、朱升祥、明建芹、王慧、王立辉	20180439	20180719	20190724
23	20190199	粉伴	苹果属	昌邑海棠苗木专业合作社、昌邑市林木种苗站	朱升祥、姚兴海、李姗、郭光智、黄海、冯瑞廷、齐伟婧、王立辉、明建芹	20180440	20180719	20190724
24	20190385	锦绣紫	木槿属	成都市植物园	周安华、刘川华、朱章顺、李方文、高远平、刘晓莉、石小庆、杨苑钊、陈钢、杨昌文	20180475	20180815	20191231
25	20190389	百日华彩	木槿属	成都市植物园	周安华、刘川华、朱章顺、李方文、高远平、刘晓莉、石小庆、杨苑钊、王莹、杨昌文	20180481	20180823	20191231
26	20190083	蒙冠 1 号	文冠果	赤峰市林业科学研究院、内蒙古文冠庄园农业科技发展有限公司	段磊、乌志颜、杨素芝、张丽、李显玉、冯昭辉、白玉茹、苗迎春、郭庆、李晓宇	20170334	20170627	20190724

（续）

序号	品种权号	品种名称	属（种）	品种权人	培育人	申请号	申请日	授权日
27	20190084	蒙冠 2 号	文冠果	赤峰市林业科学研究院、内蒙古文冠庄园农业科技发展有限公司	张丽、乌志颜、杨素芝、段磊、李显玉、郭庆、阿拉坦图雅、韩立华、杨旭亮、于海蛟	20170335	20170627	20190724
28	20190085	蒙冠 3 号	文冠果	赤峰市林业科学研究院、内蒙古文冠庄园农业科技发展有限公司	杨素芝、乌志颜、段磊、张丽、李显玉、郭庆、韩立华、陆昕、冯绍辉	20170336	20170627	20190724
29	20190192	龙韵	李属	滁州中樱生态农业科技有限公司、南京林业大学	王宇、伊贤贵、司家朋、王贤荣、李蒙、段一凡、陈林、李雪霞、马雪红、朱淑霞、朱弘	20180406	20180711	20190724
30	20190402	风铃	越橘属	大连大学、大连森茂现代农业有限公司	徐国辉、魏炳康、彭恒辰、王贺新、娄鑫、闫东玲、张明军	20180613	20180913	20191231
31	20190403	海棠莓	越橘属	大连大学、大连森茂现代农业有限公司	王贺新、雷蕾、彭恒辰、闫东玲、娄鑫、张明军、魏炳康	20180614	20180913	20191231
32	20190404	云香	越橘属	大连大学、大连森茂现代农业有限公司	徐国辉、张明军、雷蕾、娄鑫、彭恒辰、闫东玲、魏炳康、王贺新	20180615	20180913	20191231
33	20190345	高油 1 号	沙棘属	大连民族大学	丁健、单金友、吴雨蹊、唐克、阮成江、王肖洋、杨光、关莹、付鸿博	20180164	20180303	20191231
34	20190346	朝阳	沙棘属	大连民族大学	阮成江、丁健、单金友、吴雨蹊、唐克、王肖洋、杨光、关莹、付鸿博	20180165	20180303	20191231
35	20190347	民玉 2 号	山茶属	大连民族大学	阮成江、刘四黑、杜维	20180183	20180327	20191231
36	20190348	民玉 3 号	山茶属	大连民族大学	阮成江、刘四黑、杜维	20180184	20180327	20191231
37	20190393	相思蓝	越橘属	大连普世蓝农业科技有限公司	王一舒、陈英敏、赵丽娜	20180567	20180904	20191231
38	20190394	晚香	越橘属	大连普世蓝农业科技有限公司	徐国辉、陈英敏、王一舒	20180569	20180904	20191231
39	20190405	虞美蓝	越橘属	大连普世蓝农业科技有限公司	陈英敏、徐国辉、王一舒	20180684	20181020	20191231
40	20190406	海蓝	越橘属	大连普世蓝农业科技有限公司	王一舒、陈英敏、徐国辉	20180685	20181020	20191231
41	20190392	侠女	越橘属	大连森茂现代农业有限公司	王贺新、徐国辉	20180558	20180904	20191231
42	20190407	北斗星	越橘属	大连森茂现代农业有限公司	王贺新、徐国辉、赵丽娜	20180687	20181020	20191231

（续）

序号	品种权号	品种名称	属（种）	品种权人	培育人	申请号	申请日	授权日
43	20190408	丰可来	越橘属	大连森茂现代农业有限公司	王贺新、徐国辉	20180693	20181020	20191231
44	20190409	晨雪	越橘属	大连森茂现代农业有限公司	王贺新、徐国辉	20180695	20181020	20191231
45	20190410	初心	越橘属	大连森茂现代农业有限公司	王贺新、徐国辉	20180702	20181020	20191231
46	20190010	奥斯莱维缇（AUSLEVITY）	蔷薇属	大卫奥斯汀月季公司（David Austin Roses Limited）	大卫奥斯汀（David Austin）	20150149	20150818	20190724
47	20190221	奥斯维泽（AUSWEATHER）	蔷薇属	大卫奥斯汀月季公司（David Austin Roses Limited）	大卫奥斯汀（David Austin）	20150151	20150818	20191231
48	20190023	宝普 058（POULPAR058）	蔷薇属	丹麦宝森玫瑰有限公司（Poulsen Roser A/S）	芒斯·奈格特·奥乐森（Mogens N. Olesen）	20160053	20160216	20190724
49	20190024	宝缇 019（POULTY019）	蔷薇属	丹麦宝森玫瑰有限公司（Poulsen Roser A/S）	芒斯·奈格特·奥乐森（Mogens N. Olesen）	20160055	20160216	20190724
50	20190013	艾维驰 09（EVER CHI09）	蔷薇属	丹麦永恒玫瑰公司（Roses Forever ApS，Denmark）	哈雷·艾克路德（Harley Eskelund）	20150203	20151012	20190724
51	20190014	艾维驰 14（EVER CHI14）	蔷薇属	丹麦永恒玫瑰公司（Roses Forever ApS，Denmark）	哈雷·艾克路德（Harley Eskelund）	20150206	20151012	20190724
52	20190223	艾维驰 11（EVER CHI11）	蔷薇属	丹麦永恒玫瑰公司（Roses Forever ApS，Denmark）	哈雷·艾克路德（Harley Eskelund）	20150204	20151012	20191231
53	20190224	艾维驰 15（EVER CHI15）	蔷薇属	丹麦永恒玫瑰公司（Roses Forever ApS，Denmark）	哈雷·艾克路德（Harley Eskelund）	20150207	20151012	20191231
54	20190225	艾维驰 24（EVER CHI24）	蔷薇属	丹麦永恒玫瑰公司（Roses Forever ApS，Denmark）	哈雷·艾克路德（Harley Eskelund）	20150214	20151012	20191231
55	20190226	艾维驰 25（EVER CHI25）	蔷薇属	丹麦永恒玫瑰公司（Roses Forever ApS，Denmark）	哈雷·艾克路德（Harley Eskelund）	20150215	20151012	20191231
56	20190227	艾维驰 28（EVER CHI28）	蔷薇属	丹麦永恒玫瑰公司（Roses Forever ApS，Denmark）	哈雷·艾克路德（Harley Eskelund）	20150217	20151012	20191231
57	20190030	艾维驰 102（EVERCH102）	蔷薇属	丹麦永恒玫瑰公司（Roses Forever ApS，Denmark）	洛萨·艾斯克伦德（Rosa Eskelund）	20160177	20160721	20190724
58	20190031	艾维驰 134（EVERCH134）	蔷薇属	丹麦永恒玫瑰公司（Roses Forever ApS，Denmark）	洛萨·艾斯克伦德（Rosa Eskelund）	20160181	20160724	20190724
59	20190032	艾维驰 129（EVERCH129）	蔷薇属	丹麦永恒玫瑰公司（Roses Forever ApS，Denmark）	洛萨·艾斯克伦德（Rosa Eskelund）	20160183	20160724	20190724

（续）

序号	品种权号	品种名称	属（种）	品种权人	培育人	申请号	申请日	授权日
60	20190235	艾维驰 136（EVERCH136）	蔷薇属	丹麦永恒玫瑰公司（Roses Forever ApS，Denmark）	洛萨·艾斯克伦德（Rosa Eskelund）	20160179	20160724	20191231
61	20190236	艾维驰 135（EVERCH135）	蔷薇属	丹麦永恒玫瑰公司（Roses Forever ApS，Denmark）	洛萨·艾斯克伦德（Rosa Eskelund）	20160180	20160724	20191231
62	20190238	艾维驰 110（EVERCH110）	蔷薇属	丹麦永恒玫瑰公司（Roses Forever ApS，Denmark）	洛萨·艾斯克伦德（Rosa Eskelund）	20160219	20160827	20191231
63	20190017	坦 01642（Tan01642）	蔷薇属	德国坦涛月季育种公司（Rosen Tantau KG，Germany）	克里斯汀安·埃维尔斯（Christian Evers）	20160028	20160201	20190724
64	20190018	坦 06418（Tan06418）	蔷薇属	德国坦涛月季育种公司（Rosen Tantau KG，Germany）	克里斯汀安·埃维尔斯（Christian Evers）	20160029	20160201	20190724
65	20190019	坦 07413（Tan07413）	蔷薇属	德国坦涛月季育种公司（Rosen Tantau KG，Germany）	克里斯汀安· 埃维尔斯（Christian Evers）	20160030	20160201	20190724
66	20190020	坦 08888（Tan08888）	蔷薇属	德国坦涛月季育种公司（Rosen Tantau KG，Germany）	克里斯汀安· 埃维尔斯（Christian Evers）	20160031	20160201	20190724
67	20190021	坦 09112（Tan09112）	蔷薇属	德国坦涛月季育种公司（Rosen Tantau KG，Germany）	克里斯汀安·埃维尔斯（Christian Evers）	20160032	20160201	20190724
68	20190022	坦 10031（Tan10031）	蔷薇属	德国坦涛月季育种公司（Rosen Tantau KG，Germany）	克里斯汀安·埃维尔斯（Christian Evers）	20160033	20160201	20190724
69	20190220	德瑞斯黑五（DrisBlackFive）	悬钩子属	德瑞斯克公司（Driscolls，Inc.）	加文·R·西尔斯（ Gavin R. Sills）、何塞·穆里洛·罗德里格兹·梅萨（Jose Maurilio Rodriguez Mesa）、乔治· 罗德里格斯· 阿卡沙（Jorge Rodriguez Alcazar）、安德烈·M·加彭（Andrea M. Pabon）	20150139	20150804	20191231
70	20190222	德瑞斯黑七（DrisBlackSeven）	悬钩子属	德瑞斯克公司（Driscolls，Inc.）	加文·R·西尔斯（ Gavin R. Sills）、何塞·穆里洛·罗德里格兹·梅萨（José Maurilio Rodríguez Mesa）、乔治· 罗德里格斯· 阿卡沙（Jorge Rodriguez Alcazar）	20150160	20150828	20191231
71	20190009	德瑞斯黑六（DrisBlackSix）	悬钩子属	德瑞斯克公司（Driscolls，Inc.）	加文·R·西尔斯（ Gavin R. Sills）、安德烈 M. 加彭（Andrea M. Pabon）、史蒂芬·B·莫伊尔（Stephen B. Moyles）	20150140	20150804	20190724
72	20190011	德瑞斯红八（DrisRaspEight）	悬钩子属	德瑞斯克公司（Driscolls，Inc.）	布莱恩· K ·汉密尔顿（Brian K. Hamilton）、马提亚·维腾(Matthias Vitten)、玛塔· K ·巴蒂斯塔（Marta C. Baptista）	20150161	20150828	20190724

（续）

序号	品种权号	品种名称	属（种）	品种权人	培育人	申请号	申请日	授权日
73	20190012	德瑞斯黑十三（DrisBlackThirteen）	悬钩子属	德瑞斯克公司（Driscoll's, Inc.）	加文·R·西尔斯（Gavin R. Sills）、安德烈·M·加彭（Andrea M. Pabon）、马克·柯露莎（Mark Crusha）	20150162	20150828	20190724
74	20190095	德瑞斯蓝十二（DrisBlueTwelve）	越橘属	德瑞斯克公司（Driscoll's, Inc.）	布赖恩·K·卡斯特（Brian K. Caster）、珍妮弗·K·伊佐（Jennifer K. Izzo）、阿伦·德雷珀（Arlen Draper）、乔治·罗德里格斯·阿卡沙（Jorge Rodriguez Alcazar）	20170371	20170714	20190724
75	20190096	德瑞斯红五（DrisRaspFive）	悬钩子属	德瑞斯克公司（Driscoll's, Inc.）	布莱恩· K ·汉密尔顿（Brian K. Hamilton）、玛塔·巴皮蒂斯塔（Marta C. Baptista）、卡洛斯·D·费尔（Carlos D. Fear）	20170373	20170714	20190724
76	20190100	德瑞斯黑十二（DrisBlackTwelve）	悬钩子属	德瑞斯克公司（Driscoll's, Inc.）	加文·R·西尔斯（Gavin R. Sills）、安德烈·M·加彭（Andrea M. Pabon）、马克·克苏哈（Mark Crusha）	20170419	20170728	20190724
77	20190174	雪缘	瑞香属	德兴市荣兴苗木有限责任公司	王樟富、周建荣、余建国、方腾	20180301	20180607	20190724
78	20190015	瑞普赫 0102a（Ruiph0102a）	蔷薇属	迪瑞特知识产权公司（De Ruiter Intellectual Property B.V.）	汉克·德·格罗特（H.C.A. de Groot）	20150222	20151014	20190724
79	20190028	瑞姆克 0037（RUIMCO0037）	蔷薇属	迪瑞特知识产权公司（De Ruiter Intellectual Property B.V.）	汉克·德·格罗特（H.C.A. de Groot）	20160121	20160620	20190724
80	20190029	瑞驰 2700H（RUICH2700H）	蔷薇属	迪瑞特知识产权公司（De Ruiter Intellectual Property B.V.）	汉克·德·格罗特（H.C.A. de Groot）	20160123	20160620	20190724
81	20190056	瑞可吉 2004A（RUICJ2004A）	蔷薇属	迪瑞特知识产权公司（De Ruiter Intellectual Property B.V.）	汉克·德·格罗特（H.C.A. de Groot）	20170051	20170110	20190724
82	20190070	瑞维 7285A（RUIVI7285A）	蔷薇属	迪瑞特知识产权公司（De Ruiter Intellectual Property B.V.）	汉克·德·格罗特（H.C.A. de Groot）	20170178	20170412	20190724
83	20190071	瑞维 2230A（RUIVI2230A）	蔷薇属	迪瑞特知识产权公司（De Ruiter Intellectual Property B.V.）	汉克·德·格罗特（H.C.A. de Groot）	20170179	20170412	20190724

（续）

序号	品种权号	品种名称	属（种）	品种权人	培育人	申请号	申请日	授权日
84	20190113	瑞克拉 1865A（RUICL1865A）	蔷薇属	迪瑞特知识产权公司（De Ruiter Intellectual Property B.V.）	汉克·德·格罗特（H.C.A. de Groot）	20170569	20171103	20190724
85	20190114	瑞克拉 1309C（RUICL1309C）	蔷薇属	迪瑞特知识产权公司（De Ruiter Intellectual Property B.V.）	汉克·德·格罗特（H.C.A. de Groot）	20170570	20171103	20190724
86	20190120	瑞克拉 1101A（RUICL1101A）	蔷薇属	迪瑞特知识产权公司（De Ruiter Intellectual Property B.V.）	汉克·德·格罗特（H.C.A. de Groot）	20170584	20171114	20190724
87	20190228	瑞普德 155B（RUIPD155B）	蔷薇属	迪瑞特知识产权公司（De Ruiter Intellectual Property B.V.）	汉克·德·格罗特（H.C.A. de Groot）	20150218	20151014	20191231
88	20190229	瑞普格 0187A（RUIPG0187A）	蔷薇属	迪瑞特知识产权公司（De Ruiter Intellectual Property B.V.）	汉克·德·格罗特（H.C.A. de Groot）	20150221	20151014	20191231
89	20190240	瑞可吉 0541A（RUICJ0541A）	蔷薇属	迪瑞特知识产权公司（De Ruiter Intellectual Property B.V.）	汉克·德·格罗特（H.C.A. de Groot）	20160246	20160919	20191231
90	20190254	瑞克拉 1632B（RUICL1632B）	蔷薇属	迪瑞特知识产权公司（De Ruiter Intellectual Property B.V.）	汉克·德·格罗特（H.C.A. de Groot）	20170176	20170412	20191231
91	20190255	瑞可 1281A（RUIC1281A）	蔷薇属	迪瑞特知识产权公司（De Ruiter Intellectual Property B.V.）	汉克·德·格罗特（H.C.A. de Groot）	20170177	20170412	20191231
92	20190326	瑞克格 3047A（RUICG3047A）	蔷薇属	迪瑞特知识产权公司（De Ruiter Intellectual Property B.V.）	汉克·德·格罗特（H.C.A. de Groot）	20180119	20180125	20191231
93	20190327	瑞克夫 3005A（RUICF3005A）	蔷薇属	迪瑞特知识产权公司（De Ruiter Intellectual Property B.V.）	汉克·德·格罗特（H.C.A. de Groot）	20180120	20180125	20191231
94	20190343	瑞克拉 1320A（RUICL1320A）	蔷薇属	迪瑞特知识产权公司（De Ruiter Intellectual Property B.V.）	汉克·德·格罗特（H.C.A. de Groot）	20180162	20180302	20191231

（续）

序号	品种权号	品种名称	属（种）	品种权人	培育人	申请号	申请日	授权日
95	20190344	瑞克恩 1075A（RUICN1075A）	蔷薇属	迪瑞特知识产权公司（De Ruiter Intellectual Property B.V.）	汉克·德·格罗特（H.C.A. de Groot）	20180163	20180302	20191231
96	20190369	瑞驰 3004A（RUICH3004A）	蔷薇属	迪瑞特知识产权公司（De Ruiter Intellectual Property B.V.）	汉克·德·格罗特（H.C.A. de Groot）	20180323	20180613	20191231
97	20190287	东水 1601 号	白蜡树属	东北林业大学	詹亚光、曾凡锁、何利明、何之龙、张桂芹、李淑娟、赵兴堂、梁楠松、姚盛智、曹丰	20170512	20170914	20191231
98	20190377	朝霞 1 号	桦木属	东北林业大学	刘桂丰、姜静、韦睿、李慧玉、陈肃、黄海娇、江慧欣	20180451	20180725	20191231
99	20190378	朝霞 2 号	桦木属	东北林业大学	刘桂丰、姜静、江慧欣、陈肃、李慧玉、黄海娇	20180452	20180725	20191231
100	20190379	紫霞 1 号	桦木属	东北林业大学	刘桂丰、李长海、姜静、李慧玉、陈肃、黄海娇、姜晶	20180453	20180725	20191231
101	20190380	紫霞 2 号	桦木属	东北林业大学	刘桂丰、李长海、姜静、李慧玉、陈肃、黄海娇、姜晶	20180454	20180725	20191231
102	20190008	玫弗莱明戈（MEIFLEMINGUE）	蔷薇属	法国玫兰国际有限公司（Meilland International S. A）	阿兰·安东尼·玫兰（Alain Antoine Meilland）	20150137	20150804	20190724
103	20190035	玫卡德瑞（MEICAUDRY）	蔷薇属	法国玫兰国际有限公司（Meilland International S. A）	阿兰·安东尼·玫兰（Alain Antoine Meilland）	20160204	20160809	20190724
104	20190036	玫丽沃妮（MEILIVOINE）	蔷薇属	法国玫兰国际有限公司（Meilland International S. A）	阿兰·安东尼·玫兰（Alain Antoine Meilland）	20160205	20160809	20190724
105	20190042	玫勒德文（MEILEODEVIN）	蔷薇属	法国玫兰国际有限公司（Meilland International S. A）	阿兰·安东尼·玫兰（Alain Antoine Meilland）	20160276	20161011	20190724
106	20190058	玫诺普鲁斯（MEINOPLIUS）	蔷薇属	法国玫兰国际有限公司（Meilland International S. A）	阿兰·安东尼·玫兰（Alain Antoine Meilland）	20170098	20170208	20190724
107	20190072	玫斯缇莉（MEISTILEY）	蔷薇属	法国玫兰国际有限公司（Meilland International S. A）	阿兰·安东尼·玫兰（Alain Antoine Meilland）	20170180	20170412	20190724
108	20190082	玫梵璐塔（MEIVOLUPTA）	蔷薇属	法国玫兰国际有限公司（Meilland International S. A）	阿兰·安东尼·玫兰（Alain Antoine Meilland）	20170328	20170621	20190724
109	20190231	玫卡兰克（MEICALANQ）	蔷薇属	法国玫兰国际有限公司（Meilland International S. A）	阿兰·安东尼·玫兰（Alain Antoine Meilland）	20160080	20160401	20191231

（续）

序号	品种权号	品种名称	属（种）	品种权人	培育人	申请号	申请日	授权日
110	20190232	玫赛皮尔（MEISSELPIER）	蔷薇属	法国玫兰国际有限公司（Meilland International S. A）	阿兰·安东尼·玫兰（Alain Antoine Meilland）	20160081	20160401	20191231
111	20190237	玫蒙克尔（MEIMONKEUR）	蔷薇属	法国玫兰国际有限公司（Meilland International S. A）	阿兰·安东尼·玫兰（Alain Antoine Meilland）	20160207	20160809	20191231
112	20190253	玫迪斯科（MEIDYSOUK）	蔷薇属	法国玫兰国际有限公司（Meilland International S. A）	阿兰·安东尼·玫兰（Alain Antoine Meilland）	20170097	20170208	20191231
113	20190256	玫派珀瑞尔（MEIPEPORIA）	蔷薇属	法国玫兰国际有限公司（Meilland International S. A）	阿兰·安东尼·玫兰（Alain Antoine Meilland）	20170181	20170412	20191231
114	20190269	玫珀珂（MEIPIOKOU）	蔷薇属	法国玫兰国际有限公司（Meilland International S. A）	阿兰·安东尼·玫兰（Alain Antoine Meilland）	20170374	20170714	20191231
115	20190270	玫科瑞拉（MEIKERIRA）	蔷薇属	法国玫兰国际有限公司（Meilland International S. A）	阿兰·安东尼·玫兰（Alain Antoine Meilland）	20170375	20170714	20191231
116	20190284	玫贝格姆（MEIBERGAMU）	蔷薇属	法国玫兰国际有限公司（Meilland International S. A）	阿兰·安东尼·玫兰（Alain Antoine Meilland）	20170494	20170905	20191231
117	20190376	鑫叶栾	栾树属	樊英利	樊英利	20180450	20180724	20191231
118	20190102	惜春	李属	福建丹樱生态农业发展有限公司、南京林业大学	王珉、伊贤贵、林荣光、王贤荣、叶某鑫、李蒙、林玮捷、段一凡、陈林、朱淑霞	20170430	20170805	20190724
119	20190154	胭脂绯	李属	福建龙岩乔森农业发展有限公司、南京林业大学	钟文峰、伊贤贵、王贤荣、段一凡、陈林、李雪霞、马雪红、朱弘、朱淑霞、李蒙	20180223	20180516	20190724
120	20190025	金玉满堂	紫金牛属	福建农林大学、福建省武平县盛金花场	刘梓富、彭东辉、廖柏林、罗盛金、兰思仁、吴沙沙、翟俊文、谢亮秀	20160096	20160501	20190724
121	20190026	福株	紫金牛属	福建农林大学、福建省武平县盛金花场	兰思仁、刘梓富、彭东辉、廖柏林、罗盛金、吴沙沙、翟俊文、谢亮秀	20160097	20160501	20190724
122	20190027	竹叶富贵	紫金牛属	福建农林大学、福建省武平县盛金花场	王星孚、刘梓富、廖柏林、罗盛金、兰思仁、彭东辉、翟俊文、吴沙沙	20160098	20160501	20190724
123	20190122	永福金彩	桂花	福建新发现农业发展有限公司	陈日才、蔡志勇、吴启民、吴其超、王聪成、王一、詹正钿、陈朝暖、陈小芳、陈菁菁	20180007	20171220	20190724
124	20190123	闽农桂冠	桂花	福建新发现农业发展有限公司	陈日才、陈江海、吴启民、王聪成、詹正钿、陈朝暖、陈小芳、陈菁菁	20180008	20171220	20190724
125	20190124	永福粉彩	桂花	福建新发现农业发展有限公司	陈日才、蔡志勇、吴启民、王聪成、詹正钿、陈朝暖、陈小芳、陈菁菁	20180009	20171220	20190724

（续）

序号	品种权号	品种名称	属（种）	品种权人	培育人	申请号	申请日	授权日
126	20190313	闽台桂魁	桂花	福建新发现农业发展有限公司	陈日才、陈江海、吴启民、王聪成、詹正钿、陈朝暖、陈小芳、陈菁菁	20180013	20171220	20191231
127	20190314	永福幻彩	桂花	福建新发现农业发展有限公司	陈日才、赖文胜、吴启民、王聪成、詹正钿、陈朝暖、陈小芳、陈菁菁、吴其超	20180014	20171220	20191231
128	20190315	永福绚彩	桂花	福建新发现农业发展有限公司	陈日才、赖文胜、吴启民、王聪成、詹正钿、陈朝暖、陈小芳、陈菁菁	20180016	20171220	20191231
129	20190234	格兰斯莫塔（Gracimota）	蔷薇属	格兰迪花卉苗圃有限公司（Grandiflora Nurseries Pty. Ltd.）	斯科德斯（H.E. Schreuders）	20160144	20160629	20191231
130	20190416	雾灵紫肉	山楂属	耿金川	耿金川、赵玉亮、陆凤勤、金铁娟、毕振良、夏文作、马桂梅、高剑利、崔红莉、吴小仿、马玉海、张春博、白亮、王静、王浩、张翼新	20180804	20181201	20191231
131	20190280	花好月圆	蔷薇属	贵州省植物园	周洪英、周庆、吴洪娥、周艳、朱立、罗充、吴楠、董万鹏、赵敏、金晶	20170422	20170728	20191231
132	20190059	玉帘银丝	桂花	杭州市园林绿化股份有限公司、浙江理工大学	吴光洪、胡绍庆、沈柏春、陈徐平、邱帅、郭娟、魏建芬	20170123	20170302	20190724
133	20190060	串银球	桂花	杭州市园林绿化股份有限公司、浙江理工大学	沈柏春、胡绍庆、陈徐平、魏建芬、卢山、杨浩	20170124	20170302	20190724
134	20190159	玉映	杜鹃花属	杭州植物园（杭州市园林科学研究院）	朱春艳、余金良、王恩、邱新军、周绍荣、陈霞	20180263	20180531	20190724
135	20190160	映紫	杜鹃花属	杭州植物园（杭州市园林科学研究院）	朱春艳、余金良、张帆、邱新军、周绍荣、陈霞	20180264	20180531	20190724
136	20190130	润丰春锦	榆属	河北润丰林业科技有限公司、辛集市美人榆农副产品有限公司	刘易超、陈丽英、樊彦聪、黄晓旭、黄印朋、冯树香、闫淑芳	20180048	20171229	20190724
137	20190097	冀榆 3 号	榆属	河北省林业科学研究院	王玉忠、张全锋、刘泽勇、王连洲、郑聪慧、张曼、张焕荣、黄印冉、胡海珍	20170377	20170714	20190724
138	20190162	中杨 1 号	杨属	河南吉德智慧农林有限公司	张继锋、邓华平、潘文	20180267	20180601	20190724
139	20190268	金凰	构属	河南名品彩叶苗木股份有限公司	王华明、魏奎娇、王爱清、王玉、郭连东、田原、杨晓明、仪楠、曹倩、任甸甸、邵明春	20170331	20170623	20191231

（续）

序号	品种权号	品种名称	属（种）	品种权人	培育人	申请号	申请日	授权日
140	20190334	红玛瑙	接骨木属	河南省林业科学研究院	沈植国、丁鑫、陈尚凤、张秋娟、程建明、汤正辉、王留超、王文战、郭磊、祝亚军、郭庆华、沈希辉	20180147	20180208	20191231
141	20190335	黑珍珠	接骨木属	河南省林业科学研究院	沈植国、丁鑫、陈尚凤、程建明、汤正辉、陈迪新、郭磊、王文战、祝亚军、夏鹏云、王留超、沈希辉	20180148	20180208	20191231
142	20190419	饲构 2 号	构属	河南省林业科学研究院	王念、翟晓巧、任媛媛、王文君、何威、张秋娟	20180906	20181218	20191231
143	20190352	皂福 2 号	皂荚属	河南师范大学、山东泰瑞药业有限公司	李建军、张光田、尚星晨、崔世昌、马静潇、叶承霖、李因东	20180209	20180408	20191231
144	20190110	桐林碧波	卫矛属	河南桐林雨露园林绿化工程有限公司	朱孟杰	20170531	20170928	20190724
145	20190043	西吕 41710（SCH41710）	蔷薇属	荷兰彼得·西吕厄斯控股公司（Piet Schreurs Holding B.V）	P·N·J·西吕厄斯（Petrus Nicolaas Johannes Schreurs）	20160282	20161012	20190724
146	20190044	西吕 71560（SCH71560）	蔷薇属	荷兰彼得·西吕厄斯控股公司（Piet Schreurs Holding B.V）	P·N·J·西吕厄斯（Petrus Nicolaas Johannes Schreurs）	20160285	20161012	20190724
147	20190054	西吕 51045（SCH51045）	蔷薇属	荷兰彼得·西吕厄斯控股公司（Piet Schreurs Holding B.V）	P·N·J·西吕厄斯（Petrus Nicolaas Johannes Schreurs）	20160388	20161202	20190724
148	20190241	西吕 50033（SCH50033）	蔷薇属	荷兰彼得·西吕厄斯控股公司（Piet Schreurs Holding B.V）	P·N·J·西吕厄斯（Petrus Nicolaas Johannes Schreurs）	20160283	20161012	20191231
149	20190242	西吕 51165（SCH51165）	蔷薇属	荷兰彼得·西吕厄斯控股公司（Piet Schreurs Holding B.V）	P·N·J·西吕厄斯（Petrus Nicolaas Johannes Schreurs）	20160284	20161012	20191231
150	20190249	西吕 70684（SCH70684）	蔷薇属	荷兰彼得·西吕厄斯控股公司（Piet Schreurs Holding B.V）	P·N·J·西吕厄斯（Petrus Nicolaas Johannes Schreurs）	20160387	20161202	20191231
151	20190250	西吕纳音（SCHOLINE）	蔷薇属	荷兰彼得·西吕厄斯控股公司（Piet Schreurs Holding B.V）	P·N·J·西吕厄斯（Petrus Nicolaas Johannes Schreurs）	20160389	20161202	20191231
152	20190251	西吕 73042（SCH73042）	蔷薇属	荷兰彼得·西吕厄斯控股公司（Piet Schreurs Holding B.V）	P·N·J·西吕厄斯（Petrus Nicolaas Johannes Schreurs）	20170037	20170104	20191231
153	20190289	西吕 79012（SCH79012）	蔷薇属	荷兰彼得·西吕厄斯控股公司（Piet Schreurs Holding B.V）	P·N·J·西吕厄斯（Petrus Nicolaas Johannes Schreurs）	20170534	20170930	20191231
154	20190111	西吕 71680（SCH71680）	蔷薇属	荷兰彼得·西吕厄斯控股公司（Piet Schreurs Holding B.V.）	P·N·J·西吕厄斯（Petrus Nicolaas Johannes Schreurs）	20170533	20170930	20190724
155	20190233	莱克斯尼帕（LEXKNIPAVA）	蔷薇属	荷兰多盟集团公司（Dummen Group B.V. Holland）	斯儿万·卡姆斯特拉（Silvan Kamstra）	20160130	20160620	20191231

（续）

序号	品种权号	品种名称	属（种）	品种权人	培育人	申请号	申请日	授权日
156	20190007	莱克思娜（Lexydnac）	蔷薇属	荷兰多盟集团公司（Dummen Group B.V. Holland）	西尔万·坎斯特拉（Silvan Kamstra）	20150060	20150330	20190724
157	20190053	莱克苏 4（LEXU4）	蔷薇属	荷兰多盟集团公司（Dummen Group B.V. Holland）	斯儿万·卡姆斯特拉（Silvan Kamstra）	20160312	20161106	20190724
158	20190055	莱克斯艾克来拉（LEXECNERALC）	蔷薇属	荷兰多盟集团公司（Dummen Group B.V. Holland）	斯儿万·卡姆斯特拉（Silvan Kamstra）	20170020	20161216	20190724
159	20190016	斯普皮利（SPEPENNY）	蔷薇属	荷兰斯普克国际月季育种公司（Spek Rose Breeding International B.V.）	艾瑞克·罗纳德·斯普克（Erik Ronald Spek）	20160027	20160201	20190724
160	20190341	晚霞	沙棘	黑龙江省农业科学院浆果研究所	单金友、丁健、吴雨蹊、唐克、阮成江、王肖洋、杨光、关莹、付鸿博	20180158	20180228	20191231
161	20190342	晚黄	沙棘	黑龙江省农业科学院浆果研究所	单金友、丁健、吴雨蹊、唐克、阮成江、王肖洋、杨光、关莹、付鸿博	20180159	20180228	20191231
162	20190282	龙丰 1 号杨	杨属	黑龙江省森林与环境科学研究院	王福森、李树森、赵玉恒、杨自湘、李晶	20170453	20170829	20191231
163	20190283	龙丰 2 号杨	杨属	黑龙江省森林与环境科学研究院	王福森、李树森、赵玉恒、张剑斌、杨自湘	20170454	20170829	20191231
164	20190395	紫彩	紫薇	湖南省林业科学院、长沙湘莹园林科技有限公司	王晓明、曾慧杰、乔中全、李永欣、蔡能、王湘莹、陈艺、刘思思	20180596	20180904	20191231
165	20190396	紫梦	紫薇	湖南省林业科学院、长沙湘莹园林科技有限公司	王晓明、乔中全、曾慧杰、蔡能、李永欣、王湘莹、刘思思、陈艺	20180597	20180904	20191231
166	20190397	紫琦	紫薇	湖南省林业科学院、长沙湘莹园林科技有限公司	王湘莹、蔡能、王晓明、乔中全、曾慧杰、李永欣、刘思思、陈艺	20180599	20180904	20191231
167	20190398	紫妍	紫薇	湖南省林业科学院、长沙湘莹园林科技有限公司	蔡能、王晓明、曾慧杰、李永欣、乔中全、陈艺、王湘莹、刘思思	20180600	20180904	20191231
168	20190399	紫婉	紫薇	湖南省林业科学院、长沙湘莹园林科技有限公司	乔中全、王晓明、蔡能、曾慧杰、李永欣、刘思思、王湘莹、陈艺	20180601	20180904	20191231
169	20190400	紫湘	紫薇	湖南省林业科学院、长沙湘莹园林科技有限公司	陈艺、王晓明、李永欣、乔中全、蔡能、曾慧杰、刘思思、王湘莹	20180602	20180904	20191231
170	20190401	紫秀	紫薇	湖南省林业科学院、长沙湘莹园林科技有限公司	王晓明、乔中全、蔡能、曾慧杰、李永欣、王湘莹、陈艺、刘思思	20180603	20180904	20191231
171	20190418	紫婵	紫薇	华南农业大学	奚如春、邓小梅	20180898	20181214	20191231
172	20190151	华农云龙	悬铃木属	华中农业大学	包满珠、刘国峰、张佳琪	20180214	20180425	20190724

（续）

序号	品种权号	品种名称	属（种）	品种权人	培育人	申请号	申请日	授权日
173	20190152	华农白龙	悬铃木属	华中农业大学	包满珠、刘国峰、张佳琪	20180215	20180425	20190724
174	20190150	华农游龙	悬铃木属	华中农业大学、济宁天缘花木种业有限公司	包满珠、刘国峰、张佳琪、李卫东	20180213	20180425	20190724
175	20190075	彩虹	栾树属	江苏省林业科学研究院	吕运舟、黄利斌、董筱昀、梁珍海、孙海楠	20170297	20170606	20190724
176	20190149	抱朴 1 号	朴属	江苏省林业科学研究院	董筱昀、黄利斌	20180186	20180329	20190724
177	20190281	荷仙姑	蔷薇属	江苏省林业科学研究院	汪有良、蒋泽平	20170448	20170828	20191231
178	20190188	星火	杜鹃花属	江苏省农业科学院	苏家乐、刘晓青、何丽斯、肖政、李畅、邓衍明、孙晓波、齐香玉	20180388	20180710	20190724
179	20190189	闭月	杜鹃花属	江苏省农业科学院	刘晓青、李畅、苏家乐、肖政、何丽斯、贾新平、孙晓波、陈尚平	20180389	20180710	20190724
180	20190190	蝶海	杜鹃花属	江苏省农业科学院	何丽斯、刘晓青、李畅、苏家乐、肖政、陈尚平、周惠民、项立平	20180390	20180710	20190724
181	20190161	金玉	木兰属	江苏省中国科学院植物研究所	蔡小龙、陈红、陆小清、李云龙、王传永、张凡、周艳威	20180266	20180601	20190724
182	20190208	赣彤 1 号	樟属	江西省科学院生物资源研究所	余发新、钟永达、吴照祥、李彦强、刘立盘、杨爱红、刘淑娟、刘腾云、周华、孙小艳、肖亮、周燕玲、胡淼	20180501	20180828	20190724
183	20190209	赣彤 2 号	樟属	江西省科学院生物资源研究所	余发新、钟永达、吴照祥、李彦强、刘立盘、刘腾云、杨爱红、刘淑娟、周华、孙小艳、肖亮、周燕玲、胡淼	20180502	20180828	20190724
184	20190247	葱郁	桂花	金华市奔月桂花专业合作社、山东农业大学	鲍志贤、鲍维、鲍健、方新高、臧德奎、马燕、王延玲	20160341	20161122	20191231
185	20190143	百日春	杜鹃花属	金华市永根杜鹃花培育有限公司	方永根	20180131	20180207	20190724
186	20190144	春之恋	杜鹃花属	金华市永根杜鹃花培育有限公司	方永根	20180132	20180207	20190724
187	20190145	春之语	杜鹃花属	金华市永根杜鹃花培育有限公司	方永根、方新高	20180133	20180207	20190724
188	20190146	丹玉	杜鹃花属	金华市永根杜鹃花培育有限公司	方永根、方新高	20180134	20180207	20190724
189	20190147	富春	杜鹃花属	金华市永根杜鹃花培育有限公司	方永根	20180135	20180207	20190724

（续）

序号	品种权号	品种名称	属（种）	品种权人	培育人	申请号	申请日	授权日
190	20190328	红景	杜鹃花属	金华市永根杜鹃花培育有限公司	方永根	20180136	20180207	20191231
191	20190329	吉祥红	杜鹃花属	金华市永根杜鹃花培育有限公司	方永根	20180137	20180207	20191231
192	20190330	洋洋	杜鹃花属	金华市永根杜鹃花培育有限公司	方永根、祝泽刚	20180139	20180207	20191231
193	20190331	紫魁	杜鹃花属	金华市永根杜鹃花培育有限公司	方永根、方新高	20180140	20180207	20191231
194	20190332	银边瑞紫	杜鹃花属	金华市永根杜鹃花培育有限公司	方永根	20180142	20180207	20191231
195	20190258	科鲜 0119（KORcut0119）	蔷薇属	科德斯月季育种公司（W. Kordes' Söhne Rosenschulen GmbH & Co KG）	威廉-亚历山大·科德斯（Wilhelm-Alexander Kordes）、蒂姆-赫尔曼·科德斯（Tim-Hermann Kordes）、约翰·文森特·科德斯（John Vincent Kordes）	20170209	20170503	20191231
196	20190260	高槐 1 号	槐属	雷茂端	雷茂端、雷迎波、郭豆萍、雷亚第	20170248	20170517	20191231
197	20190355	绿桐 2 号	泡桐属	李昆龙、黄宝灵、唐朝晖	李昆龙、黄宝灵、唐朝晖、李远涛、陈振飞	20180247	20180525	20191231
198	20190356	绿桐 3 号	泡桐属	李昆龙、黄宝灵、唐朝晖	李昆龙、黄宝灵、唐朝晖、李远涛、陈振飞	20180248	20180525	20191231
199	20190357	绿桐 4 号	泡桐属	李昆龙、黄宝灵、唐朝晖	李昆龙、黄宝灵、唐朝晖、李远涛、陈振飞	20180249	20180525	20191231
200	20190181	丽紫	蚊母树属	丽水市林业科学研究院	洪震、戴海英、练发良、王军峰、吴荣、何小勇、曹建春	20180316	20180612	20190724
201	20190182	丽玫	蚊母树属	丽水市林业科学研究院	练发良、何小勇、洪震、郑俞、陈艳、曹建春	20180317	20180612	20190724
202	20190183	丽金	蚊母树属	丽水市林业科学研究院	练发良、王军峰、雷珍、戴海英、邵康平、陈志伟、高樟贵	20180319	20180612	20190724
203	20190417	先达 1 号	榛属	辽宁省经济林研究所	王道明、梁维坚、郑金利、解明、李志军、张悦、马瑞峰	20180805	20181203	20191231
204	20190262	聊红椿	臭椿属	聊城大学	张秀省、高祥斌、邱艳昌	20170268	20170526	20191231
205	20190175	罗彩 1 号	桂花	罗方亮、浙江理工大学	罗方亮、胡绍庆、冯园园、黄均华	20180303	20180609	20190724

（续）

序号	品种权号	品种名称	属（种）	品种权人	培育人	申请号	申请日	授权日
206	20190176	罗彩 2 号	桂花	罗方亮、浙江理工大学	罗方亮、胡绍庆、冯园园、黄均华	20180304	20180609	20190724
207	20190177	罗彩 16 号	桂花	罗方亮、浙江理工大学	罗方亮、胡绍庆、冯园园、黄均华	20180305	20180609	20190724
208	20190178	罗彩 17 号	桂花	罗方亮、浙江理工大学	罗方亮、胡绍庆、冯园园、黄均华	20180306	20180609	20190724
209	20190179	罗彩 18 号	桂花	罗方亮、浙江理工大学	罗方亮、胡绍庆、冯园园、黄均华	20180307	20180609	20190724
210	20190180	罗彩 19 号	桂花	罗方亮、浙江理工大学	罗方亮、胡绍庆、冯园园、黄均华	20180308	20180609	20190724
211	20190338	中大二号红豆杉	红豆杉属	梅州市中大南药发展有限公司	李志良、杨中艺、黄巧明、古练权、李贵华、梁伟东、何春桃、何伟强	20180153	20180211	20191231
212	20190307	逍遥楝	楝属	蒙城县林达农业有限公司	郭琦	20170606	20171124	20191231
213	20190076	橙之梦	苹果属	南京林业大学	张往祥、周婷、彭冶、范俊俊、时可心、浦静、杨祎凡、曹福亮	20170310	20170612	20190724
214	20190077	粉红霓裳	苹果属	南京林业大学	张往祥、范俊俊、周婷、李千惠、姜文龙、张丹丹、徐立安、曹福亮	20170311	20170612	20190724
215	20190078	羊脂玉	苹果属	南京林业大学	仲磊、周道建、张往祥、谢寅峰、储吴樾、沈星诚、陈永霞、曹福亮	20170312	20170612	20190724
216	20190079	云想容	苹果属	南京林业大学	张往祥、周婷、范俊俊、时可心、沈星诚、穆茜、彭冶、曹福亮	20170313	20170612	20190724
217	20190080	洛可可女士	苹果属	南京林业大学	张往祥、浦静、武启飞、王希、时可心、赵聪、张晶、曹福亮	20170314	20170612	20190724
218	20190081	紫蝶儿	苹果属	南京林业大学	张往祥、张晶、王希、储吴樾、武启飞、浦静、赵聪、曹福亮	20170316	20170612	20190724
219	20190362	千层金	苹果属	南京林业大学	张往祥、周婷、范俊俊、彭冶、谢寅峰、徐立安、汪贵斌、曹福亮	20180295	20180605	20191231
220	20190367	红珊瑚	苹果属	南京林业大学	张往祥、范俊俊、周婷、彭冶、谢寅峰、徐立安、汪贵斌、曹福亮	20180300	20180605	20191231
221	20190191	名贵红	李属	南京林业大学、丁明贵	丁明贵、伊贤贵、赵瑞英、王贤荣、李文华、李蒙、段一凡、陈林、李雪霞、朱淑霞、马雪红、徐晓芃	20180404	20180711	20190724
222	20190153	元春	李属	南京林业大学、黄山职业技术学院、安徽润一生态建设有限公司	王贤荣、伊贤贵、李蒙、王华辰、汪小飞、赵昌恒、段一凡、陈林	20180221	20180509	20190724

（续）

序号	品种权号	品种名称	属（种）	品种权人	培育人	申请号	申请日	授权日
223	20190167	涟漪	苹果属	南京林业大学、扬州小苹果园艺有限公司	张往祥、周婷、张龙、徐立安、谢寅峰、彭冶、汪贵斌、曹福亮	20180287	20180605	20190724
224	20190168	棱镜	苹果属	南京林业大学、扬州小苹果园艺有限公司	张往祥、周婷、彭冶、张全全、徐立安、谢寅峰、汪贵斌、曹福亮	20180288	20180604	20190724
225	20190169	琉璃盏	苹果属	南京林业大学、扬州小苹果园艺有限公司	张往祥、胡晓璇、周婷、谢寅峰、彭冶、徐立安、汪贵斌、曹福亮	20180289	20180605	20190724
226	20190170	红与黑	苹果属	南京林业大学、扬州小苹果园艺有限公司	张往祥、张龙、周婷、谢寅峰、彭冶、徐立安、汪贵斌、曹福亮	20180290	20180605	20190724
227	20190171	影红秀	苹果属	南京林业大学、扬州小苹果园艺有限公司	张往祥、张全全、范俊俊、谢寅峰、彭冶、徐立安、汪贵斌、曹福亮	20180291	20180605	20190724
228	20190172	疏红妆	苹果属	南京林业大学、扬州小苹果园艺有限公司	张往祥、范俊俊、江皓、徐立安、彭冶、谢寅峰、汪贵斌、曹福亮	20180292	20180605	20190724
229	20190173	白羽扇	苹果属	南京林业大学、扬州小苹果园艺有限公司	张往祥、范俊俊、彭冶、江皓、徐立安、谢寅峰、汪贵斌、曹福亮	20180293	20180605	20190724
230	20190361	云卷云舒	苹果属	南京林业大学、扬州小苹果园艺有限公司	张往祥、饶辉、周婷、谢寅峰、彭冶、徐立安、汪贵斌、曹福亮	20180294	20180605	20191231
231	20190363	卷珠帘	苹果属	南京林业大学、扬州小苹果园艺有限公司	张往祥、周婷、彭冶、张龙、谢寅峰、徐立安、汪贵斌、曹福亮	20180296	20180605	20191231
232	20190364	忆红莲	苹果属	南京林业大学、扬州小苹果园艺有限公司	张往祥、李利娟、范俊俊、彭冶、谢寅峰、徐立安、汪贵斌、曹福亮	20180297	20180605	20191231
233	20190365	依人	苹果属	南京林业大学、扬州小苹果园艺有限公司	张往祥、江皓、范俊俊、徐立安、谢寅峰、彭冶、汪贵斌、曹福亮	20180298	20180605	20191231
234	20190366	烟雨江南	苹果属	南京林业大学、扬州小苹果园艺有限公司	张往祥、范俊俊、张全全、徐立安、谢寅峰、彭冶、汪贵斌、曹福亮	20180299	20180606	20191231
235	20190387	中林 8 号	梓树属	南阳市林业科学研究院、中国林业科学研究院林业研究所	王秋霞、翟文继、王军辉、沈元勤、麻文俊、杨桂娟、易飞	20180479	20180823	20191231
236	20190214	蒙树 3 号杨	杨属	内蒙古和盛生态科技研究院有限公司	朱之悌、赵泉胜、林惠斌、李天权、康向阳、铁英、田菊	20180302	20180609	20190724
237	20190089	金公主 3 号	文冠果	内蒙古文冠庄园农业科技发展有限公司、北京林业大学、赤峰市林业科学研究院	郭庆、郭强、段利明、李国军、王俊杰、周祎鸣、向秋虹、王馨蕊、乌志颜、段磊、李显玉、杨素芝、关文彬	20170341	20170630	20190724
238	20190412	金如意	山楂属	聂宗省、刘海敏	聂宗省、刘海敏	20180707	20181026	20191231

（续）

序号	品种权号	品种名称	属（种）	品种权人	培育人	申请号	申请日	授权日
239	20190103	甬之雪	杜鹃花属	宁波北仑亿润花卉有限公司	沃科军、沃绵康	20170476	20170903	20190724
240	20190104	甬之韵	杜鹃花属	宁波北仑亿润花卉有限公司	沃绵康、沃科军	20170479	20170903	20190724
241	20190105	甬绵百合	杜鹃花属	宁波北仑亿润花卉有限公司	沃绵康、沃科军	20170481	20170903	20190724
242	20190106	甬绿神	杜鹃花属	宁波北仑亿润花卉有限公司	沃绵康、沃科军	20170482	20170903	20190724
243	20190333	紫玲珑	紫薇属	宁波林丰种业科技有限公司	王肖雄	20180146	20180208	20191231
244	20190264	紫遂	紫薇属	宁波永丰园林建设有限公司	王肖雄	20170283	20170602	20191231
245	20190265	紫裙	紫薇属	宁波永丰园林建设有限公司	王肖雄	20170284	20170602	20191231
246	20190266	紫夜	紫薇属	宁波永丰园林建设有限公司	王肖雄	20170285	20170602	20191231
247	20190074	宁农杞 7 号	枸杞属	宁夏农林科学院枸杞工程技术研究所	焦恩宁、秦垦、戴国礼、曹有龙、石志刚、何军、李彦龙、李云翔、闫亚美、黄婷、张波、周旋、何昕儒、米佳	20170424	20170803	20190724
248	20190101	宁农杞 6 号	枸杞属	宁夏农林科学院枸杞工程技术研究所	焦恩宁、秦垦、戴国礼、曹有龙、石志刚、何军、李彦龙、李云翔、闫亚美、黄婷、张波、周旋、何昕儒、米佳	20170423	20170803	20190724
249	20190271	青川 1 号	核桃属	青川县林业局	白杰健、向明亮、吴佐英、朱万青、赵荣、都卫东、扈双、赵柳、高正华、邓松翰	20170390	20170719	20191231
250	20190337	根源 1 号	柽柳属	青岛根源生态农业有限公司	张夫寅、窦京海、张长君	20180152	20180210	20191231
251	20190193	大棠芳玫	苹果属	青岛市农业科学研究院	沙广利、张蕊芬、葛红娟、孙吉禄、孙红涛、马荣群	20180429	20180716	20190724
252	20190194	锦绣红	苹果属	青岛市农业科学研究院	沙广利、葛红娟、黄粤、邵永春、张翠玲、孙红涛、傅景敏	20180431	20180716	20190724
253	20190195	白富美	苹果属	青岛市农业科学研究院	沙广利、马荣群、赵爱鸿、王芝云、王桂莲、邵永春、黄粤	20180432	20180716	20190724
254	20190196	大棠婷靓	苹果属	青岛市农业科学研究院	沙广利、黄粤、万述伟、张蕊芬、赵爱鸿、王桂莲、傅景敏	20180433	20180716	20190724
255	20190230	红禧儿	苹果属	青岛市农业科学研究院	沙广利、马荣群、黄粤、葛红娟、张蕊芬、孙吉禄、王芝云、孙红涛	20160014	20160105	20191231

（续）

序号	品种权号	品种名称	属（种）	品种权人	培育人	申请号	申请日	授权日
256	20190304	鹤山榆	榆属	山东泓森林业有限公司	侯金波、陈培培、杨倩倩、张益利、董绍贵、刘振华、侯波	20170603	20171124	20191231
257	20190033	妙玉	蔷薇属	山东农业大学	赵兰勇 于晓艳 徐宗大 邢树堂 赵明远	20160185	20160725	20190724
258	20190246	绿满园	桂花	山东农业大学、金华市奔月桂花专业合作社	臧德奎、臧凤岐、鲍志贤、鲍健、鲍维、王延玲、马燕	20160340	20161122	20191231
259	20190248	金灿	桂花	山东农业大学、金华市奔月桂花专业合作社	臧德奎、臧凤岐、鲍志贤、鲍健、鲍维、王延玲、马燕	20160342	20161122	20191231
260	20190354	泰富	柿	山东省果树研究所	艾呈祥、王洁、余贤美、孙山	20180224	20180517	20191231
261	20190381	蓝冠	越橘属	山东省果树研究所	刘庆忠、魏海蓉、王甲威、宗晓娟、谭钺、朱东姿、陈新、徐丽、张力思	20180471	20180815	20191231
262	20190382	蓝珠	越橘属	山东省果树研究所	刘庆忠、魏海蓉、谭钺、王甲威、宗晓娟、朱东姿、陈新、徐丽、张力思	20180472	20180815	20191231
263	20190383	蓝月	越橘属	山东省果树研究所	刘庆忠、魏海蓉、王甲威、谭钺、朱东姿、宗晓娟、陈新、徐丽、张力思	20180473	20180815	20191231
264	20190384	蓝玲	越橘属	山东省果树研究所	刘庆忠、魏海蓉、朱东姿、谭钺、王甲威、宗晓娟、陈新、徐丽、张力思	20180474	20180815	20191231
265	20190107	盐抗柳 1 号	柳属	山东省林业科学研究院	秦光华、于振旭、宋玉民、乔玉玲、彭琳	20170501	20170912	20190724
266	20190108	黄皮柳 1 号	柳属	山东省林业科学研究院	秦光华、于振旭、宋玉民、乔玉玲、彭琳	20170502	20170912	20190724
267	20190109	蛇矛柳 1 号	柳属	山东省林业科学研究院	秦光华、于振旭、宋玉民、乔玉玲、彭琳	20170503	20170912	20190724
268	20190272	紫丰	接骨木属	山东省林业科学研究院	王开芳、吴德军、姚俊修、刘翠兰、任飞、李庆华、臧真荣、李善文、燕丽萍、王因花	20170408	20170723	20191231
269	20190273	红丰	接骨木属	山东省林业科学研究院	李善文、姚俊修、吴德军、燕丽萍、任飞、臧真荣、王因花、李庆华、刘翠兰、王开芳	20170409	20170723	20191231
270	20190274	柳叶红	接骨木属	山东省林业科学研究院	吴德军、姚俊修、李善文、任飞、李庆华、臧真荣、刘翠兰、王开芳、燕丽萍、王因花	20170412	20170723	20191231
271	20190275	金幻	接骨木属	山东省林业科学研究院	姚俊修、吴德军、刘翠兰、李善文、任飞、李庆华、王开芳、燕丽萍、王因花、臧真荣	20170413	20170723	20191231

（续）

序号	品种权号	品种名称	属（种）	品种权人	培育人	申请号	申请日	授权日
272	20190276	盐丹	接骨木属	山东省林业科学研究院	刘翠兰、姚俊修、吴德军、燕丽萍、王因花、任飞、李庆华、李善文、王开芳、臧真荣	20170414	20170723	20191231
273	20190373	鲁黑 1 号	杨属	山东省林业科学研究院	秦光华、于振旭、宋玉民、乔玉玲、董玉峰、刘盛芳	20180337	20180629	20191231
274	20190374	鲁黑 2 号	杨属	山东省林业科学研究院	秦光华、于振旭、宋玉民、乔玉玲、董玉峰、刘盛芳	20180338	20180629	20191231
275	20190259	金须	槐属	山东万路达毛株文化产业发展有限公司、山东陌上源林生物科技有限公司、青岛市园林绿化工程质量安全监督站	罗杰、张帆、郑发、王西仲、秦娜、颜鲁、张伟、赵祥宝、王芳、李明花	20170238	20170516	20191231
276	20190261	天丁 1 号	皂荚属	山东丫森苗木科技开发有限公司	王召伟、张玉华、张联中、刘金达、张振田	20170254	2017519	20191231
277	20190353	汾核 1 号	核桃属	山西省农业科学院经济作物研究所	李建、史根生、郝华正、冀中锐、何文垚、张树振、王捷、刘辉、贺洪鑫	20180212	20180412	20191231
278	20190047	紫韵	木兰属	陕西省西安植物园、棕榈生态城镇发展股份有限公司	王亚玲、马延康、叶卫、刘立成、樊璐、吴建军、赵强民、赵珊珊、王晶	20160301	20161104	20190724
279	20190048	紫辰	木兰属	陕西省西安植物园、棕榈生态城镇发展股份有限公司	王亚玲、叶卫、刘立成、樊璐、吴建军、赵强民、赵珊珊、王晶	20160302	20161104	20190724
280	20190049	廷栋	木兰属	陕西省西安植物园、棕榈生态城镇发展股份有限公司	王亚玲、樊璐、叶卫、刘立成、吴建军、赵强民、赵珊珊、王晶	20160303	20161104	20190724
281	20190210	千纸飞鹤	木兰属	上海市园林科学规划研究院、南召县林业局	张浪、张冬梅、田彦、周虎、尹丽娟、徐功元、王庆民、田文晓、有祥亮、张哲、余洲、朱涵琦、臧明杰、刘耀	20180504	20180829	20190724
282	20190211	丹霞似火	木兰属	上海市园林科学规划研究院、南召县林业局	方明洋、张冬梅、张浪、田彦、尹丽娟、周虎、罗玉兰、王庆民、徐功元、田文晓、毛俊宽、杨谦、王建勋、王鹏飞、王磊	20180505	20180829	20190724
283	20190212	红玉映天	木兰属	上海市园林科学规划研究院、南召县林业局	张浪、张冬梅、田彦、尹丽娟、周虎、徐功元、有祥亮、靳三恒、田文晓、王庆民、张哲、仝炎、辛华、张宏、孙永幸	20180506	20180829	20190724
284	20190213	二月增春	木兰属	上海市园林科学规划研究院、南召县林业局	张冬梅、吕永钧、田彦、张浪、尹丽娟、周虎、徐功元、田文晓、王庆民、余洲、罗玉兰、石大强、王良、申洁梅、谷珂	20180507	20180829	20190724

（续）

序号	品种权号	品种名称	属（种）	品种权人	培育人	申请号	申请日	授权日
285	20190164	星源花歌	山茶属	上海市园林科学规划研究院、上海星源农业实验场	张冬梅、张浪、周和达、尹丽娟、罗玉兰、有祥亮、蔡军林、张斌、陈香波	20180284	20180603	20190724
286	20190165	星源晚秋	山茶属	上海市园林科学规划研究院、上海星源农业实验场	张浪、张冬梅、周和达、尹丽娟、罗玉兰、有祥亮、蔡军林、张斌、陈香波	20180285	20180603	20190724
287	20190166	星源红霞	山茶属	上海市园林科学规划研究院、上海星源农业实验场	周和达、张冬梅、张浪、尹丽娟、蔡军林、罗玉兰、有祥亮、张斌、陈香波	20180286	20180603	20190724
288	20190142	香雪	栀子属	嵊州市栀香花木有限公司	张军、胡绍庆、张冬芬、钱亚南、施玲玲、吕超鹏	20180113	20180129	20190724
289	20190311	紫金楝	楝属	石家庄市农林科学研究院、石家庄市神州花卉研究所有限公司	白霄霞、李志斌、蒋淑磊、刘伟、李萍、李振勤、李坤、李昕、张骁骁、白晓	20170612	20171127	20191231
290	20190312	紫玉楝	楝属	石家庄市神州花卉研究所有限公司	李志斌、白霄霞、蒋淑磊、赵建成、李萍、李坤、李昕、刘伟、张骁骁、白晓	20170614	20171127	20191231
291	20190325	川滇箐	花椒属	四川省林业科学研究院、雷波县小平特色农产品开发有限公司	罗建勋、吴小平、王准、刘芙蓉、宋鹏、杨马进	20180116	20180124	20191231
292	20190368	黄果桐	山桐子属	四川省林业科学研究院、四川佛欣林业科技有限公司	罗建勋、王准、刘芙蓉、刘建康、杨马进	20180312	20180611	20191231
293	20190204	龙橡 3 号	栎属	苏州泷泮生物科技有限公司	陈洪锋、万晗啸、卞学飞	20180487	20180827	20190724
294	20190206	龙橡 8 号	栎属	苏州泷泮生物科技有限公司	陈洪锋、万晗啸、卞学飞	20180492	20180827	20190724
295	20190207	龙橡 10 号	栎属	苏州泷泮生物科技有限公司	陈洪锋、万晗啸、卞学飞	20180494	20180827	20190724
296	20190205	龙橡 7 号	栎属	苏州泷泮生物科技有限公司、殷波	陈洪锋、万晗啸、卞学飞	20180491	20180827	20190724
297	20190371	红宝石伊甸园	蔷薇属	苏州市华冠园创园艺科技有限公司	姜正之	20180330	20180627	20191231
298	20190372	罗衣	蔷薇属	苏州市华冠园创园艺科技有限公司	姜正之	20180331	20180627	20191231
299	20190263	泰达粉钻	蔷薇属	天津泰达盐碱地绿化研究中心有限公司	王振宇、张清、田晓明、刘倩、于璐、慈华聪、王鹏山、张楚涵	20170273	20170601	20191231
300	20190243	蓝星	越橘属	通化禾韵现代农业股份有限公司、长春师范大学	殷秀岩、时东方、谭志强、隋明义、陈亮、孙增武、郎庆君、赵芝伟	20160292	20161028	20191231

（续）

序号	品种权号	品种名称	属（种）	品种权人	培育人	申请号	申请日	授权日
301	20190073	淑女槐	槐属	王化堂	王化堂	20170237	20170515	20190724
302	20190288	锦袍	女贞属	王新留	王新留	20170530	20170925	20191231
303	20190295	秦黑卜杨	杨属	西北农林科技大学	樊军锋、周永学、高建社、张锦梅、白小军、谢俊锋、马建权、周飞梅	20170556	20171101	20191231
304	20190296	秦黑青杨 1 号	杨属	西北农林科技大学	樊军锋、周永学、高建社、张锦梅、白小军、谢俊锋、马建权、周飞梅	20170557	20171101	20191231
305	20190297	秦黑杨 2 号	杨属	西北农林科技大学	樊军锋、高建社、周永学、苏晓华、白小军、谢俊锋、马建权、周飞梅	20170558	20171101	20191231
306	20190219	云鲜 1 号	箣竹属	西南林业大学	王曙光、普晓兰、丁雨龙	20150115	20150618	20191231
307	20190436	蟠枣	枣	新疆维吾尔自治区红枣协会、师俊贤	李根才、师俊贤	20190087	20181220	20191231
308	20190155	出色	卫矛属	徐培钊	徐培钊、徐浩桂、冯献宾、詹伟、王法波	20180234	20180522	20190724
309	20190156	富丽	卫矛属	徐培钊	徐培钊、徐浩桂、詹伟	20180235	20180522	20190724
310	20190157	金秀	卫矛属	徐培钊	徐培钊、徐浩桂、冯献宾、詹伟	20180236	20180522	20190724
311	20190158	出彩	卫矛属	徐培钊	徐培钊、徐浩桂、冯献宾、詹伟	20180237	20180522	20190724
312	20190285	秦秀	卫矛属	杨新社、杨瑞	杨新社、杨瑞	20170499	20170907	20191231
313	20190286	紫凤	卫矛属	杨新社、杨瑞	杨新社、杨瑞	20170500	20170907	20191231
314	20190415	醉金	醉鱼草属	杨彦青	杨彦青	20180803	20181130	20191231
315	20190277	圆靥	绣球属	杨玉勇	杨玉勇、罗乐	20170415	20170724	20191231
316	20190278	深蓝	绣球属	杨玉勇	杨玉勇、程堂仁、王佳	20170416	20170724	20191231
317	20190279	万紫千红	绣球属	杨玉勇	杨玉勇、潘会堂	20170417	20170724	20191231
318	20190098	奥斯米克斯如（AUSMIXTURE）	蔷薇属	英国大卫奥斯汀月季公司（David Austin Roses Limited）	大卫·奥斯汀（David J.C. Austin）	20170398	20170721	20190724
319	20190099	奥斯威尔（AUSWHIRL）	蔷薇属	英国大卫奥斯汀月季公司（David Austin Roses Limited）	大卫·奥斯汀（David J.C. Austin）	20170399	20170721	20190724
320	20190267	英特赫克拉午（Intergeklawoom）	蔷薇属	英特普兰特公司（Interplant Roses B.V.）	A.J.H 范·多伊萨姆（ir. A.J.H. van Doesum）	20170294	20170605	20191231

（续）

序号	品种权号	品种名称	属（种）	品种权人	培育人	申请号	申请日	授权日
321	20190292	英特扎好品（Interzahopin）	蔷薇属	英特普兰特月季育种公司（Interplant Roses B.V.）	范·多伊萨姆（ir. A.J.H. van Doesum）	20170537	20171017	20191231
322	20190293	英特组诗达尔（Interzusydal）	蔷薇属	英特普兰特月季育种公司（Interplant Roses B.V.）	范·多伊萨姆（ir. A.J.H. van Doesum）	20170539	20171017	20191231
323	20190290	丰园5号	杏	榆林市丰园果业科技有限公司	李迁恩、杜锡莹、杜燕群、杜少恳、陈堪鹏	20170535	20171012	20191231
324	20190291	丰园晚蜜	杏	榆林市丰园果业科技有限公司	李迁恩、杜锡莹、杜燕群、杜少恳、陈堪鹏	20170536	20171012	20191231
325	20190375	金凤	卫矛属	袁平立、杨新社	袁平立、杨新社	20180341	20180629	20191231
326	20190391	云林紫枫	枫香属	云和县农业综合开发有限公司	林昌礼、张大伟、杨少宗、柳新红、葛永金、朱伟清	20180510	20180829	20191231
327	20190001	王妃	蔷薇属	云南锦苑花卉产业股份有限公司	倪功、曹荣根、田连通、白云评、乔丽婷、阳明祥	20120198	20121201	20190724
328	20190004	热恋	蔷薇属	云南锦苑花卉产业股份有限公司	倪功、曹荣根、田连通、白云评、乔丽婷、何琼、阳明祥	20140234	20141206	20190724
329	20190005	锦艳	蔷薇属	云南锦苑花卉产业股份有限公司	倪功、曹荣根、田连通、白云评、乔丽婷、何琼、阳明祥	20140236	20141206	20190724
330	20190215	霞光	蔷薇属	云南锦苑花卉产业股份有限公司	倪功、曹荣根、田连通、白云评、乔丽婷、阳明祥	20120196	20121201	20191231
331	20190216	怀念	蔷薇属	云南锦苑花卉产业股份有限公司	倪功、曹荣根、田连通、白云评、乔丽婷、阳明祥	20120209	20121201	20191231
332	20190218	丽云	蔷薇属	云南锦苑花卉产业股份有限公司	倪功、曹荣根、田连通、白云评、乔丽婷、何琼、阳明祥	20140238	20141206	20191231
333	20190057	冰星	蔷薇属	云南省农业科学院花卉研究所	邱显钦、王其刚、唐开学、陈敏、蹇洪英、李淑斌、张颢、周宁宁	20170076	20170116	20190724
334	20190061	彩云香水1号	蔷薇属	云南省农业科学院花卉研究所	王其刚、唐开学、张颢、李淑斌、陈敏、晏慧君、张婷、邱显钦、周宁宁、蹇洪英	20170142	20170301	20190724
335	20190112	素季	蔷薇属	云南省农业科学院花卉研究所	王其刚、张颢、唐开学、邱显钦、陈敏、晏慧君、张婷、蹇洪英、李淑斌、周宁宁	20170544	20171023	20190724
336	20190252	桃之夭夭	蔷薇属	云南省农业科学院花卉研究所	邱显钦、王其刚、张颢、唐开学、晏慧君、周宁宁、陈敏、蹇洪英	20170077	20170116	20191231
337	20190294	星语星愿	蔷薇属	云南省农业科学院花卉研究所	邱显钦、王其刚、唐开学、张颢、陈敏、晏慧君、周宁宁、李淑斌、蹇洪英、张婷	20170540	20171023	20191231

（续）

序号	品种权号	品种名称	属（种）	品种权人	培育人	申请号	申请日	授权日
338	20190300	粉色梦幻	蔷薇属	云南省农业科学院花卉研究所	宋杰、李树发、李世峰、王继华、乔丽婷、许凤、李绅崇	20170574	20171109	20191231
339	20190217	鹅黄蜜	蔷薇属	云南鑫海汇花业有限公司	唐开学、朱芷汐、周宁宁、蹇洪英、朱应雄、沐海涛、晏慧君、邱显钦、李淑斌、张应红、王其刚	20140013	20140107	20191231
340	20190298	金硕杏	杏	张家口市农业科学院	王秀荣、吕丽霞、许建铭、刘颖慧、王维、王伟军、郝建宇、闫凤岐、张敏、崔金丽、楚燕杰、李克文	20170559	20171101	20191231
341	20190299	张仁一号	杏	张家口市农业科学院	王秀荣、吕丽霞、王维、许建铭、刘颖慧、郝建宇、王伟军、闫凤岐、许寅生、张宝英、楚燕杰、李克文	20170560	20171101	20191231
342	20190257	黄金甲	松属	张英华	张英华、高树鹏	20170183	20170417	20191231
343	20190125	闽彩 10 号	桂花	漳州新发现农业发展有限公司	陈日才、吴启民、王聪成、詹正钿、陈朝暖、陈小芳、陈菁菁	20180010	20171220	20190724
344	20190126	闽彩 12 号	桂花	漳州新发现农业发展有限公司	陈日才、吴启民、王聪成、詹正钿、陈朝暖、陈小芳、陈菁菁	20180011	20171220	20190724
345	20190127	闽彩 13 号	桂花	漳州新发现农业发展有限公司	陈日才、吴启民、王聪成、詹正钿、陈朝暖、陈小芳、陈菁菁	20180012	20171220	20190724
346	20190128	闽彩 25 号	桂花	漳州新发现农业发展有限公司	陈日才、吴启民、王聪成、詹正钿、陈朝暖、陈小芳、陈菁菁	20180015	20171220	20190724
347	20190129	闽彩 28 号	桂花	漳州新发现农业发展有限公司	陈日才、赖文胜、吴启民、王聪成、詹正钿、陈朝暖、陈小芳、陈菁菁	20180017	20171220	20190724
348	20190163	吉德 3 号杨	杨属	柘城县吉德智慧农林有限公司	张继锋	20180268	20180601	20190724
349	20190420	夜舞娘	紫薇	浙江东海岸园艺有限公司、浙江鸿翔园林绿化工程有限公司	沈鸿明、沈劲余、顾其祥、李盼盼、陈卓梅、王金凤、汤成佳、朱雪娟	20190060	20181220	20191231
350	20190421	篱红田园	紫薇	浙江东海岸园艺有限公司、浙江鸿翔园林绿化工程有限公司	陈云文、沈鸿明、顾其祥、沈劲余、薛桂芳、顾敏洁、孙陈伟、李盼盼	20190063	20181220	20191231
351	20190422	红粉田园	紫薇	浙江东海岸园艺有限公司、浙江森城种业有限公司	沈劲余、沈鸿明、陈卓梅、王金凤、薛桂芳、朱王微、张晓杰、李盼盼	20190067	20181220	20191231
352	20190423	舞女	紫薇	浙江东海岸园艺有限公司、浙江森城种业有限公司	沈鸿明、沈劲余、顾其祥、朱王微、陈云文、李盼盼、张晓杰、薛桂芳	20190068	20181220	20191231

（续）

序号	品种权号	品种名称	属（种）	品种权人	培育人	申请号	申请日	授权日
353	20190424	初恋香	紫薇	浙江鸿翔园林绿化工程有限公司、浙江东海岸园艺有限公司	沈鸿明、沈劲余、朱王微、张晓杰、李盼盼、薛桂芳、施海飞、谢骏	20190070	20181220	20191231
354	20190425	红孔雀	紫薇	浙江鸿翔园林绿化工程有限公司、浙江东海岸园艺有限公司	沈劲余、沈鸿明、张晓杰、种高军、薛桂芳、李盼盼、朱王微、费也君	20190071	20181220	20191231
355	20190426	英红田园	紫薇	浙江鸿翔园林绿化工程有限公司、浙江森城种业有限公司	沈劲余、沈鸿明、朱王微、李盼盼、薛桂芳、张晓杰、顾敏洁、汤成佳	20190072	20181220	20191231
356	20190427	舞精灵	紫薇	浙江鸿翔园林绿化工程有限公司、浙江森城种业有限公司	沈劲余、沈鸿明、汤成佳、张晓杰、朱王微、李盼盼、顾敏洁、沈文超	20190073	20181220	20191231
357	20190336	美赐	悬钩子属	浙江农林大学、浦江县俊果研究所	杨小军、付顺华	20180151	20180209	20191231
358	20190430	舞娘	紫薇	浙江森城种业有限公司、浙江东海岸园艺有限公司	沈劲余、沈鸿明、陈云文、朱王微、陈卓梅、张晓杰、李盼盼、费也君	20190080	20181220	20191231
359	20190431	夏日飞雪	紫薇	浙江森城种业有限公司、浙江东海岸园艺有限公司	沈劲余、沈鸿明、陈卓梅、王金凤、薛桂芳、张晓杰、李盼盼、朱王微	20190081	20181220	20191231
360	20190432	昭贵妃	紫薇	浙江森城种业有限公司、浙江东海岸园艺有限公司	沈劲余、沈鸿明、李盼盼、薛桂芳、张晓杰、朱王微、朱雪娟、孙陈伟	20190082	20181220	20191231
361	20190433	雪贵妃	紫薇	浙江森城种业有限公司、浙江东海岸园艺有限公司	沈鸿明、沈劲余、种高军、费也君、李盼盼、朱王微、张晓杰、薛桂芳	20190084	20181220	20191231
362	20190434	黛贵妃	紫薇	浙江森城种业有限公司、浙江东海岸园艺有限公司	沈劲余、沈鸿明、李盼盼、朱王微、张晓杰、费也君、朱雪娟、顾敏洁	20190085	20181220	20191231
363	20190435	米叶紫欣	紫薇	浙江森城种业有限公司、浙江东海岸园艺有限公司	沈劲余、沈鸿明、陈云文、张晓杰、顾其祥、李盼盼、朱王微、薛桂芳	20190086	20181220	20191231
364	20190428	舞贵妃	紫薇	浙江森城种业有限公司、浙江鸿翔园林绿化工程有限公司	沈劲余、沈鸿明、王金凤、张晓杰、朱王微、李盼盼、薛桂芳、顾敏洁	20190075	20181220	20191231
365	20190429	晚秋	紫薇	浙江森城种业有限公司、浙江鸿翔园林绿化工程有限公司	沈鸿明、薛桂芳、朱王微、张晓杰、顾敏洁、李庄华、张成燕、顾翠花	20190078	20181220	20191231
366	20190002	晨曦	润楠属	浙江森禾集团股份有限公司	郑勇平、王春、余成龙	20140194	20141030	20190724
367	20190003	绿羽	润楠属	浙江森禾集团股份有限公司	郑勇平、刘丹丹、陈慧芳	20140195	20141030	20190724
368	20190184	紫胭	蚊母树属	浙江森禾集团股份有限公司、杭州京可园林有限公司	郑勇平、王春、周正宝、余成龙、陈岗	20180328	20180623	20190724

（续）

序号	品种权号	品种名称	属（种）	品种权人	培育人	申请号	申请日	授权日
369	20190185	娇黄	蚊母树属	浙江森禾集团股份有限公司、杭州京可园林有限公司	周正宝、王越、刘丹丹、尹庆平、项美淑	20180329	20180623	20190724
370	20190349	初晴	紫薇	浙江省林业科学研究院	陈卓梅、周琦、王金凤、沈鸿明、夏淑芳、杨华	20180206	20180402	20191231
371	20190350	晨露	紫薇	浙江省林业科学研究院	陈卓梅、王金凤、周琦、何云芳、柳新红、夏淑芳	20180207	20180402	20191231
372	20190351	霓虹	紫薇	浙江省林业科学研究院	王金凤、陈卓梅、周琦、沈鸿明、夏淑芳、杨华	20180208	20180402	20191231
373	20190370	紫岫	紫薇	浙江省林业科学研究院	王金凤、周琦、陈卓梅、柳新红、何云芳、夏淑芳	20180327	20180621	20191231
374	20190390	夏红	枫香属	浙江省林业科学研究院	杨少宗、柳新红、林昌礼、程亚平、张大伟、沈鑫	20180508	20180829	20191231
375	20190339	绚丽和山	乌桕属	浙江省林业科学研究院、浙江森禾集团股份有限公司	李因刚、柳新红、郑勇平、陈岗、沈鑫、石从广	20180155	20180228	20191231
376	20190340	红紫佳人	乌桕属	浙江省林业科学研究院、浙江森禾集团股份有限公司、浙江物产长乐实业有限公司	李因刚、柳新红、郑勇平、王春、徐永勤、沈凤强、蒋冬月	20180157	20180228	20191231
377	20190050	甬之梅	杜鹃花属	浙江万里学院、宁波北仑亿润花卉有限公司	谢晓鸿、吴月燕、沃科军、沃绵康	20160304	20161104	20190724
378	20190051	甬尚雪	杜鹃花属	浙江万里学院、宁波北仑亿润花卉有限公司	谢晓鸿、吴月燕、沃科军、沃绵康	20160305	20161104	20190724
379	20190052	甬尚玫	杜鹃花属	浙江万里学院、宁波北仑亿润花卉有限公司	吴月燕、谢晓鸿、沃科军、沃绵康	20160306	20161104	20190724
380	20190200	科植 3 号	忍冬属	中国科学院植物研究所	唐宇丹、白红彤、法丹丹、邢全、李霞、安玉来、孙雪琪、李慧、尤洪伟、石雷	20180455	20180730	20190724
381	20190201	科植 6 号	忍冬属	中国科学院植物研究所	白红彤、唐宇丹、李霞、安玉来、李慧、孙雪琪、姚涓、法丹丹、尤洪伟、石雷	20180456	20180730	20190724
382	20190202	科植 9 号	忍冬属	中国科学院植物研究所	唐宇丹、白红彤、孙雪琪、邢全、李霞、李慧、安玉来、法丹丹、尤洪伟、石雷	20180457	20180730	20190724
383	20190203	科植 18 号	忍冬属	中国科学院植物研究所	白红彤、唐宇丹、李霞、邢全、孙雪琪、安玉来、姚涓、法丹丹、尤洪伟、石雷	20180458	20180730	20190724
384	20190411	蓝闺蜜	越橘属	中国科学院植物研究所	王亮生、王丽金、冯成庸、李冰、李珊珊	20180703	20181022	20191231

（续）

序号	品种权号	品种名称	属（种）	品种权人	培育人	申请号	申请日	授权日
385	20190148	乔柽 1 号	柽柳属	中国林业科学研究院	胡学军、张华新、武海雯、杨秀艳、朱建峰、王计平、蔚奴平、刘正祥、陈军华、邓丞	20180143	20180207	20190724
386	20190316	浑然厚壳	文冠果	中国林业科学研究院林业研究所	毕泉鑫、王利兵、于海燕、范思琪、赵阳、于丹	20180030	20171227	20191231
387	20190317	中硕 1 号	文冠果	中国林业科学研究院林业研究所	于海燕、毕泉鑫、王利兵、范思琪、赵阳、于丹	20180034	20171227	20191231
388	20190318	中良 1 号	文冠果	中国林业科学研究院林业研究所	毕泉鑫、王利兵、于海燕、范思琪、赵阳、于丹	20180035	20171227	20191231
389	20190319	天使之吻	文冠果	中国林业科学研究院林业研究所	于海燕、毕泉鑫、王利兵、范思琪、赵阳、于丹	20180037	20171227	20191231
390	20190358	西雄 1 号杨	杨属	中国林业科学研究院林业研究所	苏晓华、樊军锋、黄秦军、高建社、周永学、丁昌俊	20180252	20180525	20191231
391	20190359	西雄 2 号杨	杨属	中国林业科学研究院林业研究所	苏晓华、樊军锋、黄秦军、高建社、周永学	20180253	20180525	20191231
392	20190360	西雄 3 号杨	杨属	中国林业科学研究院林业研究所	苏晓华、樊军锋、黄秦军、高建社、周永学	20180254	20180525	20191231
393	20190437	福临门	决明属	中国林业科学研究院林业研究所	李斌、郑勇奇、林富荣、郭文英，郑世楷、于淑兰	20190093	20181223	20191231
394	20190439	中泰 3 号	皂荚属	中国林业科学研究院林业研究所	李斌、郑勇奇、林富荣、郭文英，张光田、张明昊	20190095	20181223	20191231
395	20190414	中林 10 号	梓树属	中国林业科学研究院林业研究所、洛阳农林科学院、贵州省林业科学研究院	麻文俊、王军辉、赵鲲、张明刚、杨桂娟、焦云德、姚淑均	20180802	20181130	20191231
396	20190386	中林 7 号	梓树属	中国林业科学研究院林业研究所、南阳市林业科学研究院	麻文俊、王军辉、翟文继、杨桂娟、王秋霞、王平	20180478	20180823	20191231
397	20190388	中林 9 号	梓树属	中国林业科学研究院林业研究所、南阳市林业科学研究院	麻文俊、王军辉、翟文继、杨桂娟、王秋霞、王平	20180480	20180823	20191231
398	20190438	秦宝一号	木通属	中国林业科学研究院林业研究所、西安市果业技术推广中心、西安八月蜜野生果木研究所	李斌、郭晓成、杨选正、郑勇奇、杨莉、林富荣、何海军	20190094	20181223	20191231
399	20190037	热嘉 3 号	金合欢属	中国林业科学研究院热带林业研究所、嘉汉林业（河源）有限公司	曾炳山、裘珍飞、陈考科、陈祖旭、范春节、康汉华、刘英、李湘阳、罗锐	20160232	20160903	20190724

（续）

序号	品种权号	品种名称	属（种）	品种权人	培育人	申请号	申请日	授权日
400	20190038	热嘉 13 号	金合欢属	中国林业科学研究院热带林业研究所、嘉汉林业（河源）有限公司	曾炳山、裘珍飞、陈考科、陈祖旭、范春节、康汉华、刘英、李湘阳、罗锐	20160233	20160903	20190724
401	20190039	热嘉 14 号	金合欢属	中国林业科学研究院热带林业研究所、嘉汉林业（河源）有限公司	曾炳山、裘珍飞、陈考科、陈祖旭、范春节、康汉华、刘英、李湘阳、罗锐	20160234	20160903	20190724
402	20190040	热嘉 17 号	金合欢属	中国林业科学研究院热带林业研究所、嘉汉林业（河源）有限公司	曾炳山、裘珍飞、陈考科、陈祖旭、范春节、康汉华、刘英、李湘阳、罗锐	20160235	20160903	20190724
403	20190041	热嘉 18 号	金合欢属	中国林业科学研究院热带林业研究所、嘉汉林业（河源）有限公司	曾炳山、裘珍飞、陈考科、陈祖旭、范春节、康汉华、刘英、李湘阳、罗锐	20160236	20160903	20190724
404	20190244	红珊瑚	蔷薇属	中国农业大学	俞红强、游捷	20160315	20161107	20191231
405	20190245	晨曦	蔷薇属	中国农业大学	俞红强、游捷	20160316	20161107	20191231
406	20190138	小店佳粉	木兰属	中国农业大学、南召县林业局、上海市园林科学规划研究院	刘青林、贺蕤、吕永钧、王伟、田彦、周虎、王庆民、余洲、徐功元、张浪、张冬梅、谷珂、仝炎、朱涵琦、孙永幸	20180105	20180119	20190724
407	20190064	秾苑国色	芍药属	中国农业科学院蔬菜花卉研究所	张秀新、薛璟祺、王顺利、薛玉前、朱富勇、房桂霞	20170154	20170406	20190724
408	20190065	秾苑新秀	芍药属	中国农业科学院蔬菜花卉研究所	张秀新、薛璟祺、王顺利、吴蕊、张萍、薛玉前	20170155	20170406	20190724
409	20190066	秾苑骄阳	芍药属	中国农业科学院蔬菜花卉研究所	张秀新、王顺利、薛璟祺、张萍、吴蕊	20170156	20170406	20190724
410	20190067	秾璟晓月	芍药属	中国农业科学院蔬菜花卉研究所	张秀新、薛璟祺、王顺利、朱富勇、任秀霞	20170157	20170406	20190724
411	20190068	秾苑彩凤	芍药属	中国农业科学院蔬菜花卉研究所	张秀新、薛璟祺、王顺利、任秀霞、杨若雯	20170158	20170406	20190724
412	20190069	秾苑英姿	芍药属	中国农业科学院蔬菜花卉研究所	张秀新、王顺利、薛璟祺、薛玉前、吴蕊、张萍	20170159	20170406	20190724
413	20190309	红艳	杏	中国农业科学院郑州果树研究所	陈玉玲、夏乐晗、冯义彬、徐善坤、张粉先、于志强、王其海、回经涛、陈占营	20170609	20171127	20191231
414	20190310	玫硕	杏	中国农业科学院郑州果树研究所	陈玉玲、冯义彬、夏乐晗、苏衍修、徐善坤、朱更瑞、回经涛、彭沛杰	20170610	20171127	20191231

（续）

序号	品种权号	品种名称	属（种）	品种权人	培育人	申请号	申请日	授权日
415	20190034	粉蕴	含笑属	中南林业科技大学、广州市绿化公司	胡希军、金晓玲、邢文、张旻恒、孙凌霄、罗峰、金海湘、黄颂谊、丰盈、张哲、刘彩贤	20160203	20160803	20190724
416	20190320	豆蔻年华	野牡丹属	中山大学、广州市绿化公司	周仁超、吴伟、黄颂谊、沈海岑、陈峥	20180076	20180108	20191231
417	20190413	宫矮台一号（MKR1）	柿	株式会社 山阳农园	铁村 琢哉	20180714	20181102	20191231
418	20190086	金太阳	卫矛属	淄博市川林彩叶卫矛新品种研究所、威海市园林建设集团有限公司、山东农业大学	翟慎学、梁中贵、王华田	20170337	20170629	20190724
419	20190139	冬红	卫矛属	淄博市川林彩叶卫矛新品种研究所、威海市园林建设集团有限公司、王华田	翟慎学、梁中贵、王华田、孟诗原、韦业、王延平	20180108	20180120	20190724
420	20190140	华盖	卫矛属	淄博市川林彩叶卫矛新品种研究所、威海市园林建设集团有限公司、王华田	翟慎学、梁中贵、王华田、孟诗原、韦业、王延平	20180110	20180120	20190724
421	20190141	霞光	卫矛属	淄博市川林彩叶卫矛新品种研究所、威海市园林建设集团有限公司、王华田	翟慎学、梁中贵、王华田、孟诗原、韦业、王延平	20180112	20180120	20190724
422	20190116	夏日台阁	山茶属	棕榈生态城镇发展股份有限公司、佛山市林业科学研究所、广州棕科园艺开发有限公司	严丹峰、柯欢、刘信凯、钟乃盛、赵鸿杰、高继银、赵珊珊、叶土生	20170580	20171113	20190724
423	20190118	瑰丽迎夏	山茶属	棕榈生态城镇发展股份有限公司、佛山市林业科学研究所、肇庆棕榈谷花园有限公司	刘信凯、柯欢、钟乃盛、黎艳玲、赵鸿杰、高继银、周明顺、谢雨慧	20170582	20171113	20190724
424	20190006	岭南元宝	山茶属	棕榈生态城镇发展股份有限公司、广东省农业科学院环境园艺研究所、肇庆棕榈谷花园有限公司	高继银、孙映波、周明顺、于波、陈娜娟、黄丽丽、黎艳玲、张佩霞	20150054	20150327	20190724
425	20190136	帅哥领带	山茶属	棕榈生态城镇发展股份有限公司、广东省农业科学院环境园艺研究所、肇庆棕榈谷花园有限公司	刘信凯、孙映波、周明顺、于波、黄丽丽、叶琦君、张佩霞、高继银	20180098	20180117	20190724

（续）

序号	品种权号	品种名称	属（种）	品种权人	培育人	申请号	申请日	授权日
426	20190132	棕林仙子	山茶属	棕榈生态城镇发展股份有限公司、广州棕科园艺开发有限公司	高继银、严丹峰、刘信凯、钟乃盛、李州、陈炽争、唐春艳	20180094	20180117	20190724
427	20190137	曲院风荷	山茶属	棕榈生态城镇发展股份有限公司、广州棕科园艺开发有限公司	钟乃盛、叶土生、赵强民、叶琦君、高继银、严丹峰、刘信凯、陈炽争	20180099	20180117	20190724
428	20190322	红天香云	山茶属	棕榈生态城镇发展股份有限公司、广州棕科园艺开发有限公司	钟乃盛、黎艳玲、宋遇文、叶琦君、高继银、严丹峰、刘信凯	20180101	20180117	20191231
429	20190324	粉浪迎秋	山茶属	棕榈生态城镇发展股份有限公司、广州棕科园艺开发有限公司	赵强民、严丹峰、刘信凯、赵珊珊、钟乃盛、叶土生、叶琦君、高继银	20180103	20180117	20191231
430	20190117	夏梦岳婷	山茶属	棕榈生态城镇发展股份有限公司、广州棕科园艺开发有限公司、肇庆棕榈谷花园有限公司	赵珊珊、高继银、赵强民、严丹峰、叶琦君、钟乃盛、岳婷、周明顺	20170581	20171113	20190724
431	20190119	园林之骄	山茶属	棕榈生态城镇发展股份有限公司、广州棕科园艺开发有限公司、肇庆棕榈谷花园有限公司	钟乃盛、叶土生、赵强民、刘信凯、谢雨慧、严丹峰、周明顺、陈娜娟	20170583	20171113	20190724
432	20190135	四季秀美	山茶属	棕榈生态城镇发展股份有限公司、广州棕科园艺开发有限公司、肇庆棕榈谷花园有限公司	赵强民、高继银、周明顺、刘信凯、叶土生、赵珊珊、钟乃盛、叶琦君	20180097	20180117	20190724
433	20190321	桃园结义	山茶属	棕榈生态城镇发展股份有限公司、广州棕科园艺开发有限公司、肇庆棕榈谷花园有限公司	钟乃盛、叶土生、高继银、严丹峰、刘信凯、黎艳玲、叶琦君、黄万坚	20180100	20180117	20191231
434	20190323	大红灯笼	山茶属	棕榈生态城镇发展股份有限公司、广州棕科园艺开发有限公司、肇庆棕榈谷花园有限公司	赵强民、叶琦君、高继银、严丹峰、刘信凯、钟乃盛、陈娜娟、周明顺	20180102	20180117	20191231
435	20190045	小璇	木兰属	棕榈生态城镇发展股份有限公司、陕西省西安植物园	王亚玲、赵珊珊、赵强民、吴建军、王晶、严丹峰、叶卫	20160298	20161104	20190724

（续）

序号	品种权号	品种名称	属（种）	品种权人	培育人	申请号	申请日	授权日
436	20190046	桂昌	木兰属	棕榈生态城镇发展股份有限公司、陕西省西安植物园	王亚玲、吴建军、赵珊珊、王晶、严丹峰、赵强民、叶卫	20160299	20161104	20190724
437	20190115	桂月昌华	山茶属	棕榈生态城镇发展股份有限公司、肇庆棕榈谷花园有限公司、广州棕科园艺开发有限公司	吴桂昌、赵强民、陈炽争、严丹峰、钟乃盛、高继银、刘信凯、周明顺	20170579	20171113	20190724
438	20190133	秋风送霞	山茶属	棕榈生态城镇发展股份有限公司、肇庆棕榈谷花园有限公司、广州棕科园艺开发有限公司	刘信凯、钟乃盛、陈炽争、周明顺、李州、高继银、严丹峰、陈娜娟	20180095	20180117	20190724
439	20190134	怀金拖紫	山茶属	棕榈生态城镇发展股份有限公司、肇庆棕榈谷花园有限公司、广州棕科园艺开发有限公司	赵强民、刘信凯、钟乃盛、黎艳玲、叶琦君、高继银、严丹峰、周明顺	20180096	20180117	20190724

数据来源：国家林业和草原局植物新品种保护办公室。

附表2　2019年林业植物新品种申请

序号	申请号	品种名称	属（种）	申请人	培育人	申请日
1	20190192	阿萨薇吉（ARSWEJU）	蔷薇属	A.R.B.A. 公司（A.R.B.A. B.V.）	艾尔·皮·德布林（Ir. P. de Bruin）	20190129
2	20190193	阿萨利米（ARSALIM）	蔷薇属	A.R.B.A. 公司（A.R.B.A. B.V.）	艾尔·皮·德布林（Ir. P. de Bruin）	20190129
3	20190690	阿尼尔乐（ARNEORLE）	蔷薇属	A.R.B.A. 公司（A.R.B.A. B.V.）	艾尔·皮·德布林（Ir. P. de Bruin）	20190926
4	20190747	阿卢布罗（ARBLUBLO）	蔷薇属	A.R.B.A. 公司（A.R.B.A. B.V.）	艾尔·皮·德布林（Ir. P. de Bruin）	20191021
5	20190748	阿皮克拉斯（ARPIFLACLAS）	蔷薇属	A.R.B.A. 公司（A.R.B.A. B.V.）	艾尔·皮·德布林（Ir. P. de Bruin）	20191021
6	20190124	圆月魅影	蔷薇属	安徽农之源生态农业有限公司	郑萍、陈洪菲、张西西、华莹、樊德新、赵世伟、卜燕华、马俊丽	20181229
7	20190125	圆月时代	蔷薇属	安徽农之源生态农业有限公司	郑萍、兰伟、张春和、张西西、陈洪菲、华莹、樊德新、赵世伟	20181229
8	20190126	圆月彩霞	蔷薇属	安徽农之源生态农业有限公司	郑萍、华莹、陈洪菲、张西西、樊德新、赵世伟、卜燕华、马俊丽	20181229
9	20190127	圆月之光	蔷薇属	安徽农之源生态农业有限公司	郑萍、张西西、华莹、陈洪菲、樊德新、赵世伟、卜燕华、马俊丽	20181229
10	20190128	圆月之星	蔷薇属	安徽农之源生态农业有限公司	郑萍、张西西、华莹、陈洪菲、马俊丽、樊德新、赵世伟、卜燕华	20181229
11	20190194	甘杞 1 号	枸杞属	白银市农业技术服务中心	申培增、关参政	20190129
12	20190705	荷塔	梓树属	保定筑邦园林景观工程有限公司	高龙肖、岳彩伟	20191011
13	20190706	绿塔	梓树属	保定筑邦园林景观工程有限公司	高龙肖、岳彩伟、谢启章	20191011
14	20190661	楚林保丰	核桃属	保康县核桃技术推广中心	王其竹、徐永杰、付亚男、廖舒、徐朝煜、李孝鑫、王代全、陈万胜、陈远雄	20190917
15	20190294	京红飞荷	芍药属	北京国色牡丹科技有限公司	成信云、陶熙文	20190411
16	20190295	京莲粉	芍药属	北京国色牡丹科技有限公司	成信云、陶熙文、王旭	20190411
17	20190296	京龙耀辉	芍药属	北京国色牡丹科技有限公司	成信云、陶熙文	20190411
18	20190297	京霜紫	芍药属	北京国色牡丹科技有限公司	成信云、陶熙文	20190411

（续）

序号	申请号	品种名称	属（种）	申请人	培育人	申请日
19	20190298	京玉秀	芍药属	北京国色牡丹科技有限公司	成信云、陶熙文、王旭	20190411
20	20190299	京冠辉红	芍药属	北京国色牡丹科技有限公司	陶熙文、成信云、王旭	20190411
21	20190300	京妫紫	芍药属	北京国色牡丹科技有限公司	成信云、陶熙文	20190411
22	20190301	京绣	芍药属	北京国色牡丹科技有限公司	成信云、陶熙文	20190411
23	20190302	京燕绯	芍药属	北京国色牡丹科技有限公司	成信云、陶熙文、王旭	20190411
24	20190303	京月满	芍药属	北京国色牡丹科技有限公司	陶熙文、成信云、王旭	20190411
25	20190308	京绢	芍药属	北京国色牡丹科技有限公司	成信云、成仿云、陶熙文、钟原	20190411
26	20190309	京墨熙	芍药属	北京国色牡丹科技有限公司	陶熙文、成信云、成仿云、钟原	20190411
27	20190310	京钧紫	芍药属	北京国色牡丹科技有限公司	成信云、成仿云、陶熙文、钟原	20190411
28	20190311	京优王	芍药属	北京国色牡丹科技有限公司	成信云、成仿云、陶熙文	20190411
29	20190312	京玉香	芍药属	北京国色牡丹科技有限公司	王旭、成信云、成仿云、陶熙文、郭鑫	20190411
30	20190488	天娇	蔷薇属	北京红月季农业科技有限公司	俞红强	20190809
31	20190489	阳光女孩	蔷薇属	北京红月季农业科技有限公司	俞红强	20190809
32	20190490	黑天鹅	蔷薇属	北京红月季农业科技有限公司	俞红强	20190809
33	20190491	红色浪潮	蔷薇属	北京红月季农业科技有限公司	俞红强	20190809
34	20190492	金凤凰	蔷薇属	北京红月季农业科技有限公司	俞红强	20190809
35	20190493	梦工厂	蔷薇属	北京红月季农业科技有限公司	俞红强	20190809
36	20190494	金山	蔷薇属	北京红月季农业科技有限公司	俞红强	20190809
37	20190208	绿地毯	紫薇属	北京林业大学	潘会堂、鞠易倩、冯露、张启翔、张烨、梁晓涵、蔡明、郑唐春、程堂仁、王佳	20190228
38	20190209	蝴蝶舞	紫薇属	北京林业大学	潘会堂、冯露、梁晓涵、刘婷婷、鞠易倩、张启翔、蔡明、郑唐春、程堂仁、王佳	20190228
39	20190267	景林 7 号	杨属	北京林业大学	张德强、宋跃朋、杜庆章、张锋、权明洋、张志毅	20190328

（续）

序号	申请号	品种名称	属（种）	申请人	培育人	申请日
40	20190268	景林 8 号	杨属	北京林业大学	张德强、宋跃朋、杜庆章、孙静、肖亮、张志毅	20190328
41	20190269	景林 9 号	杨属	北京林业大学	张德强、宋跃朋、杜庆章、张锋、卢文杰、张志毅	20190328
42	20190270	景林 10 号	杨属	北京林业大学	张德强、杜庆章、宋跃朋、孙静、马开峰、张志毅	20190328
43	20190271	景林 11 号	杨属	北京林业大学	张德强、杜庆章、宋跃朋、谢剑波、马开峰、张志毅	20190328
44	20190272	景林 12 号	杨属	北京林业大学	张德强、杜庆章、宋跃朋、权明洋、卜琛皞、张志毅	20190328
45	20190273	傲霜斗暑 1 号	杨属	北京林业大学	张德强、宋跃朋、卫尊征、杜庆章、次东、卢文杰	20190328
46	20190274	傲霜斗暑 2 号	杨属	北京林业大学	张德强、宋跃朋、卫尊征、杜庆章、卜琛皞、徐煲铧	20190328
47	20190275	傲霜斗暑 3 号	杨属	北京林业大学	张德强、杜庆章、徐煲铧、卫尊征、宋跃朋、肖亮	20190328
48	20190276	傲霜斗暑 4 号	杨属	北京林业大学	张德强、杜庆章、次东、徐煲铧、宋跃朋、权明洋	20190328
49	20190277	傲霜斗暑 5 号	杨属	北京林业大学	张德强、宋跃朋、谢剑波、次东、张锋、杜庆章	20190328
50	20190278	傲霜斗暑 6 号	杨属	北京林业大学	张德强、杜庆章、谢剑波、次东、孙静、宋跃朋	20190328
51	20190283	京红	芍药属	北京林业大学	成仿云、郭鑫、钟原	20190411
52	20190284	京红插翠	芍药属	北京林业大学	钟原、成仿云、郭鑫	20190411
53	20190285	京墨楼烟	芍药属	北京林业大学	成仿云、钟原、刘娜	20190411
54	20190286	京山云岫	芍药属	北京林业大学	成仿云、钟原、郭鑫	20190411
55	20190287	京都紫	芍药属	北京林业大学	成仿云、钟原	20190411
56	20190288	京冠紫	芍药属	北京林业大学	成仿云、钟原、郭鑫	20190411
57	20190289	京鹤妁	芍药属	北京林业大学	成仿云、郭鑫、钟原	20190411
58	20190290	京玉丹	芍药属	北京林业大学	成仿云、崔虎亮、郭鑫	20190411
59	20190291	京明粉	芍药属	北京林业大学	成仿云、钟原	20190411

（续）

序号	申请号	品种名称	属（种）	申请人	培育人	申请日
60	20190292	京魅蓝	芍药属	北京林业大学	郭鑫、成仿云、钟原	20190411
61	20190293	京云熙	芍药属	北京林业大学	钟原、成仿云、郭鑫	20190411
62	20190304	京粉岚	芍药属	北京林业大学	成仿云、成信云、陶熙文、钟原	20190411
63	20190305	京光红	芍药属	北京林业大学	成仿云、成信云、陶熙文、崔虎亮、钟原	20190411
64	20190306	京羞	芍药属	北京林业大学	成仿云、王旭、成信云、陶熙文、郭鑫	20190411
65	20190307	京优满	芍药属	北京林业大学	成仿云、成信云、陶熙文、钟原、郭鑫	20190411
66	20190322	云裳	紫薇属	北京林业大学	林茂、蔡明、李进华、胡玲、唐庆、张启翔、孙利娜、潘会堂、孙开道、程堂仁、王佳	20190418
67	20190566	夏雪斑斓	蔷薇属	北京林业大学	于超、罗乐、周利君、潘会堂、张启翔	20190821
68	20190567	秋日余晖	蔷薇属	北京林业大学	于超、周利君、罗乐、潘会堂、张启翔	20190821
69	20190607	妍雪	文冠果	北京林业大学	敖妍、雒小菲、马履一、颜秉舟、杨长文、朱菲	20190828
70	20190608	妍柳	文冠果	北京林业大学	敖妍、雒小菲、马履一、颜秉舟、杨长文、朱菲	20190828
71	20190609	妍灿	文冠果	北京林业大学	敖妍、朱菲、马履一、颜秉舟、杨长文、雒小菲	20190828
72	20190610	妍雅	文冠果	北京林业大学	敖妍、朱菲、马履一、颜秉舟、杨长文、雒小菲	20190828
73	20190163	紫伊	丁香属	北京农学院	刘建斌、陈新露、王文和、赵祥云、王树栋、张克	20190122
74	20190164	宇攀	丁香属	北京农学院	刘建斌、陈新露、王文和、赵祥云、王树栋、张克	20190122
75	20190165	舞遐	丁香属	北京农学院	刘建斌、陈新露、王文和、赵祥云、王树栋、张克	20190122
76	20190136	立叶侧柏	侧柏属	北京市林业果树科学研究院	刘国彬、曹均、张玉平、白金、潘青华、姚砚武、廖婷、王烨、郭丽琴	20190103
77	20190703	伊比 9-2（EB9-2）	越橘属	比萨贸易有限公司（Bisa Trading Pty Ltd）	文森特·大卫·安德鲁·马萨迪斯（Vincent David Andrew Mazzardis）	20191011
78	20190704	伊比 9-12（EB9-12）	越橘属	比萨贸易有限公司（Bisa Trading Pty Ltd）	文森特·大卫·安德鲁·马萨迪斯（Vincent David Andrew Mazzardis）	20191011

（续）

序号	申请号	品种名称	属（种）	申请人	培育人	申请日
79	20190780	尹棘 1 号	枣属	沧州市农林科学院	孙文元、孙一、黄素芳、李俊英、芮松青、赵忠祥、赵花其、陈健、曹平平、薛文、李亚卉、王梅、武婷、郭维新、王连鹏、王云计、李雅静	20191205
80	20190674	盐柳 2 号	柳属	沧州市一逸柳树育种有限公司	焦传礼、刘世杰、杨欢、闫振	20190920
81	20190675	仁居柳 3 号	柳属	沧州市一逸柳树育种有限公司	焦传礼、杨欢、闫振、刘世杰	20190920
82	20190676	仁居柳 4 号	柳属	沧州市一逸柳树育种有限公司	焦传礼、杨欢、刘世杰	20190920
83	20190677	仁居柳 5 号	柳属	沧州市一逸柳树育种有限公司	焦传礼、杨欢、刘世杰	20190920
84	20190678	仁居柳 6 号	柳属	沧州市一逸柳树育种有限公司	焦传礼、刘世杰、杨欢	20190920
85	20190679	仁居柳 7 号	柳属	沧州市一逸柳树育种有限公司	焦传礼、刘世杰、杨欢	20190920
86	20190680	仁居柳 8 号	柳属	沧州市一逸柳树育种有限公司	焦传礼、杨欢、刘世杰	20190920
87	20190681	仁居柳 9 号	柳属	沧州市一逸柳树育种有限公司	焦传礼、杨欢、刘世杰	20190920
88	20190682	渤海柳 17 号	柳属	沧州市一逸柳树育种有限公司	焦传礼、闫振、杨欢、刘世杰	20190920
89	20190683	渤海柳 26 号	柳属	沧州市一逸柳树育种有限公司	焦传礼、闫振、杨欢、刘世杰	20190920
90	20190684	渤海柳 27 号	柳属	沧州市一逸柳树育种有限公司	焦传礼、杨欢、闫振、刘世杰	20190920
91	20190280	丹紫一号	红豆杉属	曾庆安	曾庆安、张彦文、曾凡广	20190328
92	20190156	夜华	蔷薇属	成都农业科技职业学院	练华山、李春文、吴珊、舒彬、禹婷	20190116
93	20190157	流星	蔷薇属	成都农业科技职业学院	练华山、许震寰、陈君梅、白为、熊丙全、唐霄铧	20190116
94	20190158	九儿	蔷薇属	成都农业科技职业学院	练华山、许震寰、欧阳丽莹、阳淑、韩菊兰、李臻	20190116
95	20190342	思慕泽普（SMNHPRZEP）	绣球属	春天草地苗圃公司（Spring Meadow Nursery，Inc.）	蒂莫西·D·伍德（Timothy D.Wood）	20190429
96	20190652	紫冠锦绣	文冠果	大连民族大学	阮成江、孟庆洲、杨晓竹、杜维、丁健、韩玉祯、田秀铭、孙吉旺、孟庆奎	20190916
97	20190653	辽冠 1 号	文冠果	大连民族大学	孟庆洲、阮成江、杨晓竹、杜维、丁健、刘晓静、田秀铭、孙吉旺	20190916
98	20190109	坦 08051EDV（TAN08051EDV）	蔷薇属	德国坦涛月季育种公司（Rosen Tantau KG，Germany）	克里斯汀安·埃维尔斯（Christian Evers）	20181225

（续）

序号	申请号	品种名称	属（种）	申请人	培育人	申请日
99	20190313	坦 14121（TAN14121）	蔷薇属	德国坦涛月季育种公司（Rosen Tantau KG，Germany）	克里斯汀安·埃维尔斯（Christian Evers）	20190415
100	20190314	坦 11038（TAN11038）	蔷薇属	德国坦涛月季育种公司（Rosen Tantau KG，Germany）	克里斯汀安·埃维尔斯（Christian Evers）	20190415
101	20190373	坦 11273（TAN11273）	蔷薇属	德国坦涛月季育种公司（Rosen Tantau KG，Germany）	克里斯汀安·埃维尔斯（Christian Evers）	20190605
102	20190374	坦 12047（TAN12047）	蔷薇属	德国坦涛月季育种公司（Rosen Tantau KG，Germany）	克里斯汀安·埃维尔斯（Christian Evers）	20190605
103	20190375	坦 12209（TAN12209）	蔷薇属	德国坦涛月季育种公司（Rosen Tantau KG，Germany）	克里斯汀安·埃维尔斯（Christian Evers）	20190605
104	20190218	德瑞斯蓝十六（DrisBlueSixteen）	越橘属	德瑞斯克公司（Driscoll's，Inc.）	布鲁斯·D·莫维（Bruce D. Mowrey）、布赖恩·卡斯特（Brian Caster）、珍妮弗·K·伊佐（Jennifer K. Izzo）、玛塔·C·巴皮蒂斯塔（Marta C. Baptista）	20180913
105	20190258	德瑞斯蓝十七（DrisBlueSeventeen）	越橘属	德瑞斯克公司（Driscoll's，Inc.）	布赖恩·卡斯特（Brian Caster）、珍妮弗·K·伊佐（Jennifer K. Izzo）	20180913
106	20190384	德瑞斯蓝十八（DrisBlueEighteen）	越橘属	德瑞斯克公司（Driscoll's，Inc.）	布赖恩·卡斯特（Brian Caster）、珍妮弗·K·伊佐（Jennifer K. Izzo）	20180912
107	20190629	银鹿	枫香属	德兴市荣兴苗木有限责任公司	周建荣、周卫荣、周卫信、王樟富、蔡同想、徐建锋、俞建国	20190903
108	20190204	瑞克 1938B（RUICK1938B）	蔷薇属	迪瑞特知识产权公司（De Ruiter Intellectual Property B.V.）	汉克·德·格罗特（H.C.A.deGroot）	20190222
109	20190205	瑞可吉 0712A（RUICJ0712A）	蔷薇属	迪瑞特知识产权公司（De Ruiter Intellectual Property B.V.）	汉克·德·格罗特（H.C.A.deGroot）	20190222
110	20190206	瑞克恩 1052A（RUICN1052A）	蔷薇属	迪瑞特知识产权公司（De Ruiter Intellectual Property B.V.）	汉克·德·格罗特（H.C.A.deGroot）	20190222
111	20190207	瑞克慕 1623A（RUICM1623A）	蔷薇属	迪瑞特知识产权公司（De Ruiter Intellectual Property B.V.）	汉克·德·格罗特（H.C.A.deGroot）	20190222
112	20190231	瑞克 2061A（RUICK2061A）	蔷薇属	迪瑞特知识产权公司（De Ruiter Intellectual Property B.V.）	汉克·德·格罗特（H.C.A.deGroot）	20190314
113	20190232	瑞普恩 0210A（RUIPN0210A）	蔷薇属	迪瑞特知识产权公司（De Ruiter Intellectual Property B.V.）	汉克·德·格罗特（H.C.A.deGroot）	20190314
114	20190233	瑞普恩 0113A（RUIPN0113A）	蔷薇属	迪瑞特知识产权公司（De Ruiter Intellectual Property B.V.）	汉克·德·格罗特（H.C.A.deGroot）	20190314

（续）

序号	申请号	品种名称	属（种）	申请人	培育人	申请日
115	20190234	瑞珀 0679A（RUIPO0679A）	蔷薇属	迪瑞特知识产权公司（De Ruiter Intellectual Property B.V.）	汉克·德·格罗特（H.C.A.deGroot）	20190314
116	20190235	瑞可吉 2051A（RUICJ2051A）	蔷薇属	迪瑞特知识产权公司（De Ruiter Intellectual Property B.V.）	汉克·德·格罗特（H.C.A.deGroot）	20190314
117	20190236	瑞普慕 0779A（RUIPM0779A）	蔷薇属	迪瑞特知识产权公司（De Ruiter Intellectual Property B.V.）	汉克·德·格罗特（H.C.A.deGroot）	20190314
118	20190237	瑞普克 0401A（RUIPK0401A）	蔷薇属	迪瑞特知识产权公司（De Ruiter Intellectual Property B.V.）	汉克·德·格罗特（H.C.A.deGroot）	20190314
119	20190238	瑞普吉 0248A（RUIPJ0248A）	蔷薇属	迪瑞特知识产权公司（De Ruiter Intellectual Property B.V.）	汉克·德·格罗特（H.C.A.deGroot）	20190314
120	20190239	瑞普恩 0722A（RUIPN0722A）	蔷薇属	迪瑞特知识产权公司（De Ruiter Intellectual Property B.V.）	汉克·德·格罗特（H.C.A.deGroot）	20190314
121	20190257	瑞普赫 0194A（RUIPH0194A）	蔷薇属	迪瑞特知识产权公司（De Ruiter Intellectual Property B.V.）	汉克·德·格罗特（H.C.A.deGroot）	20190328
122	20190395	瑞斯 1068A（RUICE1068A）	蔷薇属	迪瑞特知识产权公司（De Ruiter Intellectual Property B.V.）	汉克·德·格罗特（H.C.A.deGroot）	20190606
123	20190396	瑞普 0269A（RUIPP0269A）	蔷薇属	迪瑞特知识产权公司（De Ruiter Intellectual Property B.V.）	汉克·德·格罗特（H.C.A.deGroot）	20190606
124	20190397	瑞珀 0007（RUIMPO0007）	蔷薇属	迪瑞特知识产权公司（De Ruiter Intellectual Property B.V.）	汉克·德·格罗特（H.C.A.deGroot）	20190606
125	20190631	瑞斯 2602A（RUICI2602A）	蔷薇属	迪瑞特知识产权公司（De Ruiter Intellectual Property B.V.）	汉克·德·格罗特（H.C.A.deGroot）	20190904
126	20190696	瑞可吉 0923A（RUICJ0923A）	蔷薇属	迪瑞特知识产权公司（De Ruiter Intellectual Property B.V.）	汉克·德·格罗特（H.C.A.deGroot）	20190929
127	20190697	瑞克慕 0046A（RUICM0046A）	蔷薇属	迪瑞特知识产权公司（De Ruiter Intellectual Property B.V.）	汉克·德·格罗特（H.C.A.deGroot）	20190929
128	20190749	瑞克恩 1068A（RUICN1068A）	蔷薇属	迪瑞特知识产权公司（De Ruiter Intellectual Property B.V.）	汉克·德·格罗特（H.C.A.deGroot）	20191021
129	20190750	瑞克拉 1805B（RUICL1805B）	蔷薇属	迪瑞特知识产权公司（De Ruiter Intellectual Property B.V.）	汉克·德·格罗特（H.C.A.deGroot）	20191021
130	20190751	瑞克普 1443A（RUICP1443A）	蔷薇属	迪瑞特知识产权公司（De Ruiter Intellectual Property B.V.）	汉克·德·格罗特（H.C.A.deGroot）	20191021

（续）

序号	申请号	品种名称	属（种）	申请人	培育人	申请日
131	20190657	辉煌 1 号	杨属	东北林业大学	姜静、刘桂丰、李艺迪、江慧欣、陈肃、顾宸瑞、李慧玉、黄海娇、董京祥	20190916
132	20190659	蓝精灵	忍冬属	东北农业大学	霍俊伟、秦栋、谢福春	20190917
133	20190660	乌蓝	忍冬属	东北农业大学	霍俊伟、秦栋、谢福春	20190917
134	20190335	好运来	桂花	东阳市歌山镇绿峰珍稀花卉苗木场	胡祖兰、胡文翠	20190425
135	20190754	艺峰绿美	卫矛属	杜林峰	杜林峰、邹慧芳、马秋建、杜军安	20191028
136	20190755	艺峰婷美 2 号	卫矛属	杜林峰	杜林峰、邹慧芳、马秋建、杜军安	20191028
137	20190217	多盟布洛特（Dorohoblotre）	蔷薇属	多盟集团公司(Dümmen Group B.V.)	费边·托尔（Fabian Topper）	20190308
138	20190346	多盟卡苏（Dorokarsu）	蔷薇属	多盟集团公司(Dümmen Group B.V.)	西尔万·卡穆斯塔（Silvan Kamstra）	20190521
139	20190347	多盟思慕（Dorosmur）	蔷薇属	多盟集团公司(Dümmen Group B.V.)	西尔万·卡穆斯塔（Silvan Kamstra）	20190521
140	20190348	多盟丽塔克（Dorolipitac）	蔷薇属	多盟集团公司(Dümmen Group B.V.)	菲利普·威斯（Philippe Veys）	20190521
141	20190349	多盟莫里斯（Doromonlis）	蔷薇属	多盟集团公司(Dümmen Group B.V.)	菲利普·威斯（Philippe Veys）	20190521
142	20190350	莱克斯莱布（Lexsuraleb）	蔷薇属	多盟集团公司(Dümmen Group B.V.)	菲利普·威斯（Philippe Veys）	20190521
143	20190351	莱克兹布（Lexzeulb）	蔷薇属	多盟集团公司(Dümmen Group B.V.)	菲利普·威斯（Philippe Veys）	20190521
144	20190354	多盟赫曼（Dorohemer）	蔷薇属	多盟集团公司(Dümmen Group B.V.)	西尔万·卡穆斯塔（Silvan Kamstra）	20190522
145	20190385	奥莱斯兰（Olijsilan）	蔷薇属	多盟集团公司(Dümmen Group B.V.)	西尔万·卡穆斯塔（Silvan Kamstra）	20190606
146	20190386	奥莱维皮驰（Olijvipeach）	蔷薇属	多盟集团公司(Dümmen Group B.V.)	西尔万·卡穆斯塔（Silvan Kamstra）	20190606
147	20190387	奥莱维皮克（Olijvipink）	蔷薇属	多盟集团公司(Dümmen Group B.V.)	西尔万·卡穆斯塔（Silvan Kamstra）	20190606
148	20190388	奥莱维斯科瑞（Olijvisecre）	蔷薇属	多盟集团公司(Dümmen Group B.V.)	西尔万·卡穆斯塔（Silvan Kamstra）	20190606
149	20190389	多盟萨什（Dorosumshi）	蔷薇属	多盟集团公司(Dümmen Group B.V.)	西尔万·卡穆斯塔（Silvan Kamstra）	20190606
150	20190390	多盟斯威弗洛（Doroswefolo）	蔷薇属	多盟集团公司(Dümmen Group B.V.)	菲利普·威斯（Philippe Veys）	20190606
151	20190391	多盟斯威图（Doroswetu）	蔷薇属	多盟集团公司(Dümmen Group B.V.)	菲利普·威斯（Philippe Veys）	20190606
152	20190392	多盟克拉艾（Dorocrazeye）	蔷薇属	多盟集团公司(Dümmen Group B.V.)	西尔万·卡穆斯塔（Silvan Kamstra）	20190606
153	20190393	多盟卡塔（Dorocatal）	蔷薇属	多盟集团公司(Dümmen Group B.V.)	西尔万·卡穆斯塔（Silvan Kamstra）	20190606

（续）

序号	申请号	品种名称	属（种）	申请人	培育人	申请日
154	20190394	莱克提斯拉卡特（Lexteewsizzacat）	蔷薇属	多盟集团公司(Dümmen Group B.V.)	菲利普·威斯（Philippe Veys）	20190606
155	20190123	玫尔莎优（MEILSHAQUE）	蔷薇属	法国玫兰国际有限公司（Meilland International S.A）	阿兰·安东尼·玫兰（Alain Antoine Meilland）	20181229
156	20190249	玫兹哈斯（MEIHOZIHAS）	蔷薇属	法国玫兰国际有限公司（Meilland International S.A）	阿兰·安东尼·玫兰（Alain Antoine Meilland）	20190328
157	20190250	玫赞尼尔（MEIZOLNIL）	蔷薇属	法国玫兰国际有限公司（Meilland International S.A）	阿兰·安东尼·玫兰（Alain Antoine Meilland）	20190328
158	20190251	玫席赞（MEICEAZAR）	蔷薇属	法国玫兰国际有限公司（Meilland International S.A）	阿兰·安东尼·玫兰（Alain Antoine Meilland）	20190328
159	20190252	玫斯卡勒波（MEISCARLEBO）	蔷薇属	法国玫兰国际有限公司（Meilland International S.A）	阿兰·安东尼·玫兰（Alain Antoine Meilland）	20190328
160	20190253	玫诺斯戴尔（MEINOSTAIR）	蔷薇属	法国玫兰国际有限公司（Meilland International S.A）	阿兰·安东尼·玫兰（Alain Antoine Meilland）	20190328
161	20190254	玫巴巴路（MEIBARBARU）	蔷薇属	法国玫兰国际有限公司（Meilland International S.A）	阿兰·安东尼·玫兰（Alain Antoine Meilland）	20190328
162	20190255	玫安斯德（MEIANYCID）	蔷薇属	法国玫兰国际有限公司（Meilland International S.A）	阿兰·安东尼·玫兰（Alain Antoine Meilland）	20190328
163	20190256	贝和平萨（BAIPEACESAR）	蔷薇属	法国玫兰国际有限公司（Meilland International S.A）	阿兰·安东尼·玫兰（Alain Antoine Meilland）	20190328
164	20190341	玛格丽特梅（MARGARETMAE）	蔷薇属	法国玫兰国际有限公司（Meilland International S.A）	瑞格·唐穆林（Reg Tomerlin）	20190429
165	20190355	玫本比诺（MEIBENBINO）	蔷薇属	法国玫兰国际有限公司（Meilland International S.A）	阿兰·安东尼·玫兰（Alain Antoine Meilland）	20190522
166	20190356	玫克瑞特（MEICREPEAT）	蔷薇属	法国玫兰国际有限公司（Meilland International S.A）	阿兰·安东尼·玫兰（Alain Antoine Meilland）	20190522
167	20190458	玫通福德（MEITONFORD）	蔷薇属	法国玫兰国际有限公司（Meilland International S.A）	阿兰·安东尼·玫兰（Alain Antoine Meilland）	20190725
168	20190709	戴丽卡尔（Delical）	蔷薇属	法国乔治斯·戴尔巴德月季有限公司（Société Nouvelle Pépinières & Roseraies Georges DELBARD）	阿诺德·戴尔巴德（Arnaud Delbard）	20191012

（续）

序号	申请号	品种名称	属（种）	申请人	培育人	申请日
169	20190710	戴尔巴洛斯（Delbaros）	蔷薇属	法国乔治斯·戴尔巴德月季有限公司（Société Nouvelle Pépinières & Roseraies Georges DELBARD）	阿诺德·戴尔巴德（Arnaud Delbard）	20191012
170	20190711	戴斯帕拉克（Delspracrero）	蔷薇属	法国乔治斯·戴尔巴德月季有限公司（Société Nouvelle Pépinières & Roseraies Georges DELBARD）	阿诺德·戴尔巴德（Arnaud Delbard）	20191012
171	20190712	戴斯帕拉泰（Delsprastel）	蔷薇属	法国乔治斯·戴尔巴德月季有限公司（Société Nouvelle Pépinières & Roseraies Georges DELBARD）	阿诺德·戴尔巴德（Arnaud Delbard）	20191012
172	20190713	戴尔维佳（Delverja）	蔷薇属	法国乔治斯·戴尔巴德月季有限公司（Société Nouvelle Pépinières & Roseraies Georges DELBARD）	阿诺德·戴尔巴德（Arnaud Delbard）	20191012
173	20190443	丹韵	李属	福建丹樱生态农业发展有限公司	王珉、伊贤贵、阙平、胡坚平、王贤荣、林玮捷、叶谋鑫、王琳、林荣光、李蒙、段一凡、朱淑霞	20190709
174	20190444	落霞	李属	福建丹樱生态农业发展有限公司	叶谋鑫、伊贤贵、阙平、王贤荣、胡坚平、李蒙、王琳、段一凡	20190709
175	20190445	荷瓣	李属	福建丹樱生态农业发展有限公司	林玮捷、伊贤贵、胡坚平、王贤荣、阙平、李蒙、林荣光、段一凡	20190709
176	20190446	粉黛	李属	福建丹樱生态农业发展有限公司	林荣光、伊贤贵、王珉、王贤荣、王琳、林玮捷、李蒙、叶谋鑫、阙平、胡坚平、段一凡、朱淑霞	20190709
177	20190327	鸿展1号	叶子花属	福建省鸿展园林工程有限公司	李千枝	20190419
178	20190415	火芙蓉	山茶属	福建省龙岩市秀峰茶花有限公司	张陈环、张寿丰、段明霞	20190624
179	20190143	羽裳锦	大戟属	福建省仙卉园林有限公司	黄福贵	20190108
180	20190668	霓裳羽衣	油杉属	福建新发现农业发展有限公司	陈日才	20190920
181	20190669	娇姝	油杉属	福建新发现农业发展有限公司	陈日才	20190920
182	20190670	洛丽塔	油杉属	福建新发现农业发展有限公司	陈日才	20190920
183	20190671	卷云	紫金牛属	福建新发现农业发展有限公司	陈日才	20190920
184	20190785	苦水新玫1号	蔷薇属	甘肃新玫农业发展有限公司	王春友、施茂林、施胜林	20191205
185	20190418	婉玲玉	桂花	广西荔浦彩叶桂花新品种开发有限公司	黄新纪、胡绍庆、周陈媛、李清莹、崔祺、王炳宏	20190625

（续）

序号	申请号	品种名称	属（种）	申请人	培育人	申请日
186	20190419	珍珠红	桂花	广西荔浦彩叶桂花新品种开发有限公司	黄新纪、胡绍庆、王炳宏、李清莹、崔祺、周陈媛	20190625
187	20190115	紫韵	簕竹属	广西壮族自治区林业科学研究院	黄大勇、李立杰、徐振国、黄大志、韦丽颜	20181226
188	20190453	义丹	山茶属	广西壮族自治区林业科学研究院	马锦林、陈国臣、叶航、夏莹莹、曾祥艳	20190719
189	20190454	义禄	山茶属	广西壮族自治区林业科学研究院	马锦林、陈国臣、叶航、夏莹莹、梁文汇	20190719
190	20190455	鸿林	山茶属	广西壮族自治区林业科学研究院	马锦林、叶航、梁国校、郭飞、夏莹莹、韦维、刘凯	20190719
191	20190456	鸿果	山茶属	广西壮族自治区林业科学研究院	叶航、陈国臣、江泽鹏、蔡娅、夏莹莹、郝丙青、陈林强、吴方圆	20190719
192	20190457	夏思	山茶属	广西壮族自治区林业科学研究院	夏莹莹、叶航、廖健明、王东雪、张乃燕、曾雯珺、梁斌	20190719
193	20190649	桂樟 1 号	樟属	广西壮族自治区林业科学研究院	安家成、陆顺忠、杨素华、朱昌叁、梁晓静、邱米	20190911
194	20190650	柠香	樟属	广西壮族自治区林业科学研究院	安家成、朱昌叁、李开祥、梁晓静、蔡玲、王坤、梁文汇、王军锋	20190911
195	20190802	香妃 5 号	素馨属	广西壮族自治区农业科学院花卉研究所	李春牛、卜朝阳、李先民、周锦业、黄展文、卢家仕	20191218
196	20190623	霁月	野牡丹属	广州普邦园林股份有限公司	谭广文、周仁超、谢驰宇、李银、许铭宇、黄玉、刘莹、智雪珂、田前进、关开朗	20190830
197	20190624	紫绮	野牡丹属	广州普邦园林股份有限公司	曾凤、周仁超、谭广文、赵阳阳、周秋杰、智雪珂、罗帅、刘晓洲、张信坚、路秉翰、李冰敏	20190830
198	20190531	美人羞	李属	广州天适集团有限公司	胡晓敏、叶小玲、何宗儒、朱军、冯钦钊	20190819
199	20190532	喜盈门	李属	广州天适集团有限公司	胡晓敏、叶小玲、何宗儒、朱军、陈端妮	20190819
200	20190533	香妃	李属	广州天适集团有限公司	胡晓敏、叶小玲、何宗儒、朱军、陈端妮	20190819
201	20190534	合家欢	李属	广州天适集团有限公司	胡晓敏、叶小玲、何宗儒、朱军、刘雅思、陈端妮	20190819
202	20190535	好运来	李属	广州天适集团有限公司	胡晓敏、叶小玲、何宗儒、朱军、冯钦钊	20190819
203	20190528	如意	李属	广州旺地园林工程有限公司	胡晓敏、何宗儒、叶小玲、朱军、冯钦钊	20190819
204	20190529	盛世红	李属	广州旺地园林工程有限公司	胡晓敏、何宗儒、叶小玲、朱军、陈端妮	20190819

（续）

序号	申请号	品种名称	属（种）	申请人	培育人	申请日
205	20190530	凤求凰	李属	广州旺地园林工程有限公司	胡晓敏、叶小玲、何宗儒、朱军、冯钦钊	20190819
206	20190500	立融	花椒属	贵州立融农业科技发展有限公司	陈廷仁	20190812
207	20190059	金玉娇人	连翘属	国家半干旱农业工程技术研究中心	滕慧颖、曹均、申建双、潘会堂、张启翔、马帅、程堂仁、王佳	20181219
208	20190667	新月玉言	蔷薇属	韩倩	韩倩	20190918
209	20190479	纤秀	李属	杭州市园林绿化股份有限公司	邱帅、高凯、柳新红、郭娟、蒋冬月、邱影、孙丽娜、沈鑫、李因刚	20190802
210	20190480	彩云	李属	杭州市园林绿化股份有限公司	郭娟、魏建芬、柳新红、杨浩、王雾、蒋冬月、沈鑫、李因刚	20190802
211	20190481	婉香	李属	杭州市园林绿化股份有限公司	沈柏春、柳新红、吴代坤、沈鑫、陈徐平、张俊林、蒋冬月、李双龙、李因刚	20190802
212	20190559	罗彩 15 号	桂花	杭州市园林绿化股份有限公司	胡绍庆、沈柏春、魏建芬、郭娟、陈徐平、邱帅	20190819
213	20190560	罗彩 20 号	桂花	杭州市园林绿化股份有限公司	杨浩、胡绍庆、王雾、崔晓燕、陈浩	20190819
214	20190202	木州手毬（Kishutemari）	柿	和歌山县（和歌山県）	熊本昌平、小松英雄	20190222
215	20190120	晶红 1 号	卫矛属	河北恒和农业科技有限公司	张士夺、储博彦、赵玉芬、张晶、张建业	20181228
216	20190121	晶红 2 号	卫矛属	河北恒和农业科技有限公司	张士夺、储博彦、赵玉芬、张建业、张晶	20181228
217	20190618	丽园珍珠 7 号	枣属	河北农业大学	申连英、毛永民、王晓玲、赵海峰、仇晓靖、王刚、申科宣、赵树卫	20190828
218	20190619	丽园珍珠 8 号	枣属	河北农业大学	申连英、毛永民、王晓玲、赵海峰、仇晓靖、王刚、申科宣、赵树卫	20190828
219	20190620	丽园珍珠 9 号	枣属	河北农业大学	申连英、毛永民、王晓玲、赵海峰、仇晓靖、王刚、申科宣、赵树卫	20190828
220	20190621	丽园珍珠 10 号	枣属	河北农业大学	申连英、毛永民、王晓玲、赵海峰、仇晓靖、王刚、申科宣、赵树卫	20190828
221	20190622	丽园珍珠 14 号	枣属	河北农业大学	申连英、毛永民、王晓玲、赵海峰、仇晓靖、王刚、申科宣、赵树卫	20190828
222	20190187	燕栗 1 号	板栗	河北省农林科学院昌黎果树研究所	郭燕、王广鹏、李颖、张树航、张馨方	20190128
223	20190188	燕栗 2 号	板栗	河北省农林科学院昌黎果树研究所	李颖、王广鹏、张树航、张馨芳、郭燕	20190128
224	20190189	燕栗 4 号	板栗	河北省农林科学院昌黎果树研究所	张树航、王广鹏、李颖、郭燕、张馨方	20190128

（续）

序号	申请号	品种名称	属（种）	申请人	培育人	申请日
225	20190656	春妍	杏	河北省农林科学院石家庄果树研究所	武晓红、景晨娟、陈雪峰、赵习平	20190916
226	20190772	长寿乐	木瓜属	河东区春卉沂州海棠种植专业合作社	管学远、曹洪祥、管其德、尤守华、庄自省	20191008
227	20190412	花蝴蝶	构属	河南名品彩叶苗木股份有限公司	王华明	20190621
228	20190413	金戟	构属	河南名品彩叶苗木股份有限公司	王华明	20190621
229	20190203	材构 1 号	构属	河南省林业科学研究院	翟晓巧、王念、董玉山、任媛媛、王文君、何威、梁臣	20190222
230	20190219	鸿运	腊梅	河南省林业科学研究院	沈植国、王安亭、王志刚、尚忠海、岳长平、丁鑫、孙萌、汤正辉、程建明、沈希辉、韩健	20190308
231	20190220	玫瑰香	腊梅	河南省林业科学研究院	王安亭、尚忠海、岳长平、丁鑫、沈植国、汪世忠、孙萌、汤正辉、董玄希、韩健、郭征	20190308
232	20190769	绿彩杨	杨属	河南省绿彩杨苗木科技有限公司	赵国占、储博彦、李娜	20191030
233	20190110	普卢萨巴（PROSABA）	蔷薇属	荷兰奥夫堡植物研究公司（Plant Research Overberg B.V.）	P·A·范德波尔（P.A.vandePol）	20181225
234	20190111	普卢塔图（PROTATU）	蔷薇属	荷兰奥夫堡植物研究公司（Plant Research Overberg B.V.）	P·A·范德波尔（P.A.vandePol）	20181225
235	20190112	普卢坦诺（PROTANO）	蔷薇属	荷兰奥夫堡植物研究公司（Plant Research Overberg B.V.）	P·A·范德波尔（P.A.vandePol）	20181225
236	20190240	贝肯珀娜（BKPONAR）	大戟属	荷兰贝肯坎普植物有限公司（Beekenkamp Plants B.V.）	安妮·科妮莉亚·贝肯坎普（Annie Cornelia Beeken kamp）	20190314
237	20190376	西吕 74764（SCH74764）	蔷薇属	荷兰彼得·西吕厄斯控股公司（Piet Schreurs Holding B.V.）	P·N·J·西吕厄斯（Petrus Nicolaas Johannes Schreurs）	20190605
238	20190377	西吕 77020（SCH77020）	蔷薇属	荷兰彼得·西吕厄斯控股公司（Piet Schreurs Holding B.V.）	P·N·J·西吕厄斯（Petrus Nicolaas Johannes Schreurs）	20190605
239	20190378	西吕 80407（SCH80407）	蔷薇属	荷兰彼得·西吕厄斯控股公司（Piet Schreurs Holding B.V.）	P·N·J·西吕厄斯（Petrus Nicolaas Johannes Schreurs）	20190605
240	20190379	西吕 84906（SCH84906）	蔷薇属	荷兰彼得·西吕厄斯控股公司（Piet Schreurs Holding B.V.）	P·N·J·西吕厄斯（Petrus Nicolaas Johannes Schreurs）	20190605
241	20190113	派尔 1295（PER1295）	大戟属	荷兰多盟集团公司（Dummen Group B.V.，Holland.）	林顿·维恩·德鲁诺（Lyndon Wayne Drewlow）	20181225

（续）

序号	申请号	品种名称	属（种）	申请人	培育人	申请日
242	20190114	派尔 1303（PER1303）	大戟属	荷兰多盟集团公司（Dummen Group B.V.，Holland.）	鲁斯·考巴雅茜（Ruth Kobayashi）	20181225
243	20190438	多普莱姆（Duepobrnemb）	大戟属	荷兰多盟集团公司（Dummen Group B.V.，Holland.）	阿彦·库特（Arjan Koot）	20190708
244	20190439	多普尼弗（Dueprimver）	大戟属	荷兰多盟集团公司（Dummen Group B.V.，Holland.）	阿彦·库特（Arjan Koot）	20190708
245	20190247	陆佳	核桃属	胡聪林	胡聪林、罗建勋、胡聪元	20190320
246	20190718	红妆	紫薇	湖北省林业科学研究院	杨彦伶、李振芳、马林江、彭婵、张新叶、黄国伟、王瑞文、徐红梅、陈慧玲	20191015
247	20190770	芳伶	紫薇	湖北省林业科学研究院	杨彦伶、李振芳、马林江、彭婵、张新叶、黄国伟、王瑞文、徐红梅、陈慧玲	20191031
248	20190242	南湘骄	山茶属	湖南省林业科学院	王湘南、陈永忠、王瑞、彭邵锋、陈隆升、张震、许彦明、李志钢、唐炜、马力、彭映赫、李美群	20190315
249	20190243	南湘珍	山茶属	湖南省林业科学院	王湘南、陈永忠、王瑞、彭邵锋、陈隆升、张震、许彦明、李志钢、唐炜、马力、彭映赫、李美群	20190315
250	20190723	紫玲	紫薇	湖南省林业科学院	王晓明、蔡能、乔中全、曾慧杰、李永欣、王湘莹、刘思思、陈艺、王惠	20191017
251	20190724	紫娇	紫薇	湖南省林业科学院	王晓明、乔中全、李永欣、王湘莹、蔡能、曾慧杰、王惠	20191017
252	20190725	舞彩	紫薇	湖南省林业科学院	王晓明、曾慧杰、乔中全、蔡能、李永欣、王湘莹、刘思思、陈艺、王惠	20191017
253	20190726	紫仙子	紫薇	湖南省林业科学院	王晓明、王湘莹、乔中全、蔡能、曾慧杰、李永欣、刘思思、陈艺、王惠	20191017
254	20190727	白云	紫薇	湖南省林业科学院	乔中全、曾慧杰、王晓明、蔡能、李永欣、王湘莹、陈艺、刘思思、王惠	20191017
255	20190728	紫黛	紫薇	湖南省林业科学院	乔中全、蔡能、王晓明、曾慧杰、李永欣、王湘莹、刘思思、陈艺、王惠	20191017
256	20190729	紫佳人	紫薇	湖南省林业科学院	乔中全、王晓明、李永欣、曾慧杰、蔡能、王湘莹、刘思思、陈艺、王惠	20191017
257	20190730	芙蓉红	紫薇	湖南省林业科学院	王湘莹、王晓明、乔中全、蔡能、李永欣、曾慧杰、陈艺、刘思思、王惠	20191017
258	20190731	湘女情	紫薇	湖南省林业科学院	王湘莹、王晓明、李永欣、曾慧杰、乔中全、蔡能、陈艺、刘思思、王惠	20191017

（续）

序号	申请号	品种名称	属（种）	申请人	培育人	申请日
259	20190732	钰琦红	紫薇	湖南省林业科学院	王湘莹、王晓明、乔中全、蔡能、曾慧杰、李永欣、刘思思、陈艺、王惠	20191017
260	20190733	红宝石	紫薇	湖南省林业科学院	曾慧杰、王晓明、乔中全、蔡能、李永欣、王湘莹、刘思思、陈艺、张翼、王惠	20191017
261	20190734	锦绣红	紫薇	湖南省林业科学院	曾慧杰、王晓明、乔中全、蔡能、李永欣、王湘莹、刘思思、陈艺、张翼、王惠	20191017
262	20190735	潇湘紫	紫薇	湖南省林业科学院	曾慧杰、王晓明、乔中全、蔡能、李永欣、王湘莹、刘思思、陈艺、张翼、王惠	20191017
263	20190736	红精灵	紫薇	湖南省林业科学院	蔡能、李永欣、乔中全、曾慧杰、王晓明、王湘莹、刘思思、陈艺、王惠	20191017
264	20190737	潇湘红	紫薇	湖南省林业科学院	蔡能、王晓明、李永欣、乔中全、曾慧杰、王湘莹、陈艺、刘思思、王惠	20191017
265	20190738	紫翠	紫薇	湖南省林业科学院	蔡能、乔中全、王晓明、李永欣、王湘莹、曾慧杰、刘思思、陈艺、王惠	20191017
266	20190739	紫悦	紫薇	湖南省林业科学院	蔡能、乔中全、王湘莹、王晓明、曾慧杰、李永欣、刘思思、陈艺、王惠	20191017
267	20190740	紫芙蓉	紫薇	湖南省林业科学院	陈艺、王晓明、蔡能、乔中全、曾慧杰、李永欣、刘思思、王湘莹、王惠	20191017
268	20190741	湘西红	紫薇	湖南省林业科学院	王晓明、向魁文、钟少伟、和红晓、乔中全、曾慧杰、蔡能、李永欣、王湘莹	20191017
269	20190742	湘南红	紫薇	湖南省林业科学院	何才生、王晓明、曾慧杰、蔡能、李永欣、乔中全、王湘莹、王惠	20191017
270	20190405	樟脑樟 1 号	樟属	湖南医药学院	郑钦方、汪冶、肖聪颖、马洁瑶	20190612
271	20190714	华农 5 号	悬铃木属	华中农业大学	包满珠、张佳琪、刘国锋	20191015
272	20190715	华农佳秀	悬铃木属	华中农业大学	包满珠、刘国锋、张佳琪	20191015
273	20190716	华农细叶	悬铃木属	华中农业大学	包满珠、张佳琪、刘国锋	20191015
274	20190717	华农丽叶	悬铃木属	华中农业大学	包满珠、张佳琪、刘国锋、沙飞、杨海牛、刘芳	20191015

（续）

序号	申请号	品种名称	属（种）	申请人	培育人	申请日
275	20190195	龙脑樟 H-1	樟属	怀化梅片科技有限公司	欧晓英、何洪城、曾昭武、吴奕彤、郑钦芳、汪冶、吴发强	20190129
276	20190213	红铃	山茶属	怀化市林业科学研究所	颜立红、唐娟、蒋利媛、向光锋、田晓明、张凌宏、钟凤娥、王耀辉、李菊美、向奕芳、周芳芝、邱玲	20190306
277	20190214	粉魅	山茶属	怀化市林业科学研究所	张凌宏、颜立红、张华、丁建国、唐娟、蒋利媛、李雯、田晓明、袁春、向红艳、毛桂玲、江贤方	20190306
278	20190215	玲曲	山茶属	怀化市林业科学研究所	钟凤娥、唐娟、蒋利媛、颜立红、陈海峰、王国晖、向光锋、黄新兵、唐忠、李旭、张良勇	20190306
279	20190752	庐陵龙脑 1 号	樟属	吉安市林业科学研究所	杨亮、李茂军、彭招兰、欧阳少林、杨伟刚、蒋志茵、纪标、王浩平、罗忠生、杨彩柏	20191023
280	20190753	庐陵龙脑 2 号	樟属	吉安市林业科学研究所	杨亮、李茂军、彭招兰、欧阳少林、杨伟刚、蒋志茵、纪标、王浩平、曾宣萌、胡如芳	20191023
281	20190406	瑞月	越橘属	吉林农业大学	孙海悦、李亚东	20190616
282	20190407	都瑞	越橘属	吉林农业大学	李亚东、孙海悦	20190616
283	20190693	树生瑞奇	核桃属	济宁波尼果农林科技有限公司	田献润	20190927
284	20190279	柯莫 12-36A（KAMO12-36A）	绣球属	加茂株式会社（KAMO Company Limited）	一江豊一（ICHIETOYOKAZU）	20190328
285	20190561	云起	李属	嘉善县笠歌生态科技有限公司	王壹、方腾、周建荣、李萍、周卫荣、周卫信、高春喜	20190820
286	20190190	苏楝 S20	楝属	江苏省林业科学研究院	隋德宗、王保松、陈庆生、施士争、王伟伟、教忠意、郑纪伟、姜开朋	20190129
287	20190191	苏楝 S80	楝属	江苏省林业科学研究院	隋德宗、王保松、陈庆生、施士争、王伟伟、教忠意、郑纪伟、姜开朋	20190129
288	20190246	绯云照水	乌桕属	江苏省林业科学研究院	教忠意、隋德宗、唐凌凌、潘森、何旭东、郑纪伟、王伟伟、王保松、万庆宏、姜开朋	20190319
289	20190707	绿瀑	槭属	江苏省林业科学研究院	吕运舟、邢玮、江浩、李茹、董筱昀、黄利斌	20191012
290	20190366	钟秀	桃花	江苏省农业科学院	马瑞娟、许建兰、俞明亮、张妤艳、张斌斌、宋宏峰、蔡志翔、丁辉、何鑫	20190529
291	20190367	钟雪	桃花	江苏省农业科学院	许建兰、马瑞娟、俞明亮、张斌斌、张春华、沈志军、郭磊、沈江海、郭绍雷	20190529

（续）

序号	申请号	品种名称	属（种）	申请人	培育人	申请日
292	20190368	钟丽	桃花	江苏省农业科学院	俞明亮、张斌斌、许建兰、马瑞娟、郭磊、严娟、张妤艳、丁辉、宋娟	20190529
293	20190662	燕语	杜鹃花属	江苏省农业科学院	刘晓青、苏家乐、李畅、肖政、周惠民、何丽斯、孙晓波、陈尚平	20190917
294	20190663	映荷	杜鹃花属	江苏省农业科学院	李畅、苏家乐、刘晓青、肖政、周惠民、何丽斯、孙晓波、陈尚平	20190917
295	20190130	云香	铁线莲属	江苏省中国科学院植物研究所	李林芳、李亚、王淑安、王鹏、杨如同、汪庆、高露璐、李素梅、姚淦	20190102
296	20190140	早红	悬钩子属	江苏省中国科学院植物研究所	闾连飞、吴文龙、李维林、张春红、赵慧芳	20190107
297	20190694	中山杉 111	落羽杉属	江苏省中国科学院植物研究所	殷云龙、徐建华、於朝广、徐和宝、王紫阳	20190927
298	20190695	中山杉 125	落羽杉属	江苏省中国科学院植物研究所	殷云龙、徐建华、於朝广、徐和宝、杨颖	20190927
299	20190343	齐云山 16 号	南酸枣	江西齐云山食品有限公司	陈后荣、陈周海、凌华山、刘继延、林富荣	20190502
300	20190344	齐云山 18 号	南酸枣	江西齐云山食品有限公司	陈后荣、陈周海、刘继延、林富荣、凌华山	20190502
301	20190451	银盏	栀子属	江西省林业科学院	邓绍勇、朱培林、李康琴、龚斌、黄丽莉、房海灵、杨春霞、贾全全、李婷、聂鞾	20190719
302	20190452	纵横	栀子属	江西省林业科学院	朱培林、邓绍勇、房海灵、龚斌、李康琴、杨春霞、黄丽莉、贾全全、李婷、聂鞾	20190719
303	20190565	名贵泊里	李属	胶南明桂园艺场	丁明贵、伊贤贵、赵瑞英、王贤荣、李文华、李蒙、段一凡、陈林、李雪霞、朱淑霞	20190821
304	20190597	名贵粉	李属	胶南明桂园艺场	丁明贵、伊贤贵、赵瑞英、王贤荣、李文华、李蒙、段一凡、陈林、李雪霞、朱淑霞	20190827
305	20190601	名贵翠	李属	胶南明桂园艺场	丁明贵、伊贤贵、赵瑞英、王贤荣、李文华、李蒙、段一凡、陈林、李雪霞、朱淑霞	20190827
306	20190797	白洼 3 号	榆属	金乡县国有白洼林场	武香、唐国梁、翟单单、李景涛、段春玲、周继磊	20191211
307	20190799	白洼 5 号	榆属	金乡县国有白洼林场	唐国梁、武香、李景涛、翟单单、段春玲、周继磊	20191218
308	20190800	白洼 6 号	榆属	金乡县国有白洼林场	唐国梁、李景涛、武香、翟单单、周继磊、段春玲	20191218

（续）

序号	申请号	品种名称	属（种）	申请人	培育人	申请日
309	20190658	长红	木兰属	句容市林场	徐仁清、姚尧、赵邢、杨学祥、王国庆、范栩晖	20190916
310	20190430	科香 05（KORaroma05）	蔷薇属	科德斯月季育种公司	威廉 - 亚历山大·科德斯（Wilhelm-Alexander Kordes）	20190708
311	20190431	科香 07（KORaroma07）	蔷薇属	科德斯月季育种公司	威廉 - 亚历山大·科德斯（Wilhelm-Alexander Kordes）	20190708
312	20190432	科香 08（KORaroma08）	蔷薇属	科德斯月季育种公司	威廉 - 亚历山大·科德斯（Wilhelm-Alexander Kordes）	20190708
313	20190433	科盆 066（KORpot066）	蔷薇属	科德斯月季育种公司	威廉 - 亚历山大·科德斯（Wilhelm-Alexander Kordes）	20190708
314	20190434	科盆 068（KORpot068）	蔷薇属	科德斯月季育种公司	威廉 - 亚历山大·科德斯（Wilhelm-Alexander Kordes）	20190708
315	20190435	科盆 073（KORpot073）	蔷薇属	科德斯月季育种公司	威廉 - 亚历山大·科德斯（Wilhelm-Alexander Kordes）	20190708
316	20190436	科盆 085（KORpot085）	蔷薇属	科德斯月季育种公司	威廉 - 亚历山大·科德斯（Wilhelm-Alexander Kordes）	20190708
317	20190210	傲霜红	绣球属	昆明南国山花园艺科技有限责任公司	杨玉勇、南北	20190303
318	20190211	心相印	绣球属	昆明南国山花园艺科技有限责任公司	杨玉勇、杨曾华	20190303
319	20190212	紫鸢	绣球属	昆明南国山花园艺科技有限责任公司	杨玉勇	20190303
320	20190097	华冠	白蜡树属	李承水	李承水、丰震、李燕	20181223
321	20190098	绿绣球	白蜡树属	李承水	李承水、丰震、李燕	20181223
322	20190099	岱绿	白蜡树属	李承水	李承水、丰震、李燕	20181223
323	20190100	紫箭	白蜡树属	李承水	李承水、丰震、李燕	20181223
324	20190101	红盔缨	柳属	李承水	李承水、丰震、李燕	20181223
325	20190244	丰彩	槭属	李承水	李承水、丰震	20190315
326	20190245	千里红	槭属	李承水	李承水、丰震	20190315
327	20190102	先锋 3 号	柳属	李发荣	李发荣、冯战友	20181225
328	20190527	和平时光	冬青属	李庆光	李庆光、林一心、王春云	20190817
329	20190361	杰出	蔷薇属	李晓洁	李晓洁	20190527

（续）

序号	申请号	品种名称	属（种）	申请人	培育人	申请日
330	20190420	坤云金球	桂花	荔浦市林业局	王炳宏、黄新纪、黄坤云、蒋小玲、周陈媛、黄小栩	20190625
331	20190185	红妃	槭属	溧阳映山红花木园艺有限公司	陈惠忠、王伟伟	20190127
332	20190777	彩玉	木瓜属	临沂大学	周金川、张渝洁、管其德、张海娟、刘港华	20191008
333	20190778	梦绘卷	木瓜属	临沂大学	陈之群、周金川、管其德、胡晓君、高月恒、刘港华	20191008
334	20190779	花天女	木瓜属	临沂大学	张海娟、管其德、周金川、高月恒	20191008
335	20190776	醉西施	木瓜属	临沂市海棠园林工程有限公司	管学迎、管其德、徐宗义、诸葛绪欣	20191008
336	20190771	沂蒙红	木瓜属	临沂市沂州海棠花卉研究所有限公司	管其德、管明月、王相波、常庆学	20191008
337	20190773	绿宝石	木瓜属	临沂市沂州海棠花卉研究所有限公司	管其德、王友山、管学远、刘宗努、管其理	20191008
338	20190774	时代红	木瓜属	临沂市沂州海棠花卉研究所有限公司	王希霞、闫丽、成妮妮、李振金、管学迎	20191008
339	20190775	锦绣彩	木瓜属	临沂市沂州海棠花卉研究所有限公司	冷鹏、管其德、王希霞、刘宗钊、管兆慧	20191008
340	20190651	溜溜梅 1 号	梅	溜溜果园集团股份有限公司	杨帆、胡燕	20190702
341	20190698	桂锦 1 号	夜来香属	柳州金珀科技有限公司	朱净、李振祥、吴赣华	20191008
342	20190159	金奎一串红	花椒属	陇南市武都区金奎一串红无刺花椒种植农民专业合作社	王全奎、张金权、张海娟、杨高红	20190118
343	20190568	伦德沃 1488（LDV1488）	绣球属	伦德勒德沃斯苗圃（Kwekerij Lendert de Vos bv）	伦德勒·德·沃斯（Lendert de Vos）	20190823
344	20190248	福胖	柳杉属	罗建勋	罗建勋、陈五明、陈正乾	20190321
345	20190408	朴丰一号	枣属	马荣申	马荣申、杜宪臣、赵红艳、韩子衍、杜君如	20190618
346	20190409	丰果玫一号	蔷薇属	马荣申	马荣申、韩子衍、杜宪臣、赵红艳、杜君如	20190618
347	20190410	丰果玫二号	蔷薇属	马荣申	马荣申、韩子衍、杜宪臣、赵红艳、杜君如	20190618
348	20190411	无刺玫一号	蔷薇属	马荣申	马荣申、韩子衍、杜宪臣、赵红艳、杜君如	20190618

（续）

序号	申请号	品种名称	属（种）	申请人	培育人	申请日
349	20190437	贝马妃五（Bailmacfive）	绣球属	美国贝利苗圃公司（Bailey Nursery，Inc.，USA）	米切尔 A·迪尔（Michael A. Dirr）	20190708
350	20190338	佛罗 06-203（FL06-203）	越橘属	美国佛罗里达基金种业公司（Florida Foundation Seed Producers，Inc.）	保罗·M·林纳（Paul M. Lyrene）、詹姆斯·W·奥姆斯特德（James W. Olmstead）	20190429
351	20190339	佛罗 06-377（FL06-377）	越橘属	美国佛罗里达基金种业公司（Florida Foundation Seed Producers，Inc.）	保罗·M·林纳（Paul M. Lyrene）、詹姆斯·W·奥姆斯特德（James W. Olmstead）	20190429
352	20190340	佛罗 07-399（FL07-399）	越橘属	美国佛罗里达基金种业公司（Florida Foundation Seed Producers，Inc.）	保罗·M·林纳（Paul M. Lyrene）、詹姆斯·W·奥姆斯特德（James W. Olmstead）	20190429
353	20190104	富 04-14（FF04-14）	越橘属	美国秋溪农场苗圃有限公司（Fall Creek Farm and Nursery，Inc.，USA）	大卫·M·布莱尔顿（David M. Brazelton）、亚当·L·瓦格纳（Adam L. Wagner）、彼得·S·布切丝（Peter S. Boches）、安东尼奥·A·A·波姆多(Antonio A. A. Bermudo）、保罗·里仁（Paul Lyrene）	20181225
354	20190105	紫福 08-070（ZF08-070）	越橘属	美国秋溪农场苗圃有限公司（Fall Creek Farm and Nursery，Inc.，USA）	大卫·M·布莱尔顿(David M. Brazelton）、亚当·L·瓦格纳（Adam L. Wagner）彼得·S·布切丝（Peter S. Boches）、安东尼奥·A·A·波姆多(Antonio A. A. Bermudo）	20181225
355	20190106	富 03-015（FF03-015）	越橘属	美国秋溪农场苗圃有限公司（Fall Creek Farm and Nursery，Inc.，USA）	大卫·M·布莱尔顿(David M. Brazelton）、亚当·L·瓦格纳（Adam L. Wagner）、彼得·S·布切丝（PeterS.Boches）、安东尼奥·A·A·波姆多(Antonio A. A. Bermudo）、保罗·里仁（Paul Lyrene）	20181225
356	20190383	拉丝莓 1381（PBBRASP1381）	悬钩子属	美国太平洋浆果育种公司（Pacific Berry Breeding，LLC，USA）	艾伦·汤普森（Ellen Thompson）	20190412
357	20190761	普拉布鲁 1502（Plablue1502）	越橘属	纳瓦拉植物股份有限公司（Plantas de Navarra，S.A.）	亚历山大·皮尔罗恩 - 达尔邦尼（Alexandre Pierron-Darbonne）	20191029
358	20190762	普拉布鲁 1525（Plablue1525）	越橘属	纳瓦拉植物股份有限公司（Plantas de Navarra，S.A.）	亚历山大·皮尔罗恩 - 达尔邦尼（Alexandre Pierron-Darbonne）	20191029
359	20190763	普拉布鲁 1542（Plablue1542）	越橘属	纳瓦拉植物股份有限公司（Plantas de Navarra，S.A.）	亚历山大·皮尔罗恩 - 达尔邦尼（Alexandre Pierron-Darbonne）	20191029
360	20190764	普拉布鲁 1545（Plablue1545）	越橘属	纳瓦拉植物股份有限公司（Plantas de Navarra，S.A.）	亚历山大·皮尔罗恩 - 达尔邦尼（Alexandre Pierron-Darbonne）	20191029
361	20190767	普拉布鲁 1549（Plablue1549）	越橘属	纳瓦拉植物股份有限公司（Plantas de Navarra，S.A.）	亚历山大·皮尔罗恩 - 达尔邦尼（Alexandre Pierron-Darbonne）	20191029

（续）

序号	申请号	品种名称	属（种）	申请人	培育人	申请日
362	20190768	普拉布鲁 15122（Plablue15122）	越橘属	纳瓦拉植物股份有限公司（Plantas de Navarra，S.A.）	亚历山大·皮尔罗恩 - 达尔邦尼（Alexandre Pierron-Darbonne）	20191029
363	20190442	胭脂雪	李属	南京林业大学	伊贤贵、林荣光、王贤荣、王珉、叶谋鑫、王琳、林玮捷、李蒙、段一凡、朱淑霞	20190709
364	20190447	罗彩 3 号	桂花	南京林业大学	王良桂、杨秀莲、岳远征、施婷婷	20190713
365	20190448	罗彩 4 号	桂花	南京林业大学	王良桂、杨秀莲、岳远征、施婷婷	20190713
366	20190449	罗彩 11 号	桂花	南京林业大学	王良桂、杨秀莲、岳远征、施婷婷	20190713
367	20190546	紫嫣	苹果属	南京林业大学	张往祥、陈永霞、范俊俊、江皓、张龙、曹福亮	20190819
368	20190547	夏荷	苹果属	南京林业大学	张往祥、江皓、谢寅峰、周婷、范俊俊、曹福亮	20190819
369	20190548	西子姑娘	苹果属	南京林业大学	张往祥、范俊俊、江皓、徐立安、周婷、曹福亮	20190819
370	20190549	水袖	苹果属	南京林业大学	张往祥、陈永霞、周婷、江皓、张全全、曹福亮	20190819
371	20190550	浪花	苹果属	南京林业大学	张往祥、江皓、彭冶、周婷、张龙、曹福亮	20190819
372	20190551	红云	苹果属	南京林业大学	张往祥、江皓、徐立安、范俊俊、周婷、曹福亮	20190819
373	20190552	红色经典	苹果属	南京林业大学	张往祥、周婷、江皓、范俊俊、张全全、曹福亮	20190819
374	20190553	红粉佳人	苹果属	南京林业大学	张往祥、张龙、周婷、江皓、范俊俊、曹福亮	20190819
375	20190554	红晨	苹果属	南京林业大学	张往祥、江皓、范俊俊、周婷、张龙、曹福亮	20190819
376	20190555	二乔	苹果属	南京林业大学	张往祥、周婷、张龙、彭冶、江皓、曹福亮	20190819
377	20190556	茶花女	苹果属	南京林业大学	张往祥、张全全、范俊俊、江皓、周婷、曹福亮	20190819
378	20190557	飘	苹果属	南京林业大学	张往祥、周婷、江皓、范俊俊、张全全、曹福亮	20190819
379	20190558	白云	苹果属	南京林业大学	张往祥、范俊俊、张全全、谢寅峰、江皓、曹福亮	20190819
380	20190598	名贵荷瓣	李属	南京林业大学	丁明贵、伊贤贵、赵瑞英、王贤荣、李文华、李蒙、段一凡、陈林、李雪霞、朱淑霞	20190827
381	20190599	名贵月光	李属	南京林业大学	丁明贵、伊贤贵、赵瑞英、王贤荣、李文华、李蒙、段一凡、陈林、李雪霞、朱淑霞	20190827

（续）

序号	申请号	品种名称	属（种）	申请人	培育人	申请日
382	20190600	名贵鹊桥	李属	南京林业大学	丁明贵、伊贤贵、赵瑞英、王贤荣、李文华、李蒙、段一凡、陈林、李雪霞、朱淑霞	20190827
383	20190602	华中雪	李属	南京林业大学	伊贤贵、陈飞、王贤荣、张立梅、李蒙、谈焕明、段一凡、陈林、李雪霞、朱淑霞	20190827
384	20190603	雪落霞	李属	南京林业大学	伊贤贵、陈飞、王贤荣、张立梅、李蒙、谈焕明、段一凡、陈林、李雪霞、朱淑霞	20190827
385	20190421	南农丰羽	梅	南京农业大学	高志红、倪照君、侍婷、韩键、章镇	20190627
386	20190422	南农丰娇	梅	南京农业大学	高志红、倪照君、侍婷、韩键、章镇	20190627
387	20190423	南农丰茂	梅	南京农业大学	高志红、倪照君、侍婷、章镇	20190627
388	20190424	南农丰艳	梅	南京农业大学	高志红、倪照君、侍婷、章镇	20190627
389	20190425	南农龙霞	梅	南京农业大学	高志红、倪照君、侍婷、章镇	20190627
390	20190132	邕红	木槿属	南宁市园林科研所	秦玲、黄旭光、王坤煌、阮俊、王卫南、赵建文、黄丽丹、陆炎松、黄霖、黄英群	20190102
391	20190427	邕城紫璎	紫薇属	南宁市园林科研所	黄旭光、罗恩波、廖堂贵、秦玲、王卫南、陆炎松、黄丽丹、李金华、杨思霞、陆仟	20190701
392	20190586	聚发	蔷薇属	南阳月季基地	赵磊、李文奇、孙聚有、王怀青、许春峰、邢远基、吴奉朝	20190825
393	20190141	蒙树赤梅	卫矛属	内蒙古和盛生态科技研究院有限公司	赵泉胜、铁英、田菊、刘洋	20190107
394	20190142	蒙树赤星	卫矛属	内蒙古和盛生态科技研究院有限公司	赵泉胜、铁英、田菊、刘洋	20190107
395	20190107	尼尔普冉佳（NIRPRANJA）	蔷薇属	尼尔普国际有限公司（Nirp International SA）	亚历山德罗·吉奥恩（Alessandro Ghione）	20181225
396	20190108	尼尔普拉格（NIRPRAG）	蔷薇属	尼尔普国际有限公司（Nirp International SA）	亚历山德罗·吉奥恩（Alessandro Ghione）	20181225
397	20190604	彩褶	槭属	宁波城市职业技术学院	祝志勇、林乐静、姚海栗、叶国庆	20190827
398	20190605	四明梦幻	槭属	宁波城市职业技术学院	林乐静、黄艾、祝志勇、夏乐家、叶国庆	20190827
399	20190606	春缃	槭属	宁波城市职业技术学院	祝志勇、林乐静、林立、刘峰、叶国庆	20190827
400	20190259	千秋墨	山茶属	宁波黄金韵茶业科技有限公司	王开荣、李明、张龙杰、梁月荣、吴颖、郑新强、王荣芬、胡涨吉	20190328

（续）

序号	申请号	品种名称	属（种）	申请人	培育人	申请日
401	20190260	四明紫墨	山茶属	宁波黄金韵茶业科技有限公司	张龙杰、胡涨吉、张完林、王荣芬、王开荣、梁月荣、郑新强	20190328
402	20190261	四明紫霞	山茶属	宁波黄金韵茶业科技有限公司	梁月荣、王开荣、张龙杰、李明、吴颖、王荣芬、郑新强、胡涨吉	20190328
403	20190262	虞舜红	山茶属	宁波黄金韵茶业科技有限公司	李明、张龙杰、梁月荣、吴颖、郑新强、王荣芬、胡涨吉、王开荣	20190328
404	20190263	五彩中华	山茶属	宁波黄金韵茶业科技有限公司	王开荣、张龙杰、王荣芬、梁月荣、胡涨吉、郑新强、张完林	20190328
405	20190264	金川红妃	山茶属	宁波黄金韵茶业科技有限公司	张龙杰、吴颖、梁月荣、李明、王开荣、胡涨吉、王荣芬、郑新强	20190328
406	20190265	四季金韵	山茶属	宁波黄金韵茶业科技有限公司	郑新强、张龙杰、王荣芬、胡涨吉、张完林、梁月荣、王开荣	20190328
407	20190266	乌御金茗	山茶属	宁波黄金韵茶业科技有限公司	张龙杰、王开荣、胡涨吉、王荣芬、梁月荣、郑新强、张完林	20190328
408	20190315	羽扇	冬青属	宁波市农业科学研究院	章建红、王建军、沈登锋、蒋笑丽、洪春桃	20190416
409	20190316	幸福公主	冬青属	宁波市农业科学研究院	章建红、赵绮、洪春桃、沈登锋、严春风	20190416
410	20190317	利剑	冬青属	宁波市农业科学研究院	章建红、李修鹏、沈登锋、蒋笑丽、魏斌	20190416
411	20190318	丁克骑士	冬青属	宁波市农业科学研究院	章建红、沈登锋、严春风、魏斌、蒋笑丽	20190416
412	20190319	大龟甲	冬青属	宁波市农业科学研究院	章建红、沈登锋、赵绮、洪春桃、魏斌	20190416
413	20190326	碧圆	冬青属	宁波市农业科学研究院	章建红、李修鹏、沈登锋、洪春桃、魏斌	20190418
414	20190196	五星杨	杨属	宁夏宏斌快长苗木专业合作社	宗洪斌	20190213
415	20190117	宁农杞 11 号	枸杞属	宁夏农林科学院枸杞工程技术研究所	罗青、张波、曹有龙、戴国礼、焦恩宁、李彦龙、赵建华、尹跃、安巍、王亚军、闫亚美	20181228
416	20190118	宁农杞 12 号	枸杞属	宁夏农林科学院枸杞工程技术研究所	张波、罗青、曹有龙、李彦龙、戴国礼、焦恩宁、王亚军、安巍、赵建华、尹跃、闫亚美	20181228
417	20190119	宁农杞 13 号	枸杞属	宁夏农林科学院枸杞工程技术研究所	曹有龙、罗青、张波、赵建华、戴国礼、焦恩宁、李彦龙、王亚军、安巍、闫亚美、尹跃	20181228
418	20190630	弯长榧	榧树属	磐安县南谷生态农特产品开发有限公司	陈红星、张敏、胡文翠、程诗明、张苏炯、厉锋、杜敏红、韩宁林、傅三中、唐海英	20190903

（续）

序号	申请号	品种名称	属（种）	申请人	培育人	申请日
419	20190482	磐安大榧	榧树属	磐安县农家缘香榧专业合作社	陈红星、程诗明、张敏、张苏炯、徐晓锋、傅志华、陈江芳、陈慧斌、陈素贞、李秋龙	20190804
420	20190564	玉山果榧	榧树属	磐安县药乡蜂谷生态农林有限公司	陈红星、张敏、程诗明、张苏炯、倪伟成、张龙满、徐晓锋、楼新良、陈秀元	20190821
421	20190332	东方报春	李属	青岛樱花谷科技生态园有限公司	王松、胡丁猛、王子玉、许景伟、囤兴建、李贵学、丁守和	20190424
422	20190333	明媚阳光	李属	青岛樱花谷科技生态园有限公司	王松、胡丁猛、王子玉、许景伟、囤兴建、李贵学、丁守和	20190424
423	20190414	青宏杏	杏	青海宏博农林科技开发有限公司	罗彬、徐宗才、祝军、祁国林、安月玲	20190621
424	20190781	洒翠	卫矛属	青州市博绿园艺场	魏玉龙、王华田、刁久新、邓运川、梁中贵、孟诗原	20191205
425	20190782	玉镶金	卫矛属	青州市博绿园艺场	魏玉龙、王华田、刁久新、邓运川、梁中贵、孟诗原	20191205
426	20190131	金色王子	栎属	日照金枫园林科技有限公司	刘桂民、王洪永、马丙尧、王振猛、高伟、张兰英、刘德玺	20190102
427	20190526	雅瑞丰	蔷薇属	瑞金市润泰丰农业科技有限公司	陈亚聪	20190816
428	20190426	画报蝶	叶子花属	厦门木林深处苗木有限公司	蔡峰	20190701
429	20190765	金边四季红	叶子花属	厦门木林深处苗木有限公司	蔡峰	20191029
430	20190766	四季沙安	叶子花属	厦门木林深处苗木有限公司	蔡峰	20191029
431	20190399	离瓣粉	李属	厦门市园林植物园	蔡长福、蔡邦平、陈润泉、张万旗、彭春华、丁友芳、马丽娟、吕燕玲、王勇、罗文熠、黄碧华	20190611
432	20190400	贴梗	李属	厦门市园林植物园	蔡邦平、蔡长福、陈润泉、张万旗、彭春华、丁友芳、马丽娟、吕燕玲、王勇、罗文熠、黄碧华	20190611
433	20190401	元旦红	李属	厦门市园林植物园	蔡邦平、蔡长福、陈润泉、张万旗、彭春华、丁友芳、马丽娟、吕燕玲、王勇、罗文熠、黄碧华	20190611
434	20190402	重瓣红	李属	厦门市园林植物园	蔡长福、蔡邦平、陈润泉、张万旗、彭春华、丁友芳、马丽娟、吕燕玲、王勇、罗文熠、黄碧华	20190611
435	20190403	长梗	李属	厦门市园林植物园	陈润泉、蔡邦平、蔡长福、张万旗、彭春华、丁友芳、马丽娟、吕燕玲、王勇、罗文熠、黄碧华	20190611
436	20190404	双蕊	李属	厦门市园林植物园	蔡长福、蔡邦平、陈润泉、张万旗、彭春华、丁友芳、马丽娟、吕燕玲、王勇、罗文熠、黄碧华	20190611

（续）

序号	申请号	品种名称	属（种）	申请人	培育人	申请日
437	20190587	鲁玫丰	蔷薇属	山东飞天园林工程有限公司	姜楠南、苏丰忠、房义福、张冲、孙音、李成凯、王媛、刘方春、舒秀阁	20190826
438	20190589	鲁红铃	蔷薇属	山东飞天园林工程有限公司	苏丰忠、姜楠南、张冲、房义福、李成凯、孙音、王媛、宋鹏、李丽	20190826
439	20190590	鲁粉黛	蔷薇属	山东飞天园林工程有限公司	苏丰忠、姜楠南、张冲、房义福、徐金光、李成凯、孙音、王媛、吴晓星、黄琳	20190826
440	20190362	英姿	芍药属	山东农业大学	郭先锋、孟凡志、臧德奎、马燕	20190529
441	20190363	素妆	芍药属	山东农业大学	先锋、刘爱青、孟凡志、边廷廷	20190529
442	20190364	金鸾轻舞	芍药属	山东农业大学	郭先锋、孟凡志、臧德奎、边廷廷	20190529
443	20190365	金色年华	芍药属	山东农业大学	郭先锋、孟凡志、臧德奎、边廷廷	20190529
444	20190515	雪清香	流苏树属	山东农业大学	李际红、李卫东、曲凯、国浩平、郭海丽、周文玲、王宝锐、侯丽丽、刘佳庚、王如月	20190812
445	20190516	垂枝1号	流苏树属	山东农业大学	李际红、曲凯、国浩平、刘佳庚、周文玲、王宝锐、侯丽丽、郭海丽、王如月	20190813
446	20190517	铜钱	流苏树属	山东农业大学	李际红、国浩平、曲凯、刘佳庚、周文玲、王宝锐、侯丽丽、郭海丽、王如月	20190813
447	20190518	雪早花	流苏树属	山东农业大学	李际红、刘会香、曲凯、国浩平、郭海丽、周文玲、王宝锐、侯丽丽、刘佳庚、王如月	20190813
448	20190519	垂枝2号	流苏树属	山东农业大学	李际红、国浩平、曲凯、刘佳庚、周文玲、王宝锐、侯丽丽、郭海丽、王如月	20190812
449	20190520	雪玲珑	流苏树属	山东农业大学	李际红、刘会香、曲凯、国浩平、郭海丽、周文玲、王宝锐、侯丽丽、刘佳庚、王如月	20190813
450	20190521	卷叶流苏	流苏树属	山东农业大学	李际红、国浩平、曲凯、刘佳庚、周文玲、王宝锐、侯丽丽、郭海丽、王如月	20190813
451	20190522	雪灯笼	流苏树属	山东农业大学	李际红、邢世岩、曲凯、国浩平、郭海丽、周文玲、王宝锐、侯丽丽、刘佳庚、王如月	20190813
452	20190523	暴马	流苏树属	山东农业大学	李际红、国浩平、曲凯、刘佳庚、周文玲、王宝锐、侯丽丽、郭海丽、王如月	20190813
453	20190524	雪璇	流苏树属	山东农业大学	李际红、邢世岩、曲凯、国浩平、郭海丽、周文玲、王宝锐、侯丽丽、刘佳庚、王如月	20190813

（续）

序号	申请号	品种名称	属（种）	申请人	培育人	申请日
454	20190525	冲霄	流苏树属	山东农业大学	李际红、曲凯、国浩平、刘佳庚、周文玲、王宝锐、侯丽丽、郭海丽、王如月	20190813
455	20190719	朴丰二号	枣属	山东朴润源农业发展有限公司	赵红艳、雷胜明、秦庆燕、董辉	20191017
456	20190720	天然红三号	接骨木属	山东朴润源农业发展有限公司	赵红艳、雷胜明、秦庆燕、董辉	20191017
457	20190721	丰果玫三号	蔷薇属	山东朴润源农业发展有限公司	赵红艳、雷胜明、秦庆燕、董辉	20191017
458	20190722	丰果玫六号	蔷薇属	山东朴润源农业发展有限公司	赵红艳、雷胜明、秦庆燕、董辉	20191017
459	20190222	金丰	石榴属	山东省果树研究所	尹燕雷、冯立娟、杨雪梅、唐海霞、王传增、王菲、焦其庆、武冲	20190314
460	20190223	玉丰	石榴属	山东省果树研究所	冯立娟、尹燕雷、杨雪梅、唐海霞、王传增、王菲、焦其庆、武冲	20190314
461	20190224	岱红 1 号	石榴属	山东省果树研究所	尹燕雷、冯立娟、杨雪梅、唐海霞、王菲、焦其庆、王传增、武冲	20190314
462	20190225	岱红 2 号	石榴属	山东省果树研究所	尹燕雷、冯立娟、杨雪梅、唐海霞、王传增、焦其庆、王菲、武冲	20190314
463	20190226	岱红 3 号	石榴属	山东省果树研究所	冯立娟、尹燕雷、杨雪梅、唐海霞、王菲、焦其庆、王传增、武冲	20190314
464	20190227	鲁青 1 号	石榴属	山东省果树研究所	尹燕雷、冯立娟、杨雪梅、唐海霞、王传增、王菲、焦其庆、武冲	20190314
465	20190228	鲁青 2 号	石榴属	山东省果树研究所	尹燕雷、冯立娟、杨雪梅、唐海霞、王传增、王菲、焦其庆、武冲	20190314
466	20190229	岱玉 1 号	石榴属	山东省果树研究所	尹燕雷、冯立娟、杨雪梅、唐海霞、王菲、焦其庆、王传增、武冲	20190314
467	20190798	白洼 4 号	榆属	山东省林木种苗和花卉站	李景涛、唐国梁、武香、翟单单、段春玲、周继磊	20191211
468	20190801	霸王鞭	榆属	山东省林木种苗和花卉站	周继磊、段春玲、唐国梁、武香、翟单单、李景涛	20191218
469	20190640	红晚秋	槭属	山东省林木种质资源中心	李文清、鲁仪增、韩义、解孝满、韩庆军、王艳、孙涛、栗宁宁、刘立江、王宁	20190910
470	20190641	擎柱	槐属	山东省林木种质资源中心	鲁仪增、李文清、解孝满、王艳、韩义、王宁、孙涛、刘立江、韩庆军、栗宁宁	20190910

（续）

序号	申请号	品种名称	属（种）	申请人	培育人	申请日
471	20190642	翡翠	槐属	山东省林木种质资源中心	李文清、鲁仪增、韩义、解孝满、王艳、韩庆军、孙涛、栗宁宁、刘立江、王宁	20190910
472	20190643	青匙	鹅掌楸属	山东省林木种质资源中心	李文清、鲁仪增、韩义、解孝满、韩庆军、栗宁宁、王宁、王艳、刘立江、孙涛	20190910
473	20190329	华中红樱	李属	山东省林业科学研究院	胡丁猛、许景伟、王松、王子玉、囤兴建、李贵学、丁守和	20190424
474	20190330	熙春	李属	山东省林业科学研究院	胡丁猛、许景伟、王松、王子玉、囤兴建、李贵学、丁守和、朱文成	20190424
475	20190331	和煦阳光	李属	山东省林业科学研究院	胡丁猛、许景伟、王松、王子玉、囤兴建、李贵学、丁守和、朱文成	20190424
476	20190588	鲁嫣红	蔷薇属	山东省林业科学研究院	姜楠南、房义福、苏丰忠、徐金光、孙音、王媛、张冲、吴晓星、黄琳、李成凯	20190826
477	20190591	鲁微月	蔷薇属	山东省林业科学研究院	姜楠南、苏丰忠、房义福、张冲、孙音、王媛、卢洁、王玮、李成凯	20190826
478	20190592	鲁粉荷	蔷薇属	山东省林业科学研究院	姜楠南、苏丰忠、房义福、张冲、孙音、王媛、赵登超、宋鹏、梁燕、李成凯	20190826
479	20190155	里德利 4507（Ridley4507）	越橘属	山蓝色果园企业有限公司（Mountain Blue Orchards Pty Ltd）	里德利·贝尔（Ridley Bell）	20190115
480	20190369	河东一号	皂荚属	山西绿源春生态林业有限公司	雷永元、闫义定、林富荣、郑勇奇、郭文英、李斌、闫桂兰	20190530
481	20190129	冬皇	枣属	山西省林业科学研究院	杨建华、杨飞、杨秀英、梁保全	20190102
482	20190483	秦草语嫣	木兰属	陕西秦草生态环境科技有限公司	王亚玲、牛梦莹、姜泓艺、叶卫	20190806
483	20190484	秦草粉梦	木兰属	陕西秦草生态环境科技有限公司	王亚玲、牛梦莹、姜泓艺、叶卫	20190806
484	20190664	秦草绛紫	含笑属	陕西秦草生态环境科技有限公司	王亚玲、牛梦莹、李傲瑞、高鸿永、叶卫	20190917
485	20190171	小娇黄	含笑属	陕西省西安植物园	王亚玲、王晶、赵珊珊、严丹峰、岳琳、冯承婷、陈娜娟	20190122
486	20190172	紫嫣	木兰属	陕西省西安植物园	王亚玲、叶卫、岳琳、王晶、严丹峰、赵强民、赵珊珊	20190122
487	20190440	盛世长安	忍冬属	陕西省西安植物园	刘安成、李艳、尉倩、王庆、杨群力	20190709
488	20190441	赤焰 1 号	忍冬属	陕西省西安植物园	刘安成、王庆、李艳、杨群力、尉倩	20190709

（续）

序号	申请号	品种名称	属（种）	申请人	培育人	申请日
489	20190450	芳华	桃花	陕西省西安植物园	樊璐、王亚玲、叶卫、秋晓冬、张莹、丁芳兵、谢斌	20190718
490	20190644	秦荷	木兰属	陕西省西安植物园	王亚玲、吴建军、叶卫、张莹、樊璐、丁芳兵、谢斌	20190910
491	20190645	辰紫	木兰属	陕西省西安植物园	王亚玲、吴建军、叶卫、张莹、樊璐、丁芳兵、谢斌	20190910
492	20190646	大唐红	木兰属	陕西省西安植物园	王亚玲、吴建军、叶卫、张莹、樊璐、丁芳兵、谢斌	20190910
493	20190647	长安贵妃	木兰属	陕西省西安植物园	王亚玲、吴建军、叶卫、张莹、樊璐、丁芳兵、谢斌	20190910
494	20190648	长安丽人	木兰属	陕西省西安植物园	王亚玲、吴建军、叶卫、张莹、樊璐、丁芳兵、谢斌	20190910
495	20190144	银粟紫染	芍药属	上海辰山植物园	胡永红、叶康、秦俊、张颖	20190108
496	20190145	霓裳羽衣	绣球属	上海辰山植物园	胡永红、秦俊、张宪权、叶康、刘钢、刘群录、潘月	20190108
497	20190146	同心锁	绣球属	上海辰山植物园	胡永红、秦俊、张宪权、叶康、刘钢、刘群录、潘月	20190108
498	20190147	同心月	绣球属	上海辰山植物园	胡永红、秦俊、叶康、张宪权、刘钢、刘群录、潘月	20190108
499	20190611	辰星	木兰属	上海辰山植物园	叶康、王亚玲、秦俊、胡永红、叶卫、杜习武	20190828
500	20190612	紫云	木兰属	上海辰山植物园	叶康、王亚玲、胡永红、秦俊、叶卫、杜习武	20190828
501	20190323	上植粉黛雪	山茶属	上海植物园	李湘鹏、奉树成、张亚利、莫健彬、郭卫珍、宋垚	20190418
502	20190324	上植秋玫瑰	山茶属	上海植物园	奉树成、张亚利、李湘鹏、宋垚、莫健彬、郭卫珍	20190418
503	20190325	上植宝莲灯	山茶属	上海植物园	张亚利、奉树成、李湘鹏、宋垚、郭卫珍、莫健彬	20190418
504	20190536	吉祥	李属	韶关市旺地樱花种植有限公司	胡晓敏、何宗儒、叶小玲、朱军、冯钦钊	20190819
505	20190537	吉星高照	李属	韶关市旺地樱花种植有限公司	胡晓敏、叶小玲、何宗儒、朱军、陈端妮	20190819
506	20190538	小桃红	李属	韶关市旺地樱花种植有限公司	叶小玲、胡晓敏、何宗儒、朱军、冯钦钊	20190819

（续）

序号	申请号	品种名称	属（种）	申请人	培育人	申请日
507	20190460	丹映梧桐	杜鹃花属	深圳市梧桐山风景区管理处	王定跃、徐滔、林贝满、白宇清、张开文、景慧娟、徐立平	20190729
508	20190461	梧桐波影	杜鹃花属	深圳市梧桐山风景区管理处	王定跃、徐滔、林贝满、白宇清、张开文、景慧娟、徐立平	20190729
509	20190462	梧桐粉黛	杜鹃花属	深圳市梧桐山风景区管理处	王定跃、徐滔、林贝满、白宇清、张开文、景慧娟、徐立平	20190729
510	20190463	梧桐粉秀	杜鹃花属	深圳市梧桐山风景区管理处	王定跃、徐滔、林贝满、白宇清、张开文、景慧娟、徐立平	20190729
511	20190464	梧桐红	杜鹃花属	深圳市梧桐山风景区管理处	王定跃、徐滔、林贝满、白宇清、张开文、景慧娟、徐立平	20190729
512	20190465	梧桐胭脂	杜鹃花属	深圳市梧桐山风景区管理处	王定跃、徐滔、林贝满、白宇清、张开文、景慧娟、徐立平	20190729
513	20190466	梧桐紫霞	杜鹃花属	深圳市梧桐山风景区管理处	王定跃、徐滔、林贝满、白宇清、张开文、景慧娟、徐立平	20190729
514	20190467	梧桐紫韵	杜鹃花属	深圳市梧桐山风景区管理处	王定跃、徐滔、林贝满、白宇清、张开文、景慧娟、徐立平	20190729
515	20190495	红钻	悬钩子属	沈阳农业大学	代汉萍、郭朝晖、郭成久、雷家军、赵珺、李淑梅、谭昌华、邓金玲	20190809
516	20190186	寒玉一号	卫矛属	石聚宝	石聚宝、张家勋、袁平立	20190128
517	20190122	博凯 1 号	卫矛属	时凯	时凯、储博彦、赵玉芬、时庆春	20181228
518	20190569	斯佩巴普（Spebalpe）	蔷薇属	斯佩克玫瑰育种国际有限公司（Spek Rose Breeding International B.V.）	埃里克·罗纳德·斯佩克（Erik Ronald Spek）	20190823
519	20190570	斯佩巴帕（Spebapeau）	蔷薇属	斯佩克玫瑰育种国际有限公司（Spek Rose Breeding International B.V.）	埃里克·罗纳德·斯佩克（Erik Ronald Spek）	20190823
520	20190571	斯佩巴特（Spebardot）	蔷薇属	斯佩克玫瑰育种国际有限公司（Spek Rose Breeding International B.V.）	埃里克·罗纳德·斯佩克（Erik Ronald Spek）	20190823
521	20190572	斯佩班迪（Spebandy）	蔷薇属	斯佩克玫瑰育种国际有限公司（Spek Rose Breeding International B.V.）	埃里克·罗纳德·斯佩克（Erik Ronald Spek）	20190823
522	20190573	斯佩贝儿丽斯（Spebareless）	蔷薇属	斯佩克玫瑰育种国际有限公司（Spek Rose Breeding International B.V.）	埃里克·罗纳德·斯佩克（Erik Ronald Spek）	20190823
523	20190574	斯佩贝克斯（Spebex）	蔷薇属	斯佩克玫瑰育种国际有限公司（Spek Rose Breeding International B.V.）	埃里克·罗纳德·斯佩克（Erik Ronald Spek）	20190823

（续）

序号	申请号	品种名称	属（种）	申请人	培育人	申请日
524	20190575	斯佩比诺（Spebinion）	蔷薇属	斯佩克玫瑰育种国际有限公司（Spek Rose Breeding International B.V.）	埃里克·罗纳德·斯佩克（Erik Ronald Spek）	20190823
525	20190576	斯佩伯红（Speburred）	蔷薇属	斯佩克玫瑰育种国际有限公司（Spek Rose Breeding International B.V.）	埃里克·罗纳德·斯佩克（Erik Ronald Spek）	20190823
526	20190577	斯佩达珀（Spedapple）	蔷薇属	斯佩克玫瑰育种国际有限公司（Spek Rose Breeding International B.V.）	埃里克·罗纳德·斯佩克（Erik Ronald Spek）	20190823
527	20190578	斯佩达兹（Spedatz）	蔷薇属	斯佩克玫瑰育种国际有限公司（Spek Rose Breeding International B.V.）	埃里克·罗纳德·斯佩克（Erik Ronald Spek）	20190823
528	20190579	斯佩德嘉塔（Spedegatta）	蔷薇属	斯佩克玫瑰育种国际有限公司（Spek Rose Breeding International B.V.）	埃里克·罗纳德·斯佩克（Erik Ronald Spek）	20190823
529	20190580	斯佩多菲亚（Spedophia）	蔷薇属	斯佩克玫瑰育种国际有限公司（Spek Rose Breeding International B.V.）	埃里克·罗纳德·斯佩克（Erik Ronald Spek）	20190823
530	20190581	斯佩薇拉（Spewella）	蔷薇属	斯佩克玫瑰育种国际有限公司（Spek Rose Breeding International B.V.）	埃里克·罗纳德·斯佩克（Erik Ronald Spek）	20190823
531	20190582	斯佩维丽（Spevelly）	蔷薇属	斯佩克玫瑰育种国际有限公司（Spek Rose Breeding International B.V.）	埃里克·罗纳德·斯佩克（Erik Ronald Spek）	20190823
532	20190583	斯佩维斯（Spevessy）	蔷薇属	斯佩克玫瑰育种国际有限公司（Spek Rose Breeding International B.V.）	埃里克·罗纳德·斯佩克（Erik Ronald Spek）	20190823
533	20190584	斯佩英红（Spehinred）	蔷薇属	斯佩克玫瑰育种国际有限公司（Spek Rose Breeding International B.V.）	埃里克·罗纳德·斯佩克（Erik Ronald Spek）	20190823
534	20190632	斯佩巴曼莎（Spebamantha）	蔷薇属	斯佩克玫瑰育种国际有限公司（Spek Rose Breeding International B.V.）	埃里克·罗纳德·斯佩克（Erik Ronald Spek）	20190904
535	20190633	斯佩波密兹（Spebomets）	蔷薇属	斯佩克玫瑰育种国际有限公司（Spek Rose Breeding International B.V.）	埃里克·罗纳德·斯佩克（Erik Ronald Spek）	20190904
536	20190634	斯佩汉娜（Spehanna）	蔷薇属	斯佩克玫瑰育种国际有限公司（Spek Rose Breeding International B.V.）	埃里克·罗纳德·斯佩克（Erik Ronald Spek）	20190904
537	20190635	斯佩克（Specur）	蔷薇属	斯佩克玫瑰育种国际有限公司（Spek Rose Breeding International B.V.）	埃里克·罗纳德·斯佩克（Erik Ronald Spek）	20190904
538	20190320	丹妃	含笑属	四川农业大学	王刚、李天兴、范彦、范继才、卢昌泰、罗泽治、梁远冬、曾小珂、王刚	20190417
539	20190321	丹蕊	含笑属	四川农业大学	王刚、李天兴、范彦、范继才、卢昌泰、罗泽治、梁远冬、曾小珂、王刚	20190417

（续）

序号	申请号	品种名称	属（种）	申请人	培育人	申请日
540	20190345	美人娇	花椒属	四川省林业科学研究院	徐惠、吴宗兴、宋小军、彭晓曦、王丽华、梁颇、熊量	20190514
541	20190685	倾心	朴属	苏州工业园区园林绿化工程有限公司	赵志华、龚伟、孔芬、刘鹏、张海波、杨成、徐瑞、查风林	20190925
542	20190686	红箭	栎属	苏州工业园区园林绿化工程有限公司	龚伟、赵志华、李萍、沈颀、朱建清、赵崇九、陈日明、严志豪	20190925
543	20190687	利箭	栎属	苏州工业园区园林绿化工程有限公司	孔芬、刘鹏、徐丽娅、陈鑫、王曦君、方月敏、沈名扬、任煜	20190925
544	20190688	流金	乌桕属	苏州工业园区园林绿化工程有限公司	赵志华、孔芬、杨卫卫、王良红、王曦君、张海波、陈建军、魏明智	20190925
545	20190689	紫烟	乌桕属	苏州工业园区园林绿化工程有限公司	龚伟、孔芬、徐丽娅、朱建清、赵崇九、陈鑫、徐瑞、连佩锋	20190925
546	20190613	华茗一号	流苏树属	孙增援	孙增援	20190828
547	20190614	华茗二号	流苏树属	孙增援	孙增援	20190828
548	20190615	北茶一号	流苏树属	孙增援	孙增援	20190828
549	20190616	北茶二号	流苏树属	孙增援	孙增援	20190828
550	20190617	北茶三号	流苏树属	孙增援	孙增援	20190828
551	20190221	柯莫精选 12-109A	绣球属	威海青山园艺有限公司	一江丰一	20190308
552	20190702	天山瑞云	榆属	乌鲁木齐市米东区姚氏苗圃	赵春刚、姚精昀、王立生、李培闪、常红涛、吕平、李博源	20191010
553	20190708	火山玫 1 号	蔷薇属	五大连池市兴隆乡矿泉玫瑰园种植农民专业合作社	刘龙、王玉华、刘冬雪	20191012
554	20190429	楚锦	李属	武汉市园林科学研究院	聂超仁、夏文胜、王青华、蒋细旺、况红玲、章晓琴、李娜、周俐	20190705
555	20190152	特波 OBE01（TURBOOBE01）	刺槐属	西尔瓦努斯林业公司（Silvanus Forestry Kft.）	亚诺什·简诺·内梅特	20190115
556	20190153	特波 OBE26（TURBOOBE26）	刺槐属	西尔瓦努斯林业公司（Silvanus Forestry Kft.）	亚诺什·简诺·内梅特	20190115
557	20190154	特波 OBE34（TURBOOBE34）	刺槐属	西尔瓦努斯林业公司（Silvanus Forestry Kft.）	亚诺什·简诺·内梅特	20190115

（续）

序号	申请号	品种名称	属（种）	申请人	培育人	申请日
558	20190654	孝核1号	核桃属	孝义市碧山核桃科技有限公司	王贵、刘峰、张彩红、武静、贺奇、刘欣萍、燕晓晖、任晓平	20190916
559	20190655	孝核2号	核桃属	孝义市碧山核桃科技有限公司	王贵、武静、贺奇、张彩红、梁同灵、王斌、梁新民	20190916
560	20190334	高颈鸿运	李属	忻州市绿美佳园园林有限公司	娄渊斌	20190425
561	20190087	蟠枣一号	枣	新疆维吾尔自治区红枣协会	李根才、师俊贤	20181220
562	20190756	艺峰婷美1号	卫矛属	许昌汇绿园林科技有限公司	杜林峰、邹慧芳、马秋建、杜军安、杜军峰、杜合清、孙玉杰、邹群芳	20191028
563	20190757	艺峰婷美3号	卫矛属	许昌汇绿园林科技有限公司	杜林峰、邹慧芳、马秋建、杜军安、杜军峰、杜合清、孙玉杰、邹群芳	20191028
564	20190758	艺峰玉晶	卫矛属	许昌汇绿园林科技有限公司	杜林峰、邹慧芳、马秋建、杜军安、杜军峰、杜合清、孙玉杰、邹群芳	20191028
565	20190352	吉尔斯艾乐（GEUSELEA）	蔷薇属	选择育种公司（Select Breeding B.V.）	迈克尔·德·吉尔斯（Michael de Geus）	20190521
566	20190353	吉尔斯莫蒙特（GEUSMOMENTS）	蔷薇属	选择育种公司（Select Breeding B.V.）	迈克尔·德·吉尔斯（Michael de Geus）	20190521
567	20190562	嫣碧蕊香	桃花	鄢陵县东华种植农民专业合作社	岳长平、王力荣、朱更瑞、孙萌、张文建、汪世忠、汤正辉、程建明、沈希辉、闫晓丹	20190820
568	20190563	嫣粉娇香	桃花	鄢陵县东华种植农民专业合作社	岳长平、王力荣、朱更瑞、沈植国、王安亭、丁鑫、汪世忠、刘俊美、宋建军、张丽英	20190820
569	20190594	四季春6号	紫荆属	鄢陵中林园林工程有限公司	张林、刘双枝、张文馨	20190826
570	20190593	普天红1号	木瓜属	杨恩普	杨恩普、邸葆、陈段芬	20190826
571	20190328	杨选杏一号	杏	杨添慧	杨添慧	20190421
572	20190197	傲雪红	卫矛属	杨新社	杨新社、杨瑞	20190221
573	20190198	傲雪青	卫矛属	杨新社	杨新社、杨瑞	20190221
574	20190199	傲雪翠	卫矛属	杨新社	杨新社、杨瑞	20190221
575	20190200	傲雪苍翠	卫矛属	杨新社	杨新社、袁平立、杨瑞	20190221
576	20190201	傲霜红	卫矛属	杨新社	杨新社、孙绳照、袁平立、杨瑞	20190221
577	20190216	颐春	桃花	姚国轮	姚国轮	20190308

（续）

序号	申请号	品种名称	属（种）	申请人	培育人	申请日
578	20190241	颐春御	桃花	姚国轮	姚国轮、章振良	20190315
579	20190116	金满圆	桂花	宜昌市林木种苗管理站	鲁晓雄、陈邦清、梅花、王微琼、李国远	20181228
580	20190001	俏佳人	蔷薇属	宜良多彩盆栽有限公司	刘天平、胡明飞、何云县、卢燕、叶晓念	20181218
581	20190002	天女散花	蔷薇属	宜良多彩盆栽有限公司	刘天平、胡明飞、何云县、卢燕、叶晓念	20181218
582	20190003	朱丽叶	蔷薇属	宜良多彩盆栽有限公司	刘天平、胡明飞、何云县、卢燕、叶晓念	20181218
583	20190004	梦境	蔷薇属	宜良多彩盆栽有限公司	刘天平、胡明飞、何云县、卢燕、叶晓念	20181218
584	20190005	黛玉	蔷薇属	宜良多彩盆栽有限公司	刘天平、胡明飞、何云县、卢燕、叶晓念	20181218
585	20190006	貂蝉	蔷薇属	宜良多彩盆栽有限公司	刘天平、胡明飞、何云县、卢燕、叶晓念	20181218
586	20190007	玉兔	蔷薇属	宜良多彩盆栽有限公司	刘天平、胡明飞、何云县、卢燕、叶晓念	20181218
587	20190008	甜心	蔷薇属	宜良多彩盆栽有限公司	刘天平、胡明飞、何云县、卢燕、叶晓念	20181218
588	20190009	宝莲灯	蔷薇属	宜良多彩盆栽有限公司	刘天平、胡明飞、何云县、卢燕、叶晓念	20181218
589	20190010	伊丽莎白	蔷薇属	宜良多彩盆栽有限公司	刘天平、胡明飞、何云县、卢燕、叶晓念	20181218
590	20190011	彩虹	蔷薇属	宜良多彩盆栽有限公司	刘天平、胡明飞、何云县、卢燕、叶晓念	20181218
591	20190012	伊人	蔷薇属	宜良多彩盆栽有限公司	刘天平、胡明飞、何云县、卢燕、叶晓念	20181218
592	20190013	凤舞	蔷薇属	宜良多彩盆栽有限公司	刘天平、胡明飞、何云县、卢燕、叶晓念	20181218
593	20190014	粉儿	蔷薇属	宜良多彩盆栽有限公司	刘天平、胡明飞、何云县、卢燕、叶晓念	20181218
594	20190015	幽灵公主	蔷薇属	宜良多彩盆栽有限公司	刘天平、胡明飞、何云县、卢燕、叶晓念	20181218
595	20190016	娜乌西卡	蔷薇属	宜良多彩盆栽有限公司	刘天平、胡明飞、何云县、卢燕、叶晓念	20181218
596	20190017	彩霞	蔷薇属	宜良多彩盆栽有限公司	刘天平、胡明飞、何云县、卢燕、叶晓念	20181218
597	20190018	诺言	蔷薇属	宜良多彩盆栽有限公司	刘天平、胡明飞、何云县、卢燕、叶晓念	20181218
598	20190019	金粉世家	蔷薇属	宜良多彩盆栽有限公司	刘天平、胡明飞、何云县、卢燕、叶晓念	20181218
599	20190020	丽姬	蔷薇属	宜良多彩盆栽有限公司	刘天平、胡明飞、何云县、卢燕、叶晓念	20181218
600	20190021	小芙蓉	蔷薇属	宜良多彩盆栽有限公司	刘天平、胡明飞、何云县、卢燕、叶晓念	20181218

（续）

序号	申请号	品种名称	属（种）	申请人	培育人	申请日
601	20190022	晓梦	蔷薇属	宜良多彩盆栽有限公司	刘天平、胡明飞、何云县、卢燕、叶晓念	20181218
602	20190023	水芙蓉	蔷薇属	宜良多彩盆栽有限公司	刘天平、胡明飞、何云县、卢燕、叶晓念	20181218
603	20190024	初见	蔷薇属	宜良多彩盆栽有限公司	刘天平、胡明飞、何云县、卢燕、叶晓念	20181218
604	20190025	淑女	蔷薇属	宜良多彩盆栽有限公司	刘天平、胡明飞、何云县、卢燕、叶晓念	20181218
605	20190026	珍珠	蔷薇属	宜良多彩盆栽有限公司	刘天平、胡明飞、何云县、卢燕、叶晓念	20181218
606	20190027	真爱	蔷薇属	宜良多彩盆栽有限公司	刘天平、胡明飞、何云县、卢燕、叶晓念	20181218
607	20190028	暹罗	蔷薇属	宜良多彩盆栽有限公司	刘天平、胡明飞、何云县、卢燕、叶晓念	20181218
608	20190029	暮光	蔷薇属	宜良多彩盆栽有限公司	刘天平、胡明飞、何云县、卢燕、叶晓念	20181218
609	20190030	舞妃	蔷薇属	宜良多彩盆栽有限公司	刘天平、胡明飞、何云县、卢燕、叶晓念	20181218
610	20190031	知己	蔷薇属	宜良多彩盆栽有限公司	刘天平、胡明飞、何云县、卢燕、叶晓念	20181218
611	20190032	贝拉	蔷薇属	宜良多彩盆栽有限公司	刘天平、胡明飞、何云县、卢燕、叶晓念	20181218
612	20190033	飞雪	蔷薇属	宜良多彩盆栽有限公司	刘天平、胡明飞、何云县、卢燕、叶晓念	20181218
613	20190034	金盏	蔷薇属	宜良多彩盆栽有限公司	刘天平、胡明飞、何云县、卢燕、叶晓念	20181218
614	20190035	阳光	蔷薇属	宜良多彩盆栽有限公司	刘天平、胡明飞、何云县、卢燕、叶晓念	20181218
615	20190036	焰灵姬	蔷薇属	宜良多彩盆栽有限公司	刘天平、胡明飞、何云县、卢燕、叶晓念	20181218
616	20190037	小乔	蔷薇属	宜良多彩盆栽有限公司	刘天平、胡明飞、罗开春、何云县、卢燕、陈海文、叶晓念	20181218
617	20190038	绿雪桃	蔷薇属	宜良多彩盆栽有限公司	刘天平、胡明飞、何云县、卢燕、叶晓念	20181218
618	20190039	美人	蔷薇属	宜良多彩盆栽有限公司	刘天平、胡明飞、何云县、卢燕、叶晓念	20181218
619	20190040	冰河	蔷薇属	宜良多彩盆栽有限公司	刘天平、胡明飞、何云县、卢燕、叶晓念	20181218
620	20190041	不知火舞	蔷薇属	宜良多彩盆栽有限公司	刘天平、胡明飞、何云县、卢燕、叶晓念	20181218
621	20190042	雪女	蔷薇属	宜良多彩盆栽有限公司	刘天平、胡明飞、何云县、卢燕、叶晓念	20181218
622	20190043	白雪桃	蔷薇属	宜良多彩盆栽有限公司	刘天平、胡明飞、何云县、卢燕、叶晓念	20181218
623	20190044	安娜	蔷薇属	宜良多彩盆栽有限公司	刘天平、胡明飞、何云县、卢燕、叶晓念	20181218

（续）

序号	申请号	品种名称	属（种）	申请人	培育人	申请日
624	20190045	潘多拉	蔷薇属	宜良多彩盆栽有限公司	刘天平、胡明飞、何云县、卢燕、叶晓念	20181218
625	20190046	雅典娜	蔷薇属	宜良多彩盆栽有限公司	刘天平、胡明飞、何云县、卢燕、叶晓念	20181218
626	20190047	凤凰	蔷薇属	宜良多彩盆栽有限公司	刘天平、胡明飞、何云县、卢燕、叶晓念	20181218
627	20190048	天空之城	蔷薇属	宜良多彩盆栽有限公司	刘天平、胡明飞、何云县、卢燕、叶晓念	20181218
628	20190049	皓月	蔷薇属	宜良多彩盆栽有限公司	刘天平、胡明飞、何云县、卢燕、叶晓念	20181218
629	20190050	倾城之恋	蔷薇属	宜良多彩盆栽有限公司	刘天平、胡明飞、何云县、卢燕、叶晓念	20181218
630	20190051	蛇女	蔷薇属	宜良多彩盆栽有限公司	刘天平、胡明飞、何云县、卢燕、叶晓念	20181218
631	20190052	物语	蔷薇属	宜良多彩盆栽有限公司	刘天平、胡明飞、何云县、卢燕、叶晓念	20181218
632	20190053	西施	蔷薇属	宜良多彩盆栽有限公司	刘天平、胡明飞、何云县、卢燕、叶晓念	20181218
633	20190054	笑颜	蔷薇属	宜良多彩盆栽有限公司	刘天平、胡明飞、何云县、卢燕、叶晓念	20181218
634	20190055	小粉桃	蔷薇属	宜良多彩盆栽有限公司	刘天平、胡明飞、何云县、卢燕、叶晓念	20181218
635	20190056	大鱼海棠	蔷薇属	宜良多彩盆栽有限公司	刘天平、胡明飞、何云县、卢燕、叶晓念	20181218
636	20190539	醉红颜	李属	英德市旺地樱花种植有限公司	胡晓敏、何宗儒、叶小玲、朱军、刘雅思、陈端妮	20190819
637	20190540	笑开颜	李属	英德市旺地樱花种植有限公司	胡晓敏、叶小玲、何宗儒、朱军、陈端妮	20190819
638	20190541	曼妙	李属	英德市旺地樱花种植有限公司	叶小玲、胡晓敏、何宗儒、张晓明、朱军、苏捷	20190819
639	20190542	鹊桥仙子	李属	英德市旺地樱花种植有限公司	叶小玲、胡晓敏、何宗儒、张晓明、朱军、苏捷	20190819
640	20190543	映月	李属	英德市旺地樱花种植有限公司	叶小玲、胡晓敏、何宗儒、朱军、刘雅思、李仕裕	20190819
641	20190544	香满园	李属	英德市旺地樱花种植有限公司	胡晓敏、叶小玲、何宗儒、朱军、陈端妮	20190819
642	20190545	锦绣	李属	英德市旺地樱花种植有限公司	胡晓敏、何宗儒、叶小玲、朱军、陈端妮	20190819
643	20190665	英特碧子博（INTERBIZTILB）	蔷薇属	英特普兰特月季育种公司（Interplant Roses B.V.）	范·多伊萨姆（ir.A.J.H.van Doesum）	20190918
644	20190666	英特斯曼德（INTERCIMANYD）	蔷薇属	英特普兰特月季育种公司（Interplant Roses B.V.）	范·多伊萨姆（ir.A.J.H.van Doesum）	20190918

（续）

序号	申请号	品种名称	属（种）	申请人	培育人	申请日
645	20190357	鑫杨 1 号	杨属	永清县鑫地缘农林产品开发有限公司	王恭祎	20190523
646	20190358	鑫杨 2 号	杨属	永清县鑫地缘农林产品开发有限公司	王恭祎	20190523
647	20190230	皇后阳台	蔷薇属	玉溪迪瑞特花卉有限公司	杜秀娟	20190314
648	20190485	香雪公主	蔷薇属	玉溪迪瑞特花卉有限公司	杜秀娟	20190809
649	20190486	蜜恋泡泡	蔷薇属	玉溪迪瑞特花卉有限公司	杜秀娟	20190809
650	20190487	可爱泡泡	蔷薇属	玉溪迪瑞特花卉有限公司	杜秀娟	20190809
651	20190501	闪电	蔷薇属	云南锦科花卉工程研究中心有限公司	田连通、倪功、乔丽婷、何琼	20190812
652	20190502	倾心	蔷薇属	云南锦科花卉工程研究中心有限公司	田连通、倪功、乔丽婷、何琼、王江兵	20190812
653	20190503	茜茜公主	蔷薇属	云南锦科花卉工程研究中心有限公司	田连通、倪功、乔丽婷、何琼、王江兵	20190812
654	20190504	元气少女	蔷薇属	云南锦科花卉工程研究中心有限公司	田连通、倪功、乔丽婷、何琼、王江兵	20190812
655	20190505	桃花醉	蔷薇属	云南锦科花卉工程研究中心有限公司	田连通、倪功、乔丽婷、何琼、王江兵	20190812
656	20190506	春之舞	蔷薇属	云南锦科花卉工程研究中心有限公司	田连通、倪功、乔丽婷、何琼、阳明祥	20190812
657	20190507	烈火如歌	蔷薇属	云南锦科花卉工程研究中心有限公司	田连通、倪功、乔丽婷、何琼、阳明祥	20190812
658	20190508	落霞	蔷薇属	云南锦科花卉工程研究中心有限公司	田连通、倪功、乔丽婷、何琼、阳明祥	20190812
659	20190509	星期八	蔷薇属	云南锦科花卉工程研究中心有限公司	田连通、倪功、乔丽婷、何琼、阳明祥	20190812
660	20190510	蒹葭	蔷薇属	云南锦科花卉工程研究中心有限公司	田连通、倪功、乔丽婷、何琼	20190812
661	20190511	无双	蔷薇属	云南锦科花卉工程研究中心有限公司	田连通、倪功、乔丽婷、何琼、阳明祥	20190812
662	20190512	流年	蔷薇属	云南锦科花卉工程研究中心有限公司	田连通、倪功、张力、乔丽婷、何琼、王江兵	20190812
663	20190513	微笑天使	蔷薇属	云南锦科花卉工程研究中心有限公司	田连通、倪功、乔丽婷、何琼、阳明祥	20190812
664	20190514	傲娇女郎	蔷薇属	云南锦科花卉工程研究中心有限公司	田连通、倪功、乔丽婷、何琼	20190812
665	20190282	云上紫魁	山茶属	云南省农业科学院花卉研究所	蔡艳飞、黄文仲、王继华、胡虹、李树发、李世峰	20190410
666	20190595	粉精灵	杜鹃花属	云南省农业科学院花卉研究所	彭绿春、李世峰、解玮佳、王继华、李树发、宋杰、蔡艳飞、张露	20190827

（续）

序号	申请号	品种名称	属（种）	申请人	培育人	申请日
667	20190596	黛玉	杜鹃花属	云南省农业科学院花卉研究所	解玮佳、李世峰、彭绿春、王继华、宋杰、李树发、张露、蔡艳飞	20190827
668	20190699	凤凰传奇	蔷薇属	云南省农业科学院花卉研究所	张颢、唐开学、邱显钦、晏慧君、王其刚、陈敏、蹇洪英、周宁宁、李淑斌	20191009
669	20190700	蝶影重重	蔷薇属	云南省农业科学院花卉研究所	陈敏、唐开学、张颢、邱显钦、王其刚、李淑斌、晏慧君、蹇洪英、周宁宁	20191009
670	20190701	梦青春	蔷薇属	云南省农业科学院花卉研究所	邱显钦、唐开学、张颢、晏慧君、王其刚、陈敏、蹇洪英、周宁宁、李淑斌	20191009
671	20190057	霓之恋	蔷薇属	云南探花农业科技开发有限公司	陈举、郭凤鸣、刘颖、刘正国、拔海燕	20181218
672	20190058	红星	蔷薇属	云南探花农业科技开发有限公司	陈举、郭凤鸣、刘颖、禹孟辰、刘正国	20181218
673	20190585	海秀三号	榛属	张婷婷	张婷婷	20190823
674	20190672	天王	山茶属	漳平市永福瑞升花卉种植农场	陈振国	20190920
675	20190673	瑞升 1 号	杜鹃花属	漳平市永福瑞升花卉种植农场	陈振国	20190920
676	20190103	长金	银杏	赵化友	赵化友	20181225
677	20190428	红霞	油桐属	赵吉伟	张卓然、赵吉伟、王彭伟、丁熊秀	20190702
678	20190060	夜舞娘	紫薇	浙江东海岸园艺有限公司	沈鸿明、沈劲余、顾其祥、李盼盼、陈卓梅、王金凤、汤成佳、朱雪娟	20181220
679	20190061	女儿芯	紫薇	浙江东海岸园艺有限公司	沈鸿明、沈劲余、朱王微、张晓杰、李盼盼、朱雪娟、潘小宇、马国其	20181220
680	20190062	黑精灵	紫薇	浙江东海岸园艺有限公司	沈鸿明、沈劲余、李盼盼、朱王微、张晓杰、汤成佳、费也君、朱雪娟	20181220
681	20190063	篱红田园	紫薇	浙江东海岸园艺有限公司	沈劲余、沈鸿明、顾其祥、陈云文、薛桂芳、顾敏洁、孙陈伟、李盼盼	20181220
682	20190064	橡叶舞娘	紫薇	浙江东海岸园艺有限公司	沈劲余、沈鸿明、朱雪娟、费也君、薛桂芳、朱王微、张晓杰、李盼盼	20181220
683	20190065	萝莉	紫薇	浙江东海岸园艺有限公司	沈鸿明、沈劲余、张晓杰、李盼盼、朱王微、薛桂芳、王菁蕾、宋鑫远	20181220
684	20190066	米叶佳欣	紫薇	浙江东海岸园艺有限公司	沈鸿明、沈劲余、张晓杰、朱王微、李盼盼、薛桂芳、沈文超、马宇宁	20181220

（续）

序号	申请号	品种名称	属（种）	申请人	培育人	申请日
685	20190067	红粉田园	紫薇	浙江东海岸园艺有限公司	沈劲余、沈鸿明、陈卓梅、王金凤、薛桂芳、朱王微、张晓杰、李盼盼	20181220
686	20190068	舞女	紫薇	浙江东海岸园艺有限公司	沈鸿明、沈劲余、顾其祥、朱王微、陈云文、李盼盼、张晓杰、薛桂芳	20181220
687	20190138	孔雀开屏	紫薇	浙江东海岸园艺有限公司	沈劲余、沈鸿明、顾翠花、张晓杰、薛桂芳、李盼盼、朱王微、顾敏洁	20190104
688	20190069	少女情怀	紫薇	浙江鸿翔园林绿化工程有限公司	沈鸿明、沈劲余、李盼盼、张晓杰、汤成佳、薛桂芳、沈文超、顾敏洁	20181220
689	20190070	初恋香	紫薇	浙江鸿翔园林绿化工程有限公司	沈鸿明、沈劲余、朱王微、张晓杰、李盼盼、薛桂芳、施海飞、谢骏	20181220
690	20190071	红孔雀	紫薇	浙江鸿翔园林绿化工程有限公司	沈劲余、沈鸿明、费也君、朱雪娟、薛桂芳、李盼盼、朱王微、张晓杰	20181220
691	20190072	英红田园	紫薇	浙江鸿翔园林绿化工程有限公司	沈劲余、沈鸿明、朱王微、李盼盼、薛桂芳、张晓杰、顾敏洁、汤成佳	20181220
692	20190073	舞精灵	紫薇	浙江鸿翔园林绿化工程有限公司	沈劲余、沈鸿明、汤成佳、张晓杰、朱王微、李盼盼、顾敏洁、沈文超	20181220
693	20190380	蓝美 88 号	越橘属	浙江蓝美农业有限公司	杨曙方、贺厉、於虹、赵荣芳、洪麒明	20190605
694	20190381	蓝美 113 号	越橘属	浙江蓝美农业有限公司	杨曙方、贺厉、於虹、赵荣芳、洪麒明	20190605
695	20190382	蓝美 119 号	越橘属	浙江蓝美农业有限公司	杨曙方、贺厉、於虹、赵荣芳、洪麒明	20190605
696	20190416	四季红	桂花	浙江理工大学	胡绍庆、黄新纪、黄坤云、李清莹、崔祺	20190625
697	20190417	如雪	桂花	浙江理工大学	胡绍庆、黄新纪、黄坤云、李清莹、崔祺	20190625
698	20190074	艳贵妃	紫薇	浙江森城种业有限公司	沈鸿明、沈劲余、顾翠花、汤成佳、薛桂芳、朱王微、李盼盼、张晓杰	20181220
699	20190075	舞贵妃	紫薇	浙江森城种业有限公司	沈劲余、沈鸿明、王金凤、张晓杰、朱王微、李盼盼、薛桂芳、顾敏洁	20181220
700	20190076	绿宝石	紫薇	浙江森城种业有限公司	沈劲余、沈鸿明、张晓杰、朱王微、薛桂芳、李盼盼、高晓龙、沈文超	20181220
701	20190077	粉黛美人	紫薇	浙江森城种业有限公司	沈劲余、沈鸿明、王金凤、陈卓梅、薛桂芳、张晓杰、李盼盼、朱王微	20181220
702	20190078	晚秋	紫薇	浙江森城种业有限公司	沈鸿明、薛桂芳、朱王微、张晓杰、顾敏洁、李庄华、张成燕、顾翠花	20181220

（续）

序号	申请号	品种名称	属（种）	申请人	培育人	申请日
703	20190079	玫红田园	紫薇	浙江森城种业有限公司	沈劲余、沈鸿明、陈云文、顾其祥、薛桂芳、李盼盼、朱王微、张晓杰	20181220
704	20190080	舞娘	紫薇	浙江森城种业有限公司	沈劲余、沈鸿明、陈云文、朱王微、陈卓梅、张晓杰、李盼盼、费也君	20181220
705	20190081	夏日飞雪	紫薇	浙江森城种业有限公司	沈劲余、沈鸿明、陈卓梅、王金凤、薛桂芳、张晓杰、李盼盼、朱王微	20181220
706	20190082	昭贵妃	紫薇	浙江森城种业有限公司	沈劲余、沈鸿明、李盼盼、薛桂芳、张晓杰、朱王微、朱雪娟、孙陈伟	20181220
707	20190083	紫贵妃	紫薇	浙江森城种业有限公司	沈劲余、沈鸿明、朱王微、张晓杰、李盼盼、薛桂芳、朱雪娟、费也君	20181220
708	20190084	雪贵妃	紫薇	浙江森城种业有限公司	沈鸿明、沈劲余、朱雪娟、费也君、李盼盼、朱王微、张晓杰、薛桂芳	20181220
709	20190085	黛贵妃	紫薇	浙江森城种业有限公司	沈劲余、沈鸿明、李盼盼、朱王微、张晓杰、费也君、朱雪娟、顾敏洁	20181220
710	20190086	米叶紫欣	紫薇	浙江森城种业有限公司	沈劲余、沈鸿明、陈云文、张晓杰、顾其祥、李盼盼、朱王微、薛桂芳	20181220
711	20190137	少女芯	紫薇	浙江森城种业有限公司	沈鸿明、薛桂芳、朱王微、张晓杰、顾敏洁、李庄华、张成燕、顾翠花	20190104
712	20190139	落樱缤纷	紫薇	浙江森城种业有限公司	沈鸿明、薛桂芳、朱王微、张晓杰、顾敏洁、李庄华、张成燕、顾翠花	20190104
713	20190148	黄金丙	乌桕属	浙江森禾集团股份有限公司	郑勇平、陈岗、王春、张光泉、刘丹丹	20190114
714	20190149	霜林醉	乌桕属	浙江森禾集团股份有限公司	郑勇平、王越、尹庆平、林清爱、余成龙	20190114
715	20190150	旭日	枫香属	浙江森禾集团股份有限公司	郑勇平、刘丹丹、余成龙、闫艳丽、陈慧芳	20190114
716	20190359	邻家女孩	蚊母树属	浙江森禾集团股份有限公司	王春、郑勇平、周正廷、余成龙、尹庆平、周正宝	20190525
717	20190360	红粉佳人	蚊母树属	浙江森禾集团股份有限公司	周正廷、郑勇平、王越、刘丹丹、周正宝	20190525
718	20190471	含羞	李属	浙江省林业科学研究院	柳新红、蒋冬月、沈鑫、李因刚、郭娟、沈柏春、彭志声、田伟莉	20190802
719	20190472	粉蝶	李属	浙江省林业科学研究院	柳新红、蒋冬月、沈鑫、郭娟、李因刚、魏建芬、沈柏春、陈浩	20190802

（续）

序号	申请号	品种名称	属（种）	申请人	培育人	申请日
720	20190473	雪舞	李属	浙江省林业科学研究院	柳新红、蒋冬月、沈鑫、李因刚、魏建芬、邱帅、郭娟、崔晓燕	20190802
721	20190474	恋蝶	李属	浙江省林业科学研究院	沈鑫、柳新红、蒋冬月、邱帅、李因刚、杨浩、王霁、余磊	20190802
722	20190475	风车	李属	浙江省林业科学研究院	蒋冬月、柳新红、沈鑫、沈柏春、高凯、李因刚、孙丽娜、陈林敬	20190802
723	20190476	宛梅	李属	浙江省林业科学研究院	蒋冬月、柳新红、沈鑫、沈柏春、郭娟、邱帅、李因刚、王霁	20190802
724	20190477	燕紫	李属	浙江省林业科学研究院	沈鑫、柳新红、蒋冬月、郭娟、沈柏春、李因刚、张楠、王琳锋	20190802
725	20190478	骄舞	李属	浙江省林业科学研究院	柳新红、蒋冬月、沈柏春、沈鑫、郭娟、李因刚、魏建芬、叶佳	20190802
726	20190636	浙翠金	榉属	浙江省林业科学研究院	李婷婷、朱锦茹、顾沈华、盛卫星、唐永强、邱帅、沈爱华、袁位高	20190905
727	20190637	浙红玉	榉属	浙江省林业科学研究院	袁位高、李婷婷、盛卫星、顾沈华、唐永强、陈庆标、黄玉洁、焦洁洁	20190905
728	20190638	浙晚绿	榉属	浙江省林业科学研究院	袁位高、李婷婷、朱锦茹、金凯、邵慰忠、陈庆标、吴初平、江波	20190905
729	20190639	浙丽金	榉属	浙江省林业科学研究院	李婷婷、朱锦茹、邵慰忠、蔡建武、袁位高、邱帅、江波	20190905
730	20190281	浙红1号	红豆杉属	浙江武义念本农业科技有限公司	陈法贵	20190410
731	20190470	绿城梦	蔷薇属	郑州植物园	宋良红、杨志恒、何彦召、郭欢欢、张娟、林博	20190802
732	20190133	盛京红	丁香属	中国科学院沈阳应用生态研究所	张粤、苏道岩、陈玮、赵大伟、黄彦青	20190102
733	20190134	盛京黄	丁香属	中国科学院沈阳应用生态研究所	张粤、陈玮、苏道岩、赵大伟	20190102
734	20190135	盛京紫	丁香属	中国科学院沈阳应用生态研究所	张粤、李岩、陈玮、苏道岩、赵大伟	20190102
735	20190498	科园金碧4号	侧柏属	中国科学院植物研究所	唐宇丹、李霞、李锐丽、法丹丹、邢全、孙雪琪、李慧、白红彤	20190812
736	20190496	科园金碧1号	侧柏属	中国科学院植物研究所	唐宇丹、李锐丽、孙雪琪、邢全、李霞、李慧、法丹丹、姚涓	20190812

（续）

序号	申请号	品种名称	属（种）	申请人	培育人	申请日
737	20190497	科园金碧 3 号	侧柏属	中国科学院植物研究所	唐宇丹、邢全、李霞、姚涓、法丹丹、李锐丽、孙雪琪、张会金	20190812
738	20190499	科园金碧 5 号	侧柏属	中国科学院植物研究所	唐宇丹、李慧、法丹丹、张会金、李霞、姚涓、孙雪琪、白红彤	20190812
739	20190093	福临门	决明属	中国林业科学研究院林业研究所	李斌、郑勇奇、林富荣、郭文英、郑世楷、于淑兰	20181223
740	20190094	澧滨彩凤	木通属	中国林业科学研究院林业研究所	李斌、郑勇奇、林富荣、郭文英、杨选正	20181223
741	20190095	中泰 3 号	皂荚属	中国林业科学研究院林业研究所	李斌、郑勇奇、林富荣、郭文英、张光田、张明昊	20181223
742	20190096	中泰 4 号	皂荚属	中国林业科学研究院林业研究所	李斌、郑勇奇、林富荣、郭文英、张光田、张明昊	20181223
743	20190336	京通 1 号	杨属	中国林业科学研究院林业研究所	胡建军	20190426
744	20190337	京通 2 号	杨属	中国林业科学研究院林业研究所	胡建军	20190426
745	20190370	河东二号	皂荚属	中国林业科学研究院林业研究所	林富荣、雷永元、闫义定、郑勇奇、郭文英、李斌、闫桂兰	20190530
746	20190371	河东三号	皂荚属	中国林业科学研究院林业研究所	林富荣、雷永元、闫义定、郑勇奇、郭文英、李斌、闫桂兰	20190530
747	20190372	河东四号	皂荚属	中国林业科学研究院林业研究所	郑勇奇、雷永元、闫义定、林富荣、郭文英、李斌、闫桂兰	20190530
748	20190459	抗旱 1 号杨	杨属	中国林业科学研究院林业研究所	苏晓华、张冰玉、黄秦军、丁昌俊、李爱平、张伟溪	20190725
749	20190468	宛梓 1 号	梓树属	中国林业科学研究院林业研究所	麻文俊、王军辉、翟文继、杨桂娟、王秋霞、卢楠、易飞、唐洪普、贾赛、苗青、李冰雪、李洁、张珅	20190730
750	20190626	华北 1 号	杨属	中国林业科学研究院林业研究所	胡建军、赵自成、苏雪辉、李喜林、于自力、张智勇	20190902
751	20190627	华北 2 号	杨属	中国林业科学研究院林业研究所	胡建军、赵自成、李喜林、苏雪辉、王金艳、吴冲	20190902
752	20190628	华北 3 号	杨属	中国林业科学研究院林业研究所	胡建军、赵自成、王志彬、刘海翔、赵岩、刘志刚、王军军	20190902
753	20190743	中石 1 号	文冠果	中国林业科学研究院林业研究所	毕泉鑫、崔德石、王利兵、张凯、于海燕、戴立、孙涤非、曹颖、关煜涵、崔天鹏、刘肖娟	20191021

（续）

序号	申请号	品种名称	属（种）	申请人	培育人	申请日
754	20190744	中石 7 号	文冠果	中国林业科学研究院林业研究所	王利兵、崔德石、毕泉鑫、张凯、于海燕、戴立、孙涤非、曹颖、关煜涵、崔天鹏、刘肖娟	20191021
755	20190745	中冠 1 号	文冠果	中国林业科学研究院林业研究所	毕泉鑫、王利兵、于海燕、崔德石、崔天鹏、刘肖娟、贾仕军、秦兆宝	20191021
756	20190746	中冠 5 号	文冠果	中国林业科学研究院林业研究所	毕泉鑫、王利兵、于海燕、崔德石、崔天鹏、刘肖娟、贾仕军、秦兆宝	20191021
757	20190786	玉泉鹤舞	牡丹	中国林业科学研究院林业研究所	王雁、周琳、郑宝强、律春燕、李奎、郭欣、缪崑	20191205
758	20190787	玉泉春燕	牡丹	中国林业科学研究院林业研究所	王雁、周琳、郑宝强、律春燕、李奎、郭欣、缪崑	20191205
759	20190160	热林 28	桉属	中国林业科学研究院热带林业研究所	李光友、徐建民、彭仕尧、赵汝玉、胡杨、黄宏健、陈文平、欧生、李华强、陈马兴、陈守光、徐秀婷、陈儒香	20190121
760	20190161	热林 108	桉属	中国林业科学研究院热带林业研究所	李光友、徐建民、姚庆端、陆钊华、洪长福、方福钟、陆海飞、刘荣忠、胡杨、黄宏健	20190121
761	20190162	热林 117	桉属	中国林业科学研究院热带林业研究所	李光友、徐建民、姚庆端、陆钊华、方福钟、吴世军、刘荣忠、胡杨、粟国磊、姜成、李从容	20190121
762	20190783	红贵妃	含笑属	中国林业科学研究院亚热带林业研究所	刘军、姜景民、谭梓峰、李彦杰	20191205
763	20190784	金富椿	香椿属	中国林业科学研究院亚热带林业研究所	刘军、姜景民、李彦杰、谭梓峰	20191205
764	20190088	百蕊红	蔷薇属	中国农业科学院蔬菜花卉研究所	葛红、杨树华、贾瑞冬、赵鑫、李秋香、朱应雄、孙纲	20181221
765	20190089	粉色回忆	蔷薇属	中国农业科学院蔬菜花卉研究所	葛红、杨树华、贾瑞冬、赵鑫、李秋香、朱应雄	20181221
766	20190090	红尘之恋	蔷薇属	中国农业科学院蔬菜花卉研究所	葛红、杨树华、贾瑞冬、赵鑫、李秋香、陈举	20181221
767	20190091	花木兰	蔷薇属	中国农业科学院蔬菜花卉研究所	葛红、杨树华、贾瑞冬、赵鑫、李秋香、陈举、李锦斌	20181221
768	20190092	乳酪蛋糕	蔷薇属	中国农业科学院蔬菜花卉研究所	葛红、杨树华、贾瑞冬、赵鑫、李秋香、陈举	20181221
769	20190178	中石榴 4 号	石榴属	中国农业科学院郑州果树研究所	曹尚银、李好先、骆翔	20190123
770	20190179	中石榴 5 号	石榴属	中国农业科学院郑州果树研究所	曹尚银、李好先、骆翔	20190123
771	20190180	中石榴 8 号	石榴属	中国农业科学院郑州果树研究所	曹尚银、李好先、骆翔	20190123

（续）

序号	申请号	品种名称	属（种）	申请人	培育人	申请日
772	20190151	蛋白桑中农天龙 1 号	桑属	中农华龙（北京）农业科技有限公司	白景彰、孙柏勇、李卫东、罗文雯	20190114
773	20190759	蛋白桑中农 2 号	桑属	中农华龙（北京）农业科技有限公司	白景彰、李卫东、孙柏勇、梁陵山、于文通	20191029
774	20190760	蛋白桑中农 3 号	桑属	中农华龙（北京）农业科技有限公司	白景彰、李卫东、孙柏勇、梁陵山、于文通	20191029
775	20190625	霓裳	野牡丹属	中山大学	周仁超、刘莹、陈静芳、曾风、李子华、张硕、易慧琳、谢腾芳、王刚、邢景景、李灿	20190830
776	20190469	彩虹怡情	绣球属	重庆市森宝园林绿化有限公司	张登铭	20190730
777	20190181	娃芭拉 80102（80102WABARA）	蔷薇属	株式会社 Rose Universe	国枝启司	20180126
778	20190182	娃芭拉 80100CP（80100WABARA-CP）	蔷薇属	株式会社 Rose Universe	国枝启司	20180130
779	20190183	娃芭拉 80103（80103WABARA）	蔷薇属	株式会社 Rose Universe	国枝启司	20180126
780	20190184	娃芭拉 80101（80101WABARA）	蔷薇属	株式会社 Rose Universe	国枝启司	20180126
781	20190398	果美	卫矛属	淄博凯创园林有限公司	张允东、李东征	20190610
782	20190691	锦玉 1 号	卫矛属	淄博市川林彩叶卫矛新品种研究所	邓运川、冯献滨、杨进、翟慎学、储博彦	20190927
783	20190692	锦玉 2 号	卫矛属	淄博市川林彩叶卫矛新品种研究所	翟慎学、王建刚、翟红莲、戚刚业、于立滨、伍会萍、李娜、王志飞、储博彦	20190927
784	20190166	红颜妒	木兰属	棕榈生态城镇发展股份有限公司	王晶、王亚玲、岳琳、严丹峰、赵强民、唐春艳、简向阳、冯承婷	20190122
785	20190167	玲珑美人	木兰属	棕榈生态城镇发展股份有限公司	严丹峰、王晶、王亚玲、赵珊珊、岳琳、赵强民、陈娜娟、唐春艳	20190122
786	20190168	美脉	木兰属	棕榈生态城镇发展股份有限公司	吴建军、岳琳、甘美娜、王晶、王亚玲、严丹峰、唐春艳、简向阳	20190122
787	20190169	娉婷丽人	木兰属	棕榈生态城镇发展股份有限公司	王晶、甘美娜、王亚玲、赵珊珊、岳琳、严丹峰、谢雨慧、陈娜娟	20190122
788	20190170	霞蔚	木兰属	棕榈生态城镇发展股份有限公司	岳琳、王晶、甘美娜、王亚玲、严丹峰、唐春艳、简向阳、冯承婷	20190122
789	20190173	玉碗	木兰属	棕榈生态城镇发展股份有限公司	岳琳、王亚玲、王晶、严丹峰、赵强民、赵珊珊、简向阳、徐姣俊	20190122
790	20190174	心连心	含笑属	棕榈生态城镇发展股份有限公司	王晶、赵珊珊、王亚玲、严丹峰、岳琳、赵珊珊、唐春艳、陈娜娟	20190122

（续）

序号	申请号	品种名称	属（种）	申请人	培育人	申请日
791	20190175	点绛唇	含笑属	棕榈生态城镇发展股份有限公司	王晶、甘美娜、王亚玲、严丹峰、岳琳、赵珊珊、赵强民、简向阳	20190122
792	20190176	春晖	含笑属	棕榈生态城镇发展股份有限公司	岳琳、王晶、王亚玲、甘美娜、简向阳、严丹峰、赵强民、赵珊珊	20190122
793	20190177	栖蝶	含笑属	棕榈生态城镇发展股份有限公司	王晶、严丹峰、王亚玲、岳琳、赵强民、赵珊珊	20190122
794	20190788	斑马斑马	木兰属	棕榈生态城镇发展股份有限公司	王晶、王亚玲、岳琳、赵珊珊、赵强民、甘美娜、简向阳、冯承婷	20191211
795	20190789	粉玲珑	木兰属	棕榈生态城镇发展股份有限公司	岳琳、王晶、王亚玲、甘美娜、赵珊珊、赵强民、陈娜娟	20191211
796	20190790	娇娇女	木兰属	棕榈生态城镇发展股份有限公司	赵珊珊、甘美娜、王亚玲、王晶、岳琳、赵强民、谢雨慧	20191211
797	20190791	香粉公主	含笑属	棕榈生态城镇发展股份有限公司	赵强民、岳琳、王亚玲、王晶、赵珊珊、甘美娜、简向阳、谢雨慧	20191211
798	20190792	小金宝	含笑属	棕榈生态城镇发展股份有限公司	赵强民、王晶、王亚玲、岳琳、赵珊珊、甘美娜、简向阳、冯承婷	20191211
799	20190793	小确幸	含笑属	棕榈生态城镇发展股份有限公司	王晶、岳琳、王亚玲、甘美娜、简向阳、赵强民、赵珊珊	20191211
800	20190794	小糖宝	木兰属	棕榈生态城镇发展股份有限公司	王晶、王亚玲、岳琳、甘美娜、赵强民、赵珊珊、简向阳、冯承婷	20191211
801	20190795	雅馨	含笑属	棕榈生态城镇发展股份有限公司	王晶、王亚玲、岳琳、甘美娜、简向阳、赵强民、赵珊珊	20191211
802	20190796	紫玲珑	含笑属	棕榈生态城镇发展股份有限公司	赵强民、王亚玲、王晶、岳琳、甘美娜、赵珊珊、陈娜娟	20191211

数据来源：国家林业和草原局植物新品种保护办公室。

附表3　2019年林产品地理标志

序号	注册号	地理标志名称	省（自治区、直辖市）	申请单位	公告日期	备注
1	AGI2019-01-2526	芮城香椿	山西	芮城县香椿产业协会	20190117	农业农村部已登记
2	AGI2019-01-2527	介休绵芪	山西	介休市绵芪种植协会	20190117	农业农村部已登记
3	AGI2019-01-2544	青田杨梅	浙江	青田县经济作物管理站	20190117	农业农村部已登记
4	AGI2019-01-2545	枫桥香榧	浙江	诸暨市香榧博物馆（诸暨市林业科学研究所）	20190117	农业农村部已登记
5	AGI2019-01-2546	宁海白枇杷	浙江	宁海县水果产业协会	20190117	农业农村部已登记
6	AGI2019-01-2559	王家辿红油香椿	河南	鹤壁市鹤山区农业技术推广站	20190117	农业农村部已登记
7	AGI2019-01-2563	英山天麻	湖北	英山县药材和茧丝绸产业化办公室	20190117	农业农村部已登记
8	AGI2019-01-2565	大畈枇杷	湖北	通山县枇杷协会	20190117	农业农村部已登记
9	AGI2019-01-2568	北山梅	湖南	长沙县北山镇公共服务中心	20190117	农业农村部已登记
10	AGI2019-01-2572	武宣胭脂李	广西	武宣县农业技术推广站	20190117	农业农村部已登记
11	AGI2019-01-2580	板贵花椒	贵州	关岭布依族苗族自治县果树蔬菜工作站	20190117	农业农村部已登记
12	AGI2019-01-2591	漳县紫斑牡丹	甘肃	漳县牡丹产业协会	20190117	农业农村部已登记
13	AGI2019-01-2592	宕昌百花蜜	甘肃	宕昌县畜牧兽医局	20190117	农业农村部已登记
14	AGI2019-01-2593	同心银柴胡	宁夏	同心县农业技术推广服务中心	20190117	农业农村部已登记
15	AGI2019-02-2598	绛县连翘	山西	绛县果业发展中心	20190624	农业农村部已登记
16	AGI2019-02-2607	余姚杨梅	浙江	余姚市林业特产技术推广总站	20190624	农业农村部已登记
17	AGI2019-02-2608	宣城铁皮石斛	安徽	宁国市铁皮石斛协会	20190624	农业农村部已登记
18	AGI2019-02-2617	龙山厚朴	湖南	龙山县中药材产业服务中心	20190624	农业农村部已登记
19	AGI2019-02-2618	龙山黄柏	湖南	龙山县中药材产业服务中心	20190624	农业农村部已登记
20	AGI2019-02-2622	琼海油茶	海南	琼海市热带作物服务中心	20190624	农业农村部已登记
21	AGI2019-02-2629	绥江半边红李子	云南	绥江县农业技术推广中心	20190624	农业农村部已登记

（续）

序号	注册号	地理标志名称	省（自治区、直辖市）	申请单位	公告日期	备注
22	AGI2019-02-2631	玉门枸杞	甘肃	玉门市农业技术推广中心	20190624	农业农村部已登记
23	AGI2019-02-2633	眠县蜂蜜	甘肃	民县畜牧兽医局	20190624	农业农村部已登记
24	AGI2019-02-2634	麦积山花蜜	甘肃	天水市麦积区畜牧技术推广站	20190624	农业农村部已登记
25	AGI2019-02-2637	互助当归	青海	互助土族自治县高原特色现代农业示范园管委会	20190624	农业农村部已登记
26	AGI2019-02-2638	互助黄芪	青海	互助土族自治县高原特色现代农业示范园管委会	20190624	农业农村部已登记
27	AGI2019-03-2641	西下营板栗	河北	遵化市农业技术推广中心	20190904	农业农村部已登记
28	AGI2019-03-2647	阳城花椒	山西	阳城县干果经济协会	20190904	农业农村部已登记
29	AGI2019-03-2657	本溪蜂蜜	辽宁	本溪市畜产品安全监察所	20190904	农业农村部已登记
30	AGI2019-03-2666	萝北蜂蜜	黑龙江	萝北县多种经营办公室	20190904	农业农村部已登记
31	AGI2019-03-2677	安山核桃	浙江	杭州市临安区山核桃产业协会	20190904	农业农村部已登记
32	AGI2019-03-2679	杭白菊	浙江	桐乡市农业技术推广服务中心	20190904	农业农村部已登记
33	AGI2019-03-2680	遂昌三叶青	浙江	遂昌县中药材开发研究所	20190904	农业农村部已登记
34	AGI2019-03-2681	温梳子	浙江	温州市特产站	20190904	农业农村部已登记
35	AGI2019-03-2693	夏津椹果	山东	夏津县农村能源环保站	20190904	农业农村部已登记
36	AGI2019-03-2696	垛庄板栗	山东	济南市章丘区垛庄板栗协会	20190904	农业农村部已登记
37	AGI2019-03-2708	卢氏连翘	河南	卢氏县中药材生产管理办公室	20190904	农业农村部已登记
38	AGI2019-03-2709	新县山茶油	河南	新县油茶产业协会	20190904	农业农村部已登记
39	AGI2019-03-2722	龙门蜂蜜	广东	龙门县养蜂协会	20190904	农业农村部已登记
40	AGI2019-03-2726	平南余甘果	广西	平南县大玉余甘果协会	20190904	农业农村部已登记
41	AGI2019-03-2734	云阳泥溪黑木耳	重庆	云阳县泥溪镇农业服务中心	20190904	农业农村部已登记
42	AGI2019-03-2737	天全竹笋	四川	天全县农产品质量安全监督检验检测站	20190904	农业农村部已登记
43	AGI2019-03-2742	水城核桃	贵州	水城县农业产业化服务中心	20190904	农业农村部已登记

（续）

序号	注册号	地理标志名称	省（自治区、直辖市）	申请单位	公告日期	备注
44	AGI2019-03-2748	赤水楠竹笋	贵州	赤水市营林站	20190904	农业农村部已登记
45	AGI2019-03-2750	兴义芭蕉芋	贵州	黔西南州农业技术推广站	20190904	农业农村部已登记
46	AGI2019-03-2757	天柱茶油	贵州	天柱县林业产业发展办公室	20190904	农业农村部已登记
47	AGI2019-03-2758	务川蜂蜜	贵州	务川仡佬族苗族自治县畜禽品种改良站	20190904	农业农村部已登记
48	AGI2019-03-2759	习水岩蜂蜜	贵州	习水县农产品质量安全检测中心	20190904	农业农村部已登记
49	AGI2019-03-2775	兰州百合	甘肃	兰州市七里河区农业技术推广站	20190904	农业农村部已登记
50	AGI2019-03-2776	舟曲棒棒槽蜂蜜	甘肃	舟曲县畜牧草原工作站	20190904	农业农村部已登记
51	25711632	屏边草果	云南	屏边县草果种植行业协会	20190113	国家知识产权局商标局已注册
52	21110106	骑岸大方柿	江苏	南通市通州区十总镇农业服务中心	20190206	国家知识产权局商标局已注册
53	27282902	东方菊花	海南	东方市林业科学研究所	20190213	国家知识产权局商标局已注册
54	25593056	淳木瓜	浙江	淳安县临岐中药材产业协会	20190220	国家知识产权局商标局已注册
55	25711957	海口火山石斛	海南	海口市石斛协会	20190220	国家知识产权局商标局已注册
56	25833028	关坪天麻	云南	云龙县天麻协会	20190220	国家知识产权局商标局已注册
57	25906165	长汀茶油	福建	长汀县健安种养技术交流协会	20190220	国家知识产权局商标局已注册
58	25906168	长汀笋干	福建	长汀县健安种养技术交流协会	20190220	国家知识产权局商标局已注册
59	25906169	长汀油柰	福建	长汀县健安种养技术交流协会	20190220	国家知识产权局商标局已注册
60	25906171	长汀玉扣纸	福建	长汀县健安种养技术交流协会	20190220	国家知识产权局商标局已注册
61	26156013	淳前胡	浙江	淳安县临岐中药材产业协会	20190220	国家知识产权局商标局已注册
62	26156014	淳半夏	浙江	淳安县临岐中药材产业协会	20190220	国家知识产权局商标局已注册
63	26156266	湾潭生漆	湖北	五峰生漆产业研究所	20190220	国家知识产权局商标局已注册
64	26694890	乐都沙果	青海	海东市乐都区绿色农产品开发协会	20190220	国家知识产权局商标局已注册
65	26759435	甘南蕨麻	甘肃	甘南州蕨麻种植协会	20190220	国家知识产权局商标局已注册

（续）

序号	注册号	地理标志名称	省（自治区、直辖市）	申请单位	公告日期	备注
66	26759436	甘南蕨麻	甘肃	甘南州蕨麻种植协会	20190220	国家知识产权局商标局已注册
67	28346552	城口大木漆	重庆	城口县林学会	20190220	国家知识产权局商标局已注册
68	28376437	陈塘黑金耳	西藏	定结县农牧综合服务中心	20190220	国家知识产权局商标局已注册
69	28376446	陈塘黑金耳	西藏	定结县农牧综合服务中心	20190220	国家知识产权局商标局已注册
70	26556766	涡阳槐花	安徽	涡阳县林业产业协会	20190227	国家知识产权局商标局已注册
71	26783675	通河大榛子	黑龙江	通河县林业工作总站	20190306	国家知识产权局商标局已注册
72	27209588	开封菊花	河南	开封市人民政府节会办公室	20190306	国家知识产权局商标局已注册
73	27766035	小金玫瑰	四川	小金县玫瑰种植协会	20190306	国家知识产权局商标局已注册
74	27766050	三江茶油	广西	三江侗族自治县科学技术情报研究所（广西三江茶叶和油茶研究所）	20190306	国家知识产权局商标局已注册
75	27794933	定陶玫瑰	山东	菏泽市定陶区陶丘玫瑰开发服务中心	20190306	国家知识产权局商标局已注册
76	27881853	延边黑木耳	吉林	延边长白山食（药）用菌协会	20190306	国家知识产权局商标局已注册
77	18600179	清水核桃	甘肃	清水县核桃协会	20190313	国家知识产权局商标局已注册
78	29422426	潼南柠檬	重庆	重庆市潼南区柠檬产业协会	20190406	国家知识产权局商标局已注册
79	26079056	横峰葛	江西	横峰县农副土特产品协会	20190413	国家知识产权局商标局已注册
80	26757868	津市茶油	湖南	津市市茶油协会	20190606	国家知识产权局商标局已注册
81	26783676	通河大榛子	黑龙江	通河县林业工作总站	20190606	国家知识产权局商标局已注册
82	27934042	英山茯苓	湖北	英山县药材商会	20190606	国家知识产权局商标局已注册
83	28314925	平顺大红袍花椒	山西	平顺县地方特产发展协会	20190606	国家知识产权局商标局已注册
84	28713126	甘谷花椒	甘肃	甘谷县农产品流通经纪人协会	20190606	国家知识产权局商标局已注册
85	27283326	东方黄花梨	海南	东方市林业科学研究所	20190620	国家知识产权局商标局已注册
86	22825852	霍山米斛	安徽	霍山县霍山石斛产业协会	20190720	国家知识产权局商标局已注册
87	27234649	阳朔九龙藤蜂蜜	广西	阳朔县水产畜牧技术推广站	20190727	国家知识产权局商标局已注册

（续）

序号	注册号	地理标志名称	省（自治区、直辖市）	申请单位	公告日期	备注
88	27282733	武宣牛心柿	广西	武宣县农业技术推广站	20190727	国家知识产权局商标局已注册
89	27347441	双峰香榧	浙江	宁海县黄坛镇香榧产业协会	20190727	国家知识产权局商标局已注册
90	27565937	靖西大果山楂	广西	靖西市水果生产办公室	20190727	国家知识产权局商标局已注册
91	30514038	通山油茶	湖北	通山县油茶协会	20190727	国家知识产权局商标局已注册
92	29937336	山亭长红枣	山东	枣庄市山亭区长红枣果业协会	20190806	国家知识产权局商标局已注册
93	29260663	卢氏核桃	河南	卢氏县林果业生产管理办公室	20190806	国家知识产权局商标局已注册
94	30415566	乡城松茸	四川	乡城县农业技术推广和土壤肥料站	20190806	国家知识产权局商标局已注册
95	29465797	札达杏子酒	西藏	西藏札达县农牧业技术推广站（农机监理站）	20190813	国家知识产权局商标局已注册
96	29306945	震泽蚕丝 ZHENZE SILK	江苏	苏州市吴江区震泽蚕丝同业公会	20190820	国家知识产权局商标局已注册
97	28080575	伊通榛子	吉林	吉林省工商联榛子产业商会伊通分会	20190820	国家知识产权局商标局已注册
98	31452013	乡城菩提	四川	乡城县文化馆	20190820	国家知识产权局商标局已注册
99	31516311	珙县蚕茧	四川	珙县蚕桑与经济作物站	20190820	国家知识产权局商标局已注册
100	32315403	翠峦黑木耳	黑龙江	翠峦区黑木耳协会	20190820	国家知识产权局商标局已注册
101	30415565	乡城松茸	四川	乡城县农业技术推广和土壤肥料站	20190827	国家知识产权局商标局已注册
102	28346009	建阳水仙	福建	南平市建阳区经济作物技术推广站	20190906	国家知识产权局商标局已注册
103	28458882	南江核桃油	四川	南江县核桃产业发展中心	20190906	国家知识产权局商标局已注册
104	22480079	都江堰厚朴	四川	都江堰市农业林业科技服务中心	20190927	国家知识产权局商标局已注册
105	25906163	长汀板栗	福建	长汀县健安种养技术交流协会	20190927	国家知识产权局商标局已注册
106	26856463	赞皇蜂蜜	河北	赞皇县养蜂协会	20190927	国家知识产权局商标局已注册
107	28414132	界市竹笋	四川	隆昌市界市镇农村经济技术服务中心	20190927	国家知识产权局商标局已注册
108	28932535	宜昌木姜子	湖北	宜昌市林产品专业技术协会	20190927	国家知识产权局商标局已注册
109	30378206	马边竹笋	四川	马边彝族自治县彝乡竹资源开发协会	20191006	国家知识产权局商标局已注册

（续）

序号	注册号	地理标志名称	省（自治区、直辖市）	申请单位	公告日期	备注
110	30378207	马边竹笋	四川	马边彝族自治县彝乡竹资源开发协会	20191006	国家知识产权局商标局已注册
111	28134960	丽江食用玫瑰（LIJIANG EDINLE ROSES）	云南	丽江市生物产业协会	20191013	国家知识产权局商标局已注册
112	28685891	凤山茶油	广西	凤山县核桃产业发展局	20191013	国家知识产权局商标局已注册
113	29227128	垣曲桑蚕	山西	垣曲县特色农副产品协会	20191020	国家知识产权局商标局已注册
114	26400465	鱼台杞柳	山东	鱼台县杞柳协会	20191027	国家知识产权局商标局已注册
115	26857423	敖汉沙棘（AOHAN SEABUCKTHORN）	内蒙古	敖汉沙棘产业协会	20191127	国家知识产权局商标局已注册
116	28106504	天峨珍珠李	广西	天峨县科学技术开发中心	20191127	国家知识产权局商标局已注册
117	28633717	化德黑枸杞	内蒙古	化德县黑枸杞协会	20191127	国家知识产权局商标局已注册
118	28815379	礼亭椰子	海南	陵水黎族自治县优质特色产品推广协会	20191127	国家知识产权局商标局已注册
119	29422445	景泰大枣	甘肃	景泰县土特产品行业协会	20191127	国家知识产权局商标局已注册
120	29936165	会理核桃	四川	会理县林业科学技术推广服务中心	20191127	国家知识产权局商标局已注册
121	28377018	邢台酸枣	河北	邢台县酸枣产业协会	20191206	国家知识产权局商标局已注册
122	29280861	芒康木耳	西藏	昌都市农业技术推广总站	20191206	国家知识产权局商标局已注册
123	25783504	鹿泉石榴	河北	石家庄市鹿泉区石榴协会	20191227	国家知识产权局商标局已注册
124	28284531	陵川连翘	山西	陵川县中药材协会	20191227	国家知识产权局商标局已注册
125	29082602	昭觉玫瑰	四川	昭觉县农技站	20191227	国家知识产权局商标局已注册
126	29082602	昭觉玫瑰	四川	昭觉县农技站	20191227	国家知识产权局商标局已注册
127	29633458	和林格尔沙棘	内蒙古	呼和浩特市和林格尔县富农农副产品协会	20191227	国家知识产权局商标局已注册
128	30220804	永胜软籽石榴	云南	永胜县园艺技术推广站	20191227	国家知识产权局商标局已注册
129	30416047	古浪枸杞	甘肃	古浪县枸杞发展协会	20191227	国家知识产权局商标局已注册
130	30932965	山亭花椒	山东	枣庄市山亭区山城花椒种植产业发展协会	20191227	国家知识产权局商标局已注册

（续）

序号	注册号	地理标志名称	省（自治区、直辖市）	申请单位	公告日期	备注
131	31295328	赞皇酸枣仁	河北	赞皇县农产品协会	20191227	国家知识产权局商标局已注册
132	31675242	南溪茵红李	四川	宜宾市南溪区留宾农产品协会	20191227	国家知识产权局商标局已注册
133	32170425	泊头桑椹	河北	泊头市营子镇农村经济服务中心	20191227	国家知识产权局商标局已注册
134	32460403	伊通梅花鹿	吉林	伊通满族自治县满瑞堂鹿业协会	20191227	国家知识产权局商标局已注册
135	32698363	大田华兴茶油	福建	大田县华兴镇农业服务中心	20191227	国家知识产权局商标局已注册
136	33126243	盐水石榴	云南	会泽县水果工作站	20191227	国家知识产权局商标局已注册
137	33577509	惠安余甘	福建	惠安县粮果蔬产业协会	20191227	国家知识产权局商标局已注册
138	33577510	惠安余甘	福建	惠安县粮果蔬产业协会	20191227	国家知识产权局商标局已注册
139	33746238	五莲柞蚕	山东	五莲县特色产品开发服务协会	20191227	国家知识产权局商标局已注册
140	33986482	张集黑木耳	湖北	钟祥市传统食品研究推广中心	20191227	国家知识产权局商标局已注册
141	35189232	茂县羌脆李	四川	茂县经济作物管理站	20191227	国家知识产权局商标局已注册

数据来源：农业农村部、国家知识产权局商标局。

附表4　2019年主要林业和草原图书

序号	ISBN	题名	责任者	出版者	出版年月
1	978-7-03-051286-4	“一带一路”海域生态环境遥感监测	何贤强等著	科学出版社	201906
2	978-7-03-051282-6	“一带一路”南亚区生态环境遥感监测	牛铮等著	科学出版社	201906
3	978-7-5359-7025-1	100 种常见林业有害生物图鉴	李南林，梁远楠主编	广东科技出版社	201901
4	978-7-5038-9942-3	2016 中国花卉产业发展报告	中国花卉协会编著	中国林业出版社	201905
5	978-7-5116-4334-6	3 种披碱草属牧草繁殖生物学特性研究	德英著	中国农业科学技术出版社	201908
6	978-7-5088-5634-6	C4 植物生物学：荒漠植物生理生态适应性	苏培玺著	龙门书局	201909
7	978-7-5111-4070-8	阿尔金山国家级自然保护区的生物多样性	董世魁等编著	中国环境出版集团	201910
8	978-7-5461-7721-2	安徽省鸟类分布名录与图鉴	侯银续著	黄山书社	201904
9	978-7-311-05543-1	安南坝保护区维管植物图谱	刘建泉，李波卡，冯虎元编著	兰州大学出版社	201901
10	978-7-03-060033-2	白桦基因工程育种	刘桂丰，李慧玉，黄海娇著	科学出版社	201906
11	978-7-03-060785-0	白桦叶片内源激素与合成相关基因表达分析	张荣沭著	科学出版社	201903
12	978-7-03-060714-0	白及生态种植技术研究	吴明开编著	科学出版社	201903
13	978-7-03-060132-2	白簕生物生态学及栽培技术研究	肖娟主编	科学出版社	201908
14	978-7-308-19704-5	白蚁防治技术与管理现状：中国、美国、欧洲、东南亚	宋晓钢主编	浙江大学出版社	201911
15	978-7-03-061512-1	百合抗病细胞工程育种与实践	张艺萍，王继华，何月秋主编	科学出版社	201906
16	978-7-109-25950-8	保护和发展的双重规制：县一级林业治理的转型与变革	李博著	中国农业出版社	201911
17	978-7-03-061270-0	北戴河国家湿地公园植物图鉴	唐宏亮主编	科学出版社	201906
18	978-7-5116-4400-8	北方常见抗盐碱植物耐盐结构及其生态适应演化	赵凤娟，赵自国，夏江宝著	中国农业科学技术出版社	201911
19	978-7-5038-9984-3	北京朝阳园林绿化简史	王灏，文献主编	中国林业出版社	201903
20	978-7-121-36822-6	北京访花昆虫图谱	虞国跃著	电子工业出版社	201906
21	978-7-5096-6410-0	北京林业大学实验林场植物图谱	北京林业大学实验林场编	经济管理出版社	201906
22	978-7-5038-9706-1	北京湿地中常见植物知多少	李伟，崔丽娟主编	中国林业出版社	201907
23	978-7-109-25342-1	北京休闲林业发展研究	黄映晖著	中国农业出版社	201904
24	978-7-01-019945-0	北京园林史	董焱主编	人民出版社	201905
25	978-7-5219-0153-5	被子植物原色图谱	马永红，杨彪编著	中国林业出版社	201908
26	978-7-5116-4153-3	草木樨生产与利用	马春晖，席琳乔主编	中国农业科学技术出版社	201907
27	978-7-109-25382-7	草业良种良法配套手册·2018	全国畜牧总站编	中国农业出版社	201906
28	978-7-03-059250-7	草原碳增汇功能区划与调控模式：以呼伦贝尔草原和毛乌素沙地为例	李政海等著	科学出版社	201901
29	978-7-5219-0182-5	测树学	李凤日主编	中国林业出版社	201908

（续）

序号	ISBN	题名	责任者	出版者	出版年月
30	978-7-03-059944-5	城市绿地生态服务功能提升的关键技术研究	任引，左舒翟，李峥著	科学出版社	201901
31	978-7-5478-4384-0	城市森林病虫害图鉴	吴时英，徐颖主编	上海科学技术出版社	201907
32	978-7-5618-6500-2	城市生态修复的低碳园林设计途径	王洪成，吕晨著	天津大学出版社	201910
33	978-7-5219-0344-7	城市生态学	温国胜主编	中国林业出版社	201910
34	978-7-5686-0316-4	赤松外生菌根生理生态学研究	马大龙，苑亚茹著	黑龙江大学出版社	201911
35	978-7-5364-9510-4	川西北高原常见观赏植物集锦	贾国夫，樊华，赵文吉主编	四川科学技术出版社	201907
36	978-7-5682-5915-6	传统园林对现代景观设计的影响	刘娜著	北京理工大学出版社	201903
37	978-7-03-059536-2	丛枝菌根对阿特拉津胁迫生理及分子响应	宋福强著	科学出版社	201901
38	978-7-109-25341-4	脆弱草原带土地利用对土壤质量的影响研究	敖登高娃著	中国农业出版社	201904
39	978-7-5038-9948-5	定边县林业志	武丽主编	中国林业出版社	201901
40	978-7-5591-1195-1	东北草地野生植物识别手册	曹伟，张文浩主编	辽宁科学技术出版社	201906
41	978-7-03-056201-2	东北森林植物原色图谱	曹伟主编	科学出版社	201903
42	978-7-5674-1745-8	东北湿地植物彩色图志	周繇主编	东北林业大学出版社	201909
43	978-7-03-059875-2	东北天然次生林多目标经营与经济效应研究	何友均等著	科学出版社	201903
44	978-7-03-056200-5	东北植物分布图集	曹伟主编	科学出版社	201902
45	978-7-310-05728-3	杜仲良种繁育和高效栽培技术与宁夏引种栽培	何兴东等编著	南开大学出版社	201901
46	978-7-5219-0046-0	多功能森林经营方案编制技术及案例	谢阳生，陆元昌，刘宪钊等著	中国林业出版社	201905
47	978-7-5038-9876-1	鹅掌楸种质资源描述规范和数据标准	李斌，郑勇奇主编	中国林业出版社	201901
48	978-7-5116-4485-5	丰宁坝上草原常见植物资源彩色图谱	闫伟红等著	中国农业科学技术出版社	201912
49	978-7-03-060657-0	风积沙采沙迹地治理与恢复	汪季等主编	科学出版社	201903
50	978-7-5689-1203-7	风景园林树木学	赵九洲，邢春艳主编	重庆大学出版社	201908
51	978-7-5219-0117-7	风景园林制图	李素英，刘丹丹主编	中国林业出版社	201911
52	978-7-5116-4025-3	福建省野生果树图志	韦晓霞，叶新福，余文权编著	中国农业科学技术出版社	201907
53	978-7-311-05605-6	覆被变化与高寒草甸水分过程概论	李英年，贺慧丹，杨永胜主编	兰州大学出版社	201905
54	978-7-5218-1071-4	改革开放以来的中国林业发展评价与展望	柯水发等著	经济科学出版社	201911
55	978-7-03-061456-8	甘肃草原植物图鉴	赵忠主编	科学出版社	201906
56	978-7-5424-2651-2	甘肃省国家重点保护兰科植物识别手册	唐继荣主编	甘肃科学技术出版社	201903
57	978-7-5111-4085-2	甘肃省国家重点生态功能区县域生态环境质量监测评价与考核技术指南	甘肃省环境监测中心站编著	中国环境出版集团	201910
58	978-7-5116-3994-3	甘肃主要栽培牧草与天然草地植物图谱	田福平，胡宇，陈子萱主编	中国农业科学技术出版社	201903
59	978-7-5612-6629-8	干旱区城市生态基础设施规划研究	付宗驰等著	西北工业大学出版社	201909

（续）

序号	ISBN	题名	责任者	出版者	出版年月
60	978-7-5587-1462-7	高原花卉环境控制参数库的建设：以非洲菊设施栽培为样本	张小岚主编	云南科技出版社	201901
61	978-7-5170-7859-3	灌溉人工草地建植条件下牧区水—土—草—畜平衡调控研究	李和平等著	中国水利水电出版社	201908
62	978-7-5219-0004-0	广东省阔叶林生物量模型及碳计量	薛春泉，徐期瑚编著	中国林业出版社	201905
63	978-7-03-062795-7	广东植物鉴定技巧	廖文波，叶华谷编著	科学出版社	201912
64	978-7-5359-7161-6	广东重点保护野生植物	王瑞江主编	广东科技出版社	201908
65	978-7-5551-1164-1	广西白蚁危害综合治理案例选编	陈实主编	广西科学技术出版社	201909
66	978-7-03-062791-9	广西红树林资源及其经济价值	梁士楚，赵丰丽，伍淑婕等著	科学出版社	201911
67	978-7-5359-7054-1	广州入侵植物	王瑞江主编	广东科技出版社	201903
68	978-7-312-04707-7	贵池鸟类图志	吴海龙，赵凯，程东升主编	中国科学技术大学出版社	201906
69	978-7-5219-0048-4	贵州普安龙吟阔叶林州级自然保护区综合科学考察集	杨卫诚，冉景丞主编	中国林业出版社	201906
70	978-7-5219-0245-7	贵州月亮山自然保护区科学考察研究	罗扬，龙笛信主编	中国林业出版社	201909
71	978-7-109-25445-9	国家草品种区域试验十年回顾与进展	全国畜牧总站编	中国农业出版社	201904
72	978-7-5219-0098-9	国家公园科研与监测能力建设研究	唐小平，马炜，刘增力编著	中国林业出版社	201906
73	978-7-03-059342-9	国家公园体制的国际经验及借鉴	天恒可持续发展研究所，保尔森基金会，环球国家公园协会编	科学出版社	201904
74	978-7-311-05621-6	国家公园与生态文明建设高端论坛报告集	宋尚有主编	兰州大学出版社	201907
75	978-7-03-060693-8	国家生态文明建设指标体系研究与评估	舒俭民，张林波主编	科学出版社	201903
76	978-7-5038-9966-9	国家支持林草业民营经济发展政策摘编	张建龙主编	中国林业出版社	201903
77	978-7-5111-3941-2	国家重点生态功能区县域生态环境质量监测评价与考核技术指南	中国环境监测总站编	中国环境出版集团	201904
78	978-7-5116-4084-0	国有林场发展和管理标准化研究	翟洪波等著	中国农业科学技术出版社	201908
79	978-7-5201-4070-6	国有林场基本实现现代化：原山林场评估报告	中国社会科学评价研究院，中国林业经济学会编著	社会科学文献出版社	201901
80	978-7-03-061537-4	哈尔滨城市森林特征与生态服务功能	王文杰著	科学出版社	201906
81	978-7-5615-7336-5	海口湿地·红树林篇	陈鹭真，钟才荣，陈松，顾肖璇编著	厦门大学出版社	201906
82	978-7-5038-9780-1	海南森林野菜图谱	钱军等编著	中国林业出版社	201901
83	978-7-03-058752-7	海南植被志·第一卷	杨小波，陈宗铸，李东海等著	科学出版社	201908
84	978-7-5565-1011-5	杭州美丽湿地	陈勤娟主编	杭州出版社	201901
85	978-7-5565-1010-8	杭州森林公园	陈勤娟主编	杭州出版社	201901

（续）

序号	ISBN	题名	责任者	出版者	出版年月
86	978-7-03-059836-3	合成孔径雷达森林参数反演技术与方法	李增元著	科学出版社	201903
87	978-7-5219-0252-5	河北大海陀国家级自然保护区常见野生动植物图谱	邢韶华等编著	中国林业出版社	201909
88	978-7-122-33927-0	河流湿地资源利用与公园规划：以山东省临沂市为例	谢宝东著	化学工业出版社	201905
89	978-7-5219-0357-7	河南森林碳汇与碳汇造林	田耀武等著	中国林业出版社	201911
90	978-7-5111-3934-4	河南省林业碳吸收能力分析	刘秉涛编	中国环境出版集团	201903
91	978-7-5349-9480-7	河南植物志：补修编	王健，杨秋生主编	河南科学技术出版社	201907
92	978-7-5038-7371-3	红花玉兰研究：发现 特性 保护·第一卷	马履一等著	中国林业出版社	201906
93	978-7-03-061287-8	红壤坡地侵蚀产沙及养分流失模拟研究	张丽萍著	科学出版社	201906
94	978-7-03-061464-3	红树林分子生态学	王友绍著	科学出版社	201908
95	978-7-03-062256-3	呼伦贝尔草原植物图鉴	辛晓平等著	科学出版社	201911
96	978-7-03-061532-9	胡杨和灰杨繁殖生物学	李志军等著	科学出版社	201911
97	978-7-5706-0800-3	湖北省国家重点保护野生动物图鉴	郑联合，吴华主编	湖北科学技术出版社	201912
98	978-7-5680-4120-1	湖北重要能源植物	李晓东等编著	华中科技大学出版社	201906
99	978-7-5219-0184-9	湖北紫荆	张林等编著	中国林业出版社	201908
100	978-7-5201-4505-3	湖泊湿地利用转型研究：以洞庭湖湿地为例	邝奕轩著	社会科学文献出版社	201905
101	978-7-5219-0132-0	湖南省森林恢复和多功能经营技术指南	陆元昌等著	中国林业出版社	201906
102	978-7-5667-1711-5	湖南油茶产量气象条件分析	廖玉芳等编著	湖南大学出版社	201904
103	978-7-5349-9468-5	蝴蝶兰栽培技术图谱	许申平编著	河南科学技术出版社	201906
104	978-7-122-34586-8	互花米草生态工程	钦佩，张焕仕，覃凤飞编著	化学工业出版社	201908
105	978-7-5170-7749-7	华北典型灌草植物根系力学研究	张超波著	中国水利水电出版社	201906
106	978-7-03-061889-4	环境灾害学	张丽萍编著	科学出版社	201908
107	978-7-5686-0325-6	荒漠土壤中慢生根瘤菌地理分布及分子进化机制	冀照君著	黑龙江大学出版社	201908
108	978-7-5646-4482-6	黄河三角洲贝壳堤水盐肥生态过程与植被恢复	孙景宽等著	中国矿业大学出版社	201906
109	978-7-03-061463-6	黄河三角洲滨海湿地退化过程与生态修复	于君宝等著	科学出版社	201906
110	978-7-5646-4481-9	黄河三角洲湿地生态评价与恢复技术	孙景宽等著	中国矿业大学出版社	201906
111	978-7-5424-2675-8	黄河首曲高寒草地沙化防治研究	徐先英，唐进年，金红喜主编	甘肃科学技术出版社	201908
112	978-7-03-061443-8	黄土高原功能导向型林分结构调控	毕华兴等著	科学出版社	201906
113	978-7-03-061670-8	黄土高原近 30 年植被覆盖及其气候变化响应	常庆瑞，谢宝妮著	科学出版社	201906
114	978-7-03-060638-9	恢复生态学导论	任海等编著	科学出版社	201903
115	978-7-5111-4073-9	基于改进 Biome-BGC 模型的三江源高寒草甸净第一性生产力模拟	孙庆龄，李宝林著	中国环境出版集团	201911

（续）

序号	ISBN	题名	责任者	出版者	出版年月
116	978-7-5116-4396-4	基于遥感观测数据的植被叶面积指数反演方法研究	郭利彪著	中国农业科学技术出版社	201911
117	978-7-5689-1515-1	基于植物生物节律的园林植物照明	段然著	重庆大学出版社	201906
118	978-7-03-059821-9	基于智能手机的立木测量技术与方法	徐爱俊著	科学出版社	201906
119	978-7-03-060725-6	吉林省西部湿地变化的气候水文效应研究	刘雁著	科学出版社	201903
120	978-7-5578-5311-2	吉林省植物志·第一卷	金洙哲，金英花主编	吉林科学技术出版社	201906
121	978-7-03-063353-8	集体林经营管理理论与方法	邓华锋著	科学出版社	201911
122	978-7-5038-9356-8	集体林区森林可持续经营：以贵州中德财政合作项目为例	姚建勇，欧光龙主编	中国林业出版社	201903
123	978-7-5111-3938-2	建立国家公园体制总体方案研究	彭福伟等编著	中国环境出版集团	201905
124	978-7-109-25953-9	江西野生牧草图册	甘兴华，白昌军主编	中国农业出版社	201909
125	978-7-5111-3962-7	晋西北沙化土壤质量提升研究	刘爽，刘勇，史建伟编著	中国环境出版集团	201906
126	978-7-112-23089-1	京津冀古树寻踪	京津冀古树名木保护研究中心编	中国建筑工业出版社	201901
127	978-7-210-11067-5	井冈山自然保护区志	姜志明主编	江西人民出版社	201902
128	978-7-5038-9967-6	景观设计手绘方法论	尹曼主编	中国林业出版社	201903
129	978-7-03-062027-9	景观生态安全格局规划理论、方法与应用	欧定华等编著	科学出版社	201910
130	978-7-5219-0334-8	景观生态学	何东进主编	中国林业出版社	201911
131	978-7-03-061445-2	九峰科技植物资源	张维，张家来主编	科学出版社	201908
132	978-7-03-063581-5	可持续土地管理制度框架与政策机制研究	王登举、何友均、王鹏、谢和生、高楠、王雅菲编著	科学出版社	201912
133	978-7-5610-9542-3	矿山生态退化区修复治理关键技术研究	郝喆等著	辽宁大学出版社有限责任公司	201901
134	978-7-5331-9778-0	历史时期中国森林地理分布与变迁	文焕然著	山东科学技术出版社	201903
135	978-7-5674-0955-2	利用多倍体诱导及转基因技术提高植物抗逆性研究	殷奎德，郭永霞，王丽艳著	东北林业大学出版社	201906
136	978-7-5509-2333-1	栎类害虫及防控技术	薛照宇等主编	黄河水利出版社	201907
137	978-7-5651-4246-8	溧阳木本植物	王坚强，张光宣编著	南京师范大学出版社	201906
138	978-7-03-059285-9	连接生态系统科学和政策的桥梁：生物多样性和生态系统服务政府间科学政策平台	黄艺等著	科学出版社	201901
139	978-7-5219-0210-5	辽宁省生态保护红线划定研究	王延松等著	中国林业出版社	201907
140	978-7-5038-9960-7	林产化学工艺学	左宋林主编	中国林业出版社	201903
141	978-7-03-061654-8	林分空间结构优化与模拟技术	李际平，曹小玉著	科学出版社	201911
142	978-7-5219-0307-2	林木种苗培育学	刘勇等主编	中国林业出版社	201910
143	978-7-5038-9866-2	林业 GIS	李明阳主编	中国林业出版社	201904
144	978-7-5115-5908-1	林业绿色经济理论与实践	柯水发等编著	人民日报出版社	201905

（续）

序号	ISBN	题名	责任者	出版者	出版年月
145	978-7-5038-9999-7	林业有害生物监测预报 . 2018	国家林业和草原局森林和草原病虫害防治总站编著	中国林业出版社	201904
146	978-7-5641-8188-8	林业政策学	丁胜，杨加猛，赵庆建主编	东南大学出版社	201901
147	978-7-5424-2673-4	临夏州云杉病虫害诊断与防治	马艳芳主编	甘肃科学技术出版社	201905
148	978-7-5111-4107-1	陆地生态系统生物观测指标与规范	吴冬秀等编著	中国环境出版集团	201910
149	978-7-5111-4141-5	陆地生态系统土壤观测指标与规范	潘贤章等编著	中国环境出版集团	201912
150	978-7-5219-0196-2	绿色金融	黄颖利等编著	中国林业出版社	201908
151	978-7-5219-0194-8	绿色经济发展研究	张春霞著	中国林业出版社	201908
152	978-7-112-23364-9	绿野行踪：林海高原六十载	徐凤翔著	中国建筑工业出版社	201901
153	978-7-5219-0058-3	马尾松近自然经营探索与实践	孟祥江主编	中国林业出版社	201905
154	978-7-5218-0434-8	帽儿山森林生态系统土壤动物及土壤碳通量动态研究	张利敏著	经济科学出版社	201905
155	978-7-5668-2719-7	梅州维管植物名录	廖富林等编著	暨南大学出版社	201910
156	978-7-5116-4463-3	蒙古国南北草原样带植物群落野外调查报告	韩文军等著	中国农业科学技术出版社	201912
157	978-7-5038-9945-4	面向新时代的中国月季产业：首届中国月季产业高峰论坛论文集	赵梁军主编	中国林业出版社	201901
158	978-7-109-23879-4	牡丹栽培技术	贾文庆主编	中国农业出版社	201905
159	978-7-5066-8902-1	木材保护标准汇编	木材节约发展中心，中国木材保护工业协会编	中国标准出版社	201901
160	978-7-122-33305-6	木材干燥实用技术	艾沐野编著	化学工业出版社	201902
161	978-7-03-060880-2	木材焊接技术	周晓剑，杜官本编著	科学出版社	201904
162	978-7-5219-0208-2	木材科学与工程专业英语	丁涛主编	中国林业出版社	201908
163	978-7-03-060786-7	木材微胶囊预处理及功能化制备技术	傅峰，吕少一，胡拉编著	科学出版社	201903
164	978-7-122-34968-2	木材纤维素纳米纤丝解离与重组基础	卿彦，吴义强，蔡智勇著	化学工业出版社	201908
165	978-7-5219-0246-4	木材学	徐有明主编	中国林业出版社	201908
166	978-7-5219-0306-5	木地板行业核心专利分析与汇编	国家林业和草原局知识产权研究中心编	中国林业出版社	201905
167	978-7-5219-0094-1	木家具制造工艺学	吴智慧主编	中国林业出版社	201906
168	978-7-03-060210-7	木制品表面环保涂装技术	彭晓瑞，张占宽著	科学出版社	201904
169	978-7-03-061449-0	木质导电功能材料制备技术	傅峰等著	科学出版社	201906
170	978-7-03-061371-4	木质素及其功能材料	戴林，司传领编著	科学出版社	201906
171	978-7-122-33264-6	木质素降解菌的降解机制及其应用	燕红著	化学工业出版社	201907
172	978-7-03-060342-5	木质藤本植物资源·上册	牟凤娟等著	科学出版社	201906

（续）

序号	ISBN	题名	责任者	出版者	出版年月
173	978-7-122-34293-5	木质纤维素预处理及其高值化应用	谷峰主编	化学工业出版社	201908
174	978-7-5487-3534-2	木竹天然纤维绿色复合材料	何洪城主编	中南大学出版社	201908
175	978-7-03-060244-2	牧草生理生态研究	麻冬梅等著	科学出版社	201911
176	978-7-04-047040-6	牧草栽培学双语辑要	龙明秀，呼天明主编	高等教育出版社	201903
177	978-7-5116-4246-2	牧草种植与利用技术问答	贾春林，王者勇编著	中国农业科学技术出版社	201908
178	978-7-5116-4259-2	那曲草地资源图谱	旦久罗布，严俊编著	中国农业科学技术出版社	201906
179	978-7-5219-0101-6	南方罗汉松速生栽培技术	马继耀著	中国林业出版社	201905
180	978-7-109-25778-8	内蒙古草原有害生物绿色防控	内蒙古自治区草原工作站编著	中国农业出版社	201908
181	978-7-5219-0084-2	内蒙古呼伦贝尔市森林生态系统服务功能及价值研究	潘金生，张红蕾，黄龙生等著	中国林业出版社	201907
182	978-7-5219-0152-8	鸟类原色图谱	周材权，杨志松，何晓安主编	中国林业出版社	201908
183	978-7-03-062761-2	宁夏牧草种质资源	伏兵哲，兰剑主编	科学出版社	201911
184	978-7-5116-4123-6	宁夏云雾山草原昆虫与蜘蛛	王新谱等编著	中国农业科学技术出版社	201909
185	978-7-112-23939-9	农村政策性小额林权抵押贷款模式研究	周莉著	中国建筑工业出版社	201910
186	978-7-03-062905-0	农林业机械学	李树森，郭秀荣，王也编著	科学出版社	201911
187	978-7-5116-4362-9	盘式铣削清林抚育装备设计及幼木探测技术	王建利，孔建磊著	中国农业科学技术出版社	201911
188	978-7-5509-2329-4	泡桐科植物种质资源志	范永明著	黄河水利出版社	201910
189	978-7-5170-8111-1	鄱阳湖典型湿地水分运移及其与植被分布的作用关系研究	许秀丽著	中国水利水电出版社	201910
190	978-7-5029-7024-6	鄱阳湖南矶湿地野外综合试验站核心区生态系统要素特征	胡启武等编著	气象出版社	201908
191	978-7-5032-6228-9	普者黑国家度假公园开发研究	田里，毛志睿著	中国旅游出版社	201906
192	978-7-5219-0314-0	气候变化、生物多样性和荒漠化问题动态参考年度辑要．2018	国家林业和草原局经济发展研究中心主编	中国林业出版社	201910
193	978-7-03-063212-8	气候变化背景下秦岭山地植被响应与适应	白红英等著	科学出版社	201911
194	978-7-5170-7841-8	青藏高原典型区饲草作物栽培与灌溉技术手册	徐冰等著	中国水利水电出版社	201908
195	978-7-03-062181-8	青藏高原树木年轮生态学研究	张齐兵，方欧娅，吕利新著	科学出版社	201910
196	978-7-5116-4039-0	青藏公路沿线常见草地植物图集	王志伟，岳广阳，赵林主编	中国农业科学技术出版社	201907
197	978-7-122-33912-6	青海省草地生态监测方法及植物识别	聂学敏，芦光新，范月君著	化学工业出版社	201906
198	978-7-5219-0215-0	全国新一轮退耕地还林 2018 年度国家级检查验收工作报告	国家林业和草原局退耕还林（草）工程管理中心，国家林业和草原局中南调查规划设计院编	中国林业出版社	201911
199	978-7-01-020300-3	全球主要碳市场制度研究	齐绍洲，程思，杨光星著	人民出版社	201901
200	978-7-03-062473-4	人造板 VOCs 及气味研究	沈隽等著	科学出版社	201911
201	978-7-5111-4161-3	三北地区沙棘工业原料林资源建设与开发利用	胡建忠等编著	中国环境出版集团	201912

（续）

序号	ISBN	题名	责任者	出版者	出版年月
202	978-7-5420-3399-4	三江源国家公园主要植物图谱	孙海群等主编	青海民族出版社	201910
203	978-7-5219-0181-8	三峡植物园珍稀濒危植物图鉴	刘新平等主编	中国林业出版社	201910
204	978-7-03-060635-8	三亚红树林	王瑁等著	科学出版社	201903
205	978-7-5038-9989-8	森林草原火生态	舒立福，刘晓东主编	中国林业出版社	201903
206	978-7-5489-3646-6	森林城市背景下森林生态体系研究	谷永丽著	云南美术出版社	201906
207	978-7-5038-9943-0	森林经营管理模式创新实践与示范技术体系	陈绍志，吴水荣，邬可义著	中国林业出版社	201901
208	978-7-5504-4100-2	森林康养步道设计与实践	付而康，李西，黄远祥主编	西南财经大学出版社	201911
209	978-7-5219-0353-9	森林立地质量定量评价：理论 方法 应用	雷相东，唐守正，符利勇编著	中国林业出版社	201912
210	978-7-5219-0014-9	森林疗养产业发展规划实务：北京的探索与实践	王晓博等著	中国林业出版社	201904
211	978-7-5219-0108-5	森林旅游景区环境承载力预警机制研究	陈秋华等著	中国林业出版社	201905
212	978-7-5038-9844-0	森林培育学实践教程	梅莉，张卓文主编	中国林业出版社	201906
213	978-7-5164-2062-1	森林生态经济学	马国勇，刘刚，孙宏文编著	企业管理出版社	201911
214	978-7-03-062688-2	森林生态系统服务价值与补偿耦合研究	李坦著	科学出版社	201911
215	978-7-5038-9817-4	森林生态系统理论与应用	韩海荣编	中国林业出版社	201908
216	978-7-03-057938-6	森林生态系统鼠类与植物种子关系研究：探索对抗者之间合作的秘密	张知彬主编	科学出版社	201904
217	978-7-03-061077-5	森林生态系统碳循环关键过程监测和模拟	郑云普等著	科学出版社	201906
218	978-7-03-057115-1	森林养生理论与实践	程希平，陈鑫峰，叶文主编	科学出版社	201911
219	978-7-5665-1566-7	沙漠沙地治理技术与原理	闫德仁等编著	内蒙古大学出版社	201901
220	978-7-5170-7215-7	山地森林涡动通量观测关键技术：以帽儿山温带森林为例	王兴昌著	中国水利水电出版社	201902
221	978-7-5219-0003-3	山西省森林生态连清与生态系统服务功能研究	孙拖焕，梁守伦，樊兰英等著	中国林业出版社	201907
222	978-7-5219-0119-1	山西省直国有林森林生态系统服务功能研究	孙拖焕，李振龙，孙向宁等著	中国林业出版社	201907
223	978-7-5170-7682-7	陕北黄土区植物根系抗侵蚀研究	李强主编	中国水利水电出版社	201904
224	978-7-5556-0496-9	陕西省湿地图集	陕西省河流湿地生态与环境重点实验室编著	西安地图出版社	201901
225	978-7-03-055802-2	陕西子午岭植物图鉴	白重炎，贾茜编著	科学出版社	201906
226	978-7-5219-0290-7	扇脉杓兰生物学研究	田敏等著	中国林业出版社	201910
227	978-7-5111-3598-8	上海滩涂湿地生态调查与评估	黄沈发等著	中国环境出版集团	201901
228	978-7-03-062175-7	神农架陆生脊椎动物名录	周友兵，雷博宇编著	科学出版社	201910
229	978-7-03-059054-1	神农架植物名录	高贤明，徐文婷，谢宗强编著	科学出版社	201901
230	978-7-5219-0070-5	神州园林风景树精要	薛继岗，张颖，赵朝艮主编	中国林业出版社	201906

（续）

序号	ISBN	题名	责任者	出版者	出版年月
231	978-7-03-062082-8	生态基因组学	康乐主编	科学出版社	201909
232	978-7-5201-3954-0	生态经济林哲学：以经济林杜仲资源在国民经济中的重要地位研究为例	胡文臻著	社会科学文献出版社	201901
233	978-7-5219-0205-1	生态文明建设试点示范区实践的哲学研究	郇庆治著	中国林业出版社	201909
234	978-7-5219-0251-8	生态文明建设与绿色发展的云南探索	付伟，罗明灿，陈建成著	中国林业出版社	201911
235	978-7-5219-0255-6	生态文明学	廖福霖等著	中国林业出版社	201909
236	978-7-5219-0206-8	生态文明知识问答	廖福霖主编	中国林业出版社	201911
237	978-7-5116-4237-0	生态系统服务价值评估技术比较研究	魏同洋著	中国农业科学技术出版社	201907
238	978-7-5116-3772-7	生态植物保护学：原理与实践	刘玉升主编	中国农业科学技术出版社	201901
239	978-7-5111-3945-0	生物多样性和生态系统服务政府间科学政策平台谈判词汇	田瑜主编	中国环境出版集团	201904
240	978-7-109-25748-1	湿地的生态问题及其修复理论与实践研究：以鄱阳湖典型湿地为例	简敏菲著	中国农业出版社	201906
241	978-7-03-061536-7	湿地鸟类科学探索	张勇主编	科学出版社	201906
242	978-7-5038-9920-1	湿地生态修复技术与模式	谢永宏等编著	中国林业出版社	201909
243	978-7-5674-1771-7	实木地板智能化视觉在线检测方法研究	常湛源著	东北林业大学出版社	201905
244	978-7-5607-6117-6	树木生态信息学论文精选	王斐等著	山东大学出版社	201902
245	978-7-5655-2169-0	树木学	黄安，曾祥划，赵秀娟主编	中国农业大学出版社	201902
246	978-7-5038-9951-5	水土保持与荒漠化防治概论	王克勤，赵雨森，陈奇伯主编	中国林业出版社	201901
247	978-7-03-057294-3	思茅松天然林林分结构及直径多样性变化及环境解释	欧光龙等著	科学出版社	201912
248	978-7-5219-0175-7	四川卧龙国家级自然保护区综合科学考察报告	杨志松等著	中国林业出版社	201907
249	978-7-03-061523-7	松嫩盐碱化草地的恢复理论与技术	王德利，郭继勋等著	科学出版社	201906
250	978-7-5689-1514-4	探秘巴渝远古森林	张锋编著	重庆大学出版社	201909
251	978-7-5509-2525-0	特色经济林产品质量安全与检测技术研究	孙晓薇，于磊，金钰主编	黄河水利出版社	201911
252	978-7-5424-2554-6	特色林果绿色生产技术	王卫成主编	甘肃科学技术出版社	201903
253	978-7-03-059659-8	提升森林质量："绿水青山就是金山银山"理念的实现路径	石春娜，张弘著	科学出版社	201906
254	978-7-04-049891-2	天津市种子植物鉴定与分类	孙景宽，张文辉主编	高等教育出版社	201904
255	978-7-5646-4496-3	天然禾草与内生真菌共生关系的研究	贾彤著	中国矿业大学出版社	201907
256	978-7-112-22586-6	天坛公园植物图鉴	北京市天坛公园管理处编著	中国建筑工业出版社	201901
257	978-7-5111-4015-9	土壤环境管理国际经验研究	周国等编著	中国环境出版集团	201906
258	978-7-5219-0434-5	退耕还林工程综合效益监测国家报告 . 2017	国家林业局编著	中国林业出版社	201912
259	978-7-5116-2491-8	退化草地适宜补播草种及技术	韩冰，张瑞霞，万东莉著	中国农业科学技术出版社	201909

（续）

序号	ISBN	题名	责任者	出版者	出版年月
260	978-7-5038-9712-2	温州林业碳汇的发展与实践	雷海清等编著	中国林业出版社	201906
261	978-7-5029-7000-0	五台山森林植被对旅游干扰的生态响应	牛莉芹等著	气象出版社	201907
262	978-7-5643-6844-9	武功山地区维管束植物物种多样性编目	陈功锡等编著	西南交通大学出版社	201904
263	978-7-03-060708-9	西南亚高山森林根系分泌物生态学研究	尹华军，刘庆著	科学出版社	201910
264	978-7-03-060716-4	显微 CT 技术及其在植物中的应用	徐秀苹，冯旻编著	科学出版社	201903
265	978-7-5580-5624-6	现代园林景观绿化植物养护艺术研究	王皓著	江苏凤凰美术出版社	201904
266	978-7-5681-5531-1	现代园林景观设计现状与未来发展趋势	朱宇林，梁芳，乔清华著	东北师范大学出版社	201902
267	978-7-5189-5655-5	湘西地区非粮柴油能源植物资源研究	陈功锡等著	科学技术文献出版社	201906
268	978-7-5674-1791-5	小兴安岭低质林改造	吴金卓，孔琳琳著	东北林业大学出版社	201905
269	978-7-5424-2524-9	新疆林木种质资源·巴音郭楞蒙古自治州分册	潘存德，崔卫东主编	甘肃科学技术出版社	201901
270	978-7-5424-2521-8	新疆林木种质资源·哈密分册	尹林克，崔卫东主编	甘肃科学技术出版社	201901
271	978-7-5424-2518-8	新疆林木种质资源·吐鲁番分册	潘存德，崔卫东主编	甘肃科学技术出版社	201901
272	978-7-5466-4189-8	新疆植物志·第一卷	《新疆植物志》编辑委员会编	新疆科学技术出版社	201905
273	978-7-5466-4190-4	新疆植物志·第二卷	《新疆植物志》编辑委员会编	新疆科学技术出版社	201905
274	978-7-5466-4191-1	新疆植物志·第三卷	《新疆植物志》编辑委员会编	新疆科学技术出版社	201905
275	978-7-5466-4192-8	新疆植物志·第四卷	《新疆植物志》编辑委员会编	新疆科学技术出版社	201905
276	978-7-5466-4193-5	新疆植物志·第五卷	《新疆植物志》编辑委员会编	新疆科学技术出版社	201905
277	978-7-5466-4194-2	新疆植物志·第六卷	《新疆植物志》编辑委员会编	新疆科学技术出版社	201905
278	978-7-5466-4195-9	新疆植物志·简本	《新疆植物志》编辑委员会编	新疆科学技术出版社	201905
279	978-7-5466-4196-6	新疆植物志·增补本	《新疆植物志》编辑委员会编	新疆科学技术出版社	201905
280	978-7-5095-8986-1	新一轮集体林产权制度改革相关问题研究	朱文清等著	中国财政经济出版社	201905
281	978-7-5095-9242-7	新一轮集体林地确权对农户林地流转和林业投入的影响研究	朱文清，张莉琴著	中国财政经济出版社	201912
282	978-7-5219-0272-3	新中国林业经济思想史略	中国林业经济学会，国家林业和草原局管理干部学院组织编写	中国林业出版社	201909
283	978-7-5219-0091-0	杨树栽培	吕士行著	中国林业出版社	201907
284	978-7-03-061534-3	药食同源植物产业化关键技术研究：以木姜叶柯为例	伍贤进等著	科学出版社	201906
285	978-7-5692-5371-9	银杏雄株资源多样性分析与评价	李卫星著	吉林大学出版社	201908
286	978-7-307-20756-1	英联邦主要国家环境影响评价制度研究	代霞著	武汉大学出版社	201905
287	978-7-5038-9818-1	营造林工程监理与实践	刘道平主编	中国林业出版社	201902
288	978-7-112-22676-4	应对气候变化的园林植物选择原理与方法	张德顺，刘鸣，李秀芬著	中国建筑工业出版社	201901
289	978-7-5219-0099-6	油茶源库理论与应用	陈永忠等编著	中国林业出版社	201905

（续）

序号	ISBN	题名	责任者	出版者	出版年月
290	978-7-312-04651-3	油茶栽培与病虫害防治	束庆龙编著	中国科学技术大学出版社	201902
291	978-7-5038-8221-0	园林测量	邵淑河编	中国林业出版社	201910
292	978-7-5219-0302-7	园林管理学	黄凯等主编	中国林业出版社	201910
293	978-7-5219-0198-6	园林苗圃学	成仿云主编	中国林业出版社	201910
294	978-7-122-34773-2	园艺植物育种学	张菊平主编	化学工业出版社	201911
295	978-7-5219-0265-5	岳阳市森林生态博览园植物	潘新军，杨广军主编	中国林业出版社	201910
296	978-7-5219-0304-1	云南林业科学教育的先驱和开拓者：张福延 曲仲湘 徐永椿 任玮 曹诚一 薛纪如年谱	王希群等编著	中国林业出版社	201910
297	978-7-5219-0373-7	云南磨盘山森林结构与生态水文功能	赵洋毅著	中国林业出版社	201911
298	978-7-5587-2022-2	云南苜蓿研究与利用	毕玉芬，姜华，马向丽主编	云南科技出版社	201902
299	978-7-03-060713-3	云南省极小种群野生植物研究与保护	孙卫邦，杨静，刀志灵主编	科学出版社	201906
300	978-7-5219-0180-1	云南省林下产业扶贫绩效评价研究	李娅编著	中国林业出版社	201907
301	978-7-5184-2661-4	造纸原理与工程	何北海主编	中国轻工业出版社	201911
302	978-7-5219-0354-6	长白落叶松遗传改良	赵曦阳，李志新著	中国林业出版社	201912
303	978-7-5111-3982-5	长江经济带生态环境保护修复进展报告 . 2018	陆军等编著	中国环境出版集团	201905
304	978-7-308-19047-3	浙江景宁望东垟、大仰湖湿地自然保护区湿地植物图鉴	刘日林等主编	浙江大学出版社	201904
305	978-7-5340-7638-1	浙江省国有林场志	蒋仲龙，刘海英，林松主编	浙江人民美术出版社	201911
306	978-7-03-059838-7	珍稀濒危植物复壮与保育技术	党晓宏等主编	科学出版社	201901
307	978-7-5612-6405-8	植保无人机与施药技术	何雄奎主编	西北工业大学出版社	201901
308	978-7-03-061528-2	植物分类学	陆树刚编著	科学出版社	201906
309	978-7-109-25392-6	植物分子生物学技术及其应用	饶玉春，薛大伟主编	中国农业出版社	201905
310	978-7-5116-4059-8	植物工厂植物光质生理及其调控	刘文科，查凌雁编著	中国农业科学技术出版社	201902
311	978-7-03-061493-3	植物生理学	王永飞，马三梅，李宏业主编	科学出版社	201906
312	978-7-04-050044-8	植物生理学	王小菁主编	高等教育出版社	201903
313	978-7-5647-6626-9	植物生命活动规律及其机理研究	王小敏著	电子科技大学出版社	201903
314	978-7-303-24673-1	植物生物学	朱诚，蔡冲主编	北京师范大学出版社	201905
315	978-7-5116-3583-9	植物土传病害与生物防治研究进展	王琦，李洪连，马平主编	中国农业科学技术出版社	201901
316	978-7-121-36692-5	植物纤维增强复合材料非线性力学行为研究	李永平著	电子工业出版社	201906
317	978-7-03-058840-1	植物学	杨晓红主编	科学出版社	201903
318	978-7-03-061628-9	植物学	崔娜，范海延主编	科学出版社	201908
319	978-7-5641-8389-9	植物园学导论	李亚著	东南大学出版社	201905

（续）

序号	ISBN	题名	责任者	出版者	出版年月
320	978-7-03-058408-3	植物种子保存和检测的原理与技术	邓志军等编著	科学出版社	201901
321	978-7-5184-2333-0	制浆造纸检验技术	郭纬，林润惠主编	中国轻工业出版社	201903
322	978-7-03-042961-2	制浆造纸生物新技术	陈嘉川，杨桂花，庞志强著	科学出版社	201903
323	978-7-03-060163-6	中部地区生态补偿的理论基础与实践研究	胡小飞，傅春著	科学出版社	201902
324	978-7-308-19701-4	中国白蚁防治专业培训教程	全国白蚁防治中心编	浙江大学出版社	201911
325	978-7-5038-9994-2	中国北方栎类经营技术指南	中国林学会，国家林业和草原局天然林保护工程管理中心编著	中国林业出版社	201903
326	978-7-5038-9489-3	中国滨海湿地生态系统功能及服务评价	崔丽娟，康晓明，张曼胤，李伟主编	中国林业出版社	201909
327	978-7-5170-6966-9	中国草地害鼠的生物学研究	孙平，朱文琰，徐世晓著	中国水利水电出版社	201903
328	978-7-109-25937-9	中国草业统计·2011—2015	全国畜牧总站编	中国农业出版社	201909
329	978-7-5038-9698-9	中国非粮生物柴油植物	邢福武主编	中国林业出版社	201903
330	978-7-01-021150-3	中国公益林生态补偿机制研究	李国志著	人民出版社	201911
331	978-7-112-24020-3	中国古典园林史：中国古典园林造园艺术	胡喜红著	中国建筑工业出版社	201901
332	978-7-5219-0169-6	中国观赏园艺研究进展·2019	张启翔主编	中国林业出版社	201908
333	978-7-5088-5676-6	中国灌丛生态系统碳收支研究	谢宗强等著	龙门书局	201911
334	978-7-03-060816-1	中国贵州省生物研究所植物标本馆馆藏兰科植物标本研究	孙超等编著	科学出版社	201903
335	978-7-5201-5896-1	中国国家公园体制建设报告·2019—2020	苏杨，张玉钧，石金莲主编	社会科学文献出版社	201912
336	978-7-01-021374-3	中国国有林区治理体制变迁的路径依赖研究	张壮著	人民出版社	201912
337	978-7-5369-7532-3	中国果树科学与实践	章镇，高志红主编	陕西科学技术出版社	201907
338	978-7-5689-1523-6	中国昆虫生态大图鉴	张巍巍，李元胜主编	重庆大学出版社	201906
339	978-7-229-14221-6	中国历史时期植物与动物变迁研究	文焕然等著	重庆出版社	201908
340	978-7-5219-0151-1	中国林产品市场分析与国际贸易研究	李剑泉等编著	中国林业出版社	201906
341	978-7-109-24532-7	中国林牧渔业经济前沿问题研究·2018	魏后凯，刘长全，韩磊主编	中国农业出版社	201907
342	978-7-5219-0164-1	中国林业产业发展指南·2017—2018	中国林业产业联合会主编	中国林业出版社	201906
343	978-7-5219-0163-4	中国林业产业重大问题调研报告·2017 年	中国林业产业重大问题调研组主编	中国林业出版社	201901
344	978-7-5219-0315-7	中国林业和草原统计年鉴·2018	国家林业和草原局编	中国林业出版社	201910
345	978-7-5219-0100-9	中国林业媒体融合发展研究报告	邵权熙等著	中国林业出版社	201905
346	978-7-109-25876-1	中国林业碳汇潜力和发展路径研究	姜霞著	中国农业出版社	201909

（续）

序号	ISBN	题名	责任者	出版者	出版年月
347	978-7-5219-0041-5	中国林业知识产权年度报告·2018	国家林业和草原局科技发展中心，国家林业和草原局知识产权研究中心编	中国林业出版社	201904
348	978-7-5038-9781-8	中国南海诸岛植物志	邢福武，邓双文主编	中国林业出版社	201904
349	978-7-5130-6515-3	中国农林产业及木材海外资源获取与风险控制	郝凯，尚会英，刁钢著	知识产权出版社	201910
350	978-7-5192-5180-2	中国秦岭经济植物图鉴：全两册	刘文哲主编	世界图书西安出版公司	201901
351	978-7-5038-9738-2	中国人造板发展史	张齐生，吴盛富主编	中国林业出版社	201910
352	978-7-5219-0006-4	中国森林公园环境解说系统研究	赵敏燕，董锁成，俞辉，李宇著	中国林业出版社	201905
353	978-7-5219-0128-3	中国森林公园与森林旅游研究进展：森林公园建设与乡村振兴·2018	兰思仁，董建文主编	中国林业出版社	201907
354	978-7-5219-0088-0	中国森林思想史	樊宝敏，张德成，杨文娟编著	中国林业出版社	201910
355	978-7-5201-5109-2	中国森林小镇发展报告·2019	庞波，倪建伟主编	社会科学文献出版社	201906
356	978-7-5038-9982-9	中国森林资源报告·2014—2018	国家林业和草原局主编	中国林业出版社	201905
357	978-7-5088-5688-9	中国生态参数遥感监测方法及其变化格局	吴炳方等著	龙门书局	201912
358	978-7-5111-3981-8	中国生态环境规划发展报告：1973—2018	王金南等著	中国环境出版集团	201905
359	978-7-03-059679-6	中国生物物种名录·第二卷·动物	韩红香等编著	科学出版社	201901
360	978-7-03-060925-0	中国生物物种名录·第三卷·菌物	庄剑云，郭林编著	科学出版社	201904
361	978-7-5218-0468-3	中国生物遗传资源进出境调查报告·2018	王诺，臧春鑫，杨光主编	经济科学出版社	201907
362	978-7-03-063020-9	中国湿地保护地管理	马广仁，刘国强主编	科学出版社	201912
363	978-7-03-061175-8	中国市树	郄光发等著	科学出版社	201906
364	978-7-5219-0136-8	中国松材线虫病的发生规律与防治技术	国家林业和草原局森林和草原病虫害防治总站，南京林业大学编著	中国林业出版社	201909
365	978-7-03-061095-9	中国土系志·吉林卷	张甘霖主编	科学出版社	201906
366	978-7-5038-9952-2	中国乡土树木 50 种：城乡绿化新优苗木选育推介	方成，储博彦撰	中国林业出版社	201901
367	978-7-5710-0177-3	中国油茶	邓三龙，陈永忠编著	湖南科学技术出版社	201912
368	978-7-5038-9944-7	中国油用牡丹研究	李育材主编	中国林业出版社	201902
369	978-7-5077-5710-1	中国珍稀濒危植物绘谱	印红著	学苑出版社	201905
370	978-7-03-061921-1	中国植物标本馆索引	覃海宁等编著	科学出版社	201911
371	978-7-5116-4266-0	中国植物病理学会 2019 年学术年会论文集	彭友良，王文明，陈学伟主编	中国农业科学技术出版社	201906
372	978-7-03-061382-0	中国植物园标准体系：界定标准、技术规范、绩效评价与认证体系	黄宏文，廖景平，张征编著	科学出版社	201906
373	978-7-5482-3643-6	中国竹文化与竹文化产业	杨宇明，谷中明，吴静波编著	云南大学出版社	201907

（续）

序号	ISBN	题名	责任者	出版者	出版年月
374	978-7-5710-0277-0	中国自然保护区生态状况调查：自然中国志．黑龙江胜山	影像生物调查所（IBE），黑龙江胜山国家级自然保护区管理局编著	湖南科学技术出版社	201909
375	978-7-5219-0371-3	中亚热带天然阔叶林林层特征	黄清麟，庄崇洋，马志波编著	中国林业出版社	201912
376	978-7-03-060930-4	重庆金佛山国家级自然保护区生物多样性	邓洪平等著	科学出版社	201905
377	978-7-313-18333-0	舟山群岛植物图志	马玉心，崔大练编著	上海交通大学出版社	201911
378	978-7-03-062708-7	竹材纤维及细胞壁力学性能	黄艳辉著	科学出版社	201911
379	978-7-122-34039-9	组群模式在植物造景中的应用	叶乐编著	化学工业出版社	201907
380	978-7-5666-1544-2	遵化古树名木志	单宝东主编	河北大学出版社	201910

数据来源：中国林业科学研究院图书馆。

附表5　2019年林业和草原科研院所软件著作权

序号	登记号	软件名称	著作权人	批准日期
1	2019SR0863963	福建省森林资源年度数据汇总检查软件	福建省林业勘察设计院	20190820
2	2019SR1115437	林业勘察农林工程监理平台系统	福建省林业勘察设计院	20191104
3	2019SR0812416	森林资源信息管理系统软件	甘肃省祁连山水源涵养林研究院，刘贤德，李威	20190806
4	2019SR1021314	绿视率分析软件	广东省林业科学研究院，赵庆，唐洪辉	20191009
5	2019SR1047990	广东省森林资源档案更新县级系统	广东省林业调查规划院	20191016
6	2019SR1048515	广东省森林资源档案在线更新系统	广东省林业调查规划院	20191016
7	2019SR1048627	广东省森林资源信息发布系统	广东省林业调查规划院	20191016
8	2019SR1113128	森林资源规划设计调查属性判读软件	广西壮族自治区林业勘测设计院	20191104
9	2019SR0547339	板栗种子质量安全溯源调查管理系统	广西壮族自治区林业科学研究院，刘丹，廖健明，黄晓露，李宝财，杨日升	20190530
10	2019SR0547351	大百合育苗环境管理系统	广西壮族自治区林业科学研究院，刘丹，廖健明，黄晓露，李宝财，杨日升	20190530
11	2019SR0547500	板栗苗木嫁接数据智能整理系统	广西壮族自治区林业科学研究院，刘丹，廖健明，黄晓露，李宝财，杨日升	20190530
12	2019SR0548017	大百合种植适宜性调查评价软件	广西壮族自治区林业科学研究院，刘丹，廖健明，黄晓露，李宝财，杨日升	20190530
13	2019SR0548108	板栗信息采集数据分析系统	广西壮族自治区林业科学研究院，刘丹，廖健明，黄晓露，李宝财，杨日升	20190530
14	2019SR0549009	大百合种植技术交流服务平台	广西壮族自治区林业科学研究院，刘丹，廖健明，黄晓露，李宝财，杨日升	20190530
15	2019SR0356539	广西林地土壤数据库系统	广西壮族自治区林业科学研究院，石媛媛，潘桂颖，唐健，潘波	20190419
16	2019SR0992456	广西古树名木信息系统	梁瑞龙，林建勇，韦维，广西壮族自治区林业科学研究院	20190925
17	2019SR0992474	广西树木数字馆管理系统	林建勇，梁瑞龙，韦维，刘晓蔚，广西壮族自治区林业科学研究院	20190925
18	2019SR0982129	移动农林技术服务系统	谭桂菲，覃聪颖，韦维，安家成，广西壮族自治区林业科学研究院	20190923
19	2019SR0338368	广西林业科技信息共享服务平台	韦维，梁星星，王鸿彬，广西壮族自治区林业科学研究院	20190416

（续）

序号	登记号	软件名称	著作权人	批准日期
20	2019SR1120368	油茶有害生物图像识别系统	韦维，廖旺姣，王鸿彬，邹东霞，刘晓蔚，莫颖颖，梁星星，广西壮族自治区林业科学研究院	20191106
21	2019SR0992135	动态资源监测可视化系统	韦维，谭桂菲，安家成，覃聪颖，广西壮族自治区林业科学研究院	20190925
22	2019SR0982107	森林资源可视化管理系统	韦维，谭桂菲，安家成，王鸿彬，广西壮族自治区林业科学研究院	20190923
23	2019SR0928295	自然保护地可视化管理系统	韦维，谭桂菲，林建勇，安家成，广西壮族自治区林业科学研究院	20190905
24	2019SR0338327	林业科学数据库管理系统	韦维，王鸿彬，蒙芳，杨丽萍，龙娟，广西壮族自治区林业科学研究院	20190416
25	2019SR0338426	基于人工智能图像技术的桉树病害自动识别的应用系统	韦维，吴耀军，常明山，罗辑，梁星星，广西壮族自治区林业科学研究院	20190416
26	2019SR0338211	基于人工智能图像技术的油茶病害自动识别的应用系统	韦维，吴耀军，罗辑，邹东霞，邓艳，广西壮族自治区林业科学研究院	20190416
27	2019SR0339594	用材林有害生物数据库管理系统	韦维，吴耀军，杨忠武，常明山，罗辑，黄华艳，广西壮族自治区林业科学研究院	20190416
28	2019SR0337267	经济林有害生物数据库管理系统	韦维，吴耀军，杨忠武，邓艳，罗辑，常明山，广西壮族自治区林业科学研究院	20190416
29	2019SR0982114	花卉产业大数据平台	韦维，杨舒婷，林茂，唐庆，孙开道，孙利娜，梁星星，广西壮族自治区林业科学研究院	20190923
30	2019SR0337411	油茶种质资源管理系统	韦维，叶航，陈国臣，刘凯，夏莹莹，广西壮族自治区林业科学研究院	20190416
31	2019SR0358286	油茶种质资源共享平台	韦维，叶航，王东雪，蔡娅，广西壮族自治区林业科学研究院	20190419
32	2019SR1013922	南方木本花卉数据库软件	杨舒婷，唐庆，孙利娜，林茂，王鸿彬，孙开道，秦波，广西壮族自治区林业科学研究院	20190930
33	2019SR1215587	广西天然商品林管理系统	广西壮族自治区森林资源与生态环境监测中心，梁波，李震，莫奇京，韦启忠，童德文，谭俊，郑永魁	20191126
34	2019SR1146698	森林经营方案（规划）编制信息系统	广西壮族自治区森林资源与生态环境监测中心，唐一飞，蔡会德，潘黄儒，农胜奇，黄进华，卢峰，罗蔚生	20191113
35	2019SR0933350	激光雷达 Lidar 点云数据综合变量批量提取软件	国家林业和草原局华东调查规划设计院	20190909
36	2019SR1178828	森林资源现状统计分析软件	国家林业和草原局华东调查规划设计院	20191120
37	2019SR0854185	北斗森林病虫害防治系统	国家林业和草原局调查规划设计院	20190816
38	2019SR0854260	林业北斗综合服务平台	国家林业和草原局调查规划设计院	20190816

（续）

序号	登记号	软件名称	著作权人	批准日期
39	2019SR0854452	北斗森林管护系统	国家林业和草原局调查规划设计院	20190816
40	2019SR0854457	北斗森林防火单兵系统	国家林业和草原局调查规划设计院	20190816
41	2019SR1158344	东北内蒙古重点国有林区林分仿真平台	国家林业和草原局调查规划设计院	20191115
42	2019SR0003057	海南省东方市林地信息综合管理系统	国家林业和草原局中南调查规划设计院	20190102
43	2019SR0007211	西藏陆生野生动物调查成果管理信息系统	国家林业和草原局中南调查规划设计院	20190103
44	2019SR0699493	中南院林业项目快速批量制图软件	国家林业和草原局中南调查规划设计院	20190708
45	2019SR0620828	国家湿地公园档案管理信息系统	国家林业局昆明勘察设计院，马国强，李华，罗春林，张锦绣，张治军，张成程	20190617
46	2019SR0615238	森林资源资源连续清查树种多样性分析软件	国家林业局昆明勘察设计院，吴恒，罗春林，朱丽艳，刘智军，孔雷	20190614
47	2019SR0592327	昆明市森林资源规划设计调查林分蓄积量更新软件	国家林业局昆明勘察设计院，吴恒，吴雪琼，罗春林，朱丽艳，李华，王智飞，张盼盼，张治军，张成程	20190611
48	2019SR0205900	异常变色林木信息提取软件	国家林业局森林病虫害防治总站，方国飞，张旭，李晓冬，周艳涛，于治军	20190304
49	2019SR0481586	海南省林产品交易网平台	陈小花，海南省林业科学研究所	20190517
50	2019SR0481683	海南省森林资源管理系统	陈小花，海南省林业科学研究所	20190517
51	2019SR0576215	基于机载激光雷达的森林参数反演系统	陈小花，海南省林业科学研究所	20190605
52	2019SR1004065	海南省林业碳汇外业调查管理平台	陈毅青，陈宗铸，吴庭天，陈小花，海南省林业科学研究所	20190927
53	2019SR1008390	海南省森林生物量碳储量监测管理平台	陈毅青，陈宗铸，吴庭天，陈小花，海南省林业科学研究所	20190929
54	2019SR1008718	海南省林业碳汇项目管理平台	陈毅青，陈宗铸，吴庭天，陈小花，海南省林业科学研究所	20190929
55	2019SR1036588	海南省智慧营造林管理系统	陈宗铸，雷金睿，陈小花，海南省林业科学研究所	20191012
56	2019SR1004072	海口市古树名木监测管理信息平台	陈宗铸，吴庭天，雷金睿，陈小花，李苑菱，海南省林业科学研究所	20190927
57	2019SR1004079	海口市森林资源管理平台	陈宗铸，吴庭天，雷金睿，陈小花，李苑菱，海南省林业科学研究所	20190927
58	2019SR1004084	海南省 lulucf 碳汇计量监测管理平台	陈宗铸，吴庭天，雷金睿，陈小花，李苑菱，海南省林业科学研究所	20190927
59	2019SR1008652	海南省数字林业大数据系统平台	陈宗铸，吴庭天，雷金睿，陈小花，李苑菱，海南省林业科学研究所	20190929

（续）

序号	登记号	软件名称	著作权人	批准日期
60	2019SR1086500	海南省湿地“天空地一体化”监测信息平台	陈宗铸，吴庭天，雷金睿，陈小花，李苑菱，海南省林业科学研究所	20191025
61	2019SR1086504	海南省林业生态大数据管理系统平台	陈宗铸，吴庭天，雷金睿，陈小花，李苑菱，海南省林业科学研究所	20191025
62	2019SR1086507	海南省自然保护地“天空地一体化”监测管理平台	陈宗铸，吴庭天，雷金睿，陈小花，李苑菱，海南省林业科学研究所	20191025
63	2019SR1086515	海口市湿地智慧监测信息平台	陈宗铸，吴庭天，雷金睿，陈小花，李苑菱，海南省林业科学研究所	20191025
64	2019SR1086516	海南省红树林物联网监测管理平台	陈宗铸，吴庭天，雷金睿，陈小花，李苑菱，海南省林业科学研究所	20191025
65	2019SR1148731	海口市智慧古树名木管理信息系统	陈宗铸，吴庭天，雷金睿，陈小花，李苑菱，海南省林业科学研究所	20191113
66	2019SR1160512	海口市森林资源监测系统	陈宗铸，吴庭天，雷金睿，陈小花，李苑菱，海南省林业科学研究所	20191115
67	2019SR0894501	基于根系吸附型湿生去污植物筛选系统	河南省绿洲园林有限公司，河南省林业科学研究院	20190828
68	2019SR0899902	野生植物经济价值评价系统	河南省绿洲园林有限公司，河南省林业科学研究院	20190829
69	2019SR0899971	观赏型植物新品种评价筛选系统	河南省绿洲园林有限公司，河南省林业科学研究院	20190829
70	2019SR0148818	天然次生林生态植被更新机制监测分析系统	吉林省林业科学研究院	20190218
71	2019SR0149682	天然林生态系统数据演算模拟处理系统	吉林省林业科学研究院	20190218
72	2019SR0149694	天然林生态环境监测分析系统	吉林省林业科学研究院	20190218
73	2019SR0149755	森林遥感分类研究数据采集分析系统	吉林省林业科学研究院	20190218
74	2019SR0155735	基于遥感技术的森林生态监测系统	吉林省林业科学研究院	20190219
75	2019SR1019594	江西林业软件	江西省林业厅信息宣传中心，中广核贝谷科技有限公司	20191009
76	2019SR0231813	江西省林业有害生物防治检疫局林业有害生物智能诊断软件	江西省林业有害生物防治检疫局	20190311
77	2019SR0429535	生产定制衣柜加工过程监控系统	江西鑫煌家具有限公司，江西省林业科学院，贺磊，魏小元，任琼，黄慧，王小东	20190506
78	2019SR0413568	板式家具智能化柔性制造的过程监测控制系统	江西鑫煌家具有限公司，江西省林业科学院，贺磊，魏小元，赵攀，王小东，黄慧，刘斌	20190429
79	2019SR0790001	基于互联网＋的辽宁沙质海岸防护林管理信息系统	辽宁省林业科学研究院，魏忠平，陈罡，汪成成，杨鹤	20190730

（续）

序号	登记号	软件名称	著作权人	批准日期
80	2019SR1163808	生态效益监测及数据统计系统	陇南市武都区林业调查规划队，龚志勇，李葆云，李星	20191118
81	2019SR1127089	内蒙古林地变更调查数据质量控制系统	内蒙古自治区林业监测规划院，李国梁，杨雪栋	20191107
82	2019SR0819612	草原植被分布统计系统	内蒙古自治区农牧业科学院，温超，单玉梅，陈海军	20190807
83	2019SR0911894	森林资源二类调查小班森林类型提取系统	西安瑞特森信息科技有限公司，内蒙古自治区林业监测规划院，田棍，年学东，张菊，李明旸，刘羽	20190902
84	2019SR0911908	森林资源二类调查小班蓄积量遥感估测系统	西安瑞特森信息科技有限公司，内蒙古自治区林业监测规划院，邢利军，刘海松，郭洋，金荣，杨雪栋	20190902
85	2019SR1111175	宁夏草原植物数据库系统	宁夏农林科学院荒漠化治理研究所，北方民族大学，宁夏农林科学院植物保护研究所，马靖	20191101
86	2019SR0368496	干旱瘠薄山地人工林生态稳定性评价管理系统	山东省林业科学研究院，杜振宇，梁燕，王清华	20190422
87	2019SR0259013	果桑栽培模式智能选择系统	山东省林业科学研究院，韩传明，王翠香，孙超，刘桂民，高伟，许晓华	20190318
88	2019SR1126556	柽柳良种壮苗培育监控系统	山东省林业科学研究院，李永涛，魏海霞，王莉莉，刘德玺，王振猛	20191107
89	2019SR1125461	滨海盐碱地白蜡人工林主要生长因子计算与统计系统	山东省林业科学研究院，李永涛，周健，杨庆山，刘德玺，王霞，王振猛	20191107
90	2019SR0368449	干旱山地经济林（雨）水—肥一体化管理系统	山东省林业科学研究院，马丙尧，杜振宇，马春艳，马海林，刘方春，马风云，黄雅丽	20190422
91	2019SR0369778	森林集雨防火管理系统	山东省林业科学研究院，马丙尧，马风云，杜振宇，马海林，高伟，刘方春，马春艳	20190422
92	2019SR0369586	盐渍土区林木专用微生物肥料施用管理系统	山东省林业科学研究院，马丙尧，马海林，刘方春，刘桂民，杨庆山，高伟，黄雅丽	20190422
93	2019SR0562328	黄河三角洲盐碱地退化防护林恢复监测系统	山东省林业科学研究院，乔艳辉，王月海，杨庆山	20190603
94	2019SR0368471	侧柏人工林稳定生态系统优化调控技术管理系统	山东省林业科学研究院，王清华，梁燕，杜振宇	20190422
95	2019SR1125445	盐碱区白蜡人工林蒸腾耗水特性评估系统	山东省林业科学研究院，王振猛，杨庆山，周健，刘德玺，王霞，李永涛	20191107
96	2019SR0153027	基于生物质燃料的柽柳树培育系统	山东省林业科学研究院，杨庆山，刘德玺，周健，王莉莉	20190219
97	2019SR0155308	柽柳园林培育技术应用前景开发系统	山东省林业科学研究院，杨庆山，刘德玺，周健，王莉莉，王霞	20190219
98	2019SR0153454	基于多枝柽柳硬枝扦插分析系统软件	山东省林业科学研究院，杨庆山，刘德玺，周健，王莉莉，魏海霞，李永涛	20190219

（续）

序号	登记号	软件名称	著作权人	批准日期
99	2019SR0149581	柽柳花部综合特征繁育系统	山东省林业科学研究院，杨庆山，周健，刘德玺，王莉莉	20190218
100	2019SR0149677	柽柳种植培育养护系统	山东省林业科学研究院，杨庆山，周健，刘德玺，王莉莉	20190218
101	2019SR0152546	基于 ITS 序列的柽柳发育分析软件	山东省林业科学研究院，杨庆山，周健，王莉莉	20190218
102	2019SR1040206	松材线虫防治检疫检查管控系统	山东省林业科学研究院，朱文成，季延平	20191014
103	2019SR1245524	森林资源规划信息数字化展示平台	山西省林业科学研究院，刘菊，杨静，梁守伦，廉凯敏，孙向宁	20191130
104	2019SR0122634	山西省立木材积表管理系统	山西省林业调查规划院，崔素萍，王晶，王云霞，孙克勤，张慧娟，杜志斌，张志娟，常向东	20190201
105	2019SR0323325	古树名木生长与环境监测及评价系统	泰安市泰山林业科学研究院，王晓英，杨波	20190411
106	2019SR0595832	基于 OK335XD 平台葡萄保鲜控制终端软件	天津市林业果树研究所	20190611
107	2019SR0941235	园艺作物加工副产物适应性评价统计系统	陈晓明，李淑芳，张志军，天津市林业果树研究所	20190910
108	2019SR0317198	猕猴桃种植智能管理系统	西峡县林业技术推广站	20190410
109	2019SR0318206	古树名木监测与保护系统	西峡县林业技术推广站	20190410
110	2019SR0317791	林业病虫害监测与防治系统	西峡县森林病虫防治检疫站	20190410
111	2019SR0049445	卫星影像自动化图片拼接系统	新疆林科院森林生态研究所，白志强，王文栋	20190115
112	2019SR0049543	基于卫星影像的土地利用分析系统	新疆林科院森林生态研究所，白志强，王文栋	20190115
113	2019SR1149742	新疆针叶树病害危害查询平台	新疆林科院森林生态研究所，孔婷婷，刘爱华，张静文，侯予红	20191114
114	2019SR0029292	卫星影像文件自动化管理系统	新疆林科院森林生态研究所，王文栋，白志强	20190109
115	2019SR0049139	卫星影像自动编辑管理系统	新疆林科院森林生态研究所，王文栋，白志强	20190115
116	2019SR0769112	新疆核桃标准化培植管理平台	新疆林业科学院	20190724
117	2019SR0692860	生态碳汇综合计量软件	新疆林业科学院，郭靖，张浩	20190705
118	2019SR1051444	新疆核桃标准化栽培管理平台	新疆林业科学院，虎海防，孙雅丽，王宝庆，潘越，巴合提牙尔·克热木	20191016
119	2019SR0995285	新疆核桃间作管理系统	新疆林业科学院，虎海防，王宝庆，潘越，张锐，蒋腾，马凯，齐成	20190926
120	2019SR0692852	水果种植地势分布显示系统	新疆林业科学院，张浩，郭靖	20190705

（续）

序号	登记号	软件名称	著作权人	批准日期
121	2019SR0192625	新疆维吾尔自治区特色林果大数据业务展示系统	新疆林业科学院现代林业研究所	20190227
122	2019SR0207554	新疆维吾尔自治区林业资源信息综合展示系统	新疆林业科学院现代林业研究所	20190304
123	2019SR0243128	新疆维吾尔自治区林业资源信息总览系统	新疆林业科学院现代林业研究所	20190313
124	2019SR0824733	新疆维吾尔自治区特色林果有害生物分析系统	新疆林业科学院现代林业研究所	20190808
125	2019SR0824735	新疆维吾尔自治区特色林果气象分析系统	新疆林业科学院现代林业研究所	20190808
126	2019SR0824736	新疆维吾尔自治区林业惠民服务系统	新疆林业科学院现代林业研究所	20190808
127	2019SR0824738	新疆维吾尔自治区特色林果动态变化分析系统	新疆林业科学院现代林业研究所	20190808
128	2019SR1174499	新疆草原辅助决策评价系统	新疆维吾尔自治区草原总站，闫凯，彭建，李刚勇，闫洋，凯撒·米吉提	20191120
129	2019SR1174661	新疆草原空间数据库管理系统	新疆维吾尔自治区草原总站，闫凯，彭建，李刚勇，闫洋，凯撒·米吉提，张向向，王少杰，张楚婕，乌鲁木山·布仁巴依尔，肖向华	20191120
130	2019SR1037738	新疆维吾尔自治区林业数据中心展示平台	新疆维吾尔自治区林业规划院	20191014
131	2019SR0192621	新疆维吾尔自治区智慧林草资源综合查询与统计分析系统	新疆维吾尔自治区林业宣传信息中心	20190227
132	2019SR0192622	新疆维吾尔自治区智慧林草资源“一张图”综合展示系统	新疆维吾尔自治区林业宣传信息中心	20190227
133	2019SR0192623	新疆维吾尔自治区智慧林草决策分析系统	新疆维吾尔自治区林业宣传信息中心	20190227
134	2019SR1024500	木材标本管理信息系统	云南省林业和草原科学院，冯弦，孙睿，赵川	20191010
135	2019SR1125627	沉香质量评价及苄基丙酮的含量测定软件	云南省林业和草原科学院，谷丽萍，郑科	20191107
136	2019SR1125881	沉香鉴别方法收集统计软件	云南省林业和草原科学院，谷丽萍，郑科	20191107
137	2019SR1126097	油桐水肥调控系统	云南省林业和草原科学院，谷丽萍，郑科	20191107
138	2019SR1003843	木材显微鉴定系统	云南省林业和草原科学院，孙睿，张劲峰，冯弦	20190927
139	2019SR1036736	物种识别系统	云南省林业和草原科学院，孙睿，张劲峰，冯弦，张帆	20191012
140	2019SR1060440	林草经营监控管理平台	云南省林业和草原科学院，徐德兵	20191018
141	2019SR1060449	高原山地油茶病虫害识别、防治管理信息系统	云南省林业和草原科学院，徐德兵	20191018

（续）

序号	登记号	软件名称	著作权人	批准日期
142	2019SR1064712	油茶良种选育、良种评价及鉴别信息系统	云南省林业和草原科学院，徐德兵	20191021
143	2019SR1065043	林下中药材智能种植经营平台软件	云南省林业和草原科学院，徐德兵	20191021
144	2019SR1065128	油茶苗木培育及苗木质量分级管理信息系统	云南省林业和草原科学院，徐德兵	20191021
145	2019SR1065131	林农智能化经营数据采集分析系统	云南省林业和草原科学院，徐德兵	20191021
146	2019SR1123770	沉香规范化种植研究软件	云南省林业和草原科学院，郑科，谷丽萍	20191107
147	2019SR1143161	沉香质量检测软件	云南省林业和草原科学院，郑科，谷丽萍	20191112
148	2019SR0507368	林业植物检疫管理系统	云南省林业科学院	20190523
149	2019SR0816260	云南省林业 FPMI 采购经理问卷调查系统	云南省林业科学院，李贵祥	20190806
150	2019SR0800754	林木苗木生长监测系统	云南省林业科学院，李品荣	20190801
151	2019SR0800905	岩溶区林木种质资源信息管理系统	云南省林业科学院，李品荣	20190801
152	2019SR0807284	岩溶区植被恢复技术服务平台	云南省林业科学院，李品荣	20190802
153	2019SR0814203	经济林木水肥一体化管理控制系统	云南省林业科学院，李品荣	20190806
154	2019SR0193257	智能育苗管理系统	云南省林业科学院，李品荣，李娅	20190228
155	2019SR0540995	长蕊甜菜苗期病害预警监测系统	云南省林业科学院，李娅，李品荣	20190529
156	2019SR0533159	金线兰无土栽培智能管理系统	云南省林业科学院，李娅，毛云玲	20190528
157	2019SR0169898	高原山地油茶丰产栽培管理系统	云南省林业科学院，徐德兵，陈福，郭晓春，张林涛，廖永坚，宋顺超	20190222
158	2019SR0562849	蒜头果苗木繁育及苗木质量分级管理信息系统	云南省林业科学院，徐德兵，陈福，郭晓春，张林涛，宋顺超	20190603
159	2019SR0574363	蒜头果丰产栽培管理信息系统	云南省林业科学院，徐德兵，陈福，郭晓春，张林涛，宋顺超	20190605
160	2019SR0577022	蒜头果良种选育、评价及鉴别信息系统	云南省林业科学院，徐德兵，陈福，郭晓春，张林涛，宋顺超	20190605
161	2019SR0169679	油茶油综合品质评价系统	云南省林业科学院，徐德兵，陈福，张林涛，郭晓春，廖永坚，宋顺超	20190222
162	2019SR0169885	山茶属植物鉴别系统	云南省林业科学院，徐德兵，陈福，张林涛，郭晓春，廖永坚，宋顺超	20190222
163	2019SR0815702	经济林资源管理综合分析软件	张掖市林业科学研究院，马力	20190806

（续）

序号	登记号	软件名称	著作权人	批准日期
164	2019SR0815697	人工林生态数据综合管理信息系统	张掖市林业科学研究院，马力，占玉芳，陈斌	20190806
165	2019SR0146077	浙江省野生动物资源野外调查数据采集系统	浙江省森林资源监测中心	20190215
166	2019SR0195144	丽水市森林资源监测管理系统	浙江省森林资源监测中心	20190228
167	2019SR0354490	浙江省县级森林资源年度监测矢量数据处理软件	浙江省森林资源监测中心	20190419
168	2019SR0354875	浙江省县级森林资源年度监测数据辅助处理软件	浙江省森林资源监测中心	20190419
169	2019SR0889518	林业图斑野外定点图像采集系统	浙江省森林资源监测中心	20190827
170	2019SR0519027	三北地区丝绸之路经济带荒漠化治理模式综合业务数据库平台	刘思敏，中国林业科学研究院	20190524
171	2019SR0519044	CMIP5 全球变化预测结果中青藏高原未来冻融变化监测管理平台	刘思敏，中国林业科学研究院	20190524
172	2019SR0519058	CMIP5 全球变化预测结果中青藏高原未来气温综合业务平台	刘思敏，中国林业科学研究院	20190524
173	2019SR0286422	无人机高精度影像分析平台	中国林业科学研究院	20190328
174	2019SR0662386	基于 GIS 的延河流域土壤侵蚀空间差异特征及分析软件	中国林业科学研究院	20190627
175	2019SR0662416	典型流域泥沙源侵蚀潜力值影响因素分析软件	中国林业科学研究院	20190627
176	2019SR0663068	基于 GIS 与遥感的延河流域景观生态信息分析软件	中国林业科学研究院	20190627
177	2019SR0663133	基于遥感的延河流域景观格局空间差异与变化分析软件	中国林业科学研究院	20190627
178	2019SR0663143	基于 GIS 的典型流域水土流失过程主导景观格局因子分析软件	中国林业科学研究院	20190627
179	2019SR0664190	典型流域泥沙源智慧识别及分级软件	中国林业科学研究院	20190627
180	2019SR0664191	典型流域“源汇”景观空间配置效应分析软件	中国林业科学研究院	20190627
181	2019SR0895866	荒漠生态系统数据共享平台	中国林业科学研究院	20190828
182	2019SR0985108	林业专业知识服务专题定制服务系统	中国林业科学研究院林业科技信息研究所	20190924
183	2019SR1114816	世界林业数据库及数据平台	中国林业科学研究院林业科技信息研究所，北京元兴恒业科技有限公司	20191104

（续）

序号	登记号	软件名称	著作权人	批准日期
184	2019SR0973965	竹材破竹机器人机械手控制软件	中国林业科学研究院林业新技术所	20190919
185	2019SR1162438	竹材破竹机器人自动出料系统软件	中国林业科学研究院林业新技术所	20191118
186	2019SR0060152	熊猫谱系管理系统	中国林业科学研究院林业新技术研究所	20190117
187	2019SR0321639	陆地生态系统定位观测研究站网信息管理系统	中国林业科学研究院林业新技术研究所	20190411
188	2019SR0321672	陆地生态系统定位观测研究站空地全景系统	中国林业科学研究院林业新技术研究所	20190411
189	2019SR0468399	湿地资源调查管理信息系统	中国林业科学研究院林业新技术研究所	20190515
190	2019SR0646370	局部正交层板结构增强式榫卯节点建模软件	中国林业科学研究院林业新技术研究所	20190624
191	2019SR0880590	点阵式增强榫卯节点建模软件	中国林业科学研究院林业新技术研究所	20190826
192	2019SR0899444	榫头浅层植筋增强式榫卯节点建模软件	中国林业科学研究院林业新技术研究所	20190829
193	2019SR0127818	山杏低产林分类经营管理系统	中国林业科学研究院林业研究所	20190202
194	2019SR0304347	林分状态与经营指南软件	中国林业科学研究院林业研究所	20190404
195	2019SR0312870	基因上下游区域调控元件碱基比例统计软件	中国林业科学研究院林业研究所	20190409
196	2019SR0892344	基于抽样调查的林分状态与经营指南软件	中国林业科学研究院林业研究所	20190828
197	2019SR1161516	基于 Modbus TCP 总线的定制家居生产线数据信息管控平台软件	中国林业科学研究院木材工业研究所	20191118
198	2019SR1161834	基于 Modbus TCP 总线的定制家居生产线数据信息中间件软件	中国林业科学研究院木材工业研究所	20191118
199	2019SR1206480	用于凸轮设计的从动件速度曲线拼接软件	中国林业科学研究院木材工业研究所	20191125
200	2019SR1206481	人造板图像运动模糊参数获取软件	中国林业科学研究院木材工业研究所	20191125
201	2019SR1206482	木材板表面典型缺陷图像分割软件	中国林业科学研究院木材工业研究所	20191125
202	2019SR1180978	中（高）密度纤维板生产线原料收购管理系统软件	中国林业科学研究院木材工业研究所，茌平县森强密度板有限公司	20191121
203	2019SR0435613	饰面胶合板与细木工板生产工艺优化与管理系统软件	中国林业科学研究院木材工业研究所，广西壮族自治区林业科学研究院	20190507
204	2019SR0865258	饰面胶合板与细木工板生产线智能化生产管理系统软件	中国林业科学研究院木材工业研究所，广西壮族自治区林业科学研究院	20190820

（续）

序号	登记号	软件名称	著作权人	批准日期
205	2019SR0333558	中国森林认证数据库系统	中国林业科学研究院森林生态环境与保护研究所	20190415
206	2019SR0492209	林地草原过火面积摄影测量自动处理系统软件	中国林业科学研究院森林生态环境与保护研究所	20190521
207	2019SR0492344	智能化草原火灾扑救决策指挥系统软件	中国林业科学研究院森林生态环境与保护研究所	20190521
208	2019SR0566789	森林航空消防调度指挥地理信息系统软件	中国林业科学研究院森林生态环境与保护研究所	20190604
209	2019SR0568272	森林航空消防扑救指挥地理信息系统软件	中国林业科学研究院森林生态环境与保护研究所	20190604
210	2019SR0649364	区域森林变化和水源涵养量评价系统	中国林业科学研究院森林生态环境与保护研究所	20190624
211	2019SR0782758	植物叶片光合数据传输系统	中国林业科学研究院亚热带林业研究所	20190729
212	2019SR0882308	可变剪接识别软件	中国林业科学研究院亚热带林业研究所	20190826
213	2019SR0891116	种苗生长监测和数据采集系统软件	中国林业科学研究院亚热带林业研究所，上海其朔建筑科技有限公司，上海准硕信息科技有限公司，龙伟，姚小华，黄广远	20190827
214	2019SR0894245	中国油茶智慧云平台软件	中国林业科学研究院亚热带林业研究所，上海其朔建筑科技有限公司，上海准硕信息科技有限公司，龙伟，姚小华，黄广远	20190828
215	2019SR0615354	中国亚热带林业科学数据子平台	中国林业科学研究院亚热带林业研究所，王斌，李正才，秦一心	20190614
216	2019SR0917632	浙江省湿地遥感监测与评估信息系统	浙江农林大学，中国林业科学研究院亚热带林业研究所	20190903
217	2019SR0006354	森林资源时空大数据分析与服务平台	中国林业科学研究院资源信息研究所	20190102
218	2019SR0097032	立地质量评价系统	中国林业科学研究院资源信息研究所	20190128
219	2019SR0223379	多时相光学遥感影像无云合成系统	中国林业科学研究院资源信息研究所	20190307
220	2019SR0223387	多尺度森林参数遥感定量反演系统	中国林业科学研究院资源信息研究所	20190307
221	2019SR0223402	频谱协同的高分辨率遥感纹理因子计算系统	中国林业科学研究院资源信息研究所	20190307
222	2019SR0855642	基于空间结构特征的森林多目标经营可视化模拟系统	中国林业科学研究院资源信息研究所	20190819
223	2019SR0855850	多尺度杉木人工林三维管理系统	中国林业科学研究院资源信息研究所	20190819
224	2019SR0857132	基于调查数据的树木实时生成系统	中国林业科学研究院资源信息研究所	20190819
225	2019SR0868686	保护区野外调查数据管理系统	中国林业科学研究院资源信息研究所	20190821
226	2019SR1061096	资源信息研究所信息集成与发布共享平台软件	中国林业科学研究院资源信息研究所	20191018

（续）

序号	登记号	软件名称	著作权人	批准日期
227	2019SR1123269	国家林业和草原科学数据中心平台	中国林业科学研究院资源信息研究所	20191107
228	2019SR1131156	基于快速迭代特征选择的森林郁闭度估算软件	中国林业科学研究院资源信息研究所	20191108
229	2019SR1211824	森林资源基础数据处理系统	中国林业科学研究院资源信息研究所	20191126
230	2019SR1111320	基于三维激光点云的树干三维模型及测量系统	信阳师范学院，中国林业科学研究院资源信息研究所	20191101
231	2019SR0826412	天然草原区肉牛最佳放牧周期预测支持系统	中国农业科学院北京畜牧兽医研究所	20190808
232	2019SR1232757	基于随机森林算法的 SNP 群体特征鉴定系统	中国农业科学院北京畜牧兽医研究所	20191129
233	2019SR0529244	早熟禾属植物智能信息检索平台	中国农业科学院草原研究所	20190528
234	2019SR0837469	草捆数据智能采集软件	中国农业科学院草原研究所	20190812
235	2019SR0837471	打捆机集中监控系统	中国农业科学院草原研究所	20190812
236	2019SR0440963	草原土壤碳矿化数据可视化比对系统	中国农业科学院草原研究所，高丽，韩文军，李西良	20190508
237	2019SR0451785	草原土壤氮矿化指标计算与分析系统	中国农业科学院草原研究所，高丽，李西良，韩文军	20190510
238	2019SR1182273	基于 ArcEngine 及 C# 的草地植被指数监测数据处理系统	中国农业科学院草原研究所，郭利彪，吴新宏，石红霄，乔江，运向军，白海花，杨霞	20191121
239	2019SR0042708	牧户信息管理系统	中国农业科学院草原研究所，侯向阳，吴洪新，李平	20190114
240	2019SR0045111	牧户调研信息系统	中国农业科学院草原研究所，侯向阳，吴洪新，李平	20190114
241	2019SR1181065	基于中红外光谱的土壤硝态氮铵态氮数据分析处理系统	中国农业科学院草原研究所，纪磊	20191121
242	2019SR1060715	燕麦抗盐材料综合评价系统	中国农业科学院草原研究所，孔令琪，杜建材，王照兰，任卫波	20191018
243	2019SR1057112	燕麦种质资源管理系统	中国农业科学院草原研究所，孔令琪，王照兰，杜建材，任卫波	20191017
244	2019SR0928375	伞裙追寄蝇天敌的扩繁滞育复状贮存及绿色防控系统	中国农业科学院草原研究所，刘爱萍，韩海斌，徐林波，林克剑，高书晶，王宁，张园园	20190905
245	2019SR0927870	豆科牧草病虫害绿色防控系统	中国农业科学院草原研究所，刘爱萍，林克剑，韩海斌，徐林波，高书晶，张园园，王宁	20190905
246	2019SR0069123	内蒙古草原旱灾标准降水指数计算系统	中国农业科学院草原研究所，刘桂香，卓义，张巧凤，刘慧娟，哈斯巴根，张志浩	20190121
247	2019SR1177310	牧草加工温度控制系统	中国农业科学院草原研究所，刘鹰昊，李峰，陶雅，渠晖，张晓庆	20191120

（续）

序号	登记号	软件名称	著作权人	批准日期
248	2019SR1210542	牧草原材料仓库管理系统	中国农业科学院草原研究所，刘鹰昊，渠晖，张晓庆，陶雅，李峰	20191126
249	2019SR1177066	牧草贮藏服务管理系统	中国农业科学院草原研究所，刘鹰昊，陶雅，李峰，高凤芹，尹强	20191120
250	2019SR1210743	牧草加工工序管理软件	中国农业科学院草原研究所，刘鹰昊，尹强，陶雅，李峰，高凤芹	20191126
251	2019SR0533027	北方能源植物资源评价系统	中国农业科学院草原研究所，内蒙古自治区农牧业科学院，高凤芹，刘斌，张晓庆，塔娜，景媛媛	20190528
252	2019SR0700351	披碱草育种工作数字化技术系统	中国农业科学院草原研究所，任卫波	20190708
253	2019SR0700368	基于物联网的披碱草育种管理信息系统	中国农业科学院草原研究所，任卫波	20190708
254	2019SR1217888	高原山地割草机地表实时仿形控制系统	中国农业科学院草原研究所，万其号	20191127
255	2019SR1218015	打结器工作时序实时监控软件	中国农业科学院草原研究所，万其号	20191127
256	2019SR1218021	免耕播种机精量播种测控系统	中国农业科学院草原研究所，万其号	20191127
257	2019SR0998314	牧草自动化加工控制软件	中国农业科学院草原研究所，尹强，刘鹰昊，孙启忠，李峰，陶雅	20190926
258	2019SR0998170	牧草加工流程管理软件	中国农业科学院草原研究所，尹强，王伟，侯美玲，王志军，刘丽英	20190926
259	2019SR0998020	牧草加工生产管理系统	中国农业科学院草原研究所，尹强，王育青，闫志坚，刘鹰昊，刘慧娟	20190926
260	2019SR0998165	牧草加工制造管理系统	中国农业科学院草原研究所，尹强，武海霞，刘鹰昊，渠晖，王伟	20190926
261	2019SR0991981	牧草生产数据管理软件	中国农业科学院草原研究所，尹强，闫志坚，王育青，孙世贤，王慧	20190925
262	2019SR1181075	基于 GPRS 信号的地表雪深监测终端数据处理系统	中国农业科学院草原研究所，运向军，刘桂香，郭利彪，杨霞，刘慧娟，白海花	20191121
263	2019SR0982810	重庆市四旁林木资源信息管理分析系统	重庆市林业规划设计院，西安瑞特森信息科技有限公司，罗邦祥，陈志云，王继武，鄢徐欣，郭帆，唐述中，董霄	20190923
264	2019SR1000567	重庆市四旁林木资源数据采集系统	重庆市林业规划设计院，西安瑞特森信息科技有限公司，罗邦祥，陈志云，王继武，鄢徐欣，郭帆，唐述中，董霄	20190926
265	2019SR1122413	重庆市林业科技管理信息系统	重庆市林业科学研究院	20191106

数据来源：中国版权保护中心《计算机软件著作权登记公告》。

附表6 2019年林业和草原科研院所授权发明专利

序号	专利号	专利名称	专利权人	发明人	申请日	授权公告日
1	ZL201610622194.8	一种用于树木年轮定年的方法及实现该方法的装置	北京市园林科学研究院	巢阳、李锦龄、丛日晨、卜向春	20160801	20190205
2	ZL201710885134.X	基于保育式生物防治的蜜粉源植物群落的配置方法	北京市园林科学研究院	王建红、任斌斌、李广、李薇、车少臣、邵金丽、仇兰芬、仲丽	20170926	20191203
3	ZL201610631546.6	一种无刺枸骨快速繁殖方法	常州市金坛区林业技术指导站	马骧、邵美林、孙伟忠	20160804	20191011
4	ZL201610069513.7	一种三维地形模型的生成控制方法及装置	东北林业大学、中国林业科学研究院森林生态环境与保护研究所	罗传文、刘世荣	20160201	20190430
5	ZL201510581520.0	一种栀子油、水溶性栀子色素和栀子苷的分离制备方法	福建恒康生态农业发展有限公司、中国林业科学研究院林产化学工业研究所	王成章、陈虹霞、周昊、李文君、陶冉、钟大宗、林时密、孔悦平	20150911	20190423
6	ZL201610279478.1	一种苗木合格率高的福建柏育苗方法	福建省林业科学研究院	郑仁华、苏顺德、周宗哲、吴清金	20140618	20190125
7	ZL201610698160.7	一种紫薇单株种质的快速扦插繁殖方法	福建省林业科学研究院	范辉华、姚湘明、李乾振、汤行昊、张娟、张天宇	20160821	20191025
8	ZL201610719429.5	一种绿僵菌高孢粉的制备方法	福建省林业科学研究院	蔡守平、何学友、曾丽琼、汤陈生、潘爱芳、杨希、黄金水	20160825	20190719
9	ZL201610719867.1	一种白僵菌高孢粉的制备方法	福建省林业科学研究院	何学友、蔡守平、曾丽琼、杨希、黄金水	20160825	20190813
10	ZL201710995866.4	一种光皮桦组培苗高效增殖方法	福建省林业科学研究院	谢一青、李志真、陈伟	20171023	20190920
11	ZL201510121343.8	零公害无胶竹质和/或木质重组材料及其制造方法	福建省雅康工贸有限公司、国家林业局北京林业机械研究所	周建波、傅万四、范榜英、赵章荣、韩望、李功宁、倪陈峰、石昊	20150319	20190412
12	ZL201810079498.3	一种坡面径流场径流取样器	甘肃省林业科学研究院	赵明、杨成生、陈徵尼、凌雷、仲怡铭	20180126	20190823
13	ZL201610422138.X	一种对荒漠灌丛沙堆土壤呼吸平均速率的观测方法	甘肃省治沙研究所	孙涛、唐进年、韩福贵、郭树江、段晓峰、张莹花、朱淑娟、张裕年	20160614	20190205
14	ZL201610779505.1	一种沙米凉粉的制作方法	甘肃省治沙研究所	魏林源、马全林、张德魁、陈芳、樊宝丽、赵鹏	20160831	20191122
15	ZL201610902087.0	一种简易型地下水恒位补偿蒸渗仪	甘肃省治沙研究所	张锦春、刘世增、李爱德、魏金萍、柴成武	20161018	20190730

（续）

序号	专利号	专利名称	专利权人	发明人	申请日	授权公告日
16	ZL201610946686.2	一种黑果枸杞组培苗的炼苗方法	甘肃省治沙研究所	李爱德、王方琳、王祺、刘克彪、王昱淇、张元凯、王晶	20161102	20190226
17	ZL201611005110.2	一种聚沙沙障	甘肃省治沙研究所	刘淑娟、袁宏波、刘虎俊、万翔、李菁菁、刘开琳、李学敏	20161111	20191025
18	ZL201611035750.8	一种西北干旱区葡萄硬枝的电热温床催根育苗方法	甘肃省治沙研究所	马俊梅、满多清、张世成、何芳兰、郭春秀、王方琳	20161123	20190205
19	ZL201711260542.2	一种蒙古扁桃组培快繁的方法	甘肃省治沙研究所	张莹花、尉秋实、王方琳、李得禄、魏林源	20171204	20191025
20	ZL201711297833.9	一种沙冬青组培苗的繁殖方法	甘肃省治沙研究所	张莹花、尉秋实、王方琳、张进虎	20171208	20191025
21	ZL201711297849.X	一种霸王离体培养的方法	甘肃省治沙研究所	张莹花、尉秋实、王方琳、李得禄	20171208	20190802
22	ZL201711429587.8	一种顶端长丛生状种毛种子的去种毛方法和离体培养方法	甘肃省治沙研究所	柴成武、王方琳、张锦春、尉秋实、王理德、王昱淇、马俊梅、肖斌	20171226	20191206
23	ZL201711465614.7	一种黑果枸杞组培不定芽瓶外生根方法	甘肃省治沙研究所	王方琳、柴成武、王理德、尉秋实、李爱德、马俊梅、王昱淇、胡小柯、王飞、肖斌、张元凯	20171228	20191015
24	ZL201810332231.0	一种黑果枸杞耐盐突变体的离体筛选方法	甘肃省治沙研究所	王方琳、柴成武、王理德、尉秋实	20180413	20191115
25	ZL201610080076.9	海岸防护林带水平和垂直防风效能梯度监测设备及方法	广东省林业科学研究院	魏龙、张方秋、周平、高常军	20160205	20190118
26	ZL201610479635.3	一种南方林地的高效利用方法	广东省林业科学研究院	曾雷、王洪峰、何春梅	20160628	20191206
27	ZL201610503172.X	一种桉树大苗的控水控肥方法	广东省林业科学研究院	杨会肖、潘文、张方秋、张卫华、徐斌、廖焕琴	20160701	20190604
28	ZL201610755011.X	杉木组培苗生根培养和炼苗的方法	广东省林业科学研究院	胡德活、韦如萍、郑会全、晏姝、王润辉	20160829	20190305
29	ZL201711434823.5	一种防霉热处理木材的制备方法及其应用	广东省林业科学研究院	谢桂军、李腊梅、李兴伟、何雪香、曹永建、李怡欣、马红霞、陈利芳、王剑菁、李万菊、王颂	20171226	20190618
30	ZL201711438243.3	湿加松体细胞胚拯救的方法	广东省林业科学研究院、台山市红岭种子园	郭文冰、赵奋成、胡继文、司徒荣贵、彭冠明、王为民、黄婷、邓乐平、廖仿炎、吴惠姗、李义良	20171226	20191217
31	ZL201510056386.2	一种竹莹素皮肤表面抗菌剂及其制备方法	广西壮族自治区林业科学研究院	杨漓、陆顺忠、杨素华、吴建文、关继华、邱米、黎贵卿、党中广、苏骊华	20150203	20190705

（续）

序号	专利号	专利名称	专利权人	发明人	申请日	授权公告日
32	ZL201510358519.1	一种提高 4- 松油醇型白千层枝叶精油含量的专用肥	广西壮族自治区林业科学研究院	梁忠云、常新民、陈海燕、周丽珠、李桂珍、孟中磊、李军集、谷瑶、秦荣秀	20150626	20190329
33	ZL201510358760.4	降低 4- 松油醇型白千层枝叶精油中桉叶素含量的专用肥	广西壮族自治区林业科学研究院	周丽珠、梁忠云、谷瑶、常新民、孟中磊、陈海燕、李军集、李桂珍、钟昌勇	20150626	20190510
34	ZL201510428523.0	一种干姜片及姜油的综合加工设备	广西壮族自治区林业科学研究院	谭桂菲、李秋庭、吴建文、陆顺忠、黄宁、关继华、杨素华、桂雪萍、黎贵卿、邱米、庾乐、赵睿、党中广、江燕、李沐晓、苏骊华	20150721	20190212
35	ZL201510428678.4	一种超声波提取肉桂油的方法及其提取装置	广西壮族自治区林业科学研究院	陆顺忠、李秋庭、杨漓、关继华、邱米、黎贵卿、党中广、苏骊华、吴建文、杨素华	20150721	20190510
36	ZL201511027043.X	铁皮石斛的悬挂式栽培方法	广西壮族自治区林业科学研究院	陈宝玲、王华新、陈尔、龙定建、龚建英、杨舒婷、周千淞、苏莉花、李冰、林茂、唐遒冥	20151231	20190301
37	ZL201610376985.7	一种盆栽金花茶的培育方法	广西壮族自治区林业科学研究院	韦晓娟、马锦林、叶航、李开祥、黄耀恒	20160601	20190219
38	ZL201610470826.3	一种促进闽楠种子萌发的方法	广西壮族自治区林业科学研究院	李娟、林建勇、梁瑞龙、蒋燚、刘雄盛、姜英、戴菱、何应会、刘菲、王勇、韦铄星、黄荣林、潘小丽	20160624	20190115
39	ZL201610540801.6	泼墨石斛老茎扦插繁殖方法	广西壮族自治区林业科学研究院	龚建英、王华新、龙定建、唐庆、陈宝玲、陈尔、杨舒婷、唐遒冥、林茂、李进华、苏莉花	20160711	20190716
40	ZL201610545131.7	一种提高江南油杉发芽整齐度的方法	广西壮族自治区林业科学研究院	何应会、蒋燚、黄荣林、刘菲、姜英、潘小丽、韦铄星、林建勇、李娟、王勇、刘雄盛	20160712	20190426
41	ZL201610705427.0	一种改善江南油杉容器苗根系构型的培育方法	广西壮族自治区林业科学研究院	何应会、蒋燚、黄荣林、姜英、刘菲、潘小丽、韦铄星、刘雄盛、王勇、李娟	20160822	20191112
42	ZL201610966676.5	一种提高松毛虫白僵菌产孢量的固体培养基及培养方法	广西壮族自治区林业科学研究院	邹东霞、廖旺姣、徐庆玲、蒋学建、吴耀军、黄华艳、罗辑、黄乃秀	20161028	20191025
43	ZL201611089088.4	一种褐纹报春苣苔的离体培养方法	广西壮族自治区林业科学研究院	林茂、王华新、李进华、廖美兰、孙开道、陈尔、孙丽娜	20161201	20190419

（续）

序号	专利号	专利名称	专利权人	发明人	申请日	授权公告日
44	ZL201611102101.5	一种提前打破大百合休眠的方法	广西壮族自治区林业科学研究院	赵志珩、马锦林、李开祥、朱昌叁、曾广宇、梁文汇、廖健明	20161205	20190507
45	ZL201710046504.0	一种香茅草组培快繁的方法	广西壮族自治区林业科学研究院	覃玉凤、肖玉菲、周丽珠、陈晓明、潘晓芳、覃子海、陈博雯、刘雄盛、张烨、张晓宁、刘海龙	20170122	20190201
46	ZL201710285174.0	一种石漠化地区植被调查抽样单元的设置方法	广西壮族自治区林业科学研究院	黄小荣、彭玉华、侯远瑞、欧芷阳、何琴飞、谭一波	20170427	20190709
47	ZL201710311958.6	一种消除组培苗黄化的核桃组培快繁方法	广西壮族自治区林业科学研究院	陈晓明、韦璐阳、李魁鹏、蔡玲、陈代喜、梁文汇、何振革、程琳、董利军、贺佳君、钟耀才	20170505	20190301
48	ZL201710935863.1	一种森林倒木质可燃物载量的样线截平面测量方法	广西壮族自治区林业科学研究院	黄小荣、彭玉华、谭一波、欧芷阳、何琴飞	20171010	20190827
49	ZL201610917011.5	一种防治烟草疫霉病复合菌剂及其制备方法和应用	广州市林业和园林科学研究院、华南农业大学	陈莹、刘可星、阮琳、张俊涛、鄢海印	20161021	20191025
50	ZL201510265745.5	免预培养高效菊苣遗传转化方法	贵州省草业研究所	李小冬、于二汝、舒健虹、王小利、莫本田、蔡一鸣、吴佳海、韩永芬	20150524	20190111
51	ZL201610042400.8	利用中华蜜蜂提高怒江山茶籽产量的方法	贵州省林业科学研究院	邱建生、许杰	20160122	20190222
52	ZL201610318066.4	毛竹特异性 DNA 分子标记及应用	国际竹藤中心	高志民、孙化雨、李利超、赵韩生	20160512	20190426
53	ZL201710108674.7	热压结合蒸汽喷蒸法密实化木材 / 竹材的方法及密实化木材 / 竹材	国际竹藤中心	方长华、阿兰·克鲁梯耶、江泽慧、费本华、孙正军	20170227	20190827
54	ZL201710444589.8	一种木质素分离及蒸汽裂解系统及其方法	国际竹藤中心	李志强、江泽慧、费本华、覃道春	20170613	20190726
55	ZL201710656794.0	一种圆竹分级方法	国际竹藤中心	刘焕荣、孙正军、江泽慧、方长华、张秀标、杨晓梦、杨利梅、孙玉慧、刁倩倩	20170803	20190430
56	ZL201811494854.4	一种埃洛石纳米管 / 季铵盐复合抗菌微粒及其制备方法和用途	国际竹藤中心	张融、越显峰、靳肖贝、李志强、覃道春、费本华、江泽慧	20181207	20191101
57	ZL201810079198.5	一种沙漠绿化输水用竹纤维线的制作方法	国际竹藤中心、浙江省林业科学研究院	王戈、张文福、程海涛	20180126	20190528

（续）

序号	专利号	专利名称	专利权人	发明人	申请日	授权公告日
58	ZL201610532325.3	一种竹木复合高强度抗压柱及其制造方法	国际竹藤中心安徽太平试验中心	严彦、费本华、孙正军、刘焕荣、张秀标	20160707	20190322
59	ZL201711038015.7	一种竹原态标准化模块材料及其生产方法和生产线	国际竹藤中心安徽太平试验中心	严彦、费本华	20171030	20190830
60	ZL201710021952.5	板材外观质量综合量化评价方法	国家林业和草原局北京林业机械研究所	杨建华	20170112	20191129
61	ZL201710022024.0	木质单板裂缝外观质量评价方法	国家林业和草原局北京林业机械研究所	杨建华、傅万四、陈嘉文、袁东、杨光、张端、许心梦	20170112	20190917
62	ZL201610604450.0	一种基于 Lucene 的林地图斑矢量数据查询方法	国家林业和草原局调查规划设计院	张煜星、黄国胜、许等平、王雪军、任怡、党永峰、蒲莹、杜震洪、罗鹏	20160721	20191105
63	ZL201610456028.5	一种单板裂缝的识别方法	国家林业局北京林业机械研究所	杨建华、傅万四、杨全文、杨光、张端	20160622	20190531
64	ZL201810322279.3	一种提拉式苎麻剥麻机	国家林业局哈尔滨林业机械研究所	谭新建、杜鹏东、郭克君、张殿松、徐鑫、苗振坤、袁小军、满大为、吴立国、厉月桥、司芳芳、苏宁、潘文婷	20180411	20190903
65	ZL201610032735.1	一种杏仁豆腐冰淇淋及其制备方法	国家林业局泡桐研究开发中心	乌云塔娜、姜仲茂、朱绪春、朱高浦、赵罕	20160119	20190510
66	ZL201610228088.1	利用 cpDNA 分子标记进行柿种质鉴定的方法	国家林业局泡桐研究开发中心	傅建敏、乌云塔娜、韩卫娟、孙鹏、刁松锋、张嘉嘉、罗颖、张悦	20160413	20190423
67	ZL201610515360.4	一种山杏杜仲高级配方油及其制备方法	国家林业局泡桐研究开发中心	乌云塔娜、朱绪春、杜红岩、李铁柱、杜兰英、朱高浦、赵罕	20160701	20190510
68	ZL201610519776.3	一种维生素 A 强化山杏杜仲高级配方油及其制备方法	国家林业局泡桐研究开发中心	乌云塔娜、朱绪春、杜红岩、李铁柱、杜兰英、朱高浦、赵罕	20160701	20190510
69	ZL201610519777.8	一种山杏仁油提取精炼工艺	国家林业局泡桐研究开发中心	乌云塔娜、朱绪春、朱高浦、赵罕	20160701	20190611
70	ZL201610519779.7	一种杜仲籽油提取精炼工艺	国家林业局泡桐研究开发中心	乌云塔娜、朱绪春、杜红岩、李铁柱、杜兰英、朱高浦、赵罕	20160701	20190510
71	ZL201510766183.2	一种利用竹屑生产的植物培养基质	国家林业局竹子研究开发中心	钟哲科、翟婉璐、卞方圆	20151111	20190122
72	ZL201611188635.4	一种能持续经营的雷竹林春笋冬出的培育方法	国家林业局竹子研究开发中心	钟哲科、张小平、卞方圆、高贵宾	20161221	20191122
73	ZL201710050786.1	一种竹木材料开裂性能测试方法	国家林业局竹子研究开发中心	吴再兴、李景鹏、陈玉和、沈哲红、李能、黄成建、朱臻杭	20170123	20190730

（续）

序号	专利号	专利名称	专利权人	发明人	申请日	授权公告日
74	ZL201710785522.0	一种竹木材连续化浸渍装置及其应用	国家林业局竹子研究开发中心	徐军、何盛、李景鹏、于辉、陈玉和、郭帆	20170904	20190510
75	ZL201711408498.5	一种抗流失纳米金属材料 / 竹材复合材料的制备方法	国家林业局竹子研究开发中心	李景鹏、陈玉和、吴再兴、任丹静、徐军、包永洁、何盛、郭帆	20171222	20191015
76	ZL201711471530.4	一种自然林下仿野生段木桑黄栽培方法	杭州千岛湖桑之宝农业开发有限公司、浙江省林业科学研究院	王建功、王星晨、程俊文、魏海龙、蔡为明、金群力、王伟科、黄世国、王晖	20171229	20191022
77	ZL201710097086.8	引物对及其在杨黄纤孔菌与桑黄纤孔菌鉴别中的应用	杭州市农业科学研究院、浙江省林业科学研究院	宋吉玲、袁卫东、陆娜、李海波	20170222	20190723
78	ZL201510238645.3	一种油松林人工促进天然更新方法	河北省林业科学研究院	尤海舟、毕君、王超、王春荣、李联地、任启文	20150512	20190219
79	ZL201610531138.3	一种简易容器微灌系统套装安装工具	河北省林业科学研究院	赵广智、马增旺、高云昌、邢存旺、赵志新、邢海福、廉诗启、张金香、王超、臧永琪、高运茹、王学勇、杜子春、高彦生	20160707	20191025
80	ZL201611225801.3	一种加快山地油松人工林地凋落物分解的方法	河北省林业科学研究院	尤海舟、毕君、王超、李联地、任启文、武亚敬	20161227	20191119
81	ZL201710470944.9	促进果树深根生长的果园林地耕作方法	河北省林业科学研究院	任启文、尤海舟、李联地、王超、毕君	20170620	20190712
82	ZL201810076848.0	一种提高皂荚嫁接成活率的方法	河南省林业科学研究院	范定臣、刘艳萍、杨伟敏、祝亚军、曾辉、王耀铭	20180126	20191203
83	ZL201810429042.5	可用于花椒掺假鉴定的花椒品质检测方法	河南省林业科学研究院	孙晓薇、杨伟民、于磊、金钰、钱世江、董玉山、李厚强、田丽、马常云	20180508	20190607
84	ZL201810429068.X	以时间为坐标半定量检测土壤中铬含量的装置及其制备方法	河南省林业科学研究院	孙晓薇、杨伟民、金钰、于磊、钱世江、田丽、李厚强	20180508	20190906
85	ZL201610276088.9	一种可提高成品率的黑木耳三级种顶气接种及养菌方法	黑龙江省林副特产研究所、胡伟、张跃新	胡伟、张跃新、马凤、于宪平、贾宝库、闫宝松、崔先江、谢晨阳、楚玉南	20160429	20190503
86	ZL201610719359.3	一种猴头菇 DNA 条形码的构建及鉴定方法	黑龙江省林副特产研究所、牡丹江师范学院	皇甫永冠、闫宝松、宗宪春、魏继承、张跃新、马凤	20160825	20191022
87	ZL201610933500.X	沙棘果中 Vc 的提取方法	黑龙江省林业科学研究所	殷东生、张海峰、袁显磊、张建瑛、吕跃东、黄海娇、温爱亭、周志军、葛文志、王洪梅	20161031	20190607

（续）

序号	专利号	专利名称	专利权人	发明人	申请日	授权公告日
88	ZL201611122812.9	一种诱导酸浆植株再生的培养基及培养方法	黑龙江省林业科学研究所	王丹、舒钰、李晶、马盈、王承义、赵学丽、谢星	20161208	20190416
89	ZL201710984377.9	一种愈伤组织诱导的暴马丁香组培苗的炼苗移栽方法	黑龙江省林业科学研究所	舒钰、邢亚娟、李春明、王丹、赵学丽、王钰婷、曹焱	20171020	20191101
90	ZL201711170421.9	一种白头翁花药诱导培养再生植株的方法及其培养基	黑龙江省林业科学研究所	舒钰、李晶、王丹、赵学丽、王承义、王颖	20171122	20190924
91	ZL201710615351.7	一种林业气象站辅助固定装置	黑龙江省林业科学院	赵眉芳、徐文煦、郑海峰、蔡恒明、陈頔、张亚楠、刘思杨、刘长乐、孔庆子	20170726	20190312
92	ZL201710711023.7	一种旋转式表面摩擦系数测试系统及测试方法	黑龙江省木材科学研究所	王宏棣、刘一楠、刘珊杉、贾潇然、周志芳、赵秀	20170818	20191101
93	ZL201710831248.6	一种检测木质地板吸水厚度膨胀率的装置和测试方法	黑龙江省木材科学研究所	贾潇然、王宏棣	20170912	20190816
94	ZL201710975422.4	长方彩条图案重组装饰单板的制造方法	黑龙江省木材科学研究所	曾春雷、黄海兵、王春明、刘秀艳、黄在华、王后军	20171018	20190809
95	ZL201710975424.3	横向超宽多色纹理重组装饰单板的制造方法	黑龙江省木材科学研究所	曾春雷、黄海兵、王春明、刘秀艳、黄在华、王后军	20171018	20190809
96	ZL201810644650.8	一种模块化地热地板	黑龙江省木材科学研究所	毛磊、王宏棣、郑拓宇、宋德年、闫超、刘一楠	20180621	20191105
97	ZL201710338772.X	一株平贝母根际多粘类芽孢杆菌及其应用	黑龙江省森林保护研究所	宋小双、邓勋、遇文婧、周琦、王琪、高宇	20170515	20190517
98	ZL201811492537.9	一种用于防治榛实象的性信息素和制备方法及用途	黑龙江省森林保护研究所	马晓乾、遇文婧、周婧、安雪洋、潘佳亮、王琪、冯磊、张东来、范海娟、孙妍、高宇、刘欣	20181206	20191224
99	ZL201510296273.X	一种以无纺布为基质植藓养蚜增加五倍子产量的方法	湖北省林业科学研究院	查玉平、杨子祥、陈京元、宋德应、乐建根、杨武松	20150603	20190723
100	ZL201710351829.X	一种罗田垂枝杉基部萌条的培育和扦插育苗方法	湖北省林业科学研究院	许业洲、杜超群、黄国伟、陈华超、刘星	20170518	20191119
101	ZL201710624320.8	竹木材分拣机控制系统及方法	湖北省林业科学研究院	辜忠春、李军章、李光荣、王宵、杜业云	20170727	20191022
102	ZL201611255795.6	一种改性大豆基木材胶粘剂及其制备方法	湖南省林业科学院	王勇、邓腊云、范友华、陈泽君、李志高、马芳	20161230	20190312

（续）

序号	专利号	专利名称	专利权人	发明人	申请日	授权公告日
103	ZL201710066680.0	一种环保型高密度木竹纤维板材制作方法	湖南省林业科学院	何洪城、邓腊云、胡伟、袁光明、谭林朋、何可丹	20170207	20190607
104	ZL201710863589.1	一种油料植物白檀组培快繁方法	湖南省林业科学院	杨艳、汤玉喜、唐洁、李永进、吴敏	20170922	20190726
105	ZL201510727644.5	一种竹林有机肥料的制备方法及使用方法	湖南省森林植物园	黄滔、刘玮、唐红、蒋利媛、黄程前、唐军、黄文韬	20151029	20190122
106	ZL201510887158.X	一种半枫荷嫁接繁殖方法	湖南省森林植物园	田晓明、颜立红、蒋利媛、向光锋、刘艳、黄秀、夏翊、颜峻	20151204	20190409
107	ZL201510909385.8	一种川黔紫薇的栽培方法	湖南省森林植物园	颜立红、刘艳、蒋利媛、向光锋、田晓明、黄秀、邹建文	20151210	20190402
108	ZL201611097658.4	一种从杨树木材中提取微生物基因组 DNA 的方法	华中农业大学、湖北省林业科学研究院	杜克兵、余晓莉、胡兴宜、荣新军、仝瑞冠、李立志	20161202	20190705
109	ZL201710926070.3	一种含有放线菌的生防制剂	吉林大学、吉林省林业科学研究院	李立梅、陈越渠、侯丽伟、李鑫、朱春玉、陈井生、左彤彤、毛赫、孙伟、孙景花、陈思羽、杨帆、伏颖、陈宁	20150923	20190927
110	ZL201710740624.0	含有放线菌的生防制剂用于三七疾病的防控及使用方法	吉林省林业科学研究院	李立梅、陈越渠、侯丽伟、李鑫、朱春玉、陈井生、左彤彤、毛赫、孙伟、孙景花、陈思羽、杨帆、伏颖、陈宁	20150923	20190809
111	ZL201810735604.9	一种生防制剂、制备方法及其使用方法	吉林省林业科学研究院	李立梅、陈越渠、李鑫、左彤彤、毛赫、杨帆、孙伟、王聪慧、张健、张晓军	20151201	20190809
112	ZL201810736154.5	一株杨树烂皮病生防菌在抑制致病菌活性中的应用	吉林省林业科学研究院	陈越渠、李立梅、毛赫、李鑫、左彤彤、孙伟、王聪慧、杨帆、张健、张晓军	20151201	20190809
113	ZL201810736186.5	一株杨树烂皮病生防菌在植物病害防治中的应用	吉林省林业科学研究院	陈越渠、李立梅、左彤彤、李鑫、毛赫、王聪慧、孙伟、杨帆、张健、张晓军	20151201	20190809
114	ZL201610133274.7	一种油用牡丹的高效立体栽培方法	江苏省林业科学研究院	蒋泽平	20160309	20190111
115	ZL201610913735.2	一种纳塔栎的二次扦插繁殖的方法	江苏省林业科学研究院	吕运舟、董筱昀、黄利斌、陈庆生、窦全琴、黄延芳、杨建军	20161020	20191227
116	ZL201710427911.6	一种城市内河生态赏景护岸结构	江苏省林业科学研究院	李冬林、黄彩霞、金雅琴、黄雪方	20170608	20190319

（续）

序号	专利号	专利名称	专利权人	发明人	申请日	授权公告日
117	ZL201710004973.6	一种建立石蒜再生体系的方法	江苏省中国科学院植物研究所、杭州植物园（杭州市园林科学研究院）	郑玉红、张鹏翀、佴辉、鲍淳松、樊聪、束晓春、韩福贵	20170104	20190111
118	ZL201611262517.3	2-（2-碘代芳基）喹唑啉类化合物及其制备方法	江西省林业科学院	高伟、龚春、徐林初、甘然、黄文印	20161230	20190809
119	ZL201710969592.1	一种醋丙乳液胶粘剂的制备方法	江西省林业科学院	贺磊、谢阳志、刘斌、王玉、王小东	20171018	20190913
120	ZL201910716008.0	复方龙脑抗菌剂	江西省林业科学院	熊振宇、徐旭、杨海宽	20190805	20191122
121	ZL201610335607.4	一种水生植物组合净化污水处理厂尾水的方法	昆明市园林科学研究所	马博馨、单蓓、何翰、黄红春、张嵘梅、侯春	20160519	20190423
122	ZL201510483699.6	一种油茶林杂草控制及定位施肥装置	丽水市林业科学研究院	葛永金、何小勇、刘跃钧、王军峰、宋艳冬	20150810	20190806
123	ZL201710357532.4	一种林地地表径流量和泥沙流失量的监测方法	丽水市林业科学研究院	刘跃钧、彭小搏、姚理武、蒋燕锋、谢建秋、吴应齐、梁炜、李永和	20170519	20191119
124	ZL201611105362.2	一种食用菌接种机的自动碎种及定量分种接种装置	丽水市林业科学研究院、杨振华	应国华、杨振华、吕明亮、薛振文、李伶俐	20161205	20191129
125	ZL201610349999.X	一种提高红豆杉枝叶中产物含量的方法	梅州市中大南药发展有限公司、梅州市林业科学研究所	李志良、汤朝阳、何伟强、梁伟东、杨中艺、黄巧明、叶岸青	20160523	20190723
126	ZL201710731633.3	油茶果壳粉添加剂及其制备方法	南昌华辉木业有限公司、江西省林业科学院	贺磊、徐林初、王小东、王玉、赵攀、谢阳志、刘斌	20170823	20190628
127	ZL201610577345.2	一种飞播杨柴灌木林更新复壮方法	内蒙古自治区林业科学研究院	王晓江、张雷、洪光宇、李卓凡、海龙、王平平、高孝威、李爱平、闫茂林、武永智	20160719	20190430
128	ZL201610632805.7	通量塔沙尘采集自动升降装置	内蒙古自治区林业科学研究院	胡小龙、闫德仁、袁立敏、黄海广、薛博、曲娜、张正偲、邓俭	20160804	20190809
129	ZL201710578552.4	一种以文冠果成熟胚为外植体的不定芽诱导方法	内蒙古自治区林业科学研究院	王美珍、张文军、赵颖、黄卫丽	20170714	20190726
130	ZL201510685048.5	一种冻干枸杞和枸杞芽菜双层片及其制备方法	宁夏林业研究所股份有限公司	王梦泽、沈效东、王佳、王丽、周悦、赵小锋、胡维岗、南雄雄、俞树伟	20151021	20190315
131	ZL201710063391.5	一种枸杞叶芽多糖的制备方法及其在治疗糖尿病药物中的应用	宁夏林业研究院股份有限公司	王立英、范俊峰、何斌、李永华、金明、胡维岗、王梦泽、高翔	20170203	20190426
132	ZL201710532042.3	一种芦苇刨花板及其制备方法	盘锦积葭生态板业有限公司、林产工业规划设计院	张丙坤、张忠涛、肖小兵、胡广斌、陈剑平、李好、张建辉	20170703	20190430

（续）

序号	专利号	专利名称	专利权人	发明人	申请日	授权公告日
133	ZL201610352752.3	一种无花果休闲食品及其制备方法	齐鲁工业大学、山东省林业科学研究院	孙锐、孙蕾、梁静、赵姗姗、贾明、和法涛、刘丙花、葛邦国、舒秀阁	20160525	20191001
134	ZL201710081695.4	一种辣木再生体系的构建方法	钦州市林业科学研究所	陈丽文、陈乃明、何贵整、时群、蔡林、梁刚、王华宇、杨利平、樊东函、吴红英、李清香	20170215	20190419
135	ZL201710424893.6	泡桐埋根容器育苗方法	钦州市林业科学研究所	吴红英、吕月保、宁振升、谢云、邓月梅、何克钦、李清香、陈乃健、张立、张桂兰、陶建华	20170606	20191112
136	ZL201710155167.9	一种退化草地优势植物的修复方法	山东大学、中国农业科学院草原研究所	金艳梅、张晓庆、姜超、郑凤英、王海	20170316	20190723
137	ZL201510740070.5	一种木材单板微波干燥方法	山东省林业科学研究院	李长贵、刘德玺、李牧、杨海平、朱文成、刘方春、董玉峰、刘桂民、周健、马安宝	20151102	20190329
138	ZL201610330287.3	一株景天根际促生铜绿假单胞菌及其应用	山东省林业科学研究院	刘方春、马海林、丁延芹、杜秉海、马丙尧、杜振宇、姚良同、李丽、单连娟	20160517	20190125
139	ZL201610330288.8	一株耐盐根际促生阴沟肠杆菌及其应用	山东省林业科学研究院	杨庆山、刘波、刘方春、丁延芹、李淑杰、杜秉海、井大炜、马海林	20160517	20190528
140	ZL201610417041.X	绒毛白蜡耐盐 SSR 分子标记	山东省林业科学研究院	燕丽萍、刘翠兰、吴德军、王因花、姚俊修、李丽、藏真荣、任飞	20160614	20190326
141	ZL201610717940.1	一种利用 SSR 标记技术对绒毛白蜡和美国红梣杂交种进行快速鉴定的方法	山东省林业科学研究院	燕丽萍、吴德军、王因花、刘翠兰、臧真荣、李庆国、姚俊修、任飞	20160824	20190621
142	ZL201610850736.7	一种伞形刺槐行道树的培养方法	山东省林业科学研究院	荀守华、董玉峰、韩丛聪、毛秀红、乔玉玲	20160926	20190705
143	ZL201610890367.4	一株坚强芽孢杆菌及其在防治无花果、石榴炭疽病方面的应用	山东省林业科学研究院	王清海、周峰、孙蕾、牛赡光、段春华、刘幸红、刘愍、张淑静	20161012	20190510
144	ZL201610891189.7	一株枯草芽孢杆菌及其在防治蓝莓炭疽病、桑椹菌核病方面的应用	山东省林业科学研究院	王清海、孙蕾、韩传明、段春华、刘幸红、牛赡光、刘愍	20161012	20190510
145	ZL201611012239.6	一种柏科植物冠形图像分析方法	山东省林业科学研究院	王斐、宋磊、吴德军、王静	20161117	20190322

（续）

序号	专利号	专利名称	专利权人	发明人	申请日	授权公告日
146	ZL201611269739.8	一株哈茨木霉及其在油用牡丹上的应用	山东省林业科学研究院	王清海、段春华、朱文成、季延平、牛赡光、刘慇、刘幸红、张淑静、安小林、亓玉昆	20161219	20190510
147	ZL201710041734.8	一种防治悬铃木方翅网蝽的注干杀虫剂及其制备方法和应用	山东省林业科学研究院	武海卫、段春华、刘焕秀、宗世祥、宋印刚、信晓萌、李波、康智、亓玉昆	20170120	20190222
148	ZL201710958437.X	一株荧光假单胞菌及其在防治核桃黑斑病中的应用	山东省林业科学研究院	段春华、李宗泰、牛赡光、张淑静、刘慇、王清海、曲永赟	20171016	20191025
149	ZL201810162958.9	一种耐盐速生绒毛白蜡的人工授粉育种方法	山东省林业科学研究院	刘翠兰、燕丽萍、王开芳、吴德军、李丽、孙超、刘桂民、王学文	20180226	20190924
150	ZL201910011668.9	一种具有保水抗旱功能的生物有机肥及其制备方法	山东省林业科学研究院	刘幸红、马海林、刘方春、丁延芹、杜秉海、刘丙花、马丙尧、杜振宇、彭琳、李丽、井大炜、吕雷昌、张文馨	20190107	20191029
151	ZL201710858810.4	基于荧光 SSR 毛细管电泳技术快速鉴定刺槐多倍体的方法	山东省林业科学研究院、费县国有大青山林场	毛秀红、荀守华、张元帅、孙百友、乔玉玲、董玉峰、韩丛聪	20170921	20190510
152	ZL201710859370.4	基于毛细管电泳荧光 SSR 指纹图谱鉴别刺槐品种的方法	山东省林业科学研究院、中国林业科学研究院林业研究所、费县国有大青山林场	毛秀红、荀守华、郑勇奇、孙百友、张元帅、韩丛聪、董玉峰	20170921	20190215
153	ZL201710158839.1	一种土壤改良方法	山西省林业科学研究院	葛寒英	20170313	20190402
154	ZL201510070439.6	一种泥炭藓原丝体快速繁殖的方法	上海市园林科学规划研究院	尹丽娟、王铖、沈烈英	20150211	20190329
155	ZL201710368157.3	一种生物组织培养制备秦岭岩白菜的方法	上海市园林科学规划研究院	吕秀立、冯永辉、张春英、姚春霞、沈烈英、施季森	20170523	20190329
156	ZL201710584463.0	一种金红茵芋的快速繁殖方法	上海市园林科学规划研究院	吕秀立、方腾、郭小芳、付瑞、王铖、边黎明	20170718	20190315
157	ZL201510609157.9	基于生物量转换因子法估计区域尺度生物量的不确定性评估方法	上海市园林科学规划研究院、中国林业科学研究院资源信息研究所	傅煜、雷渊才、曾伟生、郝瑞军、张桂莲	20150923	20190104
158	ZL201610646966.1	狭叶红景天田间育苗方法	四川省草原科学研究院	赵文吉、何正军、贾国夫、白史且、邓绍先	20160809	20191220
159	ZL201610141884.1	一种香椿、红椿嫁接繁殖方法	四川省林业科学研究院	肖兴翠、郭洪英、黄振、陈炙、李丕军	20160311	20190329
160	ZL201610517842.3	一种桤木嫩枝单芽扦插育苗方法	四川省林业科学研究院	郭洪英、肖兴翠、陈炙、王泽亮、黄振、李丕军	20160630	20190419

（续）

序号	专利号	专利名称	专利权人	发明人	申请日	授权公告日
161	ZL201510546750.3	一种树葡萄扦插育苗的方法	泰安市泰山林业科学研究院、聂保平	赵进红、聂保平、张虹、赵勇、王玉山	20150824	20191210
162	ZL201710329374.1	一种果渣基高吸水树脂的制备方法	天津市林业果树研究所	张峻、杨丽维、陈颖	20170511	20190430
163	ZL201610490667.3	一种鸭茅根部组织石蜡切片的制备方法	西南大学、贵州省草业研究所	曾兵、吴佳海、王少青、陈思怀、牟琼、张文、李娟	20160629	20190222
164	ZL201611179071.8	生物培养皿	新疆畜牧科学院草业研究所	田聪、韩青、艾克拜尔·阿不都热依木、穆尼热·买买提、祖日古丽·友力瓦斯、李亮、张荟荟、张丽萍、王玉、史伟、李学森、顾祥、朱忠艳	20161219	20190315
165	ZL201610804292.3	核桃树“主干型”树形的培育方法	新疆林科院经济林研究所	张强、黄闽敏、王国安、杨俊杰、李西萍、古扎丽、王明、杨红丽	20160906	20190709
166	ZL201610610179.1	一种人工种植肉苁蓉立体多功能液体接种机	新疆林科院造林治沙研究所	刘永萍、宁虎森、郭星、鲁洋、郭靖、罗青红、刘爱民、伊丽米努尔、早尔古·吐逊江、张睿婧	20160729	20190108
167	ZL201610610186.1	一种人工种植肉苁蓉液体接种器	新疆林科院造林治沙研究所	刘永萍、郭星、宁虎森、鲁洋、郭靖、刘爱民、伊丽米努尔、杨红丽、莫双铭、牙合提古丽·阿里木	20160729	20190108
168	ZL201610698981.0	一种天然杂交灰胡杨全生长季嫁接繁殖方法	新疆林科院造林治沙研究所	鲁天平、刘炳强、郭靖、闫丽丹、侯一平、海妮肯·山台、王艺华	20160822	20191210
169	ZL201611089106.9	天山云杉胚性愈伤组织高效增殖培养基	新疆林科院造林治沙研究所	伊丽米努尔、雪合拉提·伊明诺夫、夏衣达·雪合拉提、哈丽努尔·阿不力米提、刘永萍	20161201	20190104
170	ZL201610503930.8	一种黑果枸杞穴盘育苗播种装置及其应用	新疆林业科学院扎木台造林试验站	王琴、毛金梅、李勇、王建友、池文泽、李江义、王明	20160630	20190312
171	ZL201610875659.0	一种基于点云数据的树干三维干轴曲线构建的树干参数提取方法	信阳师范学院、中国林业科学研究院资源信息研究所	尤磊、唐守正、宋新宇、冯岩、郭旭展	20160930	20190115
172	ZL201510054175.5	胡桃楸本砧嫁接技术	伊春林业科学院	程向东、王清君、兴成彬	20150128	20190402
173	ZL201610322422.X	一种草果仿生育苗方法	云南省林业科学院	肖良俊、宁德鲁、陈海云、胡青、贺娜、吴涛、耿树香、徐田、马婷、王洋、李勇杰、张艳丽、陈少瑜	20160516	20190219

（续）

序号	专利号	专利名称	专利权人	发明人	申请日	授权公告日
174	ZL201410434659.8	一种利用麻竹控制薇甘菊的方法	云南省林业科学院、云南林业职业技术学院、西南林业大学、泽桑梓	泽桑梓、季梅、杨斌、赵宁、周平阳、朱家颖、户连荣、王大伟、凌万刚、李卓新	20140829	20190621
175	ZL201511027604.6	一种含紫杉醇培养组合物及其制备方法	浙江省林业科学研究院	程俊文、贺亮、胡传久、魏海龙、方茹、邹景泉、李海波	20151231	20190524
176	ZL201511027618.8	一种牛樟芝培养组合物及其制备方法	浙江省林业科学研究院	魏海龙、程俊文、胡传久、贺亮、李海波、杨少宗、付立忠	20151231	20190118
177	ZL201511029060.7	一种桦褐孔菌发酵培养组合物及其制备方法	浙江省林业科学研究院	程俊文、贺亮、魏海龙、胡传久、李海波、邹景泉、付立忠	20151231	20190528
178	ZL201610246847.7	一种生物质炭材料吸附性能快速检测方法	浙江省林业科学研究院	潘炘	20160418	20190514
179	ZL201610410772.1	库岸消落带生态植被修复方法	浙江省林业科学研究院	刘乐群	20160612	20190628
180	ZL201610658092.1	一种毛竹笋的微冻保鲜方法	浙江省林业科学研究院	贺亮、李琴、王丹丹、汪奎宏、张建、袁少飞	20160810	20190716
181	ZL201610658489.0	一种雷竹笋的微冻保鲜方法	浙江省林业科学研究院	贺亮、李琴、王丹丹、汪奎宏、张建、袁少飞	20160810	20190716
182	ZL201610966644.5	一种包裹紫杉烷类药物的白蛋白纳米颗粒载体的制备方法	浙江省林业科学研究院	方茹、王衍彬、杨少宗、钱华、刘本同、程俊文、贺亮	20161028	20190416
183	ZL201611077374.9	一种无花果口腔喷雾剂及其制备方法	浙江省林业科学研究院	贺亮、郑光耀、刘焕燕、程俊文、王衍彬、张建、韩素芳、潘勋剑	20161130	20191122
184	ZL201710046487.0	一种负载氧化石墨烯 / 纳米银层的竹质复合材料的制备方法	浙江省林业科学研究院	王进、潘炘、刘亚群、庄晓伟、蒋应梯	20170118	20190503
185	ZL201711166311.5	一种纳米二氧化钛基木材防腐剂的制备方法	浙江省林业科学研究院	蒋应梯、王进、庄晓伟、潘炘、于海霞、刘亚群	20171121	20190503
186	ZL201810626390.1	木槿品种布里克、诺伍德一号、桑乔约、诺伍德二号的分子特异性标记引物及检测方法	浙江省林业科学研究院	杨少宗、方茹、刘本同、徐梁、林昌礼、程亚平	20180619	20190920
187	ZL201710127577.2	一种竹蔸破碎挖掘装置	浙江省林业科学研究院、杭州吉美伟斯实业有限公司	李琴、张建、柴秀洪、汪奎宏、袁少飞、王波、王洪艳	20170306	20190514
188	ZL201611187583.9	一种氮掺杂多孔碳负载金属的催化剂及其制备方法和用途	中国科学院青岛生物能源与过程研究所、国际竹藤中心	陈秀芳、牟新东、费本华、刘秀云、张波、米冰冰	20161220	20190111

（续）

序号	专利号	专利名称	专利权人	发明人	申请日	授权公告日
189	ZL201610937232.9	一种提高狭叶红景天生物量的栽培方法	中国科学院植物研究所、沈阳大学、四川省草原科学研究院、红原雪山红景天生物制品有限公司	杨柳、何正军、赵文吉、贾国夫、来利明、杜会、姜联合、周继华、蔡文涛、齐淑艳、郑元润	20161101	20190621
190	ZL201610913357.8	一种基于无人机的景观尺度植被覆盖度的计算方法及系统	中国林业科学研究院	王锋、韩东、王浩舟、卢琦、潘绪斌	20161019	20191022
191	ZL201610993756.X	低覆盖度羽翼袋沙障	中国林业科学研究院	杨文斌、李卫、冯伟	20161109	20190322
192	ZL201810473381.3	一种可降解型土壤固结剂及其制备方法以及植物苗的移植方法	中国林业科学研究院华北林业实验中心	王少丽、王然、孙丽芳、王海霞、辛学兵、魏东禄、杨绪平	20180517	20190409
193	ZL201210008208.9	一种再造烟叶平转型连续洗涤、浸提、酶解组合、耦合化工艺与设备	中国林业科学研究院林产化学工业研究所	孙先玉、孙博	20120112	20190625
194	ZL201510372026.3	一种高速逆流色谱和高效液相色谱联用制备高纯度羟基酪醇的方法	中国林业科学研究院林产化学工业研究所	王成章、原姣姣、叶建中、陈虹霞、周昊、陶冉、张宇思	20150626	20190329
195	ZL201510585007.9	一种亚临界萃取和分子蒸馏耦合制备栀子花精油的方法	中国林业科学研究院林产化学工业研究所	王成章、陈虹霞、周昊、陶冉、李文君、叶建中	20150911	20190709
196	ZL201510961301.5	一种没食子酸脱羧酶的分离纯化的方法	中国林业科学研究院林产化学工业研究所	王成章、李文君、周昊、陈虹霞、陶冉	20151218	20190319
197	ZL201610184040.5	一种桐油基丁腈橡胶改性环氧树脂及其制备方法	中国林业科学研究院林产化学工业研究所	聂小安、王义刚、李小英	20160328	20190222
198	ZL201610303843.8	一种漆酚丙烯基醚光固化膜的制备方法	中国林业科学研究院林产化学工业研究所	王成章、方传杰、周昊	20160505	20190705
199	ZL201610481535.4	一种生物法除去漆树漆酚过敏性的方法	中国林业科学研究院林产化学工业研究所	王成章、陈虹霞	20160628	20190419
200	ZL201610528042.1	利用植物乳杆菌发酵没食子酸制备焦性没食子酸的方法	中国林业科学研究院林产化学工业研究所	汪咏梅、张亮亮、徐曼、徐晟、胡新宇	20160706	20190806
201	ZL201610569826.9	一种腰果酚基醚型增塑剂及其合成方法和应用	中国林业科学研究院林产化学工业研究所	聂小安、李小英、陈洁、王义刚、黄金瑞、李科	20160719	20190129
202	ZL201610802102.4	一种木质纤维加氢分离木质素的方法	中国林业科学研究院林产化学工业研究所	徐俊明、蒋剑春、李静、王奎、夏海虹、刘朋、叶俊、周铭昊	20160905	20190122
203	ZL201610874038.0	一种具有自修复功能的热固性聚氨酯及其制备方法	中国林业科学研究院林产化学工业研究所	黄坤、曹珊、李梅、夏建陵、李守海、许利娜、杨小华、张燕	20160930	20190416

（续）

序号	专利号	专利名称	专利权人	发明人	申请日	授权公告日
204	ZL201610877679.1	一种桐油改性乙基纤维素膜及其制备方法	中国林业科学研究院林产化学工业研究所	李守海、毛伟、夏建陵、黄坤、李梅、杨雪娟、许利娜、杨小华、张燕	20161008	20190514
205	ZL201610892555.0	一种油脂基双固化树脂单体的制备方法	中国林业科学研究院林产化学工业研究所	夏建陵、毛伟、李守海、黄坤、李梅、许利娜、杨小华、张燕	20161012	20190101
206	ZL201611009387.2	一种黑曲霉及其在发酵橡实制备柠檬酸中的应用	中国林业科学研究院林产化学工业研究所	张宁、蒋剑春、卫民、杨静、赵剑	20161116	20190730
207	ZL201611013372.3	对氧气还原反应具有催化性能的碳材料及其制备方法和应用	中国林业科学研究院林产化学工业研究所	黄坤、许利娜、丁海阳、李守海、李梅、夏建陵、杨小华、张燕	20161117	20191220
208	ZL201611092342.6	一种腰果酚基含硅缩水甘油醚及其制备方法	中国林业科学研究院林产化学工业研究所	霍淑平、孔振武、陈健、吴国民、刘贵锋	20161130	20190319
209	ZL201611094497.3	一种碱木质素基超级电容器用多孔炭材料及其制备方法和应用	中国林业科学研究院林产化学工业研究所	刘军利、宋曜光、孙康、许伟	20161201	20190405
210	ZL201611189651.5	一种不饱和聚酯生物纳米杂化树脂及其合成方法和应用	中国林业科学研究院林产化学工业研究所	刘承果、周永红、胡立红、张猛、杨晓慧、胡云	20161221	20190305
211	ZL201611203603.7	桐油基二元酰胺酸钙锌复合液体热稳定剂及其制备方法和应用	中国林业科学研究院林产化学工业研究所	夏建陵、汪梅、李梅、李守海、杨小华、丁海阳、蒋剑春	20161223	20190503
212	ZL201710025713.7	一种多效蓖麻油基 PVC 用液体钙锌热稳定剂及其制备方法和应用	中国林业科学研究院林产化学工业研究所	夏建陵、汪梅、李梅、李守海、丁海阳、蒋剑春	20170113	20190122
213	ZL201710081306.8	一种 VOCs 高吸附率低脱附残留颗粒活性炭制备方法	中国林业科学研究院林产化学工业研究所	孙康、蒋剑春、冷昌宇、李继辉、卢辛成、陈超、朱光真、孟中磊	20170215	20190416
214	ZL201710081663.4	一种高着火点颗粒活性炭及其制备方法	中国林业科学研究院林产化学工业研究所	孙康、蒋剑春、卢辛成、陈超、朱光真、王傲、许伟、张燕萍	20170215	20190412
215	ZL201710098789.2	一种单组份增强型松香基室温硫化硅橡胶及其制备方法	中国林业科学研究院林产化学工业研究所	刘鹤、李侨光、宋湛谦、商士斌、宋杰	20170223	20191126
216	ZL201710158430.X	一种松香基聚酯型高分子表面活性剂及制备方法	中国林业科学研究院林产化学工业研究所	饶小平、闫鑫焱、宋湛谦、商士斌	20170317	20191105
217	ZL201710243322.2	一种银耳多糖提取的方法	中国林业科学研究院林产化学工业研究所	郑光耀、闫林林、李若达、周凯强、谢衡	20170414	20190319
218	ZL201710307377.5	一类高抗氧化和热稳定性的羟基酪醇聚合物及其制备方法	中国林业科学研究院林产化学工业研究所	黄立新、谢普军、张彩虹、丁莎莎、邓叶俊、王晓杰	20170504	20190611

（续）

序号	专利号	专利名称	专利权人	发明人	申请日	授权公告日
219	ZL201710323485.1	一种氮掺杂硅炭复合负极材料及其制备方法	中国林业科学研究院林产化学工业研究所	王丹、孙佩佩、陈金伟、商士斌、宋湛谦	20170510	20190503
220	ZL201710347591.3	一种乙酰化柠檬酸脂肪酸酯增塑剂及其制备方法和应用	中国林业科学研究院林产化学工业研究所	冯国东、周永红、马艳、许彬、张猛、刘承果	20170517	20191022
221	ZL201710383170.6	以树皮为原料的环氧固化剂及其制备方法	中国林业科学研究院林产化学工业研究所	李梅、夏建陵、李守海、丁海阳、杨小华、张燕	20170526	20190326
222	ZL201710412879.4	一种磷酸铁催化竹粉液化制备糠醛的方法	中国林业科学研究院林产化学工业研究所	叶俊、蒋剑春、徐俊明、陈水根、周铭昊、王奎、李静、夏海虹、刘朋	20170605	20191220
223	ZL201710598775.7	一种环保处理 DOTP 生产废渣回收增塑剂的工艺方法	中国林业科学研究院林产化学工业研究所	蒋剑春、陈水根、刘朋、许彬、许玉、龚建平	20170721	20190712
224	ZL201710599593.1	一种二元酸改性环氧梓油甲酯增塑剂及其制备方法	中国林业科学研究院林产化学工业研究所	李科、聂小安、蒋剑春、黄金瑞、胡芳芳	20170721	20190521
225	ZL201710604733.X	一种阳离子型脱氢枞酸基表面活性单体及其制备方法	中国林业科学研究院林产化学工业研究所	商士斌、张海波、黄新、沈明贵、王丹、宋杰、宋湛谦	20170724	20190614
226	ZL201710604735.9	一种水溶性松香基可聚合单体、其制备方法及其所得的疏水改性阳离子型聚丙烯酰胺	中国林业科学研究院林产化学工业研究所	商士斌、张海波、黄新、沈明贵、王丹、宋杰、宋湛谦	20170724	20190226
227	ZL201710610443.6	一种环氧油脂基不饱和酯光固化树脂及其制备方法和应用	中国林业科学研究院林产化学工业研究所	周永红、刘承果、胡云、尚倩倩、张飞、胡立红、冯国东	20170725	20190402
228	ZL201710819102.X	一种 PVC 用增塑剂及其制备方法和应用	中国林业科学研究院林产化学工业研究所	夏建陵、汪梅、宋相海、李梅、丁海阳、陈瑶、蒋剑春	20170912	20190806
229	ZL201710827462.4	一种松香基刚性阴离子表面活性剂及其形成的稳定泡沫	中国林业科学研究院林产化学工业研究所	饶小平、翟兆兰、宋湛谦、商士斌	20170914	20191029
230	ZL201710829748.6	阴 / 阳离子表面活性剂构筑的 PH 调控型粘弹溶液及应用	中国林业科学研究院林产化学工业研究所	饶小平、翟兆兰、宋湛谦、商士斌	20170915	20190823
231	ZL201711052081.X	一种甘油三酯热化学转化制备生物航空烃类燃油的方法	中国林业科学研究院林产化学工业研究所	徐俊明、李芳琳、蒋剑春、刘朋、翟巧龙、王霏	20171030	20191015
232	ZL201610455121.4	一种由不饱和松节油单萜制备1，8- 对孟烷二胺的方法	中国林业科学研究院林产化学工业研究所、中国林业科学研究院林业新技术研究所	徐士超、赵振东、朱守记、王婧、陈玉湘、毕良武、李冬梅、卢言菊、古研	20160621	20190319
233	ZL201710129989.X	PVC 用月桂烯源复合热稳定剂及其制备方法和应用	中国林业科学研究院林产化学工业研究所、中国林业科学研究院林业新技术研究所	李梅、夏建陵、丁呈祥、汪梅、许利娜、李守海、黄坤	20170307	20190329

（续）

序号	专利号	专利名称	专利权人	发明人	申请日	授权公告日
234	ZL201410276914.0	一种新型湿地磷循环模拟装置及其操作方法	中国林业科学研究院林业新技术研究所	崔丽娟、张岩、王义飞、李伟、张曼胤	20140620	20190405
235	ZL201610952937.8	一种通过粪便DNA分析大鸨食源植物的方法	中国林业科学研究院林业新技术研究所	刘刚、龚明昊、崔丽娟、李林海、宁宇、韩·莫日根、周景英、于长江、李惠鑫、夏晓飞	20161027	20191119
236	ZL201710604991.8	结构用木质保温板及其制备方法与应用	中国林业科学研究院林业新技术研究所	周海宾、刘晓娜、王晓欢	20170724	20190405
237	ZL201710621922.8	一种阻燃型脂肪族曼尼希碱的制备方法	中国林业科学研究院林业新技术研究所	李守海、夏建陵、丁呈祥、黄坤、李梅、许利娜、杨小华、张燕	20170727	20190702
238	ZL201610941336.7	用于硬质聚氨酯泡沫的结构阻燃型松香基多元醇及其制备方法和应用	中国林业科学研究院林业新技术研究所、中国林业科学研究院林产化学工业研究所	张猛、周永红、郑敏睿、贾普友	20161025	20190219
239	ZL201410477758.4	一种灭螺细菌及其制备生物灭螺剂的方法	中国林业科学研究院林业研究所	张倩、孙启祥、袁艺、丁洲	20140917	20190618
240	ZL201410589945.1	用于育苗或插花的可降解泡沫组合物及其制造方法与应用	中国林业科学研究院林业研究所	许洋、许传森、张晨	20141028	20190830
241	ZL201510054641.X	促进木本植物茎生长基因TcSG及其编码蛋白和用途	中国林业科学研究院林业研究所	邱德有、李艳艳、杨艳芳、邵芬娟	20150203	20190702
242	ZL201710157211.X	一种快速判定杂交构树采收时期的方法	中国林业科学研究院林业研究所	王伟、许新桥、陈薇妃、刘建斌、王晓东	20170316	20191008
243	ZL201510697779.1	一种细木工板及其制备方法	中国林业科学研究院木材工业研究所	常亮、郭文静、高黎、陈勇平、任一萍、王正	20151023	20190514
244	ZL201610056500.6	一种高比表面积的甲壳素纳米纤维气凝胶及其制备方法	中国林业科学研究院木材工业研究所	卢芸、刘波、叶贵超、余敏、姜笑梅、殷亚方	20160127	20190301
245	ZL201610685217.X	一种木材表层压缩层渐进增厚的生产方法	中国林业科学研究院木材工业研究所	黄荣凤、高志强、吕建雄、张耀明、赵有科	20160818	20190820
246	ZL201610987921.0	基于木材为介质的微波馈口结构	中国林业科学研究院木材工业研究所	林兰英、傅峰、周永东、熊令明、徐恩光	20161110	20190726
247	ZL201611019325.X	一种用于提高木门静电喷涂表面涂层质量的方法	中国林业科学研究院木材工业研究所	李博、张占宽	20161118	20190917
248	ZL201611166003.8	一种阻燃弹性纳米纤维素气凝胶及其制备方法	中国林业科学研究院木材工业研究所	陈志林、郭丽敏、吕少一、黄景达、傅峰	20161216	20190517

（续）

序号	专利号	专利名称	专利权人	发明人	申请日	授权公告日
249	ZL201611214694.4	等离子体改性提高装饰薄木及饰面界面胶合性能的方法	中国林业科学研究院木材工业研究所	彭晓瑞、张占宽	20161226	20190726
250	ZL201611242905.5	一种轻质纤维复合材料的强化方法	中国林业科学研究院木材工业研究所	高黎、唐启恒、郭文静、王正	20161229	20190621
251	ZL201710091488.7	一种三维石墨烯复合气凝胶及其制备方法	中国林业科学研究院木材工业研究所	卢芸、叶贵超、孔雪琳	20170221	20190604
252	ZL201710091520.1	一种复合碳气凝胶及其制备方法	中国林业科学研究院木材工业研究所	卢芸、孔雪琳、叶贵超	20170221	20190222
253	ZL201710316197.3	木材层状压缩的压缩层位置控制方法	中国林业科学研究院木材工业研究所	黄荣凤、高志强、李任、伍艳梅	20170508	20191029
254	ZL201710478498.6	一种无卷曲塑膜增强柔性装饰薄木的制备方法	中国林业科学研究院木材工业研究所	彭晓瑞、张占宽	20170622	20190709
255	ZL201710678712.2	一种榫头浅层植筋增强型木结构榫卯节点	中国林业科学研究院木材工业研究所	武国芳、钟永、龚迎春、任海青	20170810	20190301
256	ZL201710771213.8	一种磷腈类反应型阻燃剂的合成及其阻燃木质材料的制备方法	中国林业科学研究院木材工业研究所	姜鹏、陈志林、梁善庆	20170831	20190409
257	ZL201710773337.X	一种多功能可修复超疏水木材的制备方法	中国林业科学研究院木材工业研究所	王小青、屠坤坤、刘君良、柴宇博、倪林、孔丽琢、管浩	20170831	20190924
258	ZL201710896633.9	一种木基复合电极材料及其制备方法	中国林业科学研究院木材工业研究所	吕少一、陈艳萍、韩申杰、傅峰、陈志林	20170928	20191206
259	ZL201710979161.3	一种葡萄糖 - 木质素树脂交联剂及其制备方法和应用	中国林业科学研究院木材工业研究所	范东斌、储富祥、李改云	20171019	20190712
260	ZL201710979162.8	一种植物蛋白胶黏剂及其制备方法和应用	中国林业科学研究院木材工业研究所	储富祥、范东斌、李改云、陈媛、晏婷婷、杨昇	20171019	20190712
261	ZL201710979788.9	一种接枝交联型植物蛋白胶黏剂及其制备方法	中国林业科学研究院木材工业研究所	范东斌、李改云、储富祥	20171019	20190315
262	ZL201711498255.5	木材切片制备方法	中国林业科学研究院木材工业研究所	蒋佳荔、吕建雄、李安鑫、彭辉、李珠	20171229	20190924
263	ZL201810031308.0	一种基于同步原理的人造板表面缺陷在线检测装置	中国林业科学研究院木材工业研究所	王霄、周玉成、戚玉涵、朱科、刘传泽、陈龙现、苗虎	20180112	20190830
264	ZL201810244281.3	一种木材的膨化方法及其制备的膨化木材	中国林业科学研究院木材工业研究所	傅峰、林兰英、周永东、李善明、王东、徐恩光、熊令明	20180323	20191115

（续）

序号	专利号	专利名称	专利权人	发明人	申请日	授权公告日
265	ZL201810830841.3	一种木材识别方法及系统	中国林业科学研究院木材工业研究所	殷亚方、何拓、焦立超、张毛毛、韩刘杨、陆杨、张永刚、李仁	20180726	20191022
266	ZL201810891387.2	一种密度分布可控的实木压缩密实化板材生产方法	中国林业科学研究院木材工业研究所	黄荣凤	20180807	20191029
267	ZL201510655096.X	一种水性木器漆及其制备方法	中国林业科学研究院木材工业研究所、银海木业（江苏）有限公司	徐建峰、于家豪、朱卫东、龙玲	20151013	20190607
268	ZL201610976826.0	一种快速测定硫酸根含量的方法	中国林业科学研究院热带林业实验中心	李朝英、郑路	20161107	20191227
269	ZL201510786476.7	一种柚木苗期叶面肥及其施用方法	中国林业科学研究院热带林业研究所	黄桂华、梁坤南、周再知、马华明、杨光	20151113	20190823
270	ZL201610239673.1	一种卡西亚松扦插育苗体系的建立方法	中国林业科学研究院热带林业研究所	徐建民、李光友、朱映安、韩超、吴世军、张朝玉、童清、高兴华	20160415	20190528
271	ZL201610375375.5	一种米老排幼苗的营养元素快速诊断方法	中国林业科学研究院热带林业研究所	杨锦昌、尹光天、邹文涛、李荣生、闫彩霞	20160530	20190514
272	ZL201710207906.4	一种相思开放式组培方法	中国林业科学研究院热带林业研究所	黄烈健、王鸿、曾炳山、吴友军	20170331	20191022
273	ZL201710402882.8	一种提高巨桉环剥萌芽率的方法	中国林业科学研究院热带林业研究所	吴世军、徐建民、李光友、宋佩宁、郭文仲	20170601	20191206
274	ZL201710402889.X	一种提高细叶桉环剥萌芽率的方法	中国林业科学研究院热带林业研究所	吴世军、徐建民、李光友、宋佩宁、郭文仲	20170601	20191025
275	ZL201710403468.9	一种提高红椿裸根造林成活率的方法	中国林业科学研究院热带林业研究所	吴世军、徐建民、彭辉武	20170601	20191206
276	ZL201610801184.0	检测植原体的 LAMP 引物组及其试剂盒和应用	中国林业科学研究院森林生态环境与保护研究所	林彩丽、王圣洁、王胜坤、田国忠、于少帅、王曦茁、汪来发、朴春根、李永、郭民伟	20160904	20191227
277	ZL201610885138.3	厚垣普可尼亚菌航天诱变株 Pc-m-10 及由其制备的生防制剂和应用	中国林业科学研究院森林生态环境与保护研究所	李永、汪来发、王曦茁、孟繁丽、朴春根、薛寒	20161010	20190823
278	ZL201610885780.1	一种航天搭载诱变的生防真菌及其生防制剂和应用	中国林业科学研究院森林生态环境与保护研究所	王曦茁、汪来发、孟繁丽、淮稳霞、刘洪剑、苟大平	20161010	20190823
279	ZL201610885806.2	厚垣普可尼亚菌航天诱变突变株 Pc-m-6 及其生防制剂和应用	中国林业科学研究院森林生态环境与保护研究所	汪来发、孟繁丽、王曦茁、薛寒、田国忠、苟大平	20161010	20190924

（续）

序号	专利号	专利名称	专利权人	发明人	申请日	授权公告日
280	ZL201710239115.X	一种多功能人工林的培育方法	中国林业科学研究院森林生态环境与保护研究所、中国林业科学研究院热带林业实验中心	刘世荣、明安刚、蔡道雄、贾宏炎、雷丽群、王晖、郭文福	20170413	20190816
281	ZL201510670372.X	一种茶油化妆品基础油的加工方法	中国林业科学研究院亚热带林业研究所	郭少海、王亚萍、罗凡、费学谦、姚小华	20151013	20190409
282	ZL201610636000.X	一种毛竹林节水灌溉方法	中国林业科学研究院亚热带林业研究所	张玮、谢锦忠、陈胜、杨健	20160805	20190517
283	ZL201710100732.1	一种与油茶种子油脂中花生烯酸含量相关的SNP分子标记及其应用	中国林业科学研究院亚热带林业研究所	林萍、王开良、姚小华、曹永庆	20170223	20190219
284	ZL201710160440.7	一种抗菌除臭聚氨酯泡沫及其加工方法	中国林业科学研究院亚热带林业研究所	张金萍、杜孟浩、胡立松	20170317	20190705
285	ZL201710615389.4	一种竹子杂交授粉的方法	中国林业科学研究院亚热带林业研究所	袁金玲、顾小平、岳晋军	20170726	20190625
286	ZL201510577657.9	一种大帛斑蝶成虫繁殖装置、其制备方法及大帛斑蝶的繁殖方法	中国林业科学研究院资源昆虫研究所	廖怀建、石雷、周成理、邓疆、杜婷	20150911	20190104
287	ZL201610254990.0	一种制备虫白蜡水溶液的方法	中国林业科学研究院资源昆虫研究所	王占娣、陈晓鸣、马李一、冯颖、王有琼、马金菊	20160425	20190827
288	ZL201611114148.3	斑蝶科雄蝶引诱剂、引诱剂母体组合物及其制备方法及利用引诱剂引诱雄蝶的方法	中国林业科学研究院资源昆虫研究所	廖怀建、石雷、周成理、杜婷、邓疆、赵灿繁	20161207	20190312
289	ZL201611232277.2	生物标本多功能整理、制作和鉴定操作装置	中国林业科学研究院资源昆虫研究所	卢志兴、陈又清、李巧、付兴飞、赵婧文	20161228	20191108
290	ZL201710197280.3	一种滇丁香枯萎病的防治方法	中国林业科学研究院资源昆虫研究所	万友名、李正红、马宏、刘秀贤、赵振刚	20170329	20191105
291	ZL201710218955.8	一种滇重楼低海拔育苗高海拔种植方法	中国林业科学研究院资源昆虫研究所	高成杰、孙永玉、李昆	20170405	20190903
292	ZL201710139187.7	藤枣的扦插扩繁方法	中国林业科学研究院资源昆虫研究所、太阳河省级自然保护区管护局	刘万德、徐崇华、郎学东、王发忠、李智宏、张志钧、苏建荣、张登林、李帅锋	20170309	20191029
293	ZL201610767266.8	一种激光雷达单木分块识别方法	中国林业科学研究院资源信息研究所	刘清旺、李增元、陈尔学、庞勇、李世明	20160829	20190416

（续）

序号	专利号	专利名称	专利权人	发明人	申请日	授权公告日
294	ZL201610857173.4	一种激光雷达扫描均一性测量方法	中国林业科学研究院资源信息研究所	刘清旺、李增元、陈尔学、庞勇、李世明	20160928	20190308
295	ZL201710067346.7	一种檀香植株生长土壤铁元素含量的图像确定方法和系统	中国林业科学研究院资源信息研究所	吴春燕、王雪峰、陈珠琳、白欢欢	20170207	20191119
296	ZL201610161085.0	一种基于拓扑分形算法的图像腐蚀与膨胀处理方法	中国林业科学研究院资源信息研究所、中天共创科技（北京）有限公司	刘华、孟献策、凌成星、张怀清、鞠洪波、陈永富、肖鹏、孟宇	20160321	20190212
297	ZL201510965188.8	伞裙追寄蝇的复壮方法	中国农业科学院草原研究所	刘爱萍、王育青、韩海斌、岳方正、任卫波、高书晶、王世明、德文庆、王宁、郭俊梅	20151218	20190402
298	ZL201610410571.1	一种荒漠草原蝗虫绿色防控方法	中国农业科学院草原研究所	韩海斌、刘爱萍、高书晶、徐林波、王宁、谭瑶、牛文远	20160603	20191025
299	ZL201810885902.6	一种与植物结实率相关的磷酸盐转运蛋白 LcPHT4；3 及其应用	中国农业科学院草原研究所	侯向阳、万永青、万东莉、武自念、赵劲博	20180806	20190802
300	ZL201610916189.8	基于太赫兹时域光谱的动态、多点草品种鉴定与认证方法	中国石油大学（北京）、内蒙古自治区草原工作站	王芳、任慧、赵景峰、夏红岩、郭帅、王嘉妮	20161020	20190531
301	ZL201510410793.9	一种有机—无机复混缓释棒肥的制作方法	重庆市风景园林科学研究院	陈祥、胡艳燕、徐福银、包兵、朱本国、何琴	20150714	20190301
302	ZL201610301666.X	一种容器育苗基质	重庆市风景园林科学研究院	包兵、徐福银、胡艳燕、陈祥	20140813	20190301
303	ZL201710043463.X	利用生物反应器进行多肉植物繁殖的方法	重庆市风景园林科学研究院、重庆千春词生态农业发展有限公司	李玲莉、邹世慧、李卿、汤丽红、孔立生	20170119	20190723
304	ZL201710932850.9	一种竹荪盖清洗干燥一体化装置	重庆市林业科学研究院	方文、谢英赞、马立辉、王朝英	20171010	20190409
305	ZL201610338886.X	一种天牛引诱触杀剂的制备方法	重庆中邦药业（集团）有限公司、重庆市林业科学研究院	张灿峰、蒲永兰、陈桂芳、杨世璋、周群文、梅刚、李泽舟	20160519	20190101
306	ZL201610348614.8	一种预防核桃树蛀干蛀果害虫的方法	遵义市林业科学研究所	付甫永、司徒春南、王建、展茂魁、路纪芳、蔡静芸、李学德、王安良	20160524	20190326
307	ZL201610420894.9	一种无人机用喷粉机	遵义市林业科学研究所	付甫永、司徒春南、王建、展茂魁、路纪芳、蔡静芸、李学德	20160615	20190115

数据来源：国家知识产权局中国专利数据库。